KB176177

崛起

朴正熙 經濟强國 崛起18年

7 녹색혁명

심융택

동서문화사

박정희 경제강국 굴기18년
7 녹색혁명
차례

역사를 위하여

제1장 식량 자급자족 없이 공업화도 빈곤추방도 할 수 없다

제2장 식량은 우리 스스로의 노력으로 자급자족해야 한다

제3장 '통일벼 쌀밥 밥맛이 좋다'

제4장 농수산물 유통구조에 혁명적 변화를 가져와야 한다

제5장 쌀·보리 농사만으로 농민들 부자 될 수 없다

역사를 위하여

심융택

한국근대화의 시대를 이끌어 나간 박정희 대통령이 우리 곁을 떠난지도 어언 40여 년이 지났다. 대통령의 운명이 도무지 믿어지지가 않던 충격과 슬픔의 시간도 흐르는 강물처럼 지나갔고, 무심한 세월만 흐르고 또 흘러 그가 역사에 남긴 지대한 발자취만이 사람들의 입에 회자되면서 때로는 그의 업적이 높이 평가되기도 하고, 때로는 그의 천려일실(千慮一失)이 비판되기도 한다.

박정희 대통령은 20세기 후반의 한국과 한국인에게 어떤 존재였나? 과연 누가 어떤 말과 글로 이 물음에 완전하고 극명하게 해답할 수 있을까? 앞으로 두고 두고 역사가들의 연구가 필요할 것이다. 나는 앞으로 국내외 역사가들의 연구에 필요한 자료를 정리해 두어야겠다는 생각으로 대통령의 사상과 정책에 대해 내가 알고 있는 사실들을 기록으로 남겨두는 작업에 착수했다.

우리는 공화국 수립 뒤 이 나라를 통치한 역대 대통령들에 대해서 별로 아는 것이 없다. 대통령 자신들이나 또는 역사가들이 그들의 업적과 실책, 공적과 과오를 모두 담은 전체 모습을 오랜 시간이 지난 먼 뒷날까지 남아 있게 할 수 있는 역사적 자료와 기록을 보존해 놓은 것이 거의 없기 때문이다.

우리는 우리의 후손들이 우리나라 대통령들에 대해서 알기를 원할 때 그들이 읽고 연구할 수 있는 많은 자료와 기록을 남겨두어야 한다. 그런 자료와 기록이 많으면 많을수록 역대 대통령에 대한 부분적 지식도 그만큼 많아질 것이며, 여러 사람이 여러 각도에서 본 부분적 지식이 많으면 많을수록 대통령들의 전체 모습을 알 수 있는 지식도 그만큼 축적될 수 있을 것이다.

　1961년부터 1979년까지 18년여 동안 한국인의 생활에는 혁명적 변화가 일어났고, 한국의 민족사에는 획기적 전환점이 마련되었다는 것은 세계적으로 공인된 역사적 사실이다. 그 역사적 시기에 나는 대통령을 보필할 수 있는 영광된 기회를 얻었다. 그리고 그 귀중한 기회에 나는 대통령의 국정운영에 대해 많은 것을 보고 들었으며, 또 많은 것을 기록해 두었다.

　박정희 대통령이 어떤 여건과 상황 아래서 이 나라, 이 민족을 이끌어 왔으며, 대통령을 괴롭히고, 고통스럽게 한 것이 무엇이었고, 대통령을 고무하고 용기를 준 것이 누구인지를 지켜 보았다. 대통령이 국가가 직면하였던 문제상황을 어떻게 규정했고, 그 문제상황을 극복하기 위해서 어떤 정책을 결정했는가를 보았다. 또, 정책을 추진하는 과정에서 정치인과 공무원, 기업인과 근로자, 농어민과 교육자, 학생과 언론인, 과학자와 문화인 등 우리 사회 각계각층 국민을 상대로 때로는 설명하고 설득하며, 때로는 교육하고 계몽하며, 때로는 칭찬하고 격려하고, 때로는 따지고 나무라며 그들이 분발하고 피눈물나는 노력을 하는 국가건설의 역군으로 거듭나게 만들 때 대통령이 그들에게 어떤 말을 했고, 어떤 글을 남겼는가를 주의 깊게 지켜보았다.

박정희 대통령이 남긴 이런 말과 글 속에는 한국근대화와 부국강병 등에 대한 대통령의 신념과 소신이 살아 숨쉬고 있다. 대통령의 이런 말과 글은 대통령이 여러 행사장에서 행한 연설문, 여러 공식, 비공식 회의에서 천명한 유시와 지시, 여러 분야 인사들에게 보낸 공한과 사신, 국내외 인사들과 나눈 대화, 외국 국가원수와의 정상회담, 대통령의 저서, 그리고 대통령의 일기 등에 온전히 보존되어 있다.

1972년 2월 22일, 닉슨 대통령이 베이징에서 마오쩌둥 주석과 회담할 때 '마오 주석의 글들은 한 나라를 움직였고, 세계를 바꿔놓았다'고 찬사를 보내자 마오쩌둥은 '나는 그렇게 하지 못했다. 나는 다만 베이징 근처의 몇 군데를 바꿔놓을 수 있었을 뿐이다'라고 대답했다고 한다. 이 말은 중국인 특유의 겸양이었고, 사실은 닉슨의 말 그대로였다. 대통령도 그랬다. 18년 동안의 통치기간 동안 대통령의 말과 글은 서울 근처 몇 군데만을 바꿔놓은 것은 아니다. 대한민국 전체의 모습을 새롭게 창조했고, 우리 민족 역사의 방향을 바꾸어 놓았으며, 세계사 흐름에도 영향을 미쳤다. 그 시대 대통령의 말과 행동은 한국 현대사에서 가장 역동적이고 생산적이었던 시대에 열심히 일한 우리 국민의 말이었고 행동이었다.

박정희 대통령의 말과 글들은 대통령이 추진한 국가정책과 함께 그의 시대에 이 나라의 정치·경제·사회·문화 등 모든 분야에서 이루어진 발전과 변화의 경로를 밝혀 주고 있다. 국가정책은 우리나라가 놓여 있는 특수한 상황에서 우리 국민들이 가장 먼저 풀어야 할 국가적 과제를 위해 대통령에 의해 결정되고 추진되었다. 따라서 국가정책을 올바로 이해하고 평가하기 위해서는 그것이 결정되고 추진된 그 무렵 특수상황을 정확하게 숙지하고 있어야 한다. 그래야만 국민들이 가장 시급히 해결해야 할 국가적 과제가 무엇이었고, 그 과제를 해결하기 위해 어떤 정책이 필요했던 가를 올바로 이해할 수 있다.

정책을 결정할 무렵에 우리가 직면해 있던 국내외 상황을 잘 검토해 보면 대통령이 왜 그 상황에서 그 정책을 결정했는지를 이해할 수 있을 것이다. 예컨대, 대통령은 왜 5·16군사혁명을 일으켰는가? 왜 공업화에 국운을 걸었는가? 왜 대국토종합개발과 경부고속도로 건설을 추진했는가? 왜 향토예비군을 창설했으며 방위산업 육성을 서둘렀는가? 왜 주한미군 철수를 반대했는가? 왜 새마을운동을 전개했는가? 왜 남북한 간의 체제경쟁을 제의했는가? 왜 국가비상사태를 선언했는가? 왜 남북대화를 시작했는가? 왜 중화학공업과 과학기술혁신, 농촌근대화와 수출증대에 총력을 기울였는가? 왜 10월유신을 단행했는가? 왜 생명의 위험을 무릅쓰고 핵무기개발을 강행했는가? 등의 의문에 대한 올바른 해답을 얻으려면 그런 정책들이 결정된 그 무렵의 국내외 상황을 정확하게 알고 있어야 한다.

이 정책들은 우리 민족사의 진로를 바꾼 발전전략의 핵심사업들이 었으며, 또한 대통령의 통치기간 내내 야당이 반정부 극한투쟁의 쟁점으로 삼았던 정책들이었다. 이런 정책들은 대통령이 그 정책들을 결정할 무렵의 국내외 상황에 정통해야만 올바로 이해될 수 있는 것이다. 정책 결정 때 상황을 정확하게 알고 있지 못한 사람들로서는 왜 그런 정책이 필요했으며, 또 불가피했는지를 이해하기가 어렵다. 시간의 흐름에 따라 어떤 정책이 어떻게 바뀌었으며, 새로운 정책은 어떤 시대적 연관성 속에서 결정되었는가를 올바로 파악하기 위해서는 그 시대 상황의 특수성에 대해 올바로 알고 있어야 한다.

　루소는 《에밀》 제2권에서 역사적 사실에 대해 이렇게 말했다. '역사 서술은 결코 우리에게 현실의 여러 가지 사실들을 충실히 모사(模寫)해주지 않는다. 현실의 사실들은 역사를 서술하는 사람의 머리 속에서 그 형태를 바꾸고, 그의 관심에 맞도록 변화하며, 그의 선입견에 의해서 특수한 색채를 띠게 된다. 발생 무렵 사건의 모습을 관찰하기 위해, 그 무대가 되는 장소에 정확히 다시 가 볼 수 있게 하는 기술에 도대체 누가 정통할 수 있겠는가?

　박정희 대통령이 추진한 국가정책은 그것이 결정된 무렵의 상황에서 정통하지 못한 사람들에 의해서 올바로 이해되지 못하고, 그들의 선입견에 의해서 또는 그들의 관심과 목적에 맞도록 황당하게 왜곡되었다. 대통령이 정책을 결정할 무렵의 상황에 가장 정통한 사람은 말할 것도 없이 대통령 자신이다. 그러나 통탄스럽게도 80년도 초에 은퇴 예정으로 자서전을 집필하기 위해 기본자료를 수집하고 정리하던 중에 작고했다.

　박정희 대통령 말고도 그 무렵 상황에 정통한 사람들은 대통령 비서실과 특별보좌관실, 행정부 장차관, 국책연구기관, 여당간부 등 대통령의 정책결정에 직간접적으로 참여했거나 자문에 응한 사람 등 많이 있다. 그러나 이런 사람들이 그때 상황에 대해 알고 있는 것은 아주 일부분에 지나지 않는다. 왜냐하면 그 무렵 국내외 상황은 복잡하고 많은 요소로 구성되어 있어서 모든 국가정보망을 장악하고 있는 대통령 이외의 사람들은 상황의 모든 요소를 알 수 없었기 때문이다.

1963년 중반부터 1978년 말까지 거의 16년 동안 국가재건최고회의와 대통령 비서실에 근무하면서 대통령의 연설문, 저술, 공한, 각종 회의록 등을 정리하는 실무자의 한 사람으로서 나는 대통령의 정책이 결정되고 추진된 그 무렵 상황에 가장 가까운 위치에서 대통령이 추진한 정책의 전후 인과와 맥락, 그리고 정책성과 등을 기록해 두었다. 물론 대통령의 통치철학과 대통령이 추진한 국가정책과 관련된 역사적 사실들 가운데 내가 기록해 둔 것은 부분적인 것이다. 그러나 부분적인 사실이나마 기록으로 남겨둔다면 후세 역사가들의 연구에 다소나마 보탬이 되지 않을까. 또 내가 알고 있는 부분적인 역사적 사실들이 다른 분들이 알고 있는 부분적인 역사적 사실들과 종합적으로 연구된다면 대통령의 정치사상과 국가정책에 대해 보다 폭넓고 깊이 있게, 그리고 보다 자세하고 정확하게 이해하는 데 하나의 길잡이가 되지 않을까 생각했다.

　　박정희 대통령은 우리나라가 나아가야 할 미래의 방향과 목표에 대해 많은 지침을 남겨 놓았다. 다음 세대들은 그들 세대의 새로운 국가적 목표와 그 목표를 이룰 수 있는 새로운 실험과 창조적인 모험을 하는 과정에서 대통령의 정치사상과 국가정책, 그리고 그 지도력에서 귀중한 교훈을 얻을 수 있으리라고 믿는 마음에서, 비록 부분적이고 불완전한 내용이나마 세상에 내놓기로 했다.

　　사람들은 박정희 대통령 시대를 우리 민족사에서 획기적인 분수령을 이룬 시기라고 말한다. 한 시대를 다른 시대와 구분하는 기준을 '변화'라고 한다면 그의 시대는 분명히 역사적 전환기였다고 할 수 있다. 확실히 대통령의 시대는 비생산적인 정치적 불안과 사회적 혼란에 종언을 고하고, 정치안정과 사회질서 속에 생산과 건설의 기풍이 진작되고, 국가발전의 목표와 방향이 뚜렷하여 국민들이 희망과 자신을 가지고 분발함으로써 조국의 근대화를 이룩한 변화의 시대였다.

박정희 대통령 시대에 우리 국민들이 이 땅에서 목격한 거대한 변화의 충격은 마치 육지와 해양의 모습을 바꿔놓은 대화산의 폭발과 같이 한반도의 남반부를 전혀 '딴 세상', '다른 나라'로 완전하게 탈바꿈시켜 놓았다. 그래서 절대다수의 국민들, 그중에서도 시골 마을의 어르신들과 농민들은 천지가 개벽했다고 놀라워하고 감탄했다.

대통령이 이 나라를 통치한 1960년대와 1970년대에 과거 선진국들이 100년 또는 200년에 걸쳐 이룩한 근대화가 20년도 채 안 되는 짧은 기간에 압축되어 이루어졌다. 그것은 전 세계의 경탄을 자아내게 한 위대한 실험이었고 모험이었다. 정녕 대통령은 세계에서 가장 가난한 약소국가였던 이 나라를 세계의 경제강국 수준으로 끌어올려 놓음으로써 '기적의 나라'로 만들어 놓았다. 그리하여 우리 국민들은 선진국 국민들이 여러 세대에 걸쳐 단계적으로 겪었던 변화들을 한 세대 동안에 한꺼번에 겪었다.

우리 역사상 그토록 많은 국민들이 그토록 짧은 기간 동안에 그토록 다양한 변화를 겪은 시대는 일찍이 없었다. 그러나 대통령이 기적적인 변화를 지속시켜 나간 그 역정은 결코 순탄한 것이 아니었다. 그것은 실로 격동과 시련, 고통이 중첩된 가시밭길이었다. 대통령은 그 형극의 길을 뚫고 나와 국가건설에 몰입하여 심신을 불살랐다. 국가건설의 길은 온 국민이 함께 가는 길이었고, 이 땅에서 근대화를 태동시킨 창조적 시대로 통하는 길이었다.

　확실히 대통령은 1961년 5월 16일부터 1979년 10월 26일에 이르는 18여 년 동안 자립경제와 자주국방의 과제를 해결하기 위해 개방과 개혁 등 혁신적인 정책을 추진하여 세계인들이 감탄하는 '한강의 기적'을 이룩하였다. 그러나 대통령은 한강의 기적이란 결코 기적이 아니라고 생각했다. 그것은 대통령 자신과 우리 국민 모두가 한 덩어리가 되어 흘린 피와 땀과 눈물의 결정이라고 생각했다. 대통령과 우리 국민들이 자립경제와 자주국방 건설을 위해 피땀을 흘린 그 끈질기고 지속적인 노력의 과정은 한두 마디의 수사나 한두 줄의 단문으로 설명될 수 있는 것이 아니다. 불신과 체념, 좌절과 절망 속에서 시작되어 각성과 용기, 희망과 자신으로 이어져 마침내 우리 민족의 무한한 저력이 분출되고, 그 저력이 가난하고 힘이 없는 이 나라를 번영되고 힘이 있는 부국강병의 나라로 탈바꿈시킨 18여 년의 전 과정은 실로 끝없이 이어지는 장대한 서사시(敍事詩)라고 해도 과언이 아니다.

　나는 1979년 대통령이 서거한 직후부터 박정희 대통령이 국민들과 함께 자립경제와 자주국방건설 완성을 위해 뼈가 가루가 되고 몸이 부서지도록 최선의 노력을 다한 헌신 봉공의 18년 기록을 정리해 둔 사실그대로 30년 세월바쳐 써 나아갔다. 이제《박정희 경제강국 굴기18년》으로 편찬하여 10권으로 역사에 남기기로 한다.

제1장 식량 자급자족 없이 공업화도 빈곤추방도 할 수 없다

식량은 민족의 생존과 자유, 자립과 존엄을 보증하는 필수자원이다

해방 후 정부는 경자유전의 원칙에 입각해서 반봉건적 농지소유 형인 지주토지소유제를 농민토지소유제로 개혁하여 1백만 호가 넘는 완전소작농가와 72만 호에 가까운 반소작농가의 농지소유에 대한 소망을 제도적으로 해결해 줌으로써 자립영농에 의한 농업생산성을 높일 수 있는 바탕을 마련해 놓았다.

그러나 해방 후 4년이 경과한 후인 49년에 제정된 '농지개혁법'은 지주세력들의 방해로 농민을 위한 농지분배에 실패했다.

농지개혁 당시 분배된 면적 53만 5천 정보(한국인 소유 31만 정보, 정부소유 22만 5천 정보)는 45년 말의 소작면적 145만 정보의 36.9%에 불과했고, 그 중에 일본인 소유땅이었던 귀속농지를 제외하면 한국인 소작면적의 25.4%만이 분배되었을 뿐이다.

그 결과 농가 1가구당 평균 3.5단보가 분배되어 농민토지소유제의 결실이 이루어지지 못하고 영세소농의 성격을 그대로 간직한 채 농민들은 평년작 생산량의 150%를 5년간 균분하여 농지대금을 상환해야 했기 때문에 과중한 부담을 안게 되었고, 게다가 6·25전쟁으로 국가재정이 어려워지자, 정부가 일반농지의 경우 수확량이 10석 미만은 15%, 50석 이상은 28%의 누진율에 의해 농지세를 부과해 국세총액의 20~30%를 이 세금으로 충당함으로써 농업의 자립기반은 무너지기 시작했다.

그 당시 우리나라의 국민경제 속에서 농업생산, 특히 곡물생산이 차지하는 비중은 대단히 컸고, 국가와 국민은 토지생산물에 의해서 지탱되고 있다고 해도 과언이 아니었다. 한 마디로 농업은 절대다수 국민의 경제적 사회적 활동의 본원이 되고 있었다. 이러한 농업이 농지의 영세성과 농민의 과중한 경제적 부담으로 인해 침체의 늪에 빠졌고 농민들은 빈곤의 악순환 속에서 허덕이고 있었다.

이러한 농업의 침체는 공업발전에 걸림돌이 되고 있었다. 이 점에서 우리나라는 농업을 발전시켜 그 바탕 위에서 공업을 일으킨 대만과는 대조적이었다. 우리나라는 1년에 2모작, 3모작의 농사가 가능한 대만과는 달리 1년에 1모작밖에 할 수 없는 여건에 놓여 있었기 때문에 대만처럼 농업이 급속히 발전하기가 어려웠다. 그리하여 1960년대 초 우리나라의 가장 심각한 문제는 식량부족이었다.

그렇지 않아도 우리 농민들은 일제강점기부터 이미 식량부족으로 고통당하고 있었다. 즉, 일제의 착취인 양곡정책과 전시의 강제 공출 때문에 우리 농민들은 피땀 흘려 지은 양곡을 거의 다 빼앗기고 보리와 잡곡을 먹어야 했고, 봄철에 식량이 떨어지면 풀뿌리와 나무껍질로 연명을 하는 농가가 늘어났다. 게다가 해방 후 자유를 찾아 북한에서 남하한 동포들이 늘어나 남한 인구는 급격히 증가하였고, 6·25전쟁이 일어나자 식량난은 극심해졌다. 식량의 매점매석과 모리행위가 활개쳤고, 쌀값은 폭등했다. 이때부터 우리나라는 미국으로부터 식량원조를 받아 식량난을 해결하는 데 급급했다.

그리고 정부의 저곡가정책 때문에 농민들은 일년 내내 열심히 농사를 지어도 추수기가 되면 쌀과 보리의 가격이 폭락하여 품삯도 안 되는 헐값으로 팔 수밖에 없었고 식량이 떨어지는 봄에는 이른바 춘궁기라고 해서 곡가가 폭등하여 먹고 살기가 어렵게 된 농민

4천 년 이어온 가난을 추방하자 권농일을 맞아 경기도 화성군 소재 경기도 채종장에서 모내기를 하는 박 의장(1961. 6. 10)

들은 도시에 나가 품팔이를 해야겠다고 농촌을 떠나 도시로 몰려들었다. 가한 농민들 가운데는 빚을 갚으려고 양식을 헐값에 팔아야 했고, 양식이 떨어지면 비싼 장리변을 얻어 써야 했기 때문에 더욱더 가난해졌다.

1961년 봄에 접어들면서 식량난이 심각해지고 보릿고개를 넘기기까지에는 약 130만 가구가 정부의 구호미를 필요로 했다.

1961년 3월 8일 현재 전남도청이 공식집계한 도내 절량농가는 16만 4천 42호로 총 94만 6천 명이 대책 없이 굶고 있었다. 이것이 이른바 보릿고개였다.

지방의 각 면사무소에는 구호를 원하는 절량농민이 줄을 잇고, 이들은 모두 부황증 때문에 발걸음조차 제대로 옮기지 못해다. 이농가(離農家)는 날로 증가되고, 특히 10대 소년소녀들의 가출이 부쩍 늘고 있었다. 뿐만 아니라 당시 서대문 적십자병원, 서울대부속병원, 성모병원, 백병원 등 서울시내 9개 병원에는 자기 피를 팔아 돈을 마련하려는 가난한 사람들이 끊임없이 모여들고 있었다.

그렇다고 다른 산업이라도 발전했느냐 하면 그렇지도 못했다. 해마다 농촌에는 절량농가가 늘어나고 도시에는 실업자들이 증가했다. 게다가 인구는 매년 수십만 명씩 늘어났다.

1962년도에 우리나라의 인구는 이미 2천 6백만 명에 달했고, 강력한 가족계획을 전제로 하더라도 향후 10년 후에는 3천 3백만 명이 될 것으로 예상되고 있었다.

따라서 식량부족 문제를 해결할 수 있는 식량증산은 가장 긴급한 국가적 과제였다. 식량증산은 식량의 자급자족을 달성하기 위해서 필요했고, 국제수지의 개선을 위해서도 필요했으며, 또 고용증대를 통한 실업문제 해결을 위해서도 필요했다.

그러나 대통령이 식량증산의 필요성을 통감한 가장 큰 이유는 공업화를 위해서는 그것이 선결과제라고 생각했기 때문이었다. 그 당시 우리는 해마다 막대한 외화를 들여 4, 5백만 석의 식량을 수입해 오고 있었다. 우리가 도입한 미국의 잉여농산물은 우리나라에 대한 미국원조 총액의 30%를 넘었다. 이 잉여농산물의 도입은 연평균 3백만 석의 식량부족을 메울 수 있는 유일한 해결책이었다.

이러한 식량의 절대부족 현상은 농지의 개량과 확장이나 수리관개시설의 확충이 이루어지지 않아서 농업생산 기반이 취약한 데다가 영농기술의 개량과 보급이 이루어지지 않아서 경작 면적이나 단위 생산력이 제자리를 맴돌고 있었기 때문에 생긴 것이다. 한 마디로 말하면 농업투자가 부족하여 농업생산력이 정체되어 있었기 때문이었다.

게다가 그나마 생산되는 주곡마저 미국 잉여농산물 도입으로 그

가격이 하락하여 농가의 소득은 감소하였다.

이러한 농업생산력의 정체는 농촌에 잠재적인 실업인구를 양산하였고, 농가소득 감소는 필연적으로 농가의 구매력을 감퇴시킴으로써 국내 소비품공업과 중소산업의 발전을 저해하였다. 뿐만 아니라 얼마 안되는 외화를 식량수입에 충당해야 했기 때문에 공업발전을 위한 시설과 기술을 도입하는 데 사용해야 할 재원이 그만큼 부족하게 되었다. 농업생산의 정체는 식료품가격 상승을 유발하고 이것은 공업부문의 임금인상을 가져왔다.

원래 공업부문의 임금은 농업부문의 임금상승에 따라 상승한다. 절대노동력이 감소할 정도로 많은 노동력이 농업부문에서 빠져 나갈 경우, 농업부문의 평균 생산성은 증가하고 임금도 상승하며 따라서 공업부문의 임금도 농업부문 임금과의 차이를 유지하기 위해 인상되지 않을 수 없기 때문이다. 그러나 공업부문의 임금이 인상되는 보다 큰 이유는 공업제품의 가격에 비하여 상대적으로 빨리 상승하는 식료품 가격에 있었다. 공업부문에는 노동력이 계속 흡수되면 근로자들의 실질소득은 향상되고 식품수요는 증대된다. 이에 따라 농업부문에서는 시장에 더욱 많은 식품을 공급할 필요성이 증가한다. 만약 농업생산의 비탄력성 때문에 이것이 불가능하게 되면 식료품 가격은 상승하게 되고 이에 따라 공업부문 근로자의 임금도 상승할 수밖에 없다.

이러한 식료품가격 상승으로 인한 공업부문의 임금상승은 공업성장의 저해요인이 된다. 따라서 공업화를 위해서는 식료품가격의 상승을 억제하여 공업부문 근로자의 임금을 안정시켜야 한다. 이것은 농산물, 특히 식량의 계속적인 증산을 필요로 한다.

대통령이 식량증산의 필요성을 통감한 이유는 경제적 필요성 이외에 또 있었다. 그것은 정치적 이유였다. 즉, 미국의 식량원조에 수반되고 있는 경제적, 정치적 압력에서 벗어나 국가적인 독립과 자주성을 회복하기 위해서는 빠른 시일 내에 식량의 자급자족을 이룩해야 한다는 것이다. 혁명정부 당시 미국은 자기들의 요구를 관철하기 위해 식량원조 등 경제적 지원의 중단을 압력의 무기로 삼았고, 특히 1963년 우리가 한발과 홍수로 식량난이 생겼을 때 민정이양 문제를 트집잡아 인천항에 정박한 선박에서 원조식량의 하역을 중단시킴으로써 우리의 식량난을 더욱 어렵게 만들었다. 이 때 대통령은 식량의 증산과 그 자급자족 달성이 국가의 독립과 국민의 생존을 위해서 얼마나 시급하고 중요한 일인가를 뼈저리게 통감했다.

그때 대통령은 어떠한 일이 있더라도 식량의 자급자족만은 반드시 달성해야 되겠다는 결심을 굳혔다.

그리하여 대통령은 제1차 5개년계획 때부터 한편으로는 공업화를 위하여 우선적으로 이루어져야 할 필수적인 주요 기간산업 건설에 주력하면서 다른 한편으로는 주곡인 쌀의 자급자족을 달성하고 농가의 소득을 증대시키는 데 집중적인 노력을 기울였다.

식량증산과 농가소득 증가를 위해서는 두 가지 방법이 있었다.

그 한 가지는, 농산물의 가격을 올려주는 것이다. 특히 그 당시 농가소득의 대종을 이루고 있는 쌀과 보리 등 주곡의 가격을 인상해 주는 것이다. 다른 한 가지는, 농업생산의 근대적인 기반을 조성해 주는 것이다.

그 당시 정부의 재정은 너무나 빈약하여 쌀, 보리 등 농산물 가격을 올려주는 데는 한계가 있었기 때문에 가격인상만으로 농가의 소득이 증대되기는 어려웠다. 따라서 제한된 재원을 농업의 생산기반을 조성하는 데 투입하는 것이 농가소득을 증가시킬 수 있는 보다 근원적인 방법으로 인식되고 있었다.

정부는 농산물의 가격인상보다는 농업의 생산기반 조성에 재정투

최고회의 직원들과 경기도 부천군 소하읍 표절리 부락에서 마른 논에 물을 대기 위한 또랑을 파고 있는 박정희 의장(1962. 7. 3)

자를 한다는 기본정책을 수립했다.

농민들은 쌀과 보리 등 식량을 싼 값으로 공업 등 비농업부문에 공급함으로써 물가상승을 막아 경제안정에 기여하고, 정부는 농업 생산기반을 조성해 줌으로써 농민들의 생산성을 향상시키고 농가소 득 증대에 이바지한다는 것이다.

이러한 기본정책에 따라 1964년 정부는 식량증산 7개년계획을 수 립하고 1965년부터 이 계획을 추진해 나갔다. 우선 65년도의 식량 증산 목표를 약 3천 6백만 석으로 잡고 이 목표달성을 위해서 여러 가지 사업을 시행했다.

농경지확장을 위한 간척사업이나 야산에 대한 개간사업을 추진했 고, 반당수확량을 높이기 위해서 새로운 영농기술과 과학적인 영농방법을 보급하고 지도하였으며, 또 영농의 합리화와 기계화를 위한 경지정리사업을 추진하여 농지의 이용도를 높였고, 비료, 농약, 농기구 등 영농자재를 적기에 공급하였다.

또 수리관개시설을 계속 확충하였고, 매년 되풀이되는 한발에 대처하기 위해 전국의 한해 상습지에 대한 조사를 실시하고, 이 지대에 대한 항구대책을 강구했다.

특히, 주기적으로 발생하는 한해와 풍수해로 인한 막대한 피해를 예방하고, 물걱정 없이 농사를 지을 수 있도록 전천후 농업용수원 개발사업에 최대의 비중을 두어 저수지, 양수장, 보 등의 지표수개발과 지하수개발을 위한 노력을 계속했다. 그리고 벼의 종자개량사업도 추진했다.

이와 동시에 농산물 가격안정기금을 적절하게 운용하여 곡가를 적정수준에 안정시키고, 농민의 수익을 보호하는 한편 농산물의 국제경쟁력을 강화하는 데 힘썼다.

정부는 쌀의 단위면적당 생산량 증대를 위해서 농촌진흥청에서 개발한 새로운 영농방법을 농가에 보급하였는데 그 중의 하나가 재배방법의 혁신에 의한 증산방법이었다.

이 방법에 의한 증산에 있어서 조기재배의 경우는 16% 내지 23%, 조식재배의 경우는 15% 내지 18%, 건답직파의 경우는 30% 내지 40%까지 증산효과를 거둘 수 있었다.

조기재배나 건답직파 등 재배방법에 의한 증산에 있어서도 농민들은 모험과 비용이 따르는 어려움 때문에 정부의 권유에 쉽게 호응하지 않았다.

그러나 정부시책에 따랐던 농가들이 많은 증산효과를 거두고 있다는 사실이 밝혀지면서 이 방법을 활용하는 농가들이 늘어났다.

대통령은 식량증산시책을 추진하면서 항상 농민들의 자조, 자립

충주비료공장을 시찰하는 박정희 의장(1962. 7)

정신을 강조했다. 아무리 좋은 정부시책도 농민들이 자조와 자립의 정신으로 분발하지 않으면 성과를 거둘 수 없다는 것이다.

"나는 스스로 내 손에 괭이와 삽을 들고 증산에 앞장서겠다"

1964년 1월 10일, 국회에 출석하여 발표한 연두교서에서 대통령은 식량증산 등 국내자원 개발과 수출산업 발전에 중점을 둔 제2차 5개년계획을 준비하고 있다고 밝히고, 항간에 퍼져 있는 위기의식은 우리 경제가 곧 도달할 상태를 생각하면 능히 극복할 수 있다고 천명했다.

"정부는 곧 제2차 5개년계획의 준비에 착수함으로써 보다 합리적이며 건실한 계획을 수립하되, 특히 식량의 증산을 비롯한 국내자원의 개발과 수출산업의 발전에 중점을 두게 될 것입니다.

한편 전력생산은 금년 말에 이미 혁명 전의 두 배인 70만 kW의 시설용량을 갖게 되어 전력수급의 완전해결을 볼 것이며, 석탄생산도 혁명 전의 약 두 배인 900여만 톤에 도달하게 될 것입니다.

금년에 완성될 세 개의 시멘트공장의 생산능력이 170만 톤 규모에 달하게 됨으로써 국내수요를 완전히 충족하게 될 것이며, 정유공장으로부터는 연산 1,100만 배럴 이상의 유류를 생산하여 역시 국내수요를 충족하고도 남게 될 것입니다.

한편 현재 비료의 생산능력은 요소 17만 톤의 규모이나 불원간 두 개의 비료공장을 건설하여 국내수요의 대부분을 충족할 수 있게 될 것입니다.

오늘날 항간에는 위기의식이 상당히 퍼져 있음을 정부는 잘 알고 있습니다. 그러나 이것은 우리 경제가 머지 않아 도달하게 될 상태를 생각하면 능히 극복할 수 있는 것입니다. 경제발전을 이룩함에 있어서는 기적이나 첩경이 있는 것이 아닙니다. 우리가 위기의식에 사로잡혀 목전의 소리(小利)에만 급급하고 우왕좌왕하면 그만큼 오히려 경제는 후퇴되어 수습하기 어려운 혼란만이 있을 것이며, 정부가 제시한 방향에 따라 꾸준히 인내와 창의적인 노력을 계속한다면 자립경제에 이르는 기간은 그만큼 단축될 것임을 확언하는 바입니다.

우리가 당면한 역사적인 과제는 정부와 국민의 혼연일체의 노력을 요구하고 있습니다.

우리 경제가 자립경제의 확립이란 중대한 전환점에 서서 도약의 단계로 돌입하려 함에 있어 혁신적인 경제정책이 확립되어야 할 우리의 현실을 직시하고 내핍과 고난을 감수하며 일하는 국민으로서 용기와 자신과 희망을 가지고 전진하여 나가야 하겠습니다.

따라서 본인은 전국민이 일치단결하여 당면한 경제문제를 해결하고 민족의 영원한 번영을 기약할 수 있는 기틀을 마련하도록 협력하여 줄 것을 충심으로 바라마지 않는 바입니다."

대통령은 이어서 경제안정을 위해 제1차 5개년계획을 수정보완했다고 말하고, 정부가 이 계획에 따라 추진하게 될 생산과 투자계획에 대해 설명했다.

"경제안정을 위한 정책은 불가피하게 당초 의욕적으로 책정된 5개년계획을 수정보충하여 합리적으로 추진할 것을 요구하고 있습니다.

정부는 이미 경제성장을 달성할 것을 목표로 하는 5개년계획의 보충작업을 완료하였던 것이며, 이와 같은 수정보완된 계획에 의거하여 생산 및 투자활동을 추진할 것입니다.

첫째, 정부는 계속하여 중농정책에 힘을 기울여 수산업과 더불어 농업경영의 근대화로써 농업생산력을 획기적으로 증대하는 농업기술의 혁신을 기하여 식량의 자급자족 태세를 갖추고자 합니다. 동시에 농산물 가격유지를 비롯한 제시책으로 농업소득을 향상시킴으로써 국민경제의 구조적 불균형을 시정할 것이며, 동시에 농업민의 협동조직의 합리적 운영을 조장하고, 둘째, 우리나라 경제발전의 주요 관건을 이루고 있는 전력·석탄·유류 등 에너지 공급원을 확대하며, 셋째, 수송력의 증가 및 전신, 전화시설의 확충 등 사회간접자본의 충족을 기하게 할 것입니다.

특히 교통부문에 있어서는 석탄을 비롯한 지하자원과 임산자원을 개발하기 위한 정선선 및 경북선 등 산업선과 지역사회 개발을 위한 철도를 건설하여 객화차의 제작과 도입에 박차를 가하게 될 것입니다. 이와 같은 투자재원의 조달을 위하여 정부는 정부소유 주식과 재산을 불하하고 재고나 부동산투자 등 비생산적인 투자는 이를 억제하고 자본시장을 육성발전시키는 데 노력하고자 합니다. 다음 생산성의 향상을 기하는 데 적극적으로 노력하며 기술교육의 확충 등으로 경영기술을 포함한 과학기술의 진흥에 주력할 것입니다. 한편 우리가 연평균 5% 이상의 경제성장을 성취한다고 하더라도 높은 인구성장률 때문에 실질적인 국민소득의 급속한 증가는 기대하기 어려울 것입니다.

그러므로 정부는 경제발전에 장애가 되는 인구문제를 해결하기 위하여 가족계획사업을 강력히 추진할 것입니다.

또, 지역경제의 균형적인 발전을 도모하기 위하여 국토건설 종합계획을 수립하여 중소기업의 지방분산을 꾀하며, 농수산물을 원료로 하는 가공처리 시설의 설치와 가내공업을 지원하고 각 지역의 유휴노동력을 활용하여 노동의 실물자본화를 꾀함으로써 또한 인구의 도시집중화를 방지하게 될 것입니다.”

대통령은 이어서 선진국들이 반세기 이상 걸려서 이룩한 경제의 자립적인 성장과 근대화과정을 우리는 훨씬 단축하여 실현할 수 있으리라는 희망적인 전망을 할 수 있게 되었다고 천명했다.

"경제의 발전은 근면과 절약으로 저축을 증대하고 이를 생산력의 확대에 계속적으로 투자하는 과정입니다.

그러므로 소비의 절약은 외환난을 타개하기 위하여서뿐만 아니라 앞으로의 보다 나은 생활을 위한 첫째 요건입니다. 그러나 이것은 이미 내핍의 한계점에 도달한 서민대중에게 이 이상의 부담을 강요하려는 것이 아니라 정부를 비롯하여 각 분야의 지도층이 솔선하여 스스로 수범이 되도록 함으로써 고소득층으로 하여금 스스로 생활을 합리적으로 규제토록 하자는 것입니다. 노동관계도 우리의 경제실정에 비추어 상호협조적인 분위기하에 개선되어야 할 것입니다. 기업가는 노동자의 노동조건을 개선하는 데 노력함은 물론이나 노동자도 또한 선진국의 노동자가 그들 경제의 개발초기에 보여 준 선례에 따라 생산성의 향상에 진력한다면 그에 따라 노동조건의 개선도 자연 이루어질 것입니다. 또 정부도 현재 노동자가 처해 있는 어려운 형편을 충분히 인식하고 노동자의 복지향상을 도모함과 아울러 신년도부터는 산업재해보상보험 및 의료보험을 시범적으로 실시하여 노동자가 입는 재해에 대하여 적시보상의 길을 터 놓았으므로 물가상승률에 비례한 임금인상을 위한 쟁의를 야기시킴으로써 경제발전 전반에 지장을 초래하지 않도록 하여야 할 것입니다.

이상과 같은 시책은 우선은 국민의 생활면에 다소의 곤란을 가져올 것이나 이와 같은 정부의 시책에 맞추어 전국민이 일치된 노력을 경주한다면 우리는 머지 않아 우리나라 경제가 가진 구조적인 결함을 하나하나 시정하면서 경제의 자립을 이룩하게 될 것입니다. 선진국의 역사가 보여 준 바로는 한 나라가 전통적인 사회에서 벗어나 근대화과정을 밟기 시작하여 경제의 자립적인 성장을 이룩하기까지는 적어도 반세기 이상의 꾸준한 노력을 요하였던 것입니다. 그러나 우리는 이것을 훨씬 단축하여 실현할 수 있으리라는 희망적인 전망을 가질 수 있습니다."

대통령은 끝으로 대통령 스스로 삽과 괭이를 들고 증산과 검약에 앞장서겠다고 말하고 온국민에게 용기와 자신과 희망을 가지고 내일을 향해 전진해 나가자고 호소했다.

"지금도 우리의 조국은 두 번 혁명이라는 절개수술의 여독으로 그 치유의 과정에 진통을 겪고 있습니다. 그것은 바로 국민의 생활고라는 실로 참기 어려운 통증으로 나타나고 있음을 다 잘 알고 있습니다.

그러나 우리가 직면한 여러 가지 난관과 시련에 대결하여 민족의 일치단결된 힘으로 극복하느냐의 여부에 따라 우리의 운명은 결정 지어지는 것입니다. 무기력과 자조로 패배한다면 이 민족은 영원히 세계사에서 낙오되고 말 것입니다.

정부는 전례 없는 확고한 신념과 강력한 태세, 그리고 비상한 결의로서 난국타개에 임하고 있습니다. 전체국민의 양식과 지혜를 집결할 것이며 총명과 지식을 동원하고 기술과 노동을 제공하면서 모든 부면의 정책을 차근차근한 경륜으로써 수행해 나갈 것입니다.

식량을 비롯한 생활필수품의 수급에 관한 대책은 세워졌습니다.

우리만이 잘살지 못할 이유가 없습니다. 온민족이 함께 시련을 겪어 이겨낸 연후에 건설될 번영된 그날의 낙토, 조국을 상정하며 희망을 가집시다.

불퇴전의 결의로 나선 약진을 위한 대혁신운동은 신춘으로부터

이 강토에 한 평의 땅도 더 갈고 우리의 땀과 내일의 씨를 뿌릴 것입니다. 한 그루의 나무도 더 심을 것입니다.

나는 스스로 내 손에 삽과 괭이를 들 것이며, 증산과 검약에 앞장설 것입니다. 학생·공무원·노동자·상공인·군인 앞에 분기와 참여를 호소할 것입니다.

그리하여 이 한 해 국민과 함께 어려움을 참고 이겨나가는 과정에서 새로이 약진의 터전을 마련하고 남에게 의존하지 않고 내 것으로 먹고 살 수 있는 토대를 닦을 것입니다. 한 민족이 당면한 시련이 크면 클수록 이를 극복하는 보람도 클 것입니다. 융화와 단합을 촉성하고 용기와 자신과 희망을 가지고 내일을 향하여 전진해 나갑시다."

식량 자급자족 위해 증산운동 전개해야 한다

1964년 2월 3일, 제3공화국의 첫 번째 지방장관회의에서 대통령은 식량의 자급자족을 위해 일대 식량증산운동을 전개해 나갈 것을 촉구했다.

춘궁기에 농촌과 도시영세민을 구호해야 되겠고 한 치 황무지라도 개간하여 한 알의 곡식이라도 더 증식해야 한다. 농업의 근대화는 추상적인 이론보다는 여건을 치밀하게 검토하고 실체에 적응하는 구체적 방안을 수립하여 추진할 때 보람찬 결실을 얻을 수 있을 것이다. 따라서 농촌과 지역사회의 일선에서 일하게 될 지방장관들은 농민의 충실한 길잡이가 돼야 한다. 나는 이 강토의 구석구석을 다니며 민의의 소재를 밝혀내고 도정과 시정의 말단에 이르기까지 자세히 파악하고 공무원들을 격려하여 새로운 기풍과 정신으로 국민의 앞장에 서서 부지런히 땀 흘려 일하는 공무원의 자세를 바로잡아 놓겠다는 것이다.

"이제 춘궁기라는 어려운 계절을 앞두고 우리의 가난한 농촌과 도시 변두리의 빈한한 집집은 또 다른 시련을 겪게 되었습니다. 이 다가올 시련은 특히 기아직전에 헤매는 수많은 영세민의 구호를 요구할 것이며, 한편 이 나라의 항구적 번영의 토대가 될 자급자족의 식량증산을 위하여 다시 없는 강렬한 결심을 요구하는 것입니다.

한 치의 황무지라도 더 개간해 나가고, 다듬어진 경지 위에는 한 알의 곡식이라도 더 증식시키기 위하여, 우리는 우리의 모든 지혜와 열의를 다하여 대대적인 식량증진운동을 전개해 나가야 하겠습니다. 검약과 증산은 바로 대혁신운동의 주축을 이루고 있음은 나의 정치적 소신으로 이미 밝혀진 바 있습니다.

특히 농업근대화의 긴박한 과제는 추상적인 이론과 공리에 그친 구상에 앞서 치밀한 여건의 검토와 실제에 적응하는 구체적 방안의 수립·실천에서만이 비로소 보람찬 결실이 기약될 수 있기 때문에, 농촌과 지역사회의 일선에 서게 될 여러분의 사명과 책임은 어느 누구보다도 무겁다는 것을 나는 강조하지 않을 수 없습니다.

여러분은 농촌사회의 전반에 걸쳐 밤낮을 가리지 않는 인내와 근면으로써 농민의 충실한 길잡이로 나서야 하겠습니다. 또한 도시와 농촌의 일부에서 절량이라는 막다른 난경에 직면한 영세민을 구호하기 위해서는, 세밀한 실태파악과 계획으로써 철저한 대책을 강구하여 줄 것을 심심 당부해 마지않습니다.

나는 앞으로 이 강토의 구석구석을 훑어 민의의 소재를 밝혀낼 것이며, 도정과 시정의 말단에 이르기까지 자세한 파악과 부단한 격려 그리고 새로운 기풍과 정신으로 국민 앞에 앞장서 부지런히 땀 흘려 일하는 공무원의 몸가짐을 확고하게 바로잡아 놓을 것입니다.

필요한 것은 오직 부동의 신념과 용기와 그리고 실천인 것입니다. '부지런히 일하는 공무원', 이 새로운 기풍은 바로 여러분들로부터 세워 나갈 것을 간곡히 부탁드립니다. 오늘 이 모임의 참뜻을 되새기면서, 새로운 포부 아래 여러분의 일자리로 돌아가십시오."

일선행정관들은 농민들의 앞장에 서서 지도력을 발휘해야 한다

1964년 3월 13일, 대통령은 전국의 시장·군수·구청장들을 소집하여 식량증산 연찬대회를 열었다.

이 회의는 이날을 기점으로 전국의 모든 일선공무원들이 넥타이와 정장 대신에 작업복을 입고 농민들과 함께 농촌의 생산과 건설의 현장에 파고들어 일 년 열두 달 밤과 낮을 가리지 않고 피땀흘리며 일하는 새로운 공무원의 정신과 자세를 확립하고, 그러한 정신과 자세로 10수년 동안 끈질기게 분발하고 노력한 끝에 드디어 자급자족을 이룩하고 치산녹화로 헐벗었던 이 강산을 금수강산으로 부활시킨 한국녹색혁명의 출발점이 되었다.

이날 대통령은 직접 정리한 메모용지를 들고 앞으로 일선공무원들이 식량증산을 위해서 갖추어야 할 정신과 자세에 대하여 혹은 강의하듯 혹은 설교하듯 뼈저린 반성을 촉구하기도 하고 희생적인 봉사를 역설함으로써 일선공무원들에게 강렬한 인상을 남겼다.

대통령은 먼저 우리나라가 아직 식량의 자급자족을 이룩하지 못한 근본원인이 '고질적인 의타심'에 있다고 지적하고 이를 수치스럽게 생각해야 한다는 점을 강조했다.

우리나라는 왜 농업국가이면서도 매년 수백 석의 양곡을 도입하고 춘궁기가 되면 수많은 농가에서 굶주리고 있는가? 식량이 떨어지면 정부나 자선단체나 외국의 도움과 원조만을 기다리고 있을 뿐 자기가 먹을 것을 자신의 피땀어린 노력으로 해결하겠다는 자조정신이 없기 때문이다. 의타심만 있고 자조정신이 없는 곳에서 농촌의 빈곤이 싹텄고, 국가경제의 침체와 오늘날의 경제난이 비롯되었다.

개간할 농지와 충분한 노동력을 가지고도 이렇게 사는 우리 자신을 수치스럽게 생각해야 한다. 자본의 부족이니 기술수준이 낮으니 하는 말을 하기 전에 우리의 이러한 의타적인 정신자세를 바로잡아나가야 한다는 것이다.

"친애하는 전국의 시장·군수, 그리고 구청장 여러분!
농업국이면서도 연간 수백만 석의 양곡을 수입해야 하고 해마다 춘궁기에 닥치면 절량이라는 막다른 삶을 이어가야만 하는 수많은 영세민을 갖고 있는 나라, 이것이 바로 한국입니다.
이제 보릿고개의 문턱에 서서, 나는 여러분을 이 자리에 모이게 하였습니다. 이 모임에 부하된 과제가 농업증산을 위한 혁신적인 방안을 수립하는 것이겠으나, 나는 오늘 이 대회에 임한 여러분들이 지금 여기서 이 시각으로부터 갖추어 나갈 정신자세를 강조하고자 하는 것입니다.
20세기 후반기에 들어선 오늘 세계의 모든 민족이나 국가는 '자주'라는 목표의 달성을 위하여 경제적 자립을 서두르고 있습니다. 그러나 경제적 자립은 식량의 자급자족으로부터 이루어져야 한다는 것은 너무나 자명한 일입니다. 오늘 우리는 식량의 자급자족이라는 민족적 과제가 아직껏 이룩되지 못한 원인이 무엇인가를 먼저 밝혀내야 하겠습니다.
해방 후 오늘까지 우리들의 식량에 관한 사고를 지배하여 온 누습(陋習)은 한마디로 '고질적 의타심'이라고 나는 지적하는 것입니다. 식량이 떨어지면 정부나 자선단체가 도와줄 것이라는 막연한 의타심은 마침내 외국원조가 국가적인 식량부족을 자동적으로 충당히켜 줄 것이라는 안이한 사고방식을 빚어내었던 것입니다. '자기가 먹을 것을 스스로 피와 땀으로 해결하겠다'는 자조의 정신이 결여된

곳에 농촌의 빈곤이 싹
텄으며 국가경제의 침체
와 오늘의 경제적 궁핍
이 비롯된 것입니다.

개간이 가능한 농지와
충분한 노동력을 가지고
도 막대한 양의 외곡을
도입하여야만 하는 이
나라 실정에 우리는 수
치스러운 생각이 앞서야
하겠습니다. 자본의 부
족과 기술수준의 저하를
탓하기 전에 우리 스스
로의 정신적 자세를 바
로잡아야 하겠습니다."

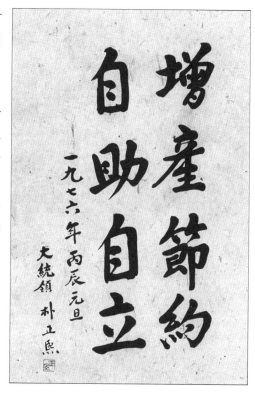

대통령은 이어서 식량
증산은 반드시 이룩해야 하고 또 이룩할 수 있는 민족의 활로라고
말하고, 범국민적인 일대 증산운동을 전개할 것을 역설했다.

지난번 지방에서 개간이 가능한 경사지와 놀고 있는 경작지를 보
고 가슴이 아팠다. 한 치의 땅, 한 치의 경작지도 놀리지 말고 개간
해 나가겠다는 정신의 혁신이 이 순간부터 이루어져야 한다. 그리고
단위당 증산을 위한 기술적 노력을 해야 한다. 끊임없는 교도와 격
려로 영농방법을 개선시켜야 한다. 증산의욕을 고취할 수 있는 방법
도 강구해야 한다. 증산의 성과를 올리는 것이 농촌의 체념을 재생
의 결의로 바꾸어 놓는 첩경임을 명심해야 한다는 것이다.

"우리의 식량은 우리의 힘으로 해결한다는 전례없이 강렬한 결심 하에 범국민적인 일대 증산운동을 전개하여야 하겠습니다. 결코 불가능한 일은 아닙니다. 반드시 이룩할 수 있는 과제이며 또한 반드시 이룩되어야만 하는 우리 민족의 활로인 것입니다.

무엇보다도 우리는 개간이 가능한 많은 땅을 갖고 있음에 착안하여야 하겠으며, 각종 곡물재배가 가능한 경작지도 유휴의 상태에 있는 실정을 똑바로 인식하여야 하겠습니다. 지난번 나는 지방에 내려가서 개간할 수 있는 많은 경사지와 놀고 있는 허다한 경작지를 목격하고 가슴아픈 감을 금할 길 없었습니다. 물론 거기에는 충분한 이유와 구실이 있겠으나 증산이 가능한 농경지를 버려둔 채 외곡(外穀)을 도입해야 하고 또한 외원(外援)을 고대해야만 하는 우리의 현실에 뼈저린 자각을 새로이 하여야 하겠다는 것입니다. 한 치의 땅도 놀리지 말고 한 치의 경사지도 더 개간해 나가려는 정신의 일대 혁신이 지금 이 순간부터 여러분에게 이루어져야 합니다. 그리고 여러분을 통하여 이 민족적 자각이 농촌전반에 스며들어야 하며 분발과 노력 속에 내일의 낙토(樂土)를 가꾸려는 힘찬 전진의 기운이 싹터야 합니다.

다음으로 나는 단위당 증산을 위한 기술적 노력을 강조합니다. 어떻게 하면 농민들이 일정한 자기의 농지에서 생산성을 높일 수 있느냐의 문제로 요약됩니다. 여기에는 창의와 노력이 필요합니다. 영농방법은 주야를 가리지 않는 교도와 격려로써 시급히 개선되어 나가야 하며, 증산의욕을 불러일으킬 수 있는 실효 있는 방법이 강구되어야 하겠습니다. 한 가지라도 증산을 했다는 보람 있는 성과는 농촌의 체념을 재생의 결의로 전환시키는 첩경임을 명심하십시오."

대통령은 이어서 구체적인 개간방법을 지시하고, 일선행정관들은

벼베기대회에 참석한 박 대통령(1964. 10. 7)

오늘부터 괭이와 삽을 들고 농민의 앞장에 서서 개간, 증산에 지도력을 발휘해 줄 것을 당부했다.

"나는 앞에서 개간과 단위당 생산성의 향상을 촉구하였거니와 이를 구체화함에는 치밀한 여건의 검토와 과학적 조사의 기초 위에 거시적이며 자세한 계획수립이 요청됩니다. 종래와 같은 단편에 그쳤던 부분적 시책에 앞서 통합된 장기와 단기의 계획이 수립되어야 합니다. 특히 식량증산과 개간촉진, 축산진흥과 사방조림 등 각 사업이 일원화된 통합계획으로 뭉쳐져야 할 것이며, 더욱이 개간에 있어서는 토양보존의 장기적 방법이 아울러 검토되어야 하겠습니다. 또한 행정기관 상호간의 긴밀한 협조와 종합적 조정이 있어야 합니다.

공명심에 날뛰는 지금 당장의 눈가림식의 챠트와, 업적을 과장보고하는 어제의 과오는 오늘부터 시정되어야 합니다. 지난날과 같이 민의의 소재를 파악치 못한 위정자의 과오를 나는 되풀이하지 않을 것입니다. 이 내 신념 앞에 여러분의 안일과 무사가 허용되지 않을 것이며 기교 있는 처세술이 용납되지 않음을 명심해야 합니다.

정부는 앞으로 이 범국민적 증산운동을 뒷받침하기 위한 모든 지원에 만전을 기할 것이나, 보다 중요한 것은 정부의 지원보다도 일선행정관들의 창의적인 노력인 것이며, 농민들을 자발적으로 증산으로 움직이게 하는 지도력인 것입니다.

여러분들은 오늘부터 스스로 괭이와 삽을 들고 개간증산에 농민의 앞장에 서야 할 것입니다. 여러분들이 이 땅을 정성들여 파헤쳐 나갈 때 우리 농민들은 반드시 여러분들의 뒤를 따를 것입니다. 만 가지 계획보다도 요는 실천인 것이며, 또 농민들을 움직이게 하는 정성인 것입니다.

나는 오늘 훌륭한 학자의 행정관을 원하지 않으며 스스로 삽을 들고 농민의 앞장에 설 진정한 농민의 행정관을 원합니다. 여러분들이 앞장서고 농민이 뒤따른 개간증산운동이 전국적으로 전개될 때 방방곡곡은 괭이소리로 메아리칠 것이며 자급자족의 기운은 태동할 것입니다.

국민 모두가 총궐기하여 증산에 증산을 거듭하여 나가야 하겠습니다. 불퇴전의 결의로 뭉쳐진 이 증산대열 앞에 우리의 농사는 확대되고 옥토로 변하고 말 것이며 이 강토의 구석구석까지 씨가 뿌려질 것을 나는 확신하는 바입니다.

이 대열의 선두에 나선 여러분에게는 오직 솔선하는 용기, 불굴의 의지 그리고 창의 있는 열성이 촉구되고 있을 뿐입니다. 여러분의 흙투성이 분발 속에 농촌은 부흥되고 국가는 번성해 나갈 것을 나는 굳게 믿어 마지않습니다.

끝으로 나는 일자리로 돌아갈 여러분들에게 정성어린 지원과 부단한 격려를 아끼지 않을 것을 확약하면서 내일의 성공과 건투를 비는 바입니다."

좋은 비료를 싼 가격으로 공급할 수 있도록 노력해야겠다

야당과 재야세력과 대학생들의 한일회담 반대투쟁이 학생대표들의 대통령 면담 후 소강상태를 이루고 있는 가운데 대통령은 예정된 각종 행사에 참석했다.

1964년 4월 1일, 호남비료주식회사는 서독 조합체로부터 나주비료공장을 인수했다. 나주비료공장은 62년 12월 20일에 준공은 되었으나 그 성능에 결함이 있어서 그동안 서독기술진들이 보수공사를 해온 끝에 정상가동이 가능하게 되어 이날 인수한 것이다. 대통령은 이날의 인수식에서 식량증산을 위한 비료공장 건설의 중요성을 강조했다.

농업국인 우리나라에서 가장 중요한 비료를 대부분 외국에서 수입해 왔으나 나주비료공장의 가동으로 비료를 적기에 보급하고, 8백만 달러 이상의 외화를 절약할 수 있게 되었다. 비료는 단위당 생산을 증가시킬 수 있으므로 우리가 전개하고 있는 증산운동에 아주 중요한 역할을 한다. 우리의 당면과제는 좋은 비료를 싼 가격으로 공급하는 것이다. 따라서 여러분들은 경영합리화, 부단한 연구, 창의적 노력으로 계획목표량 생산에 힘쓰고, 특히 기술교육을 강화하여 우리 기술진의 독자적인 힘으로 앞으로 건설될 모든 비료공장의 운영을 할 수 있도록 만전을 기해주기 바란다. 앞으로 이 공장 이외에 제3, 제4 비료공장이 건설되어 감에 따라 우리는 비료의 자급자족을 성취할 수 있게 된다는 것이다.

"재작년 12월 20일에 준공을 본 이 나주비료공장이 그 간 관계관 여러분의 계속적인 노력과 정성으로 그 성능보장이 실현되어 오늘 우리 정부가 서독조합체로부터 이를 인수하게 된 것을 나는 무한히 기쁘게 생각해 마지않습니다.

아울러 이 공장건립에 온갖 열의를 기울인 서독기술진 및 관계종업원의 노고에 높은 치하를 아끼지 않는 바입니다.

농업국인 우리나라에서 가장 중요한 부분을 차지하고 있는 비료의 수급에 있어 지금까지 그 대부분을 외국비료에 의존해야 할 실정이었으나 이 공장의 정상가동으로 비료의 적기공급 및 년간 800만불 이상의 외화절약을 기하게 되었음은 이 나라 농업근대화를 위하여 희망적 계기를 마련하였다고 하겠습니다.

새 공화국의 가장 중요한 당면목표가 생산과 건설로서 하루속히 경제적 자립을 달성함에 있으며, 특히 식량의 자급자족이라는 긴박한 과제의 해결이 무엇보다도 앞서야 함은 주지의 사실입니다. 따라서 농업에 있어서 일대 증산운동을 전개하여 한 치의 땅도 더 갈고 한 알의 곡식이라도 더 증산시키기 위하여 온국민의 굳은 결의를 새로이 하는 오늘, 이 공장의 가동은 그 의의가 매우 큰 것이라 하겠으며, 우리가 관계종업원에 기대하는 바가 그 어느 때보다도 큰 것임을 나는 강조해 두는 바입니다. 단위당생산을 증가시킬 수 있는 비료의 역할은 지금 우리가 전개하고 있는 증산운동에 있어 매우 큰 비중을 차지하고 있음은 말할 필요조차 없겠으나 어떻게 하면 좋은 비료를 싼 가격으로 공급할 수 있겠는가가 우리들의 당면과제라 하겠습니다.

이것은 바로 여러분의 열의와 노력에 달려 있는 것입니다. 기업의 경영을 합리화하고 아울러 부단한 연구와 창의적 노력을 경주함으로써 계획된 목표량의 생산에 온갖 힘을 기울여 나가야 하겠습니다. 특히 기술교육을 강화하여 우리 기술진의 독자적인 힘으로 앞으로 건립될 모든 공장의 운영에 임할 수 있도록 만전을 기할 것을 당부해 마지않습니다.

앞으로 이 공장 이외에 제3 및 제4 비료공장이 건설되어 나감에 따라 우리들은 외국비료에 의존하지 않고 우리의 힘으로 비료의 자급자족을 성취할 수 있게 될 것입니다."

식량 자급자족 없이는 공업화도 빈곤추방도 할 수 없다

정부는 일찍이 증산운동의 중요목표를 영농기술의 근대화와 개간을 통한 농경지의 확대에 두고 가능한 모든 지원을 했으며, 특히 경사가 급한 산지를 농경지로 만들기 위한 계단식 개간과 제방구축을 통한 개간에 힘썼다.

1964년 5월 21일, 낙동강유역 구미에서 증산과 개간의 효과가 큰 제방공사가 착공되었다.

이 제방은 홍수의 피해를 막아 기존의 옥토를 보존하고 100여 정보의 새로운 농토를 마련하여 6,000여 석의 식량을 증산할 수 있는 사업이었다.

특히 이 공사는 군장비를 동원하여 군이 평화역군으로서 증산운동에 적극 참여하는 계기가 되었다.

대통령은 지난 1월 10일 국회에서 발표한 연두교서에서 군작전에 지장을 주지 않는 범위 내에서 경제발전에 기여토록 군의 병력과 장비의 효율적인 평시 활용을 단행하겠다고 천명한 바 있는데, 이 방침에 따라 주한유엔군 당국의 협조하에 이번 제방공사에 병력과 장비를 처음으로 동원한 것이다. 이 공사를 계기로 이후 군은 전후방의 각 지역에서 개간사업, 도로건설, 하천제방공사, 한해 및 수해지역 복구공사, 조림사방공사 등 다양한 부문에서 대민지원사업을 전개했다. 이날 군장비지원 낙동강유역 개간공사 기공식 현장에는 대통령의 고향인 선산군 구미의 낙동강유역에 제방을 쌓아서 농경지를 만드는 공사가 시작된다는 소문을 듣고 많은 농민과 지방주민들이 모여들었다.

대통령은 이 자리에서 먼저 식량증산의 중요성과 개간을 통한 농경지 증대의 필요성에 대해 설명했다.

"오늘 우리는 제방구축을 통한 개간과 증산의 대열을 이곳 낙동강유역 구미의 땅에 전개하게 되었습니다.

보릿고개에 접어든 어려운 농촌에서 힘겨운 농사일에 여념이 없는 농민 여러분들에게 나는 위로와 격려의 뜻을 표하고, 이 제방공사가 지니는 의의를 강조하면서 개간과 증산으로 농촌을 부흥시키는 우리들의 절박한 과업추진에 있어 여러분의 분발과 협조를 당부하고자 하는 바입니다.

농업국이면서도 연간 약 400만 석 가량의 양곡을 수입하여야 하고 해마다 춘궁기가 되면 끼니를 잇기조차 힘든 수많은 절량농민을 갖고 있는 우리나라 실정에서는 식량의 자급자족이 무엇보다도 시급한 일이 아닐 수 없는 것입니다.

식량의 자급자족이 이룩되지 않고는 경제를 발전시켜 공업화를 서두를 수 없을 뿐더러 영영 가난을 벗어날 수 없는 것이 오늘날 이 나라 경제의 현실인 것입니다.

따라서 현정부는 한 치의 땅도 더 갈고 한 알의 씨도 더 심으려는 목표 아래 일대 증산운동을 전개하고 있는 것입니다. 물론 증산을 위해서는 영농방법을 개선하는 것도 중요한 일이겠으나, 무엇보다도 우리는 유휴지를 없애고 경작이 가능한 땅은 남김없이 개간함으로써 농경면적을 늘리는 데 힘써야 하겠습니다.

오늘 기공을 보게 되는 이 공사도 단순한 제방공사라기보다는 증산운동의 일환을 담당하는 개간사업의 의의가 더 큰 것이라 하겠습니다. 이 제방은 홍수의 피해를 막아 현재의 옥토를 알뜰히 보존시킬 수 있는 한편, 100여 정보의 새로운 농토를 마련하고 6,000여 석의 식량증산을 하게 되어 그 의의는 자못 큰 것이라 하겠으며, 이 곳 향토의 발전을 위해서는 매우 보람 있는 사업이라 하겠습니다.

특히 이 공사는 군장비를 동원하여 군이 평화역군으로서 증산운동에 적극 참여하는 뜻깊은 계기를 마련시켰다는 점에서 더욱 의의가 큰 것이라 하겠습니다.”

대통령은 이어서 우리 농민들은 정부에만 의존하는 소극적인 태도를 버리고 스스로의 힘으로 식량증산과 농촌부흥을 이룩하겠다는 결의를 새로이 할 것을 촉구하고, 스스로 돕는 농촌을 지원하겠다고 약속했다.

"앞으로 이 제방이 완성되기까지에는 상당한 시일과 노력이 필요할 뿐 아니라, 새로운 개간지에서 식량이 증산되기까지에는 허다한 애로가 겹칠 것이 예측되는 것입니다. 뿐만 아니라 앞으로도 많은 자금과 인력이 소요되는 전면적 개간사업은 우리나라 실정에는 매우 벅찬 일이 아닐 수 없습니다.

따라서 이 사업뿐만 아니라, 장차의 개간증산운동에 있어서는 정부의 힘만이 아니라 국민 전체의 이해와 협조, 그리고 꾸준한 노력이 무엇보다도 긴요하다는 것을 나는 강조하고자 합니다. 농민 여러분은 정부의 시책을 충분히 이해하고 가능한 모든 협조를 아끼지 말아야 할 것이며, 증산을 위한 최대의 창의를 발휘하여 보람 있는 성과를 거둘 수 있도록 부단한 노력이 있어야 할 것입니다.

모든 것을 정부에만 의존하는 소극적 태도를 버리고 스스로의 힘으로 증산에 앞장서고, 스스로의 힘으로 농촌을 부흥시켜 나가려는 굳은 결의를 가다듬어야 할 것입니다. 분명히 말해 두거니와 앞으로 정부는 스스로 돕는 농촌에는 최대한의 지원을 아끼지 않을 것입니다. 이 제방공사는 여러분의 향토에서 전개되는 국가사업인 것입니다. 여러분이 국가시책에 협조하는 일은 이 가까운 공사로부터 시작되어야 하겠습니다.

아무쪼록 이 공사에 많은 성원과 협력을 아끼지 말 것을 부탁드리며, 또한 이 공사의 기공을 계기로 농업증산에 대한 중요성이 널리 인식되어 새로운 결의로써 서로가 협조하고 단합하여 여러분 스스로의 힘으로 하루속히 농촌이 부흥되어 나갈 것을 확신해 마지않습니다.

끝으로 이 공사에 기꺼이 협력하여 주는 주한UN군 당국의 호의에 심심한 감사를 드리고, 군장병을 비롯한 각 관계관의 건투 있기를 빌면서 이 사업의 성공을 기원하는 바입니다."

개간을 통한 농경지확대를 위해 정부는 모든 지원을 할 것이다

1964년 6월 10일, 권농일 행사에서 대통령은 먼저 영농기술의 현대화와 개간을 통한 농경지확대를 위해 모든 지원을 다하겠다는 방침을 설명했다.

"오늘 농민 여러분과 더불어 열여섯 번째로 맞이하는 권농일을 기념하게 된 것을 나는 매우 기쁘게 생각하는 바입니다.

우선 나는 농번기에 들어선 어려운 농촌에서 힘겨운 환경과 갖가지 애로에도 불구하고 땀흘려 농사일에 전념하는 농민 여러분께 심심한 위로와 격려의 인사를 드리는 바입니다.

해마다의 권농일이건만 새로운 공화국에서 처음으로 맞이하게 되는 오늘의 이 권농일은 그 어느 때보다도 더 큰 의의를 가지는 것이라 아니할 수 없습니다. 그것은 바로 우리가 지금 전개하고 있는 일대 증산운동을 더욱 강력히 추진하기 위해서는 이 권농일이 농촌개발을 위한 하나의 획기적인 전환점이 되어야 하기 때문입니다.

그래도 우리나라는 농업국으로서 '농자는 천하지대본'이라는 오랜 전통 속에 농업을 국민경제의 대종으로 삼았던 것입니다.

그러나 지난 10수년을 고비로 인구의 급격한 증가와 영농기술의 후진성으로 말미암아 우리는 자력으로 식량의 수요를 메우지 못하고 지금은 연간 4~50만 석의 외곡을 수입하지 않을 수 없을 정도로 식량사정이 악화되기에 이른 것입니다.

따라서 앞으로 농업생산을 증대시키고 농가의 소득을 향상시키지 않는 한, 식량의 자급자족과 공업화를 통한 국민경제의 발전은 도저히 기대할 수 없고, 또한 자립경제를 지향하는 우리들의 노력은 끝내 결실을 맺을 길이 없는 것입니다.

정부는 일찍이 증산운동의 중요목표를 영농기술의 근대화와 개간을 통한 농경지의 확대에 두고 강력한 태세로써 가능한 모든 지원을 농촌발전에 아끼지 않을 것을 다짐한 바 있으며, 또한 이러한 전례 없이 비상한 증산의 결의는 '한 치의 땅도 더 갈고 한 알의 씨도 더 심자'는 우리들의 지표 속에 뚜렷이 밝혀지고 있는 것입니다.

영농기술의 향상을 비롯하여 농촌을 부흥시키는 정부의 시책은 앞으로 더욱 과감히 실천에 옮겨질 것이며, 특히 경사가 급한 산지를 농경지로 만들기 위한 계단식 개간과 제방구축을 통한 개간사업 등 증산운동은 본격적인 진행단계로 접어들게 될 것입니다.

따라서 멀지 않아 이 증산운동은 뚜렷한 실적을 올리게 될 것을 나는 믿어 마지않는 바입니다."

대통령은 이어서 농민들이 정부시책의 방향을 충분히 이해하여 농촌 부흥을 위해 스스로 돕는 자조의 노력을 다해줄 것을 강조했다.

"농민 여러분들은 좀 더 넓고 긴 안목으로 우리나라 농업이 당면한 과제와 정부의 시책방향을 그 어느 때보다도 충분히 이해하여 여러분 스스로가 농촌을 부흥시키기 위한 증산운동에 앞장서 나가야 하겠습니다.

무엇보다도 나는 농민 여러분께 스스로의 힘으로 자신의 복지를 향상시키고 서로가 협조·단합하여 농촌을 부흥시키겠다는 자조의 노력을 다해 줄 것을 다시 한 번 강조해 두는 바입니다.

정부가 시키는 일, 정부가 해 주는 일에 막연한 기대를 걸고 지원을 바라기에 앞서 스스로가 왕성한 의욕과 자립정신을 가지고 모든 창의력을 발휘하여 증산의 선두에 나서야 하겠습니다.

의타심과 나태(懶怠) 등 지난날의 악습을 과감히 청산하여 부지런하고 의욕적인 농민이 되어 진취적인 농촌의 기풍을 살려 나갈 것을 간곡히 부탁드리는 바입니다.

시작이 반이라는 말도 있듯이, 지금 우리가 강력히 추진하고 있는 증산운동도 비록 하루이틀에 그 효과가 나타나지는 않을 것이고 또 첫 작업의 어려움이 비길 데 없이 벅찬 것이겠으나, 굳은 결심으로 한번 착수하여 부지런히 일하고 최대한의 창의를 발휘한다면 우리 농촌살림도 반드시 향상되어 나갈 것을 확신해 마지않습니다.

아무쪼록 농민 여러분들이 힘을 뭉쳐 영농방식의 개선과 개간사업을 통하여 대대적인 증산운동을 전개해 줄 것을 오늘 이 자리를 빌어서 다시 한 번 당부하는 바입니다.

금년에는 앞으로 비가 순조롭게 내려서 예년에 없는 대농작이 이루어질 것을 우리 모든 국민과 더불어 기원해 마지않습니다."

금년에 중점적으로 해야 할 일은 경지정리사업이다

대통령은 그동안 서울에서만 열었던 지방장관회의를 1965년부터는 각 시·도에서 돌아가면서 열도록 하였다.

대통령이 이처럼 지방장관회의를 각 지방에서 개최하도록 한 것은 증산·수출·건설이라는 3대 시정목표를 달성하기 위해 노력하는 지방의 실제 활동상황을 직접 사찰하고, 여기서 보고 느끼는 문제점들을 정확히 파악하고 또 지방의 현지회의를 통해서 각 시·도가 그들의 시책을 서로 비교하고, 성공적인 사업은 이를 확대 실시하며, 실패한 사업은 그 문제점을 신속히 해결하는데 도움을 주려는 데 그 취지가 있었다.

대통령의 이러한 뜻에 따라 지방장관회의가 처음으로 열린 곳은 대구였고, 그 일시는 2월 12일이었으며, 그 목적은 경북에서 추진해온 경지정리사업의 현장을 도지사와 시장·군수들이 견학하도록 하여 이것을 본보기로 삼아 이 사업을 전국적으로 확대해 추진하기 위한 것이었다.

64년부터 경상북도에서는 농협을 중심으로 농민들이 경지정리사업에 착수하여 좋은 성과를 거두었다. 그 당시 우리나라의 100만 호 이상의 농가가 소유하고 있는 농경지는 5단보 미만으로 그 규모가 너무나 영세하였다. 경북에서는 농협 주도하에 농민들이 협동하여 소유농지를 합쳐서 이것을 바둑판처럼 정리하여 수리관개시설을 하고 배수로를 만들어서 기존 농경지의 단위면적에서 과거보다 생산량을 크게 늘리는 데 성공하였다.

1965년 1월 16일, 대통령은 국회에 출석하여 발표한 연두교서에서 '현재 경상북도에서 자발적으로 추진 중에 있는 경지정리사업은 농업협동정신을 앙양하고 농업경영합리화의 기반을 마련하고, 농업생산에 기계를 투입할 수 있도록 하는 획기적인 사업이며, 동 사업을 전국으로 실시할 방침'이라고 밝힌 바 있다.

이날의 회의에서 대통령은 앞으로 지방장관회의를 지방별 현지회의제로 실시하기로 한 취지를 설명하고, 경지정리사업을 통해 농촌근대화에 선도적 역할을 담당해온 경북도민과 공무원의 업적을 높이 평가했다. 그리고 6개 사항에 관해 지시하고 강력한 실천을 요망했다.

"일하는 해를 맞이하여, 오늘 처음으로 지방장관회의를 이곳 대구에서 개최하게 된 것을 매우 뜻 깊게 생각합니다. 이처럼 이 회의를 지방에서 개최하게 된 것은 증산과 건설을 위한 지방의 실제 활동 상황을 직접 시찰하고, 여기에서 보고 느끼는 문제점들을 정확하게 파악하여 앞으로의 시책운영에 이를 반영시키려는 취지인 것으로 알고 있습니다.

앞으로도 이와 같이 지방별 현지회의를 통하여 각도의 시책을 서로 비교하고 공통된 문제점을 신속히 해결하는 방향으로 발전시켜

부산에서 열린 생산기업인대회에 참석하여 이 시점은 무역전쟁 시대라면서 "올해는 수출목표를 1억 7천만 달러를 돌파하자"고 독려했다(1965. 1. 28).

줄 것을 우선 당부해 두는 바입니다.

그리고 이 자리를 빌려 그동안 어려운 여건하에서 지방의 발전과 주민들의 생활향상을 위해 많은 노력을 기울여 주신 여러분의 노고를 치하하고, 특히 농촌근대화에 선도적인 역할을 담당해온 경북도민 및 공무원 여러분의 업적을 높이 찬양해 마지않습니다.

이미 증산·수출·건설이라는 3대 목표달성을 위하여 관계부처로부터 구체적인 지침이 시달되었으리라 믿으며, 이에 따라 금년에는 명실공히 무엇인가 꼭 해보겠다는 태세가 갖추어졌으리라고 생각되기 때문에, 이 자리에서는 일반적인 문제점만을 가지고 여러분의 강력한 실천을 요망해 두고자 합니다.

첫째, 당면한 증산시책에 모든 행정력을 체계적으로 그리고 효과적으로 집중시키는 문제입니다.

일하는 해의 둘째 달에 들어선 지금은, 준비와 검토단계가 아니라, 이미 마련된 계획에 따라 실천하고 집행하는 단계인 것입니다. 이미 중앙에서 리(里)나 동(洞)에 이르기까지 일사불란하게 시책이 스며들고, 계획이 실천에 옮겨질 수 있는 만반의 태세가 벌써 갖추어져 있어야 한다는 것입니다. 과연 증산과 건설의 주도적인 역할을 담당하는 기관이나, 이를 지원하고 협조하는 모든 기관이 조직적인 활동을 전개할 수 있는 바탕이 이미 마련되었는가, 나는 이것을 여러분께 묻고자 합니다.

정부의 여러 갈래의 시책을 지역단위로 묶어서 종합·보완하여 지방 실정에 맞도록 집행하자면, 적어도 이러한 일할 수 있는 바탕이 앞당겨 마련되지 않고서는 증산이고 건설이고 하는 것이 빈말이 된다는 것을 새삼 지적해 두는 바입니다.

여러분들은 자기 감독 하에 있는 기관과 지역사회의 모든 관계기관간의 유기적인 협조체계와 방법을 명확히 하여 특히 증산시책이 일관성 있게 침투되고 구현될 수 있도록 강력한 조치 있기를 거듭 요망하는 바입니다. 그러기 때문에 지방장관과 시장·군수의 행정적 수완 및 지도력이 그 어느 때보다도 절실하다는 것을 명심해 주기 바랍니다."

"둘째, 증산을 주도하는 기반(基盤)행정력을 강화하여 증산시책이 주민의 자발적인 의욕과 연결되도록 하는 문제입니다.

정부나 지방자치단체에서 아무리 좋은 계획을 세워도, 이 계획을 실천에 옮기는 말단기관과 주민들의 호응이 없으면 그 계획이란 공전되기 마련인 것입니다.

그러므로 정부와 지방행정기관의 적기 적절한 지도와 리동주민의

貯蓄은 國力

一九七六年二月五日

大統領　朴正熙

자발적인 증산의욕이 일치될 수 있도록 하기 위하여, 행정의 중점을 읍면·리동의 기반행정력의 육성강화에 두어야 하겠다는 것입니다.

지금까지 시책이 침투되는 상황을 보면, 중앙에서 도·시도까지는 비교적 신속히 이루어지고 있으나 시군에서 읍면·리동에 이르는 말단침투력이 미약한 실정에 있으므로, 그 요인을 가려내서 결함점을 하루빨리 개선하여 기반행정력을 강화하여 나가도록 해야 할 것입니다. 이리하여 밑에서 위로 또 위에서 밑으로 서로 뻗어나는 증산 붐이 조성되도록 각별한 노력 있기를 바라 마지않습니다.”

“셋째, 지역실정과 입지적 조건에 입각한 종합계획, 중점목표를 세워 활발히 추진하는 문제입니다.

우리가 당장 해야 할 일은 많으나, 현실적인 제약이 적지 않으므로 장기적인 종합계획을 세우는 한편, 단계적으로 실천해 나갈 중점 사업을 또한 확실히 세워서 이것만은 꼭 하고 말겠다는 뚜렷한 목표와 신념이 있어야 하겠습니다. 객관적인 여건과 사업의 우선순위를 고려함이 없이 막연하게 총화식으로 사업계획을 나열하고 이를 추구해 나가다간 '되는 것도 없고 안 되는 것도 없는' 결과를 초래하지 않도록 각별히 유의하여야 하겠습니다.

특히 종합 지방행정 기관장인 도지사·시장·군수는 정부의 시책을 바탕으로 자기지방의 여건에 적합한 독자적인 구상과 계획이 있어야 하고, 일단 세운 중점목표만은 어떠한 애로가 있더라도 기어이 실현해 보겠다는 굳은 의지와 실천력이 있어야 하겠습니다. 그런 의미에서 자발적이고 중점적인 개발사업이 어느 도 어느 시군을 막론하고 도처에서 활발히 전개되어야 할 것으로 믿습니다."

"넷째로는, 다가오는 춘궁기를 극복하기 위해서 유효적절한 대책을 강구하는 문제입니다.

작년의 풍작으로 식량사정이 다소 호전되었다고는 하나 지방적으로는 아직도 춘궁기를 걱정하지 않을 수 없는 것은 우리의 딱한 실정이기도 한 것입니다.

해마다 연례행사처럼 되다시피한 춘궁기 대책에 있어 금년에는 과거와 같이 소극적인 구호시책에 머무를 것이 아니라, 좀 더 적극적인 시책으로 전환되어야 하겠습니다. 다름 아니라 지방예산에 계상된 건설사업을 해동과 더불어 즉각 착공토록 하는 방법입니다.

즉, 과거와 같이 소비에만 그치고 마는 구호방법을 지양하고, 구호를 통하여 증산과 건설효과를 아울러 거둘 수 있는 합리적인 방안을 강구해야 하겠으며, 각종 사업들은 실업자구호와 연관시켜 계획적으로 전개해야 하겠습니다.

따라서 미국의 잉여농산물을 지역별로 증산·건설과 직결되는 개간·간척·사방(砂防)사업 등에 효과적으로 투입하여, 일면구호 일면

건설의 성과를 올리는 동시에, 지역적인 구호문제는 정부에만 의지하지 말고 시장·군수나 도지사가 책임을 지고 미리 대책을 세워 나가도록 당부하는 바입니다."

"다섯째로는, 각종 재해에 대한 만반의 대비책을 지금부터 세워 나가야 하겠습니다. 돌이켜보면 우리는 해마다 자연의 재해와 싸워 왔다고 해도 과언이 아닙니다. 작년만 하더라도 영남지방에는 심한 한발이 있었고, 또 중부지방에서는 폭우를 겪은 바 있으며, 한편 금년 보리농사도 예측을 불허하는 실정에 있는 것입니다.

우리가 애써 생산하고 건설한 결과가 이러한 재해로 말미암아 하루아침에 큰 피해를 입고마는 쓰라린 과거를 거울삼아, 기왕의 경험을 최대한으로 활용함으로써 항구적인 재해대책을 세워야 할 것입니다.

재해방지가 곧 소극적인 증산과 건설이라는 것을 명심하고, 수해나 한해는 물론 우리의 기술로써 능히 극복할 수 있는 각종 농산물의 병해 등을 예방하기 위해 지방장관은 관계기관으로 하여금 치밀한 대책을 지금부터 곧 착수해 나가도록 조치하여 주기 바랍니다."

"여섯째로는 우리는 범국민적인 검소와 저축운동을 전개하여야 하겠습니다.

오늘날 자립경제의 달성을 위해 우리가 해결하지 않으면 안 될 과제는 한두 가지가 아닐 것입니다.

그 가운데 거국적으로 추진해야 할 현실적 과제가 바로 검소와 저축으로 경제성장을 촉진 조성하는 문제입니다. 나는 이 자리에서 검소와 저축의 중요성을 새삼 강조하지 않겠거니와, 요는 검소와 저축의 기풍을 어떻게 진작하느냐 하는 방법이 문제입니다.

확실히 말해 두거니와, 오늘날 우리나라에 있어서 검소와 저축을 국민의 앞장에 서서 실천할 사람은 바로 지도층에 있는 여러분입니다.

생활고에 시달리는 많은 도시영세민과 농민들에게 저축을 권유하기에 앞서 정부나 사회의 지도계층에 있는 사람들부터 자숙하고 솔선하여 저축을 하지 않으면 안 되겠습니다. 그리하여 우리의 현실과 각자의 생활환경에 맞지 않는 사치와 허영을 우리 생활주변으로부터 몰아내고 자기 분수를 지키며, 오늘보다 내일을 위하여 저축을 하는 건전한 사회기풍을 조성하는 데 여러분과 공무원이 스스로 시범해 줄 것을 신신당부하는 바입니다."

대통령은 끝으로 금년의 '일하는 해'가 구호에 그치지 않고 민족번영의 새로운 기점을 닦는 한 해가 되도록 해야 한다는 점을 역설했다.

"일찍이 금년의 정책방향은 연두교서에서 밝힌 바 있고 구체적인 시책과 지침은 소관부처의 장관으로부터 제시되리라고 믿습니다만, 요컨대 금년에는 어떠한 일이 있어도 전진을 위한 기점을 닦아야 하겠다는 것입니다.

우리가 금년 중으로 계획하고 있는 증산·수출·건설의 각 분야에 걸친 목표를 기어이 달성함으로써, 우리도 이를 악물고 부지런히 일하면 남과 같이 잘살게 된다는 희망과 자신을 '결과'로써 과시할 수 있게 되어야 하겠습니다.

다시 말해 두거니와 '일하는 해'가 구호나 슬로건에 그치지 않고 민족번영의 새로운 기점의 해가 되느냐 못 되느냐 하는 것은 이 자리에 모인 각부장관 그리고 지방장관 여러분의 양 어깨에 달려 있다는 것을 명심해 주기 바랍니다.

마지막으로 금년에 중점적으로 해야 할 일 한 가지 당부할 것은 경지정리사업입니다.

어제 여러분들이 본 바와 같은 경북의 예를 본보기로 하여, 이 경지정리사업을 전국적으로 전개해 줄 것을 간곡히 당부합니다.

물론 각 도마다 자기 도의 특수성과 특징을 살려서 여러분이 구상하는 중점사업을 적극 추진하는 것을 권장합니다. 그러나 경지정리사업은 우리 농촌근대화와 증산을 위해서 꼭 해야할 기초적 사업이기 때문에 식량증산 7개년계획이 끝날 때까지는 전국적으로 이 사업이 완성될 수 있게끔 지금부터 강력히 추진되어야 하겠습니다."

식량증산 7개년계획을 성공적으로 추진해야 한다

1964년 8월 25일, 식량증산을 위한 지방장관회의가 열렸다. 이 회의는 정부에서 새로 마련한 식량증산 7개년계획을 추진하기에 앞서 중앙의 관계부처에서 일선행정을 담당하고 있는 지방장관과 공무원들에게 세부적인 지침을 시달하기 위해 특별히 소집되었다.

이 회의에서 대통령은 식량증산의 필요성, 증산목표 달성, 농민의 주체의식 고취, 수해와 한발대책 등에 대해 평소의 소신을 피력했다.

대통령은 먼저 지방장관들은 오늘 역사적인 관점에서 조국의 근대화를 위해 가장 기본적이며 가장 중요한 문제를 다루고 있다고 말하고, 식량증산은 공업발전의 전체조건이라는 점을 강조했다.

우리나라의 경제발전이 늦어진 것은 농업생산력이 낙후되어 식량이 부족하고, 공업원료를 공급하지 못한 데다가 농가소득이 너무나 영세하여 공산품 수요가 부족했기 때문이다. 따라서 값싸고 품질좋은 식량과 공업원료를 풍부하게 생산, 공급하고 공산품의 수요자인 농가의 소득을 증가시켜야만 공업이 발전할 수 있다. 한마디로 농업 생산력의 신장이 바로 공업성장의 대전제가 된다는 것이다.

　"오늘 식량증산을 위한 지방장관회의에 즈음하여, 나는 당면한 식량증산 7개년계획의 실천방향에 관련하여 몇 가지 긴요한 사항을 부탁드리고, 아울러 여러분의 가일층의 분발과 노력을 촉구하고자 하는 바입니다.

　이에 앞서, 나는 그간 식량증산 7개년계획을 작성하는 데 온갖 정성을 아끼지 않았던 관·민 관계자 여러분의 노고를 높이 치하하여 마지않는 바입니다.

　이 증산계획의 의의와 목표, 그리고 추진에 대해서는 이미 널리 보도되고 또 직접 성안에 관여하였던 여러분도 있는 만큼 새삼 되풀이하고 싶지 않으나, 우리의 결심을 새로이 한다는 의미에서 그 기본취지만을 우선 되새겨 보고자 하는 바입니다..

　농업국인 우리나라가 부족한 식량을 외원이나 외곡도입에 의존해야 한다는 딱한 사정과 이 식량문제의 근본적 해결 없이는 이 나라 경제의 정상적인 발전이 어렵다는 데서 이 의욕적인 증산계획이 불가피하게, 그리고 긴급히 입안된 것입니다.

　과거 우리나라 경제 전반의 발전이 늦어진 것은, 무엇보다도 농업 생산력이 후진성을 면치 못했기 때문에 식량이 부족되었고, 또 공업화에 필수불가결한 원료를 제대로 공급하지 못했으며, 농가소득이 영세하므로 공업생산품의 수요가 지극히 부진한 데 그 원인이 있었던 것입니다.

　농업의 발전 없이 공업이 발전될 수 없다는 결론이 바로 여기에 있습니다. 즉, 값이 싸고 질이 좋은 식량과 공업원료 농산물을 풍부하게 생산·공급하지 않고서 또, 공업생산품의 절대한 수요자인 농민소득의 증가 없이 무엇을 가지고 공업을 발전시킬 수 있겠느냐 하는 것입니다.

따라서 우리나라의 경우, 농업과 공업은 서로 대립되고 분리된 경제분야가 아니라 상호의존과 보완의 관계에 놓여 있으며, 현시점에서는 농업생산력의 신장이야말로 산업 전반의 정상적 발전을 위한 전제조건이기도 한 것입니다.

오늘 이 자리에서 우리는 비록 식량의 증산과 자급을 다짐하고 있으나, 역사적 관점에서는 이 나라의 근대화를 위해서 가장 기본적이며 가장 중요한 문제를 다루고 있다는 것을 여러분은 깊이 인식하여야 할 것입니다.

식량증산이라는 긴박한 과제를 해결하기 위해서 우리는 일찍이 경제개발 5개년계획에서도 식량자급을 크게 다루어 왔으나, 이것만으로는 아직 미흡한 것이 근간에 와서 절실히 느껴졌으므로, 좀 더 의욕적이면서도 실천성 있는 이 식량증산 7개년계획을 수립하기에 이른 것입니다.

앞으로 이 계획은 하나의 도상계획으로 헛되이 돌아가서는 안 된다는 것을 나는 여러분과 함께 굳게 다짐하고자 합니다. 사람이 바뀌고 자리가 옮겨지면 정책마저 바뀌었던 과거의 그릇된 일을 답습해서는 안 될 것이며, 어떠한 일이 이더라도 이 계획은 끝까지 목표가 달성될 때까지 일관되게 추진되어야 하겠다는 것입니다."

대통령은 이어서 이 계획을 실천하는 데 있어서 반드시 선행되야 할 사항에 관해서 당부했다.

첫째, 모든 힘을 증산목표 달성에 집중시켜야 되겠다는 것이다.

둘째, 농민의 주체의식을 확고히 고취시켜야 한다는 것이다.

셋째, 수해와 한발에 대비한 대책을 세워야 되겠다는 것이다.

"이제 이 모임에서 여러분께 세부적인 지침이 시달될 것이나, 나는 본 계획을 실천에 옮기는 데 반드시 선행되어야 할 몇 가지 사항을 간곡히 당부하고자 하는 바입니다.

우선 우리는 우리의 모든 힘을 이 증산목표를 달성하는 데 집중시켜야 하겠습니다. 우리의 제한된 힘은 분산되면 효과를 상실하는 것입니다. 모든 행정력과 재정력은 농업증산에 우선적으로 투입되어야 하겠습니다. 물론 계획추진에 있어서 자금의 문제가 중요하다는 것은 다시 말할 필요조차 없을 것이나, 제한된 예산 범위 내에서나마 가능한 모든 방법을 강구해 나가지 않으면 안 될 것입니다. 또한 행정력도 증산에 초점을 두고 재정비되고 강화되어야 하겠으나, 특히 농촌전역에 걸쳐 강력한 공보활동을 전개하여 농민의 관심과 의욕을 여기에 총집결시키고 부단한 연구와 창의를 유도할 수 있도록 각별한 배려가 있어야 할 것입니다. 아무쪼록 각 중앙기관이나 지방장관은 투철한 연대의식을 확립하여 상호 긴밀한 유대 하에 힘을 집약시키고 경제적으로 이를 활용하는 데 구체적인 방책을 세울 것을 요망하는 바입니다.

다음으로는 농민의 주체의식을 확고히 고취시키는 문제입니다. 농업에 있어서의 증산의 주체는 어디까지나 농민인 것입니다. 농민들이 스스로 호응하고 또 자발적인 의욕을 발휘하느냐 못하느냐에 따라 이 계획의 성패는 판가름된다고 하여도 과언은 아닌 것입니다. 무엇보다도 앞서 농민들이 증산을 해야 할 이유와 증산할 수 있는 기술을 습득하는 것이 선결요건인 것입니다.

따라서 이 계획의 취지를 충분히 이해시키고 농민의 주위를 항시 보살펴 가면서 지역 내의 인적·물적 총자원을 최대한으로 활용하여 제반 애로를 타개하여 줌으로써 왕성한 증산의욕을 북돋아 주어야 하겠습니다. 다시 말하면 여러분과 농민은 완전히 한 몸 한 뜻이 되어야 한다는 것입니다.

농민의 정열과 창의와 그리고 자발적인 의욕이야말로 이 계획을 추진할 수 있는 강력한 힘이 된다는 것을 깊이 명심하여, 농촌행정이나 농촌지도 및 농협운동에 있어서도 일대 쇄신을 기해 줄 것을 아울러 강조해 두는 바입니다.

또 한 가지, 여러분의 주의를 환기시켜 둘 것은 수해나 한발에 대비한 보다 철저한 대책인 것입니다. 요즈음 영남일대에서는 한발의 피해가 적지 않은 것을 목격한 바 있으나, 앞으로 증산과 관련하여 좀 더 항구적인 대비책을 평소에 마련해 두어야 하겠다는 것입니다. 특히 한발은 근래에 와서 농업증산을 끈덕지게 위협하고 있거니와 흔히들 한발이 났을 때에만 비로소 그 대책을 서두르고 있는 실정이나, 앞으로는 평시에 영구계획을 세워 치산치수는 물론, 예산·기재·인력동원 등 만전의 태세를 갖추어 놓음으로써 그 피해를 최소한으로 하도록 각별히 힘써 줄 것을 당부해 마지않습니다.”

대통령은 끝으로 이 계획은 지금부터 실천준비를 완료하여 농한기에 즉시 실천에 옮기라고 지시했다.

“지방장관 여러분!

이상에서 증산계획을 실천에 옮기는 데 있어 몇 가지 긴요한 요망사항을 밝혔거니와 이 계획은 지금부터 곧 착수되어야 한다는 것을 특히 강조해 두는 바입니다.

이제 곧 추수가 끝나고 농한기에 접어들게 될 것이나, 지금부터 계획실천에 관한 모든 준비를 완료하여 농한기에 들어서자마자 곧 실천에 옮기도록 하여야 하겠다는 것입니다.

다시금 다짐하거니와 일찍이 볼 수 없었던 이 의욕적인 식량증산

7개년계획은 여하한 일이 있더라도 완수하여야 하겠습니다.

군·관·민의 총력태세를 완비하고 불굴의 전진을 거듭해 나가야 합니다. 농민은 물론 모든 국민이 여기에 비상한 관심을 두고 적극적인 협조를 아끼지 말아야 할 것입니다.

이 계획이 성공되는 날, 국민생활의 안정은 이룩되고 공업원료의 외국 의존도는 대폭 감소될 것이며, 경제발전의 원동력인 자본형성은 더욱 촉진되고 공업생산품의 국내수요도 괄목할 만큼 증가되어 나갈 것을 나는 확신해 마지않습니다.

이 계획이야말로 정녕 우리 세대가 공동으로 짊어진 역사적 과업이라 아니할 수 없는 것입니다. 우리의 후손과 국가의 장래를 좌우하는 이 거창한 과업 수행에 앞장선 우리들로서는 남다른 보람과 긍지를 느껴야 할 것이며, 아울러 어떠한 애로와 난관에 부닥치더라도 기어이 이를 완수하여야 한다는 사명과 책임을 통감하여야 할 것입니다.

오직 나는 여러분과 그리고 온국민과 더불어 이 계획을 성공시키는 데 열과 성을 한데 묶고 또 모든 힘을 한데 뭉칠 것을 굳게 다짐하는 바입니다. 여러분의 건투를 비는 바입니다."

농민들이 자주·자조·협동정신으로 뭉쳐야 농촌이 부흥할 수 있다

1964년 11월 3일, 농업협동조합 경진대회가 열렸다. 이 대회는 전국의 이·동 농협의 농촌지도자들이 지난 1년간 이룩한 업적을 서로 비교 평가하고, 농협의 진로와 농촌부흥의 지표를 재정립하는 한편 지난 한 해에 남다른 실적을 올린 각 군의 우량조합에 대해 시상을 하는 모임이었다. 특히 64년에는 지난 2년 동안의 흉작 이후 유사이래의 대풍이었기 때문에 우수조합의 업적은 대단히 뛰어난 것이었다.

이날의 대회에서 대통령은 농촌부흥을 위한 정부의 계획과 지원은 농민들이 자주·자조·협동의 정신으로 뭉쳐야만 성과를 거둘 수 있다는 점을 역설했다.

정부는 식량증산계획을 위해 농촌지도력과 농업행정력을 강화하고 농업기술 혁신과 농업자재 확보 등을 위한 막대한 예산도 준비해 놓고 있다. 그러나 식량증산 계획은 정부의 힘만으로는 이루어질 수 없다. 농민들이 자기 논의 '피'도 안 뽑고 방치해 두는 자세로는 증산은 있을 수 없다. 남이 권하거나 정부가 시키기 전에 농민들 스스로 논의 피를 뽑고 산에 나무를 심고, 땅을 개간하고, 목초를 가꾸어 나가는 자조의 노력이 있을 때 증산을 기대할 수 있는 것이다. 농협은 모든 농민조합원들이 스스로 돕는 자조적인 노력을 하는 분위기를 조성하는 작업부터 해야 한다. 이를 위해서 농협은 농협에 대한 농민의 불신을 청산하는 혁신책을 강구하고 이·동조합 단위조직을 강화하기 위한 대책을 마련해야 되겠다는 것이다.

"일찍이 기회 있을 때마다 농민 여러분께 나는 경제건설의 첩경이 농업의 발전에 있고, 또 그 원동력은 농림·수산 분야의 증산에 있다는 것을 다짐해 왔습니다. 따라서 이 변함없는 경제재건의 목표를 달성함에 있어서는 그 누구보다도 농림·수산 분야의 일선지도자 여러분들의 사명과 책임이 무겁다는 것을, 나는 이 자리를 빌려서 다시 한 번 강조해 두는 바입니다.

정부는 농촌부흥을 위해서 최선을 다할 것을 다짐한 바 있고, 이미 단위면적당의 생산량을 증가시키기 위한 농업기술의 혁신책과 대대적 개간계획 등을 중요내용으로 하는 일대 증산계획 아래, 농촌지도력과 농업행정력을 강화하고 농업자재의 확보와 아울러 막대한 예산도 책정하여 놓고 있는 것입니다.

그러나 한편 우리가 갖출 수 있는 모든 준비는 되었으나, 과연 이와 같은 과업이 정부의 힘만으로 이루어질 수 있겠느냐 하는 의문을 나는 금할 수 없다는 것입니다. 이와 같은 염려는 여러분이 자기 논에 서 있는 피를 그대로 방치해 두면서 증산을 외치는 간단한 사실에서 나올 수 있는 것이기도 합니다. 다시 말하면 이와 같이 자그마한 일에 있어서도 스스로의 이익을 저버리고 돌보지 않는 한, 증산이란 기대할 수 없다는 것입니다. 스스로 돕는 자조의 노력 없이는 정부의 지원도 한낱 구호에 그치고 말 것이며, 증산은 한없이 공전되기 마련인 것입니다.

　남이 권하거나 정부가 시키기 전에 스스로 앞장서서, 논의 피를 뽑고, 산에 나무를 심고, 땅을 개간하고, 목초를 가꾸어 나가야 하는 것입니다.

　모든 농민이 자주·자조·협동의 정신으로 뭉칠 때, 비로소 정부의 모든 계획이나 지원이 보람 있는 성과를 거둘 수 있는 것입니다.

　여러분의 농협은 바로 이를 목표로 하고 있는 것으로 알고 있습니다. 모든 개개 농민조합원이 농협을 자기의 것으로 아끼고 믿도록 새로운 분위기를 조성하는 작업이 선행되어야 하겠습니다. 농민들이 농협에 대해 품고 있는 불신의 기운이 아직도 상존한다면, 단호히 청산될 혁신적인 방책이 강구되어야 할 것입니다. 농협의 일선에 나선 이·동조합과 조합원의 책임은 매우 무겁다는 것을 지적해 두는 바입니다. 이·동조합 단위조직을 강화하기 위한 근본적인 대책이 시급하다는 것을 요망해 두는 바입니다. 오늘의 경진대회가 농협의 쇄신된 자세와 노력을 촉진시킬 또 하나의 계기가 될 것을 바라 마지않는 바입니다."

증산은 우리가 잘살 수 있는 길로 통하고 있다

1965년 1월 16일, 연두교서에서 대통령은 증산은 우리가 잘살 수 있는 길과 통하고 있다고 천명했다.

"증산은 국민생활의 기본이 되는 물자의 공급증가를 도모하자는 것입니다.

무엇보다 먼저 농수산물의 증산으로 국민의 식량을 자급자족하자는 것입니다.

가장 영농에 적합한 온대지역에 살고 있는 우리나라에서 식량의 부족으로 국제적으로 독립국가의 위신을 추락시키고, 국내적으로 항상 생활의 불안과 인플레의 유발을 되풀이하고 있다는 사실은 정말 참을 수 없는 고질적인 모순입니다.

우리나라의 연간 양곡총수요량 약 3,800만 석 중에서 외곡의존은 불과 그 10% 미만인 약 300만 석 내외에 지나지 않으므로 우리가 결심만 하고 증산과 소비절약에 힘만 쓴다면 쉽게 해결할 수 있을 것으로 믿습니다.

금년부터 식량증산 7개년계획을 세워서 총력을 이에 집중하고 있는 것도, 우리가 올라갈 수 있는 경제자립의 가장 중요한 첫 계단이기 때문입니다.

앞으로 3년 이내에 식량의 자급자족을 위한 정부의 지상명제는 반드시 해결되어야 하겠습니다.

금년에 양곡 3,700만 석을 생산하고 3년 후인 1967년에는 4,000만석을 생산하는 데 성공한다면 식량자급자족은 드디어 달성될 것입니다.

한편 정부는 이와 같은 농수산물의 증산을 뒷받침하는 데 필요한 자재 즉 비료·사료·농약·농기구·어선·어망·어구 등도 국내생산에서 얻을 수 있도록 하여야 하겠습니다.

정부는 지금까지 다각도로 노력해 왔습니다만은 아직도 국민식량의 풍족한 생산을 뒷받침할 만한 시설자재의 공급이 원활치 못한 것이 사실입니다.

화학비료의 공급은 아직도 대부분 수입에 의존하고 있으나, 1967년에는 제3·제4 비료공장의 완성으로 비료생산이 현재의 8만 톤에서 29만 톤이 증가하여 도합 37만 톤에 달하므로 거의 자급할 수 있을 것입니다.

그리고 기타의 주요농업자재의 국내생산은 아직 미흡한 바 있으나 이 방면에도 순차적으로 노력을 경주할 생각입니다.

또한 공업·광업부문에서도 1965년에는 석탄 1,000만 톤, 전기 77만 kW, 석유 일 35,000배럴, 양회 190만 톤, 유리 60만 상자 등의 중요한 물자를 생산할 수 있게 되었습니다.

1960년의 생산실적에 비한다 하더라도 올해의 생산은 석탄은 약 2배, 전기는 약 4배, 양회 4배, 판유리 약 3배 이상이라는 놀라운 발전을 가져오게 될 것입니다.

도시, 농촌의 모든 상점에는 바로 수년 전까지만 하더라도 우리가 사용하는 대부분의 일용품들이 거의 외국제로 가득 채워 있었던 것이, 오늘에 와서는 모조리 국산품으로 대체되어 있지 않습니까. 잘 되느니 못 되느니 하는 사이에 누구도 모르게 우리나라의 물자생산은 나날이 늘어가는 것이 속일 수 없는 사실입니다.

우리의 소비생활의 일면만 살펴보더라도 1960년에는 자전거 3만 8000대, 재봉기 2만 2000대의 생산공급에 불과하던 것이 4년 후인 1964년에는 자전거 15만 5000대, 재봉기 15만 대로 4배 내지 6배의 증산 공급이 있었던 것입니다. 이러한 사실에 대하여 우리는 자립할 수 있다는 자부와 자신을 가져야 할 것입니다.

정부는 급격히 늘어난 인구에 대한 대책과 그 기본생활을 보장해 주기 위하여 될 수 있는 대로 향후의 공업생산에 있어서 서민대중이 사용하는 생활필수품을 언제나 염가로 구입할 수 있는 환경을 조성하도록 하겠습니다. 증산은 우리가 잘살 수 있는 길과 통하고 있습니다. 정부는 각 부문에 걸쳐서 대대적으로 증산을 전개해 나갈 방침이며, 또 그러한 결의를 가지고 있습니다."

지하수개발조사·경지정리·간척·토지개량사업에 힘써야 한다

1965년 3월 12일, 제10회 토지개량조합장대회와 미곡증산격려회 포상식이 열렸다. 대통령은 이날의 대회에서 증산에 귀감이 되어 수상한 모범농가의 노고를 치하하고 토지개량조합이 식량증산을 위해 해야할 각종 사업 추진에 대해 당부의 말을 했다.

첫째, 수리사업에 있어서는 조사와 측량을 비롯한 개보수사업을 조속히 완수하고, 경남 13개 지구의 지하수개발조사 사업을 반드시 금년 내에 끝내야 되겠다.

둘째, 금년에는 경지정리사업에 중점을 두고 경북의 경험을 잘살려서 대규모로 전개해 나가기 바란다. 환지사업, 지적측량사업도 소기의 목표를 달성해야 되겠고, 경지정리의 총시행면적 5만 2천 정보 중에서 금년도 목표인 1만 8천 정보는 반드시 시행해야 되겠다.

셋째, 간척사업에 있어서는 서남해안지역에 있는 19만여 정보의 간척 후보지에 대해 국가예산의 허용범위 내에서 점차로 추진해 나가야 되겠다. 연차적으로 사업의 우선순위를 따져서 조건이 유리한 지구부터 공사를 착공한다면 반드시 성공하고 식량사정 해결에 큰 도움이 될 것이다.

넷째, 금년은 식량증산 7개년계획을 추진하기 위한 가장 중요한 시발점이다. 이 계획의 성공을 위해 200개 조합과 56만 421개의 조합호수를 중심으로 자발적으로 토지개량사업에 기여하도록 해야 되겠다. 각 도청·농촌진흥청·농협 등과도 긴밀한 협조체계를 확립하여 업무의 신속과 능률을 확보해야 되겠다는 것이다.

"오늘 제10회 전국 토지개량조합장대회 및 미곡증산격려회 포상식에 즈음하여, 우리나라 토지개량사업의 중추적 역할을 담당하고 있는 조합장 여러분과 더불어 증산을 위한 새로운 결의를 가다듬게 된 것을 매우 뜻깊게 생각하는 바입니다.

먼저 이 자리를 빌려 증산에 귀감이 되어 수상의 영예를 차지한 여러 모범농가의 노고를 치하하고, 앞으로도 더욱 훌륭한 성과를 올려줄 것을 당부해 두는 바입니다.

오늘 조합장대회는 여러분들도 잘 아는 바와 같이 종전과 다른 매우 뜻깊은 모임이라 하겠습니다. 왜냐하면 금년은 '일하는 해'로서 우리 국민의 3대목표의 하나인 증산을 위해 우리가 계획하고 있는 사업을 기어이 성공시켜야 하는 중차대한 임무를 짊어지고 있기 때문입니다. 그리고 토지개량사업에 있어서도 각종 목표사업을 어떠한 일이 있더라도 완수하고야 말겠다는 여러분의 굳은 결의와 실천이 다짐되어야 하겠기 때문입니다.

흔히 하는 이야기이지만 경제에는 기적이 없습니다. 증산도 마찬가지입니다. 증산을 하기 위해서는 땀을 흘려야 하고, 창의를 최대한으로 발휘해야 하는 것입니다.

작년만 하더라도 영남지방은 60년래의 한발에도 불구하고 반당 4석 7두 7승의 수확을 올렸다는 것은 이 지방 주민들이 땀을 흘렸고 창의와 노력을 다했기 때문이라고 생각하지 않을 수 없는 것입니다. 무엇보다도 앞서, 나는 여러분들이 맡은 바 소임은 기어이 완수하려는 실천력을 발휘해 주기 바라며, 금년도의 증산목표도 반드시 완수

경지정리가 잘 된 논

해 줄 것을 당부해 마지않습니다.

우선 수리사업면에 있어서는 조사·측량을 비롯하여 개보수사업 그리고 대지구·소지구 설비사업 등 금년내로 목표하는 제반 사업을 조속히 완수해야 할 것은 물론 한발대책에 있어서도 작년에 경북의 지하수개발조사가 끝난 것으로 알고 있거니와, 금년에는 경남 13개 지구의 조사사업을 꼭 끝마쳐야 하겠습니다.

특히 금년에는 경지정리사업에 중점을 두고 경북의 경험을 잘살 려서 대규모적인 사업을 전개시켜 나갈 것을 기대해 마지않습니다. 이에 따르는 환지사업·지적측량사업에 있어서도 관민의 협조를 얻어 소기의 목표를 달성해야 하겠고, 경지정리 총 시행면적 5만 2000정보 중 금년도 목표인 1만 800정보를 어김없이 시행해 줄 것을 바라 마지않습니다.

한편 간척사업에 있어서는 우리나라 서남해안지역에 아직 19만여 정보의 간척후보지가 있다는 것을 착안하여 국가예산이 허용하는 범위 내에서 점차로 추진하도록 힘써야 하겠습니다. 이 사업이 성공한다면, 식량증산은 괄목할 만한 성과를 올릴 수 있다고 믿으며, 우리나라의 식량사정 해결에 크나큰 도움이 될 것으로 확신하는 바입니다. 특히 정부의 식량증산 7개년계획의 일환으로 연차적으로 사업의 우선순위를 따져서 조건이 유리한 지구부터 공사를 착공한다면 반드시 성공할 것으로 믿어마지 않는 바입니다.

금년은 식량증산 7개년계획을 추진하기 위한 가장 중요한 시발점이라는 것을 깊이 인식하여 가능한 모든 수단을 총동원하여야 하겠거니와, 이 계획의 성패를 좌우하는 것도 바로 여러분들이라는 것을 새삼 강조해 두는 바입니다. 여러분은 200개 조합과 56만 421개의 조합 호수를 중심으로 흥농계 9,508개를 지연적 조직체로 굳게 결속시킴으로써 상부상조하는 기풍을 진작시키는 가운데 자발적으로 토지개량사업에 기여하도록 주도하는 한편, 흥농계 산하에 기능조직체인 지도반을 설치하여 수도작 생산과정을 공동작업함으로써 조합원의 소득증대와 농업근대화를 기할 수 있도록 각기 조합은 실정과 환경에 부합되는 자생조직을 이룩하도록 해야 할 것입니다.

특히 연합회에서는 금년부터 채종답경영의 충실, 저위생산지 개량, 전시단사업의 확장, 말단조직체의 재활용 등의 제반사업에 걸쳐 적극적인 뒷받침을 할 것으로 알고 있습니다.

특히 각 도청·농촌진흥청·농협과도 긴밀한 협조체계를 확립하여 업무의 신속과 능률을 확보할 것도 아울러 요망해 두는 바입니다.

어떠한 일이 있어도 금년에 목표한 사업은 완수하도록 해야 하겠으며, 농촌근대화의 선구자라는 사명감을 가지고 밤낮을 가리지 않고 농민의 앞장에 서서 부지런히 일해 줄 것을 바라 마지않습니다. 한 치의 땅도 놀릴 수는 없다는 지표 아래 토지개량사업의 눈부신 진척을 가져오게 될 것을 기대하는 바입니다.

오늘의 이 모임이 여러분의 결의와 책임을 새로이 하는 다시 없는 유익한 계기가 될 것을 부탁드리는 바입니다."

우리도 잘살 수 있는 국민이 되겠다는 꿈과 용기가 있어야 한다

1965년 5월 2일, 진해 제4비료공장 기공식이 있었다. 대통령은 이날의 기공식에서 이 공장의 건설과정과 그 의의, 그리고 공장건설의 어려움에 대해 소상하게 설명했다.

대통령은 먼저 이 공장의 입지 선정에 있어서 처음에 충남 비인으로 정했다가 경남 진해로 바꾸게 된 사유에 대해 설명했다.

"오늘 이곳 진해에 오래 전부터 대망하고 있던 제4비료공장 기공식을 올리게 된 것을 대단히 기쁘게 생각합니다.

원래 이 공장은 정부계획으로서는 충청남도 장항, 그렇지 않으면 장항 옆에 있는 비인이라는 항구에다가 세우려고 추진해 왔던 것입니다.

그러나 그 뒤에 여러 가지 기술적인 면과 경제적인 면을 검토한 끝에 충남의 비인보다는 경상남도 진해가 훨씬 유리하다는 결론이 나왔기 때문에 이 공장의 위치를 갑자기 이 진해로 옮기게 된 것입니다.

이 위치가 변경된 연후 충청도민들은 진정단을 만들어 가지고 중앙에 와서 충남출신 국회의원과 정부 각계각층에 충남에 세우기로 했던 이 공장을 왜 진해로 가져갔느냐, 심지어는 대통령에까지 많은 진정을 해 왔습니다만, 정부로서는 이 공장은 이 지방에 있는 어떠한 주민들을 위해서 어떠한 특수한 사람들을 위해서 만드는 공장이 아니라, 우리 농민들을 위해서 국가의 이익을 위해서 만드는 공장이기 때문에, 여러 가지 면으로 검토한 결과 경제적으로나 기술적으로 유리한 그런 위치가 있다면 이것은 언제든지 최초의 계획을 바꾸지 않을 수 없기 때문에 이리 옮기게 된 것입니다.

이러한 면으로 볼 때는 진해시민 여러분들은 뜻하지 않은, 생각지 않던 공장이 공짜 공장이 갑자기 하나 생겼다는 결과가 되는 것입니다."

대통령은 이어서 앞으로 이 공장이 준공되면 기존의 충주 및 호남비료공장에 비하여 거의 4배의 규모와 생산능력을 갖게 된다는 사실도 지적했다.

"이 공장은 혁명정부 때 제1차 경제개발 5개년계획안에 제3, 제4 두 개의 비료공장을 만들기로 계획했던 것 중의 하나인 것입니다.

약 4년 전에 이 계획을 만들었지만, 그 뒤에 이 공장이란 것은 우리 국가의 예산이라든지 자체자본만 가지고 만드는 것이 아니라 외국의 차관을 얻어 와야 되고, 외국의 차관을 얻자면 외국에서 차관을 해주는 사람이 그들의 모든 여건에 합당해야만 차관을 해주기 때문에, 그동안 4년 동안 이것이 추진되어 오다가 겨우 결실을 보게 되어, 제3비료공장이 작년 연말에 경상남도에서 기공식을 올리고 지금 추진 중에 있으며, 제4비료공장이 오늘 이곳에서 기공식을 올리게 되었습니다. 이 공장은 앞으로 1년반 내년 연말에 가면 준공됩니다.

이 공장이 준공이 되면 제4비료공장 하나만 하더라도 과거에 우리나라에 있었던 충주비료공장이나 호남비료공장에 비하여, 그 능력면에 있어서나 생산면에 있어서 약 3~4배의, 거의 4배에 가까운 그러한 규모와 생산능력을 가지게 됩니다.

다시 말씀드리자면, 울산의 제3비료공장 같은 공장이 6개 내지 7개가 되었다 하는 결과가 되는 것입니다.

조금전에 충주비료공장 사장이 설명한 바와 마찬가지로, 만약에 공장이 서지 않을 때에는 우리가 이 공장에서 나는 물건만큼 외국에서 사들이자면 1년에 약 2,700만 달러라는 외화를 들여서 외국에서 비료를 사와야 되는 것입니다. 그러나 이 공장이 서고 나면 그만한 외화를 절약하는 것입니다.

동시에 우리 농민들에게 값싼 비료를 제때 적기에 배급해 줄 수 있다는 것입니다. 이것은 우리 정부가 농촌진흥 또는 식량의 자급자족을 위해서 기어코 이룩하려고 오래전부터 촉진해 오던 그 계획이 오늘날 기공식을 하게 된 것으로, 모든 국민들과 특히 우리 농민 여러분들과 더불어 대단히 기쁘게 생각하는 바입니다."

대통령은 이어서 국가의 기간산업에 속하는 거대한 공장을 하나 건설하는 과정이 얼마나 어렵고 힘든 것인가 하는 것을 우리 국민들은 잘 알아야 한다고 말하고 그 과정을 설명했다.

"오늘 이 자리에 모인 국민 여러분들에게 내가 특별히 한 말씀 드리고자 하는 것은, 이 공장은 내년 연말에 가서는 틀림없이 여기에 과거의 비료공장보다 약 4배 정도의 거창한 공장이 서게 된다는 사실입니다.

이러한 공장이 하나 건설되는 그 과정에 있어서 얼마나 이것이 어렵고 힘들다는 것을 국민 여러분들이 잘 알아야 되다는 것입니다.

우리들이 살고 있는 주택을 하나 만들더라도 사전계획을 세워야 되고, 집을 지을 땅을 구해야 되고, 여러 가지 재료를 모아야 되고, 돈을 준비해야 되고, 또 집을 짓는 건축사를 찾아야 되고, 여러 가지 어려운 일이 있는데, 하물며 이와 같은 국가의 기초산업에 속하는 거창한 공장을 특히 우리와 같이 자본이 빈약한 나라에 있어서 이러한 공장을 하나 만드는 과정에 있어서는 얼마나 어려운 고통이 있었는가를 국민 여러분이 아셔야 될 것입니다.

조금 전에도 말씀드린 바와 마찬가지로, 이 공장을 하나 세우는 데 우리는 약 4,000만 달러 이상의 돈을 들이게 되는 것입니다.

그중에 약 2,000만 달러는 국내차관인 장기차관으로서 우리가 차관을 받는 것이고, 또 그 중의 한 1,000만 달러 정도는 조금 전에 여기 나와서 연설을 하신 미국의 걸프사에서 여기에 직접투자를 하는 것입니다.

나머지 1,000만 달러는 우리 정부가 여기에 투자를 하는 것입니다.

이러한 모든 교섭이 이루어지는 그 과정에서 지난 4년이라는 세월이 흘렀습니다.

모든 계약이 체결되고 나서 공장 건설을 시작하고 난 연후에, 즉 이 공장이 완공되는 데에도 약 1년 내지 2년이라는 세월이 걸리는 것입니다."

대통령은 이어서 책임없는 사람들이나, 언론기관에서 무책임한 소리를 했다고 해서 우리 국민들이 여기에 부화뇌동해서 경솔한 행동을 해서는 안 된다는 점을 강조했다.

"지금 흔히 우리나라 국민들 가운데 정부가 하는 일에 대해서 여러 가지 잔소리를 많이 합니다.

무슨 공장을 만든다는데 거기에 부정이 있었다, 무슨 협잡이 있었다, 무슨 댐을 만들었는데 무엇이 잘되었다 못되었다 등.

물론 정부가 하는 일에 대해서 잘못이 있을 때 국민 여러분들이 비판해 주시고, 충고를 해 주시고, 질책을 해 주신 문제에 대해서는 정부는 얼마든지 달갑게 받을 그러한 아량을 가지고 있는 것입니다.

또 납세자이신 여러분들은 여러분들의 세금을 받아 정부가 여러 가지 일을 하고 있기 때문에 여러분들이 낸 세금을, 즉 국가예산을 정부가 언제든지 정당하게 쓰지 못할 때에는 국민 여러분들은 여기에 대해서 의당 비판을 하고 꾸지람해 주실 의무와 권리가 있는 것입니다.

그러나 국민 여러분들은 정부가 하는 일에 대해서 이것이 과연 잘되었느냐 못되었느냐를 똑똑히 알고, 여기에 대해서 잘못된 것은 비판을 해야 되고, 정부가 남모르는 고충과 여러 가지 애로를 타개해 나가면서 힘써 노력하고 있는 일에 대해서는 여러분들이 또한 뒤에서 격려해 주시고 편달을 해 주셔야 되는 것입니다.

이 공장이 어떤 개인의, 아무개의 공장도 아닌 것이요, 하물며 진해시민 여러분만의 공장도 아닌 것입니다. 우리 국가전체를 위한 공장이요, 우리 전체 농민을 위해 세우는 공장입니다.

국가의 재산인 것입니다. 정부나 직접 실무를 담당하는 어떤 당사자들이나 여기에는 그야말로 추호도 사심 없이 훌륭한 공장을 빨리 만들어서 우리 국가경제 건설에 이바지할 수 있게끔 제각기 있는 힘을 다하고 있다는 것을 국민 여러분이 아셔야 되는 것입니다.

책임없는 사람들이 제각기 무책임한 소리를 뭐라고 떠든다고 해서 정부가 무슨 부정을 하지 않느냐, 협잡을 하지 않느냐, 또는 요즈음에 언론기관에서 책임없는 사람들이 신문이나 언론기관에 무책임한 소리를 했다 해서 이것이 정말 사실인 양 해가지고 부화뇌동하는 이러한 경솔한 행동을 해서도 안 되는 것입니다."

대통령은 이어서 우리도 자력으로 자립해서 남과 같이 떳떳하게 잘살수 있는 국민이 되겠다는 꿈과 자신과 용기가 있어야 된다는 점을 역설했다.

"나는 오늘 이 자리에서 국민 여러분들에게 특별히 강조하고 싶은 것은 '우리는 확실히 못 사는 국민이다, 뒤떨어져 있는 국민이다, 후진국 사람이다, 그러나 우리는 머지 않은 장래에 다른 선진국가에 못지않게끔 우리도 자력으로써 자립해서 남과 같이 떳떳하게 잘살 수 있는 그런 국민이 되겠다는 그러한 꿈과 자신과 용기가 있어야 된다'는 것입니다.

우리는 언제까지 가든지 남한테 원조를 받아야 되고 남한테 동냥을 해야 되고 남한테 얻어먹어야 산다는 그런 거지정신을 가진 국민이라면, 우리는 또 해봐도 안 된다 하는 이러한 용기와 자신이 없는 국민이라면, 영원히 우리는 자립할 수 없는 것입니다.

그렇다면 우리가 자립할 수 있다면 어떻게 해야 되느냐. 우리 모든 국민들이 서로 힘을 합치고, 정부는 국민들의 기대와 요망에 어긋나지 않게끔 양심적으로 모든 일을 성실히 추진을 해야 될 것이고, 또 국민 여러분들은 정부가 하는 일이 잘못 될 때는 꾸지람도 하고, 올바르게 하고자 애써서 노력하는 일에 대해서는 뒤에서 격려를 하고 편달을 해 주어야만 정부도 일을 하는 것입니다."

　대통령은 끝으로 비료공장 기공식에서 화제가 좀 빗나갔으나, 시민과 도민 여러분이 모인 이 기회에 평소에 느끼고 있는 소회의 일단을 피력했다고 말하고, 이 공장건설을 위해 노력해 온 경제기획원, 충주비료 사장과 직원, AID당국, USOM직원, 걸프사 직원들의 노고에 대해 감사의 뜻을 표명했다.

　"비료공장 문제를 가지고 약간 화제가 빗나갔습니다만, 오늘 이곳에 우리나라 농민들을 위해서 오래 전부터 대망하던 이러한 공장 기공식을 보게 된 이 자리에 또 시민·도민 여러분들이 모이신 이 기회에 평소에 본인이 느끼고 있는 소회의 일단을 말씀드리는 동시에, 그동안 이 공장건설을 위해서 추진해 온 정부의 경제기획원당국, 또 직접 이 일을 맡아 보신 충주비료 사장 박진석 씨 이하 직원 여러분, 또한 AID당국, 또 한국의 현지에 나와 계신 USOM의 번스틴 씨 이하 USOM 직원 여러분, 또 걸프사 직원 여러분들의 노고에 대해서 충심으로 심심한 사의를 드리고, 이 공장이 예정된 기일 내에 훌륭한 공장으로 건설되어 우리 농민들을 위해 많은 공헌을 해 줄 것을 기대하면서 나의 이야기를 마칠까 합니다."

　식량증산에 필요한 자재중에 가장 중요한 것이 화학비료다. 일본은 우리나라를 식민지로 개발함에 있어서 '북한에는 공업, 남한에는 농업'이라는 구호를 내걸고 기간산업을 북한에 건설했다. 그래서 화학비료공장도 함흥에 건설했다. 6·25전쟁 직전 남북한 간의 물자교환이 끊기자 북한이 흥남비료공장에서 생산되는 화학비료를 구입할 수 없게 되었다. 그래서 우리나라는 휴전 후 미국의 대한 원조자금 중에서 화학비료를 수입하였다. 그 당시 우리나라의 경제에서 달러의 기회비용은 대단히 높았기 때문에 비료수입을 위해 많은 외화를 사용할 수 없는 형편이었다. 따라서 국내에서 필요한 비료의 일부만을 수입하여 지역별로, 개별 농가별로 분배해 주었다.

식량증산과 외화절약을 위해서 화학비료의 국내생산은 긴급한 과제로 등장했다.

휴전이 성립된 후 전후복구 과정에서 자유당정부는 비료공장 건설을 추진하고 있었으나 공장을 건설하는 데 필요한 자금도 없었고, 건설기술도 없었다. 따라서 미국원조에 의존할 수밖에 없었다.

정부는 1954년 스타센 미국대외협조처장이 내한한 기회에 비료공장 건설의 필요성을 강조하고, 그 건설비용을 FOA원조자금으로 지원해 줄 것을 요청하였고, 54년 6월 29일 승인서가 나와 54년도 FOA 원조자금 2천 3백만 달러가 비료공장건설 자금으로 책정되었으며 공장입지선정을 위한 종합적인 검토가 진행되었다.

FOA본부에서는 미국 최고권위기관인 국립연구소(NRC)에 기술적인 검토를 위촉하였다. NRC는 검토 끝에 맥그로 하이드로카본 회사를 추천하였다. 이에따라 FOA본부는 55년 1월 12일 맥그로 하이드로카본 회사를 건설업자로 선정하였고, 건설계약안은 동사와 주미 한국대사관이 협의하여 작성하여다. 이 계약에서 비료공장 완공 예정일자는 55년 9월 5일부터 30개월 후인 58년 3월 5일로 잡혀 있었다.

그러나 이 계약은 매년 계속 수정되어 결국 5차에 걸친 계약수정으로 당초 1천 9백 55만 달러이던 건설계약금은 3천 3백 34만 달러로 70%가 더 들게 되었고 공장건설기간도 21개월, 거의 2년이 연장되었다.

그후 성능보장기간 6개월이 따로 있어 결국 비료공장은 1961년 4월에야 준공되었다. 55년 5월 13일 계약 후 6년이 걸린 것이다.

그렇게 건설된 것이 충주비료공장이었다. 원조를 주는 미국이 하라는 대로 할 수밖에 없는 상황에서 질질 끌려다니면서 속고 또 속아넘어갔고, 그 과정에서 우리는 큰 좌절감을 맛보았다. 그런데 충주비료공장은 공장입지에 큰 문제가 있었다. 공장이 잘 가동할 수 있으려면 공장 가동에 필요한 여러 가지 조건을 갖추고 있는 공장입지를 선택해야 되는데, 충주비료공장의 입지는 그러한 조건을 갖추고 있지 못했다.

우선 원료인 기름은 철도로 장거리 내륙수송을 해야 했고, 폐수는 시커먼 카본 블랙이 섞여 나오는데, 이것은 지형상 남한강 밖에 빠져 나갈 곳이 없었다.

호남비료공장의 입지도 잘못된 것이었다. 물이 모자라서 갈수기에는 항상 목포시와 격렬한 싸움이 붙었다. 수원은 영산강인데 여름이 되면 목포시장은 "목포시민을 위한 수돗물이 중요하지 공장가동이 중요하냐"며 따지고 들었다. 공장에서는 공장가동을 중단할 수 없으니 수도관밸브를 지키느라 밤새 보초를 섰다. 그러나 끝내는 할 수 없이 제한가동을 하게 되었다.

그래서 혁명정부는 제1차 5개년계획사업의 일환으로 각종 공장건설을 추진할 때 공장가동에 최적의 조건을 갖춘 공장입지를 선택하는 데 비상한 관심과 노력을 기울였다. 비료공장 건설에 있어서도 제3비료공장은 원료수송거리·용수·폐수처리 문제에 있어 가장 적합한 지역으로 평가된 울산에 건설하기로 했고, 제4비료공장은 당초에는 충남 비인 항구에 세우려고 했으나 공장입지로는 기술적, 경제적인 면에서 경남 진해가 훨씬 유리한 이점을 가지고 있다고 판단되어 진해에 건설하기로 했던 것이고, 이날 그 기공식을 갖게 된 것이다.

개발이 가능한 모든 지역에서 다목적 개발사업을 추진해야겠다

1965년 6월 1일, 김해지구 간척공사 기공식이 있었다. 이날의 행사에서 대통령은 먼저 다목적 개발사업은 개발이 가능한 모든 지역에서 추진해야 되겠다는 점을 강조했다.

"친애하는 김해시민 여러분! 나는 년초에 금년을 '일하는 해'로 정하면서, 증산은 우리가 잘살 수 있는 길과 통하고 있다고 말하고, 바다를 메워 농토를 만들고 산을 깎아 밭을 만들어 증산을 하여야 한다고 강조한 바 있습니다.

오늘 기공을 보게 되는 이 간척공사는 바로 농지확장과 식량증산 그리고 고용증대라는 3중 효과를 거둘 수 있는 다목적사업으로서, 일하는 해의 참된 보람을 느끼게 하는 뜻깊은 경사라 아니할 수 없습니다.

나는 온국민과 더불어 오늘의 이 기공을 경축해 마지 않는 바입니다. 내가 듣기로는 이 사업의 목적은 남강댐 건설로 파생되는 수몰지의 이주민에게 정착농경지를 마련해 주는 데 있는 것으로 알고 있거니와, 이 사업이 완성되는 날 1,400여 정보의 새로운 농지가 조성되고 그 농지에서 2만 5000여 석의 식량을 생산하게 된다면, 이는 직접 혜택을 받게 될 당사자들 뿐만 아니라 국민경제의 안정을 위해서도 참으로 다행한 일이라 아니할 수 없습니다.

더욱이 이번 공사는 연 130만 명의 유휴노동력을 흡수하게 되는데, 이는 고용증대를 통한 경제성장을 서두르는 우리 노력의 또 하나의 전진이라 하겠습니다.

내가 오늘 이 자리에서 특히 강조하고 싶은 것은, 하나의 목적을 하나의 사업으로 달성해 왔던 종래의 사업방식을 지양하고, 여러 가지 목적을 묶어서 하나의 사업으로 성취할 수 있는 다목적 개발사업을 개발이 가능한 모든 지역에서 강력히 추진하여야겠다는 것입니다.”

대통령은 이어서 우리가 당면한 모든 문제의 해결은 결국 우리 국민 개개인의 정신과 자세 여하에 달렸다는 점을 역설했다.

“사실 몇 년전만 하더라도 이 다목적 개발사업은 지금 전국에서 성공리에 전개되고 있는 경지정리사업과 마찬가지로 좋은 일인 줄은 번연히 알면서도 막상 착수하기를 주저했던 일이었습니다.

그러나 지금 우리의 주위에는 종래에는 엄두도 내지 못하였던 거창한 사업과 공사가 하나하나 성공의 결실을 맺어가고 있음을 볼 수 있습니다. 오늘의 이 간척공사도 그 예의 하나라고 할 수 있을 것입니다.

이러한 희망적인 일련의 사실을 두고 생각할 때, 우리가 당면한 모든 과제의 해결은 결국 국민 개개인의 정신과 자세 여하에 달렸다는 것을 알 수 있는 것입니다.

자립하겠다는 정신과 용기가 있고 생산해 내겠다는 마음의 자세와 노력만 있다면, 아무리 어렵게 생각되었던 일도 쉽게 해결될 수 있고, 구차한 살림도 풍족한 생활로 향상 시킬 수 있다는 것을 알 수 있는 것입니다.

이번 미국에 가서 내가 가장 감명깊게 보고 느낀 것은, 이루 다 형언할 수 없을 정도로 크고 강한 미국의 그 국력도 그 밑바닥에는 미국국민의 강렬한 번영에의 의지와 강고한 개척정신이 그 밑거름이 되어 왔다는 사실입니다. 오늘의 우리에게 절실히 요청되는 일은 미국의 번영을 부러워하기에 앞서, 일본의 경제적 팽창을 두려워하기 전에, 그것을 가능하게 하였던 원동력으로서의 그들의 정신적 자세를 본따는 일이며, 그들이 얼마나 근면하게 일하고 얼마나 굳세게 역경을 이겨내고 있는가를 배우고 익히는 일인 것입니다.

우리도 오늘의 이 기공식을 계기로 자립정신과 전진의 자세를 새로이 가다듬고 더욱 부지런히 일해야 하겠습니다."

덴마크와 이스라엘의 농업발전에서 배워야 한다

1965년 6월 10일, 권농일 행사에서 대통령은 농업과 공업의 관계, 덴마크와 이스라엘의 농업발전, 우리 국민의 자조·자립정신 문제 등에 관해 소상하게 설명했다.

대통령은 먼저 우리나라의 경우 공업화가 시급하고 중요하나 식량문제 해결을 위한 농업생산의 근대화가 공업화에 앞서 이루어져야 한다는 점을 강조했다.

조국근대화라는 말이 도시 중심의 공업화만을 뜻하는 것으로 잘못 이해하고 농업은 필요 없다는 식의 위험한 생각을 하는 사람이 있으나 우리나라 실정에서는 농업발전이 공업발전보다 먼저 이루어져야 한다. 다시 말해서 자동차나 냉장고나 나일론보다도 식량문제가 먼저 해결되야 한다. 농업을 경시하고 공업만을 발전시키려던 중공은 결국 공업도 발전시키지 못하고 죄없는 국민만 굶게 만들었다. 지난 수년 동안 우리는 공장을 건설했다. 그러나 그 공장들은 대부분 농업생산의 근대화와 증산에 도움이 되는 것들이었다. 제3비료공장의 건설은 그 예의 하나다. 이처럼 우리는 건설을 해도 우선 증산을 위한 건설을 했고, 수출을 해도 먼저 증산을 위한 수출을 장려해 왔다는 것이다.

"종전에는 권농일을 단순히 농업을 권장하는 날로 생각해 왔지만, 오늘의 이 권농일은 단순한 권농에 그치지 않고 온국민이 농업을 숭상하고 농민을 중히 여기는 새로운 계기로 삼아야 하겠습니다.

농업을 천하게 알고 농민을 존중하고 감사할 줄 모르던 우리에게는 이미 오래부터 이러한 계기가 마련되어 있어야 했을 것이고, 특히 조국을 근대화한다는 말이 도시중심의 공업화만을 의미하는 것으로 잘못 이해되어 마치 농업은 필요없다는 식의 위험한 생각을 하는 사람이 적지 않은 이 때에, 권농을 숭농으로 직시해 농업의 중요성을 강조하게 된 것은 매우 의의 있는 일이 아닐 수 없습니다.

사실 현대과학문명에 너무나 뒤떨어진 우리로서는 조국의 근대화를 서둘지 않을 수 없었고, 그 근대화라는 말은 어쩔 수 없이 자동차나 냉장고나 나일론 옷감을 생산해 내는 공장을 건설하는 것이 전부인 것처럼 잘못 생각하는 경향이 없지 않았고, 이러한 공장만 서게 되면 농업은 소홀히 해도 풍족하게 살게 된다는 성급한 생각을 해온 것이 사실입니다.

물론 공장을 건설하는 것이 시급하거나 중요하지 않다는 것은 아닙니다. 그러나 그것은 농업을 등한히 해도 좋다는 말은 결코 아닌 것입니다. 오히려 우리의 실정으로서는 농업의 발전이 공업발전에 앞서서 이루어져야 한다는 것입니다.

자동차나 냉장고나 나일론보다도 쌀 문제가 먼저 해결되어야 하겠다는 것입니다.

농업을 경시하고 공업만을 발전시키려다, 결국 공업도 발전시키지 못하고 죄없는 국민만 굶게 만들었던 중공의 생생한 경험에서 우리는 쌀 문제를 해결할 수 있는 농업생산의 근대화가 공업화에 앞서서 이루어져야 한다는 교훈을 배울 수 있는 것입니다.

그리하여 나는 연초에, 증산은 바로 우리가 잘살 수 있는 길과 통한다고 말하고 바다를 메워 논을 만들고 산을 깎아 밭을 만드는 것이 우리의 시급한 당면과제라고 말한 바 있습니다.

지난 수년래에 우리는 많은 공장을 건설한 것이 사실이지만, 그것은 따지고 보면 대부분이 농업생산의 근대화에 도움이 되고 증산에 도움이 되는 공장이었던 것입니다. 제3비료공장의 건설이 바로 이 사실을 증명하고 있는 것입니다.

이처럼 우리는 증산 없이는 건설이나 수출이 있을 수 없다는 생각을 앞세우고, 건설을 해도 우선 증산을 위한 건설이었고 수출을 해도 먼저 증산을 위한 수출을 권장해 왔던 것입니다.”

대통령은 이어서 가뭄에 손을 놓고 하늘만 쳐다보고 있는 그 정신자세에 대해 비판했다.

지금 우리는 우리 증산노력을 위협하는 극심한 가뭄 때문에 시련을 겪고 있다. 어디를 가나 비가 안 와서 큰일났다고 야단이다. 그러나 가뭄을 극복하려는 노력은 하지 않고 걱정만 하고 있는 정신자세가 더욱 큰일이다. 자갈밭을 갈아 밭을 만들고 사막에 물을 대어 논을 만들어 지금은 풍족한 생활을 하고 있는 덴마크와 이스라엘 국민들이 발휘했던 그 노력·희생·인내·용기에 비해 우리가 지금 가뭄을 극복하기 위해서 쏟고 있는 노력이 얼마나 보잘것없는 것인가를 반성해야 한다는 것이다.

“그런데 지금 우리는 우리의 이같은 증산의 노력을 위협하는 자연의 도전 때문에 힘겨운 시련을 겪고 있는 것입니다. 몇 달 동안 계속되는 극심한 가뭄이 바로 그것입니다.

과연 하늘은 우리에게 복을 내리기 전에 우리가 복을 받을 자격이 있는지를 시험하기 위해 오늘 우리에게 가뭄이라는 시련을 내리신 것으로 봐야 할 것입니다.

그러면 우리는 이 시련을 극복하기 위해 무엇을 어떻게 해왔던가 깊이 반성할 문제가 아닐 수 없습니다.

요즈음 어디를 가나 비가 안 와서 큰일났다는 소리를 들을 수 있습니다. 물론 비가 오지 않는 것은 큰일입니다.

그러나 더욱 큰일난 것은 우리가 이 가뭄을 극복하고 그로 인한 피해를 최소한도로 적게 하려는 노력은 하지 않고 하늘만 쳐다보고 큰일났다고 걱정하는 그 정신적 자세가 더욱 큰일인 것입니다.

진인사 대천명이라는 말이 있거니와, 이는 인간이 자기가 할 수 있는 모든 일을 다한 연후에 비로소, 하늘의 뜻을 기다려야 한다는 말인 것입니다.

우리가 과연 하늘만을 쳐다보고 있을 수 있을 정도로 우리가 할 수 있는 또 해야 할 모든 일을 다 했다고 장담할 수 있는가! 만일 그렇다고 생각하는 사람이 있다면, 그것은 천부당만부당한 생각이 아닐 수 없는 것입니다.

이런 사람들은 말하기를, 비가 오지 않는데 별 도리가 없지 않느냐, 이 이상 무엇을 어떻게 하라는 말이냐고 반문할지도 모릅니다.

나는 이러한 생각을 하는 사람들에게 꼭 들려 줄 이야기가 있습니다.

그것은 자갈밭을 갈아 밭을 만들고 사막에 물을 대어 논을 만들어 지금은 풍족한 생활을 하고 있는 덴마크와 이스라엘에 관한 이야기입니다. 덴마크라면 세계에서 제일가는 농업국인 것입니다. 그러나 우리가 알아 두어야 할 일은 덴마크가 세계제일의 농업국이라는 사실이 아니라, 국토의 반 이상이 자갈과 바위 부스러기로 가득차서 그것이 논이 되고 밭이 되리라고는 상상도 할 수 없는 그 땅을 금전옥답으로 만들기 위해 덴마크 국민들이 지불했던 노력과 희생이 얼마나 큰 것이었고 그들이 발휘했던 용기와 인내력이 얼마나 위대했던가를 깨닫는 일이며, 그들의 노력과 희생과 인내와 용기에 비해 우리가 지금 이 가뭄을 극복하기 위해 쏟고 있는 노력이 얼마나 보잘것없는 것이냐를 반성하고 새로운 분발과 자신과 용기를 내는 일인 것입니다.

국토의 8할이 모래밭인 이스라엘 국민들이 풍성한 농산물과 임산물을 생산하기 위해 200미터 300미터의 지하수를 끌어 올려서 물을 대고 있다는 사실을 똑바로 보고 배워야 하겠다는 것입니다.

만일 지금 우리 주위에 새로운 논밭을 만들겠다고 자갈밭을 헤치거나 물을 대겠다고 모래밭을 파는 사람이 생긴다면, 그러한 용기있는 사람은 정신나간 사람이라는 비웃음을 살 것입니다. 그러나 다른 나라에서는 이러한 일들이 온국민의 단합된 노력으로 이루워지고 있는 것입니다."

대통령은 이어서 하늘은 스스로 돕는 자를 돕는다는 것을 강조했다.

노력도 하지 않고 공짜로 무엇이 생기려니 기대하는 나태와 의타심, 남 잘 되는 것을 헐뜯는 모함과 시기심 등 우리의 정신자세에는 비생산적인 요소가 너무 많다. 우리가 다른 나라 사람들처럼 잘살려면 먼저 우리도 그들처럼 자립의욕에 불타고 개개인의 작은 힘을 큰 힘으로 집결시킬 수 있는 단합과 협동의 정신을 길러야 한다.

이러한 정신과 자세라면 가뭄도 쉽게 극복할 수 있다. 양수작업, 예비묘판 준비, 대파계획 추진 등 우리 힘으로 할 수 있는 모든 일을 해야 한다는 것이다.

"그러면 우리는 왜 못하느냐? 결국 국민 개개인의 정신의 문제요, 자세의 문제인 것입니다.

상당한 노력을 지불함이 없이 공짜로 무엇이 되려니, 생기려니 기대하는 나태와 의타심, 남이 잘 되는 것을 공연히 헐뜯는 모함과 시기심 등 우리의 정신과 자세에는 비생산적인 요소가 너무나 많이 있기 때문입니다.

따라서 우리가 다른 나라 사람들처럼 여유있는 생활을 하려면 먼저 그들처럼 자립하겠다는 의욕에 불타고 그들처럼 개개인의 작은 힘을 큰 힘으로 집결시킬 수 있는 단합과 협동의 정신을 길러야 하는 것입니다. 우리가 생각하고 행동하는 것이 모두 건설적이고 생산적이어야 하겠다는 것입니다.

우리가 이러한 정신과 자세로 가뭄이라는 하늘의 시련에 맞선다면 이 가뭄도 생각보다는 쉽게 극복될 수 있다고 나는 확신합니다.

앞으로 더 계속될지도 모르는 가뭄에 대비해서 미리 양수작업을 한다든가 예비묘판 준비를 서둔다든가 대파계획을 실천하는 등 우리 인력으로 할 수 있는 모든 대책을 마련해야 할 것입니다.

정부에서도 군장비의 동원을 포함하는 가능한 모든 지원을 다할 것이지만, 무엇보다도 농민 여러분의 밤낮을 가리지 않는 꾸준한 노력이 가장 중요하다는 것을 나는 강조해 두고자 합니다.

다시 한번 강조하거니와, 하늘을 보고 비가 내리기를 고대하기에 앞서 우리가 해야 할 일, 우리가 할 수 있는 일을 먼저 실천합시다.

하늘은 스스로를 돕는 우리를 반드시 도와줄 것입니다."

기다리던 단비가 내린다

1965년 7월 12일, 대통령은 지방장관에게 보낸 친서에서 기다리던 단비가 내리는 것을 기뻐하면서 수해와 한발대책에 만전을 기할 것을 당부했다.

"고대하던 단비가 흡족하게 내려 앞으로 수일 내면 이앙도 전국적으로 완료될 전망이 보이게 되어 기쁘기 한량없습니다.

기상예보에 의하면 이제부터 전국적으로 장마철에 접어들 것이라고 합니다. 따라서 앞으로는

1. 홍수로 인한 수해방지대책에 만전을 기해야 하겠습니다.

2. 예상되는 병충해 예방을 위해서 사전에 충분한 대책이 강구되어야 할 것입니다.

3. 그리고 중앙에서도 항구적인 한해대책을 추진 중에 있으나 각 시·도에서는 자체의 항구대책을 수립하여 기초조사 기술조사 등을 계속 적극적으로 추진하기 바랍니다.

지표수의 양수 및 송수, 지하수 인양 그리고 저수지 등의 우선순으로 금년 가을 또는 늦어도 명년 봄부터는 공사에 착수할 예정이나 이것은 각 시·도마다 사전기초조사 또는 기술조사가 빨리된 지역부터 먼저 착수할 방침입니다.

예년에 보기드문 혹심한 한발에 한재극복을 위해서 전력을 경주한 귀하와 귀 도민들에게 충심으로 그 노고를 치하하는 바입니다."

우리 농업을 수출산물과 공업원료작물을 생산하는 기업농으로 전환시킬 것이다

1966년 1월 18일, 국회에 출석하여 발표한 연두교서에서 대통령은 우리가 증산·수출·건설 분야에서 이룩한 성과의 혜택이 미치지

못하고 있는 어두운 면이 있다는 사실을 지적하고, 금년을 다시 일하는 해로 정하여 증산·수출·건설에 총매진할 것을 국민들에게 호소했다.

"나는 지금까지 작년도에 증산·수출·건설 분야에서 우리가 이룩한 여러 가지 성과에 관해 말씀드렸습니다만, 아직도 우리 사회에는 이러한 성과의 직접적인 혜택이 미치지 못하고 있는 어두운 면이 있다는 것을 나는 누구보다도 잘 알고 있습니다. 수출이 몇억 달러로 늘었다, 무슨 공장이 몇 개 더 건설되었다, 전력이 몇만 킬로와트로 늘었다고 하지만, 그것이 직접적으로 내게 아무런 이익도 주는 것이 없지 않느냐고 말하는 사람이 적지 않다는 것을 나는 잘 알고 있습니다. 특히 그러한 사람들의 대부분이 적은 보수로써 고된 일을 하고 있는 노동자, 하급공무원과 농어민 특히 우리 가정주부들이라는 것도 잘 알고 있습니다.

그러나 국민 여러분!

아침 태양이 금시 떠올랐다고 해서, 온 천지가 일시에 밝아지고 따뜻해지는 것은 아니지 않습니까? 그것은 시간을 요합니다. 서서히 하늘 중턱에 떠올라, 뜨거운 광열로 내려쪼이는 때라야 온누리가 밝아지고 따뜻해지는 것과 마찬가지로, 작년 한 해에 이룩한 경제건설의 성과가 아무리 크다 하더라도, 우리 사회의 어두운 면이 일시에 밝아질 수는 없는 것입니다. 우리가 작년에 이룩한 성과보다도 더 많은 성과를 금년에 이룩하고, 명년에는 금년보다도 더 많은 성과를 또 이룩해 나가고 한다면, 머지않아 우리 사회의 어두운 면도 점차 밝아질 것입니다.

국민 여러분!

어두움을 탓하지 말고 촛불을 켜둡시다. 우리들이 작년에 발휘했던 뛰어난 용기와 확고한 자신, 불굴의 인내력과 줄기찬 노력으로 앞으로 몇 년만 더 땀 흘려 일해 나간다면, 경제자립의 꿈이 실현된다는 것을 확신해 마지않습니다. 우리 모두가 지난해처럼 앞으로 몇 년만 더 힘찬 전진을 거듭해 나갑시다.

나는 여기서 올해를 다시 일하는 해로 정하고, 근면과 검소와 저축을 다시 우리의 행동강령으로 삼아, 증산·수출·건설에 총매진할 것을 모든 국민에게 호소하고자 합니다. 금년이야말로 제1차 경제개발 5개년계획을 매듭짓고, 제2차 경제개발 5개년계획의 준비작업에 착수하여 도약의 발판을 마련해야 하겠습니다. 그리하여 제3차 경제개발 5개년계획이 끝나게 될 1970년대의 후반기에는 조국의 근대화를 이룩하자는 것입니다. 조국의 근대화야 말로 진정한 우리의 미래상입니다."

대통령은 이어서 농업발전계획에 대해 설명했다.

"농업에 있어서는 지금까지 미·맥재배를 위주로 하여, 소농의 테두리를 벗어나지 못하고 있는 재래의 우리 농촌을 수출산물과 공업원료작물을 생산하는 주산지 중심의 기업화방향으로 전환시키는 준비를 시작하겠습니다. 그리고 1971년도까지는 식량의 자급자족을 달성하기 위해 식량증산 7개년계획을 적극적으로 추진할 것이며, 금년에는 우선 기준년도에 비하여 약 2백만 톤(1천 1백만 석)의 식량을 증산할 것입니다.

특히 여기서 강조되어야 할 점은, 우리의 농업을 자연의 재해로부터 하루속히 해방시켜야 한다는 과제입니다. 따라서 지금 추진 중에 있는 전천후농토개발계획에 박차를 가해, 새해에는 우선 약 5만 헥타르(5만 정보)의 논을 수리안전답으로 만들고, 앞으로 10년 이내에는 전국의 모든 논에 완전히 수리관개가 될 수 있도록 다목적 댐, 양수장, 지하수개발, 저수지시설 등을 확장해 나갈 것입니다.

정부는 또 연료림조성 3개년계획을 강력히 추진하여 농촌의 연료문제를 해결하는 한편 산림녹화를 촉구할 것이며, 수산청을 신설하여 어민의 지도보호와 어업기술개선에 힘쓸 것이며, 수산진흥에 관한 기본법을 제정하여 어업진흥에 획기적 전환을 가져오게 할 것입니다."

월남한 피난민들이 바다를 막아 농경지를 개간했다

1966년 5월 30일, 전남 장흥군 대덕면 회진리에서는 대덕간척지사업 준공식이 있었다. 이 대덕간척사업장은 총면적이 약 1천 정보였다. 이처럼 광대한 간척지를 지난 4년여 동안 이곳에 사는 월남한 피난민들이 피와 땀과 눈물을 흘려가며 끈질기게 노력하여 바다를 막아 농경지를 개간했다. 6·25전쟁 때 북한에서 피난온 이들은 그 당시 공유지에 무단 입주하여 국내외의 원조기관으로부터 식량·의복·약품 등의 구호품을 받으며 지내고 있었다.

이들 피난민 중에 전직교사였고 지방도로 건설업자였던 김형서 씨가 1962년 3월 10일 토지를 소유하지 못한 1백 세대의 가족들과 함께 대덕면 일대의 해안에서 개간공사를 시작했다. 김씨는 이미 1958년에 착수한 사촌(沙村) 앞바다 개간사업을 1961년 12월에 완공하여 1백여 헥타아르의 땅을 농경이 가능한 토지로 만드는 데 성공한 경험을 갖고 있었다. 이 공사가 완성된 지 몇 달 후에 김씨는 대덕간척사업에 도전한 것이다. 대덕단지를 조사한 일본과 네덜란드 기술자들은 이 사업계획이 기술적 타당성이 의문시된다고 지적하고, 현대적 장비와 기술과 숙련공을 동원해서 강행하더라도 8~10년은 걸려야 완성될 것이라고 보고 있었다.

그러나 김씨와 그의 동료들은 한국협동계획개발협회를 조직하여 각계의 지원을 받았다. 미경제원조처(USOM)와 한국교회세계봉사회로부터 공사장 근로자를 위한 식량을 얻어왔고, 정부로부터 공구와 재료구입을 위해 4천 달러의 보조금을 받았다.

그리고 유엔식량농업기구(FAO)의 범세계적인 기아해방운동의 일환으로 뉴질랜드의 해외민간원조기관으로부터 중장비 구입을 위한 196만 달러의 원조를 받았다. 그리하여 개간공사 착수 4년 3개월만인 이날 완공된 것이다. 대통령은 이날 뙤약볕 아래 서서 1,057가족 5,385명에게 간척지에 대한 토지증명서를 몸소 나누어 주고 이들을 위로하고 격려했다.

대통령은 이날의 준공식에서 먼저 이 거창한 간척지 조성사업을 완공하여 토지를 분배받은 주민들의 그 의욕과 협동정신과 꾸준한 노력을 높이 평가했다.

"오늘 이 공사가 끝나고 조금 전에 토지분배에 대한 분배증을 여러분들이 받았습니다만, 여러분들이 처음에 이 사업을 시작할 그 당시만 하더라도 과연 이 사업을 우리의 힘만 가지고 완성할 수 있을까 하는 의심을 품었을 것으로 압니다.

그러나 여러분들은 지난 5년간의 긴 세월에 걸쳐서, 꾸준히 여러분들의 피땀어린 노력으로 이러한 일을 이룩했습니다.

오늘 여러분들이 여러분들의 피땀 흘린 대가로서 토지를 분배받았다는 그 기쁨도 기쁨이려니와, 여러분들은 그보다도 더 중요한 선물을 받았다고 나는 생각합니다. 그것은 무엇인가? 우리들의 의욕과, 서로 힘을 합친 협동의 정신과, 꾸준한 노력만 있으면 우리들이 상상도 못하는 거창한 일들을 우리의 힘으로 할 수 있다는 자신을 여러분들은 얻었습니다.

토지 몇 마지기를 여러분들이 분배받은 그 자체보다도, 여러분들 스스로가 일에 대한 자신과 용기와 의욕을 얻었다는 이 자체가 나는 더 보람된 일이라고 생각합니다.

앞으로 여러분들은 새로 개척한 이 고장에서, 여러분들이 과거 이 공사를 하던 그 당시의 여러분들의 정열과 노력을 계속 집중해서 여기다가 여러분들의 꿈을 이룩해주기 바랍니다.

이러한 자신을 가지고 여러분들이 일을 할 것 같으면, 머지않은 장래에 여러분들 가정에는 반드시 행복과 오늘날보다 더 살기 좋은 그러한 가정을 이룩할 수 있으리라고 나는 믿어마지 않습니다."

대통령은 이어서 애국은 입으로만 떠든다고 되는 것이 아니라 우리의 정성과 노력과 피땀 흘린 그 결과가 이루어져야만 그것이 애국이 된다는 점을 강조했다.

"특히 오늘 내가 이 자리에 와서 이 간척사업의 현장을 보고 참으로 감명깊게 느낀 것은 이곳의 주민 여러분들이 지난 5년 동안 여기서 묵묵히 피땀 흘려가면서 일을 하고 있었을 때, 즉 이 바다를 막아서 여기다가 새로운 옥토를 이룩해서 우리의 꿈을 이룩하려고 밤낮을 가리지 않고 노력한 지난 5년이라는 세월은, 우리나라에 있어서 여러 가지 변동이 많았던 기간입니다. 5·16혁명이 있었고, 군사정부가 생겼고, 그 뒤에 민정이양이 있었고, 한·일회담이다, 월남 파병이다, 학생들의 데모다 등등 해서 여러 가지 격동의 시기였습니다. 그러한 세월동안에 여러분들은 우리나라에서 별로 알려지지 않은 이 고장에서 묵묵히 이 거대한 토착사업을 단합된 협동의 힘과 노력으로 완성했다는 그 사실입니다.

오늘날 우리나라의 일부 지도층에 있는 인사들이 여러 가지 무책임한 발언이나, 아무런 생산도 없는 비생산적인 무책임한 행동을 해서 공연히 세상을 시끄럽게 하는 일이 있는 반면에, 여러분들과 마찬가지로 전국 방방곡곡에서 누가 알아 주든 알아 주지 않든 묵묵히 자기 자신을 위해서 자기의 고장을 위해서, 이 나라를 위해서 노력하고 있는 훌륭한 일꾼들이 많이 있다는 것을 우리는 또한 잊어서는 안 될 것입니다.

조국에 대한 봉사, 국가에 대한 애국심이라는 것은 결코 입으로만 떠든다고 되는 것은 아닙니다. 어디까지나 우리의 정성과 노력과 피땀을 흘린 그 결과가 이루어져야만 그것이 애국이 되는 것입니다.

그런 뜻에서, 나는 오늘 이 자리에서 여러분들에게 만강의 사의와, 지난 5년 동안 여러분들이 이룩한 이 거대한 업적에 대해서 다시 한번 치하의 말씀을 드리고, 앞날에 여러분들의 가정에 행운이 있기를 빌어마지 않습니다."

군인들이 농지를 개간하여 화전민에게 나누어 주었다

1966년 5월 31일, 강원도 홍성군 동면 장학리에서 국군 제2군단 제27사단 장병들이 개간한 농지를 화전민들에 분배해 주는 개간지 이양식이 있었다.

대통령은 이날의 행사에서 먼저 국군장병들이 전국 각지에서 전개하고 있는 대민지원사업에 대해 설명했다.

어제 대덕 간척지사업 준공식에 가서 현지 주민들이 피땀어린 노력으로 이곳 개간사업장의 8배 내지 9배 정도 큰 간척공사를 완공한 것을 보고 큰 감명을 받았다. 오늘 이곳에서는 국군장병들이 대민지원 사업의 일환으로 쓸모없던 땅을 개간하여 40여 세대의 주민들에게 새로운 농토와 보금자리를 마련해 주는 훌륭한 사업을 했다. 우리 국군장병들은 국토방위 임무에 지장이 없는 범위 내에서 개간사업·도로건설·하천제방공사·한수해복구공사·조림사방공사·주민주택건설 등 여러 부문에서 대민지원사업을 하고 있다. 오늘 이 개간공사도 그러한 사업의 하나다. 그래서 우리 국민들은 국군장병들을 아끼고 사랑하며, 그들의 노고에 대해 항상 고맙게 생각하고 있다는 것이다.

"제2군단장 김상복 장군 그리고 제27사단 장병 여러분!

나는 어제 전라남도 장흥군에 있는 대덕간척지사업 준공식에 참석했다가 돌아왔습니다.

이 대덕간척사업장은 신문지상에도 보도된 바와 같이, 총면적이 약 1천 정보, 그러니까 오늘 여기에 준공을 본 이 개간사업장의 약 8배 내지 9배 정도가 될 것입니다.

이러한 광대한 간척지를 지난 5년 동안 그곳에 있는 주민들이 피땀 흘려가면서 노력해서 큰 바다를 막아 육지로 만들고, 훌륭한 농토를 이룩해서 이제 약 9백 세대가 넘는 새로운 농민들이 기쁨을 감추지 못하고 이주식을 하는 장면을 보고 왔습니다.

특히 어제 내가 그 간척장에서 감명 깊게 느낀 것은, 이러한 방대한 사업이 정부의 별로 커다란 지원도 없이 일부 외원기관의 원조와, 정부의 약간의 보조와, 나머지는 전적으로 현지주민들의 피땀어린 노력으로 이루어졌다는 것입니다. 나는 뜨거운 마음으로 그분들의 왕성한 의욕과 노력에 대해서 심심한 경의를 표했던 것입니다.

오늘 이곳에서는 우리 국군장병들이 대민지원사업의 일환으로서 이와 같이 과거에는 별로 쓸모 없던 이러한 토지를 여러분들의 노력으로서 개간해서 40여 세대에 달하는 주민들에게 새로운 농토를 주고, 그들로 하여금 새로운 삶의 보금자리를 마련할 수 있게 한 훌륭한 사업을 한 데 대해서, 또한 나는 장병 제군들의 그동안의 노고에 대해서 심심한 사의와 경의를 표하는 동시에, 오늘부터 새로이 농토에 입주하는 농민 여러분들의 앞날에 행운이 있기를 빌어마지 않습니다.

우리 국군장병들은 국토방위라는 신성한 임무를 수행하고 있으며, 지금은 멀리 월남전선까지 우리 장병들이 파견돼서, 조국의 명예와 자유세계의 수호를 위해서 숭고한 임무를 수행하고 있습니다.

그들은 또한 그들이 맡은 본연의 임무에 지장이 없는 범위 내에서 전후방 각지에서 대민지원사업을 활발히 전개하고 있습니다.

개간사업이라든지, 새로운 도로건설사업이라든지, 하천제방공사라든지, 또한 한해와 홍수가 났을 때 여기에 대한 복구공사라든지, 조림사방공사, 또는 주민들의 주택을 지어 주는 여러 가지 부문에서 우리 국군장병들은 지금 전국 각지에서 거창한 대민지원사업을 전개하고 있는 것입니다. 오늘 이 개간사업의 준공도 그 대민지원사업의 하나라고 나는 생각합니다.

오늘날 우리 국민들이 누구보다도 국군장병 여러분을 아끼고 사랑하고 또한 존경하는 이유는, 여러분들이 이 나라의 국토를 방위하는 간성이요, 동시에 평시에 있어서는 우리 국민들을 위해서 이와 같은 훌륭한 사업을 위해 여러분 스스로가 자진해서 노력을 제공해 가지고 우리 가난한 국민들을 도와 주고 있기 때문입니다. 따라서 우리 국민들은 이와 같은 훌륭한 사업을 해준 데 대해서 항상 고맙게 생각하고 있는 것입니다.”

대통령은 이어서 농토를 분배받은 화전민들에게 새로운 영농기술을 받아들이고 부업을 해서 소득을 올리고 자립할 수 있도록 꾸준히 노력해 줄 것을 당부했다.

“오늘 또한 이 새로운 농토에 입주하게 되는 주민 여러분들에게 대해서 나는 한 마디 하고자 합니다.

내가 알기에 여러분들은 과거 농사를 짓고자 해도 농토가 없어서 일정한 장소에 정착하지 못하고, 산간벽지를 찾아다니면서 화전을 이루어 농사를 짓고, 여러 가지 불우한 환경에서 살아온 분들로 알고 있습니다.

이번에 다행히도 우리 국군장병들의 노력에 의해서 이 고장에 새로운 농토를 마련하고, 여러분들에게 이 토지를 분배해 드림으로써 오늘부터 여러분들은 새로운 농토를 가지게 되었고, 여러분들이 오래 정착할 수 있는 새로운 보금자리를 마련하게 되었습니다.

이것은 우리 장병들이 순전히 노력으로써 이룩하여 여러분들에게 선사한 땅이지만, 이제부터는 여러분들의 소유가 되는 것입니다. 앞으로 여러분들은 국군장병들에 대해서 감사히 생각하는 동시에, 이제부터는 모든 것을 여러분들 스스로의 힘과 땀으로써 이 새로 분배받은 농토에서 여러 가지 새로운 영농기술을 받아들이고, 또한 각종 부업을 장려해서 여러분들 농가소득을 보다 더 많이 올리고, 여러분들이 보다 잘살 수 있고, 또한 자립할 수 있도록 하여야 하며, 그리하여 과거에는 누가 지나가면서 거들떠 보지도 않던 이 황무지가 앞으로 수년 후에는 어느 고장보다도 살기 좋고 아름다운 여러분들의 고장이 되도록 꾸준히 노력해 주시길 바랍니다.

끝으로, 다시 한번 이 거창한 공사에 수고를 많이 하신 제2군단 제27사단 장병 여러분들의 노고에 대해서 심심한 치하의 말씀을 드리고, 새로 입주한 주민 여러분들의 앞날에 행운 있기를 빌어 마지 않습니다."

인간의 노력으로 천재를 극복할 수 있다

1966년 6월 8일, 충청남도 부여군 남면지구에서는 전천후 농업용수원 개발사업 준공식이 있었다.

우리나라는 매년 홍수와 한발에 속수무책이었다. 우리나라에는 남달리 충분한 가용수원이 도처에 흐르고 있었으나 이를 개발하지 못한 채 그저 하늘만 쳐다보고 있었다.

이러한 원시농업으로부터 근대농업을 발전시키기 위해서 정부는 1965년 가을부터 한재(旱災)대책 7개년계획에 따라 전천후 농업용수원 개발에 착수했다. 즉 한발이 들든, 홍수가 나든, 기후가 어떻든간에 천재의 피해를 입지 않고 항상 안심하고 농사를 지을 수 있는 농토를 만들어 놓는 사업을 전개한 것이다. 이 사업은 지표수양수장, 지하수개발, 저수지시설 등을 위한 사전 기초조사와 기술조사가 빨리 끝난 지역에서부터 착수되었다.

1966년 여름에는 충남 부여군 남면지구, 경상북도 칠곡군 왜관지구, 전라북도 김제군 월촌지구 등 5개소의 대형 양수사업장이 준공을 보았고, 비록 규모는 이것보다 작지만 전국의 30여개 소에 이러한 사업이 추진되고 있었으며, 계속해서 연차적으로 이러한 사업을 꾸준히 밀고 나갈 계획이었다.

이 사업은 향후 10년 이내에 전국의 모든 논에 완전히 수리관개가 될 수 있도록하여 그야말로 전천후농업을 할 수 있는 농업의 일대개혁 사업이었다.

이 전천후 농업용수원 개발사업은 한 마디로 천재 그 자체를 예방하고 자연을 농업생산에 유용하게 활용하자는 사업이었다.

대통령은 이날 행사에서 먼저 우리는 하늘만 쳐다보는 원시적인 영농방식을 지양하고 인간의 노력으로 천재를 극복할 수 있는 시설을 해나가면서 영농방식을 개량해 나가야 한다고 말하고 정부가 추진하는 수리사업에 대해 설명했다.

정부는 작년 가을부터 전천후 농업용수원 개발사업을 전국 각지에서 벌이고 있으며 5대양수장 공사는 이미 끝났고, 금년 중에 300여 개소에 이 사업을 착수하고, 매년 계속 늘려 나갈 것이다. 과거에는 주로 저수지 사업에 치중했으나 앞으로는 지하수양수시설 등 수리사업과 경지정리사업을 대대적으로 전개해서 일모작밖에 못하던 토지에서 2모작을 할 수 있는 여러가지 방법을 강구하겠다는 것이다.

"작년 여름 7월에 금강 일대가 홍수로 말미암아 범람했을 때, 바로 여기 마전리 뒷산에서 이 일대 평야가 완전히 물에 잠겨 있는 모습을 와서 본 그때의 인상이 아직도 생생합니다.

지금 우리들 눈앞에 전개된 이 넓은 옥토가 매년 비가 오지 않으면 한해로 인해서 농사에 낭패를 보고, 비가 많이 오면 수해로 인해서 역시 농사에 낭패를 오랫동안 보아 왔던 것입니다.

정부에서는 작년 가을부터 전천후 농업용수원 개발사업이라고 해서, 전국 여러 군데서 이러한 사업을 벌리고 있습니다. 요 근일중에 공사가 끝난 것만 하더라도 소위 5대양수장이라고 해서, 경상북도 칠곡군 왜관에 있는 양수장시설이 준공을 본 것으로 알고 있습니다.

이 사업의 일환으로서 이 지역에 대한 전천후 농업용수원 개발사업을 설정해서 그동안 농림부 당국과 토지개량조합연합회 충청남도

도당국 등 관계기관에서 노력한 결과 오늘 이 공사의 준공을 보게 된 것은 부여군민 여러분들을 위해서, 특히 이 일대에서 영농을 하시는 농민 여러분들을 위해서 대단히 경사스러운 일이라 생각합니다. 이제부터는 한발이 들든, 다소의 홍수가 나든 이 지방에서는 큰 걱정 없이 여러분들이 안심하고 농사를 짓게 되었습니다. 뿐만 아니라 이 수리사업으로 말미암아 수천 석의 농산물의 증산을 보게 되었다는 것은 농민 여러분들을 위해서 크게 다행한 일이라고 생각합니다.

지금 정부는 이러한 5대양수장사업 이외에도 금년중에 30여 개소에서 이 사업을 착수할 계획을 추진하고 있고, 앞으로 해마다 정부의 예산이 허용되는 범위내에서 이 사업은 계속될 것입니다.

여러분이 아시는 바와 같이, 우리나라의 영농방식은 아직까지도 원시적인 방법을 탈피하지 못한 분야가 상당히 많이 있습니다.

특히 한발과 수해에 대해서는 과거에는 거의 속수무책이라 할 만큼, 그야말로 비가 오지 않거나, 비가 많이 와서 홍수가 나면 하늘만 쳐다보고 한탄하는 농사를 해 왔는데, 이제부터는 이러한 영농방식을 지양하고 인력으로써, 우리의 노력으로써 천재를 극복할 수 있는 시설을 점차 해나가면서 우리의 영농방식을 개량해 나가야 되겠습니다.

이것이 소위 요즘에 우리가 말하는 농촌의 근대화사업의 일환인 것입니다. 특히 수리사업에 있어서는 과거에는 주로 저수지사업에 치중해 왔습니다만, 지금 정부에서는 이 저수지사업 외에도 오늘 여기서 준공을 보게 된 이러한 양·배수시설, 또는 지하수가 풍부한 지방에는 지하에서 물을 뽑아 올려서, 소위 지하수 양수시설, 또는 동류수(動流水)가 많은 지방에서는 동류수를 수로로 끌어들이는 방법, 기타 근년에 와서는 경지정리사업을 대대적으로 전개해서 수리와 배수에 대한 여러 가지 시설뿐만 아니라, 종전에 일모작밖에 하지 못하던 토지에 이모작을 할 수 있는 여러 가지 방법을 지금 추진하고 있습니다."

대통령은 이어서 식량증산을 위해서 단위면적당 생산량을 늘리는데 힘써 줄 것을 당부했다.

농업용수원 개발로 한발이나 수해 걱정을 덜게 된 것에 만족하지 말고 영농방법을 개선해서 논 한 마지기에서 지금 평균 두 섬이 생산된다면 앞으로는 두 섬반, 또는 석 섬을 수확할 수 있도록 하고 보리와 감자와 다른 특종작물의 생산도 그렇게 해야 한다. 일본 농민들은 같은 토지에서 우리 농민들보다 배 정도 더 생산하고 있다. 우리 농민들도 단위면적에서 보다 많은 증산과 수익성이 높은 작물을 재배해서 보다 잘살 수 있도록 노력해야 되겠다는 것이다.

"이 지방에서 농사를 짓는 여러분들은 앞으로 우선 한발과 수해는 한 걱정 덜었다고 생각해도 좋겠습니다.

그러나 오늘 내가 이 자리에서 여러분들에게 특히 강조하고자 하는 것은 이걸 가지고 여러분들이 만족할 것이 아니라, 우선 한발과 수해에 대한 걱정은 덜었으니까 또 일보 더 나아가서 여러분들의 영농방식을 더 개선하고 노력해서 여러분들이 가진 이 땅에서 과거보다 더 많은 수확을 올리고, 보다 많은 소득을 올려서 여러분들이 잘살 수 있도록 노력해야 되겠다는 것입니다.

우리나라에서는 흉년이 들어서 농사가 안 되면 안 되었다고 걱정, 금년처럼 보리가 대풍이 되어서 너무 잘 되면 잘 되어서 곡가를 걱정하고 있습니다만, 앞으로는 여러분들이 영농하는 그 단위면적에 있어서 과거보다도 더 많은 생산을 해야 되겠습니다. 즉, 증산을 해야 되겠다는 것입니다. 논 한 마지기에 쌀 닷 말 닷 되를 과거에 생산했으면, 또는 한 섬 닷 말을 생산했으면, 앞으로는 여러분들이 여러 가지 방법을 개선해서 두 섬 또는 석 섬, 이렇게 증산을 하도록 노력해야 되겠습니다. 우리 이웃에 있는 일본 농민들은 한 마지기에서 석 섬, 많은 사람은 넉 섬 정도까지 지금 생산하고 있는 것입니다.

따라서 같은 토지를 가진 농민이라 하더라도, 일본의 농민들은 한국의 농민들보다 배 생산을 합니다. 이것은 비단 쌀농사뿐만 아니라 보리도 마찬가지요, 감자도 마찬가지요, 다른 모든 특종작물에 있어서도 마찬가지입니다.

단위면적에 있어서 보다 많은 증산과 또 수익성이 높은 이러한 작물을 여러분들이 많이 재배해서 여러분들 농가가 보다 잘살 수 있도록 노력해 주시기 바랍니다.

이 공사가 보통 같으면 적어도 1년 정도는 걸린다고 얘기를 듣고 있었습니다. 그것이 불과 반년 동안에 완공을 보았다는 것은 관계당국의 노력도 있겠거니와, 특히 이 공사를 담당한 동아건설산업회사 여러분들이 주야 전력으로 이 공사를 했다는 얘기도 듣고 있습니다.

특히 현지주민 여러분들이 이 공사기간에 여러 가지 협력을 많이 해 주신 덕택으로 이 공사가 빠른 시일에 완성되었다는 것을 알고, 여러분들의 노고에 대해서 다시 한번 감사의 말씀을 드립니다."

제2장 식량은 우리 스스로의 노력으로 자급자족해야 한다

우리의 농산물 가격을 국제시장가격에 접근시켜야 한다

1966년 6월 10일, 권농일에 대통령은 농업의 중요성, 중농정책, 식량의 자급자족, 곡가와 곡물수출, 농업의 기업화 등 농업개발에 관련된 여러 가지 중요한 과제들에 관해 소상하게 설명했다.

1960년대에 우리나라의 쌀과 보리를 비롯한 모든 농산물의 가격은 국제시장 가격보다 비싼 수준에 있었다. 그것은 농업에 대한 과보호 때문이기도 했지만, 보다 근본적으로는 농업의 생산기반이 취약하고, 단위면적에서의 생산고가 적고, 생산원가가 높았기 때문이었다.

그래서 쌀·보리 등 농작물이 풍년이 들어 그 일부가 남아돌 때 이를 해외에 수출하여 농가의 소득을 올리고 국내가격의 하락을 막을 수 있는 길이 막혀 있었고, 이 때문에 농민들은 농산물 가격 하락으로 인한 소득감소를 걱정하게 되고, 정부는 빈약한 국가재정으로 농산물가격을 적정선에서 유지하는 데 애를 먹고 있었다.

1966년에 보리가 풍작을 이루자 이러한 문제가 생겼다.

농민들은 정부가 보리를 많이 매수하여 그 가격을 보장해 줄 것을 요구하고 있었고, 정부는 농민들의 요구를 검토하고 있었다.

정부가 보리를 얼마나 많이 매수할 것이며, 매수가격을 어떤 선에서 조정하느냐 하는 문제와 판매시장을 어디서 확보하느냐 하는 이 두 가지 문제는 농가소득을 증대시키고 농민의 증산의욕을 고취시키는 문제와 밀접하게 관련된 문제였다.

대통령은 이러한 문제들을 근본적으로 해결하는 방법에 관한 소신을 피력했다.

대통령은 이날의 행사에서 먼저 우리나라의 공업화를 위해서는 농업발전이 함께 이루어져야 하고, 특히 식량의 자급자족을 이룩해야 한다는 점을 강조했다.

"오늘은 여러분들이 아시는 바와 같이 우리 농민들을 위해서 마련된 날입니다.

우리 농민들에 대해서 감사의 뜻을 표하고, 우리의 농업을 하루빨리 근대화시키기 위해 우리들의 각오를 다시 한 번 다짐하고 금년도 우순풍조해서 풍년이 들고, 우리 농민들이 보다 잘살 수 있도록 우리 모두가 다 같이 기원을 올리는 날이기도 합니다.

우리나라는 옛날부터 농업국가로서 죽 내려왔습니다. 앞으로 우리나라 공업이 크게 발달되어서 농업보다도 공업이 더 우위를 차지하는 그러한 단계가 오더라도, 우리나라 농업의 중요성이란 것은 조금도 변함이 있을 수 없다고 나는 생각합니다.

왜 그러냐 하면 우리가 공업발달에 있어서 그 밑바탕을 이루는 것은 역시 농업입니다. 특히 앞으로 우리나라를 공업국가로 건설하기 위해서 무엇보다도 대전제가 되고, 또 앞서야 될 문제가 바로 식량의 자급자족이라고 생각합니다.

여러 후진국가에서 경제건설을 하는 데 지나치게 의욕이 앞서서 이러한 원칙을 도외시하고 처음부터 공업에 치중하거나, 또는 이북에 있는 북한괴뢰집단처럼 이러한 농업국가로서의 바탕이 마련도 되기 전에 중공업정책이니, 천리마운동이니 하는 따위 운동을 전개했다가, 결과적으로 농업의 튼튼한 밑바탕 없는 공업의 건설이라는 것은 불가능하다는 결론을 얻고 다시금 농업면에 치중하게 된 그런 전례를 우리는 여러 나라에서 볼 수 있는 것입니다."

대통령은 이어서 제1차 5개년계획의 주축을 이루고 있는 중농정책의 목표와 지난 동안 시행된 중농정책의 성과에 대해 설명했다.

"정부는 지금 제1차 경제개발계획을 추진하고 있는데, 이 5개년 계획의 가장 주축을 이루고 있는 것은 역시 중농정책입니다. 지금 혹자들은 정부가 추진하고 있는 중농정책이 잘못되었느니, 또는 실패를 했느니 등등 여러 가지 비판을 하기도 합니다만, 우리가 내세운 이 중농정책의 궁극적인 목표는 우리의 농업생산을 증대하고, 농가의 소득을 더욱 높여서 식량의 자급자족을 달성하자는 것입니다.

식량의 자급자족을 달성한 후에는 우리가 예로부터 해 오던 식량작물에만 너무 치중하지 말고, 점차 공업원료 작물재배로 우리의 농업을 전환해 나가자, 그렇게 해서 우리의 농산물을 해외에 많이 수출해서 외화를 벌자, 그렇게 함으로써 우리나라 경제가 더욱 부흥할 수 있고, 우리 농가의 소득도 더욱 증대할 수 있다, 이렇게 생각하고 있는 것입니다.

그렇다면 지난 4년 동안 시행한 중농정책의 결과가 어떻게 되었는가? 여기에 대해서는 보는 사람마다 견해를 달리할 수 있다고 봅니다만, 우선 나는 이 자리에서 지난 4년 동안의 우리나라 식량증산에 대한 통계를 한번 더듬어 보고자 합니다.

금년도에는 우리가 얼마만한 식량생산을 예상하느냐? 이것은 물론 현단계에 있어서 하곡(夏穀)의 수확량 자체도 아직까지 정확한 숫자가 발표되지 않았기 때문에 정확한 것을 여기서 말씀드릴 수는 어렵겠습니다만, 금년 하곡은 우리나라 유사 이래 최고의 풍작을 이룩했습니다. 지금 최하 1천 2백만 석, 최대로 보는 사람은 1천 8백만 석까지 보고 있습니다. 여기서 내가 판단할 때, 가장 현실적인 수자로 본다면, 거의 1천 8백만 석에 접근하고 있지 않느냐 보고 있는 것입니다.

이것을 훨씬 할인해서 그 중간치를 따지더라도 1천 5백만 석은 무난한 숫자가 아닌가 봅니다. 그리고 금년 가을에 만약 추곡이 기후가 순조로와서 풍년이 들거나, 그렇지 못하더라도 평년작만 된다 할 것 같으며, 약 2천 5백만 석을 예상할 때, 하곡 1천 5백만 석과 추곡 2천 5백만 석, 그러면 4천만 석, 금년도 잡곡을 작년의 수준 그대로 따진다 해도 약 7백만 석……4천 7백만 석 정도의 식량증산이 가능하다고 내다보고 있는 것입니다. 만약 금년 추곡이 풍년이 들어서 2·3백만 석만 더 증산될 것 같으면 약 5천만 석에 접근할 수 있는 것입니다.

6·25전쟁이 나기 전, 즉 1949년도의 우리나라 식량 총생산량은 2천 335만 석 정도였습니다. 물론 이 가운데는 쌀이 1천 473만 석, 기타 보리 잡곡이 860만 석 정도 되는데, 그때로부터 10년 후인 1960년도의 우리나라 식량 총생산량은 불과 2천 641만 석 정도밖에 되지 않았습니다. 10년 동안에 불과 2·3백만 석 정도밖에 증산하지 못했습니다. 그러나 이 기간의 우리나라 인구는 7백만 내지 8백만

증가되었던 것입니다.

이러한 결과로 볼 때, 지난 1960년 무렵에는 우리나라에 상당한 양의 식량부족을 가져왔습니다. 그러던 것이 작년 1965년도의 우리나라 식량 총생산량은 여러분들이 잘 아시는 바와 같이 40년 또는 60년 이래 가장 혹심한 재해를 입은 해였지만, 식량 총생산량이 4천 3백만 석이었습니다. 여기에는 쌀만 해도 2천 7백만 석, 1960년에 비해서는 총체적으로 약 1천 7백만 석의 식량증산을 가져왔습니다."

대통령은 이어서 66년도의 식량증산은 4천 7백만 석이 가능할 것이라고 전망했다.

"지금 정부가 추진하고 있는 식량증산 7개년계획의 목표를 볼 것 같으면, 재작년부터 시작해서 1970년에 완성되는 7개년계획이 예정대로 추진되어서 목표연도에 가면 약 5천만 석의 식량을 생산할 계획입니다.

5천만 석의 식량을 생산했을 때, 지금부터 5년 동안에 인구가 증가하는 것을 감안해서 약 4천 9백만 석이면 식량의 자급자족이 되고, 약 1백만 석 정도의 수출여력을 가질 수 있다, 이렇게 보는 것이 정부의 식량증산 7개년계획입니다. 그렇게 본다면, 이 식량증산계획은 금년에 만약 추곡이 풍년이 되거나, 그렇지 않더라도 평년작 이상만 되면, 거의 식량자급자족에 접근하게 되는 것입니다.

물론 이것은 하곡을 1천 8백만 석으로 계산할 때, 또 다시 이 숫자가 달라질 것입니다. 그런데 식량증산은 우리가 계획했던 것보다, 또는 예상했던 것보다 훨씬 더 빠른 속도로 성과를 올렸습니다. 그런데 이 하곡이나 추곡에 대한, 또는 모든 곡물에 대한 곡가문제가 남아 있는 것입니다.

따라서 조금 전에 말씀드린 바와 같이 중농정책에 있어서 증산, 농가의 소득증대, 자급자족, 이러한 목표를 볼 때, 자급자족은 거의 계획보다 앞서서 지금 추진되고 있습니다."

대통령은 이어서 농가소득증대와 곡가의 관계에 대하여 자세히 설명했다.

"농가의 소득증대면에 있어서는 어떠냐? 이것은 즉 곡가의 문제와 관계되는 문제고, 또한 앞으로 우리나라 농업을 과거처럼 주곡위주로 하는 방향에서 공업원료작물로 전환하고 수출농업으로 전환하는 문제와 직접적으로 관련되는 문제입니다.

금년에 보리가 대풍작을 이룩했는데, 과연 정부가 이 가격을 어떻게 유지해 주겠느냐, 하는 데 대해서 지대한 관심이 있다는 것을 나도 잘 알고 있습니다.

정부에서는 이 문제에 대해서 지대한 관심을 가지고 어떻게 하든지 농민들로 하여금 생산원가 이하의 손해를 보는 그러한 가격을 유지해 주어서는 안 되겠다, 농민들의 생산의욕을 저하시킬 만한 그러한 가격을 가지고는 곤란하겠다, 하는 문제를 여러 가지로 검토하고 있고, 이 문제는 근일 중에 대략 정부의 방침이 발표되리라고 생각합니다.

그런데 문제는 현재 우리나라의 곡가수준입니다. 만약 지금 우리나라의 보리든지 쌀이든지, 기타 농산물 가격이 국제시장가격과 거의 같은 수준을 유지할 수 있다면, 금년처럼 보리가 대풍작되었을 때, 가격에 대한 문제는 조금도 걱정할 필요가 없는 것입니다.

여기서 몇백만 석 외국에 수출하면, 그만큼 우리는 외화를 획득할 수 있을 것이고, 또한 농민의 소득도 그만큼 증대될 것이고, 또한 수출이 그렇게 안 될 때에는 지금 우리나라에서 큰 애로에 봉착하고 있는 축산사료로써 대폭적으로 전환할 것 같으면, 싼 사료를 써서 거기에서 생산되는 축산물을 수출도 할 수 있는 것이고, 여러 가지 농가의 소득을 올릴 수 있는 방법도 있지만, 문제는 우리나라의 곡가가 국제시장가격보다 훨씬 높은 수준을 유지하고 있다는 데 난점이 있는 것입니다.

지금 보리 톤당 국제시장가격은 여러분들이 아시는 바와 같이 약 60달러 정도입니다. 그런데 작년 우리 국회에서 결정한 하곡매상가격은 1천 5원이었습니다. 만약 작년도 가격을 그대로 적용한다 하더라도 우리나라의 보리는 톤당 약 90달러를 넘는 것입니다. 그렇다면 보리 1톤에 대해서 우리나라의 시세와 국제시장가격이 벌써 30달러, 약 50%의 차이를 가져온다는 것입니다. 이렇기 때문에 우리나라에서는 물론 천재가 있어서 흉년이 들면 흉년이 든 대로 여러 가지 어려운 문제가 있지만, 금년처럼 하곡이 대풍작을 이루었을 때는 풍년이 든 대로 역시 문제가 있고, 여러 가지 어려운 일들이 생겨나는 것입니다."

대통령은 이어서 우리나라의 농촌을 부흥시키고, 농가의 소득을 증대시키기 위한 기본방향은 우리나라의 농산물가격을 점진적으로 국제시장가격에 접근시켜 나가는 것이라는 점을 강조했다.

"그렇다면 앞으로 이러한 문제를 어떻게 해결해 나가야 되겠느냐? 점차로 우리나라 농촌을 부흥시키고 농가의 소득을 증대시키기 위한 기본방향은 우리나라의 농산물가격을 점진적으로 국제시장가격에 접근시켜 나가는 것입니다.

물론 현재가격을 당장 국제시장가격에 접근시킨다는 것은 여러 가지 어려운 문제와 모순점이 있기 때문에 불가능하지만, 점진적으로 이러한 방향으로 나가야 되겠습니다. 최근에 내가 아는 정보에 의하면, 우리 이웃에 있는 일본이 1년에 외국에서 수입하는 식량이 무려 1천 2백만 톤입니다. 이것을 섬으로 따진다면 7천만 석, 약 8천만 석을 상회하는 식량을 외국에서 수입하고 있는 것입니다. 금년에도 대략 그러한 정도의 식량을 외국에서 수입할 계획을 추진하고 있는 걸로 알고 있습니다. 1천 2백만 톤이라는 것은 물론 전부가 식량이 아니라 그 중에 한 절반 이상이 사료로 사용될 것이라 합니다. 쌀만 하더라도 약 1백만 톤 약 7백만 석 정도를 해외에서 금년에도 수입해야 할 그러한 형편에 있다는 것입니다.

이러한 것을 우리가 생각해 볼 때, 우리나라의 농촌이 앞으로 점차 영농방식을 개선해서 단위면적에 있어서 생산을 증대하고 생산 원가를 하락시켜서 곡가를 점차 국제시장가격에 접근만 시킬 수 있다면, 우리나라에서 앞으로 생산되는 모든 농산물을 이웃 나라에 대량으로 수출할 수 있는 전망이 확실히 있다는 것입니다.

물론 1천 2백만 톤이라는 막대한 양을 우리나라에서 전부 수출할 수는 없지만, 적어도 여기 몇백만 톤은 우리가 수출할 수 있지 않겠습니까? 금년같이 보리가 이렇게 풍작이 되었을 때는 적어도 한 2·3백만 석은 넉넉히 수출해야 농민들을 위해서도 좋고, 정부가 곡가 유지를 하기 위해서도 좋고, 여러 가지 우리 경제에 도움이 될 것이라고 생각합니다.

그러나 불행히도 현재 국제시장가격이 우리 국내가격과 맞지 않기 때문에 수출이 되지 않고, 그렇다고 해서 정부가 비싼 국내가격으로 사서 값싼 국제시장가격으로 수출한다면 정부가 현재 가장 신경을 쓰고 있는 재정안정계획에 차질을 가져와서 자칫 잘못하면 인플레를 초래할 우려가 있기 때문에 여러 가지 어려운 문제들이 있는 것입니다."

대통령은 이어서 우리나라의 농산물가격을 국제시장가격에 접근시키고, 농가소득증대를 가져오기 위한 방법으로 영농방법개선에 의한 생산원가 낮추기와 단위면적당 증산, 공업원료작물 전환, 그리고 보리혼식을 강조했다.

"그러면 앞으로 이 생산곡가를 점차 국제시장가격에 접근시키는 그 방법은 조금 전에도 말씀드린 바와 마찬가지로 물론 점진적으로 해 나가야 될 것입니다.

하나는 생산원가를 낮추자는 것입니다. 지금 우리나라의 영농방식이 너무 영세하기 때문에 외국의 대규모적인 기업화된 농사에 비해서 생산원가가 비싸게 먹히는 것은 부득이한 사정이겠습니다. 그러나 어떻게 하든지 우리가 노력해서 이 생산원가를 저하시키고, 동시에 단위면적에 있어서 더 증산하도록 해야 되겠습니다. 그렇게 해나가면, 점차로 우리나라 곡물가격은 국제시장가격에 접근시킬 수 있다고 나는 확신합니다. 이렇게 돼야만 우리 농촌이 부흥할 수 있는 어떤 전기가 마련될 것입니다.

이렇게 해서, 풍년이 들어 증산됐을 때는 수출하고, 또 일반작물에 있어서도 과거처럼 식량작물에만 치중하지 말고, 점차 공업원료작물로 전환해 나간다면, 우리나라의 농가소득은 나날이 증대될 것을 믿어 마지않습니다.

조금 전에도 말씀드린 바와 같이 곡가문제에 대해서는 정부가 여러 가지로 신중히 검토하고 있기 때문에 농민 여러분들이 너무 걱정하지 않아도 되리라고 나는 보고 있습니다.

문제는 정부가 매상을 많이 하거나, 또는 맥담(麥擔)을 하거나 해서 이 가격을 유지하는 문제도 중요하지만, 우선 우리 모든 국민들이 금년처럼 보리가 풍년이 되었을 때는 우선 잡곡을 식용으로 많이 소비해 주어야 하겠습니다. 이것이 선결문제입니다.

원칙적으로 말하자면, 보리가 대량으로 증산되었으면 국민들이 보리를 많이 먹고, 금년 가을에 가서 쌀을 대량으로 외국에 수출해서 외화를 벌어들이면, 정부의 재정도 그만큼 좋아지는 것이고, 농가의 소득도 느는 것입니다.

그러나 우리나라 국민들의 식생활에 대한 습성 때문에 갑자기는 안 되겠고, 또 어려울 줄 압니다만 점차적으로 잡곡, 그 중에도 특히 보리를 많이 혼식하는 운동을 금년에는 대대적으로 전개해야 되겠고, 모든 국민들이 여기에 적극적으로 협력해야 되겠습니다. 이렇게 하는 것이 곡가를 유지하는 또 하나의 좋은 방도가 되는 것이고, 농민들로 하여금 모처럼 증산한 보람을 느끼게 할 수 있는 것이고, 우리의 건강으로 말하더라도 쌀만 단식하는 것보다 보리를 혼식하는 것이 훨씬 더 건강에 좋을 것입니다.

우리나라 공업이 나날이 발전되어 가고 있는데, 이와 병행해서 우리나라 농업도 점차로 지금 정부가 부르짖고 있는 것처럼 기업화하는 방향으로 유도해 나가야 되겠습니다. 그리고 조금 전에 말씀드린 바와 마찬가지로 과거처럼 쌀과 보리 등 주곡에만 치중하는 방향을 벗어나서, 보다 더 소득이 높은 특용작물이라든지, 특히 공업원료화할 수 있는 작물을 점차 장려해 나가야 되겠습니다.

곡물의 생산원가를 저하시키고, 단위면적에 있어서 보다 많이 증산해서 가격을 국제시장가격에 점차 접근시켜 해외에 수출할 수 있는 길을 개척해야 되겠습니다. 이것이 우리 농민을 위하는 길이요, 농민들이 앞으로 잘살 수 있는 길이라고 나는 확신합니다.

오늘 이 권농일을 맞이해서, 우리 농민 여러분들이 지난 수년 동안 피땀어린 노력으로써 이와 같은 훌륭한 증산실적을 올린 데 대해서 다시 한번 감사의 말씀을 드리고, 금년에도 우리 다 같이 힘을 합쳐 노력해서 예년에 못지않는 훌륭한 풍년을 우리의 인력으로써 가져올 수 있도록 다 같이 노력할 것을 다짐하는 바입니다."

농사는 하늘이 짓는다는 관념이 바뀌기 시작했다

1966년 6월 13일, 경기도 부천군 한강토지개량조합 계양지구에서는 전천후 농업용수원 개발사업의 통수식이 있었다.

대통령이 혁명정부 초기부터 우리 농민들에게 강조한 것은 농사란 것은 하느님이 비를 잘 내리면 풍년이 들고, 비가 오지 않으면 인력으로 도리 없다 하는 체념, 즉 농사는 하늘이 짓는다는 식의 과거의 관념을 근본적으로 고쳐야 되겠다는 것이었다. 농민들의 이러한 관념이 바뀌기 시작했다.

정부가 이른바 전천후 농업용수원 개발사업에 착수하고 지하수개발사업을 전국의 상습적인 한발지역에서부터 착수한 후 하늘만 쳐다보며 농사를 짓던 우리 농민들도 인간의 노력으로 천재를 극복할 수 있다는 생각을 하기 시작한 것이다.

대통령은 이날 행사에서 먼저 우리 농민들이 인간의 힘으로 천재를 극복할 수 있다는 자신을 가지기 시작한 것은 우리 농촌과 농민을 위해서 커다란 전환이라고 평가했다.

"오늘 여러분들의 이 고장 발전을 위해서 이러한 거창한 건설사업의 준공식을 보게 된 것을 여러분들과 더불어 기쁘게 생각하는 바입니다.

우리나라의 농민들이 잘못 사는 원인을 따져 볼 때, 여러 가지 원인도 많겠지만, 그 중에서도 가장 큰 원인은, 옛날 우리 조상시대부터 천재를 우리 사람의 힘으로 이겨 보자는 그 의욕과 노력이 부족한 데 특히 기인한다고 나는 생각합니다.

우리나라 농민들은 매년 한발이나, 홍수가 아니면 병충해 등등으로 해서 농사를 짓는 데 언제든지 이러한 천재를 입어 왔고, 이러한 천재를 당하면, 이것은 의례 하늘이 하는 일이기 때문에 우리 사람의 힘으로는 어떻게 할 도리가 없다, 그야말로 이것은 천재다, 하고 하늘만 쳐다보고 체념하는 관념 속에서 살아왔습니다. 그러나 요 몇 년 전부터 우리 농민들은 이러한 천재를 우리 힘으로, 사람의 힘으로 이겨 보자, 또 우리가 노력만 하면 이 천재를 능히 극복할 수 있다, 하는 자신을 가지게 되었습니다.

이것은 우리 농촌을 위해서, 우리 농민들을 위해서 하나의 커다란 전환이라고 나는 생각합니다."

대통령은 이어서 농민들이 천재를 극복하기 위해서 추진하고 있는 전천후 농업용수원 개발사업과 경지정리사업에 대해 설명했다.

"지금 우리나라 전국 방방곡곡에서 이루어 가고 있는, 여러 가지 천재를 극복하기 위한 이러한 사업들, 즉 전천후 농업용수원 개발, 말은 복잡합니다만 무슨 뜻이냐 하면, 비가 오거나 홍수가 나거나 어떠한 기후에도 자연의 영향을 받지 않고 농사를 지을 수 있는 그러한 모든 시설을 우리의 힘으로써 하나씩 둘씩 갖추어 나가자는 것입니다.

오늘 이곳에 준공을 보게 된 이 사업도 그 전천후 농업용수원 개발사업의 하나인 것입니다.

과거에는 우리 농민들이 비가 오지 않으면 하늘만 쳐다보았고, 홍수가 나면 전부 농토를 유실당하고, 재산을 유실당하고, 때로는 인명의 피해까지 입어 왔지만, 이제부터는 비가 오지 않으면 비는 반드시 하늘에만 있는 것이 아니라, 저 옆에 흘러가고 있는 풍부한 한강물, 저것을 어떻게 하면 이곳 수원이 부족한 지방까지 끌어 올릴 수 없는가, 또는 지하에 있는 물을 우리가 어떻게 하든지 이것을 퍼 올려서 이용할 수 없는가, 하는 데 대해서 우리는 지난 수년 동안 여러 가지 연구를 해왔습니다. 그러한 연구결과, 먼 데 있는 물을 보수로(補水路)를 이용해서 먼 곳까지 끌어올 수도 있으며, 또 장소에 따라서는 지하에 흐르고 있는 풍부한 지하수를 펌프를 이용해서 끌어올려서 이용할 수도 있다는 것을 알게 되었습니다.

그뿐만 아니라, 우리 농토를 보다 더 구획적으로 정리해서 수리관계는 물론이요, 배수에 관한 시설까지 완비해서 종전에는 1년에 한 번밖에 농사를 짓지 못하던 토지를 이모작까지 할 수 있게 이용도를 높이기 위해서 전국 방방곡곡에서 지금 경지정리사업이 전개되고 있습니다. 이러한 사업도 처음에 시작될 때 일부 농민들은, 이것이 우리의 힘으로 되겠느냐, 해 보았자 결국은 실패할 것이 아니냐, 이러한 반신반의하는 사람들이 많았던 것도 사실입니다.

오늘에 와서는 확실히 우리의 농업을 발전시키는 데 크게 도움이 되었다는 것을 점차 인식하게 되었습니다. 어떤 지방에서는 정부의 보조 없이도 자기들의 자력으로써 하겠다고 자진해서 나오는 농민들도 많이 있는 것을 나는 알고 있습니다."

대통령은 이어서 경기도에서 작년부터 추진하고 있는 소위 전답 직파사업도 인간의 힘으로 천재를 극복하고자 하는 노력의 일환이라고 평가하고 이에 대해서 설명했다.

"그뿐만 아니라 이 경기도에서는 작년부터 박 지사가 추진하고 있는 소위 건답직파사업, 즉 천수답이라든지, 수리불완전답이라든지 이러한 수리관개가 나빠서, 그야말로 비가 많이 오는 해가 아니면 도저히 농사를 지을 수 없는 곳에 건답직파라고 해서 마른 논에다 재배한 것이 비가 많이 온 해보다 더 많은 수확을 올린 것이 작년도 경기도에서 시험한 결과인 것입니다. 금년도에는 경기도내 3만여 정보에 달하는 지역에 이것이 실시되고 있고, 또한 각지에서 이것을 목격할 수 있습니다.

지금 정부로서는 경기도에서 실시한 이 건답직파사업에 대한 모든 시험결과와 구체적인 통계를 뽑아서 내년부터는 다른 도에도 천수답이라든지, 수리시설이 아주 좋지 못한 지역에 이러한 건답직파사업을 대대적으로 보급해 볼 것을 지금 연구하고 있습니다.

이러한 것도 역시 우리가 과거에 천재를 우리 사람의 힘으로는 도저히 불가항력이다, 이길 수 없다, 하는 체념에서 벗어나서 어떻게 하든지 우리의 노력으로, 우리의 힘으로 극복하자, 하는 노력의 일환이라고 나는 생각합니다.

우리 농촌도 이와 같이 하나씩 둘씩 좋은 사업들이 추진되어 나가고, 전국 방방곡곡에서 지금 이러한 사업들이 전개되어 나가고 있습니다. 앞으로도 이러한 사업은 매년 연차적인 사업으로 계속될 것입니다.

이것이 앞으로 수년 동안만 지속된다면, 과거처럼 한발이다, 홍수다, 무슨 병충해다, 천재다, 하는 것은 우리의 힘으로 능히 극복하고, 우리가 안심하고 농사를 지을 수 있는 그런 때가 머지않은 장래에 우리의 농촌에도 올 것을 믿어 마지않습니다.”

대통령은 끝으로 전천후 농업용수원 개발사업을 추진하는 데 있어서도 개간과 간척사업에 있어서와 마찬가지로 농민들이 ‘노력봉사'를 통해 이 사업에 협력해 줄 것을 호소했다.

"오늘 이곳에 이와 같은 거창한 사업이 불과 수개월 동안에 경기도 당국과 한강토지개량조합 당국, 또는 시공업체 여러분, 현지주민 여러분들의 노력과 협조의 덕택으로 이렇게 준공을 보게된 데 대해 다시 한번 축하의 말씀을 드립니다.

앞으로 정부가 이런 사업을 계속 추진하겠지만, 특히 농민 여러분들에게 부탁하고자 하는 말은 이러한 사업에는 막대한 예산이 드는 것입니다.

조금 전에 설명한 바와 같이, 이 지역 일대에 대해서 정부가 계획하고 있는 사업이 완공되자면, 약 23억 원이라는 막대한 예산이 드는 것입니다. 이러한 사업을 하는 데 있어서는 물론 대부분의 예산을 정부가 지원해 주어야 될 것이고, 도 당국이 또한 여기에 대해서 여러 가지 지원을 해야 되겠지만, 농민 여러분들의 노력과 여러분들의 협력으로써, 어떻게 하면 예산을 덜 쓰고 이러한 사업을 할 수 있는가 하는 것을 연구해야 될 것입니다.

그렇게 함으로써 보다 적은 예산을 들이고, 보다 더 효과가 큰 사업을 우리는 빠른 시일 내에 완성할 수 있는 것입니다. 이렇게 함으로써 우리나라 전국에 이러한 전천후 농업용수원 개발사업이 보다 빠른 시일 내에 완성되어, 농민 여러분들이 안심하고 농사를 지을 수 있는 날이 빨리 올 것을 나는 믿어 마지않습니다."

우리 농민들도 국제경쟁을 할 시대가 왔다

1966년 6월 28일, 지방장관회의가 강원도 도청에서 있었다.

이날 회의에는 지방장관들뿐만 아니라 각급 기관장들과 1군 산하 주요지휘관들이 참석했다. 대통령은 이날의 회의에서 중농정책과 곡가문제, 도시개발문제, 공무원의 자세, 그리고 여름 재해방지 문제 등에 대해 평소의 소신을 피력했다.

대통령은 먼저 지난 14일에 서울에서 열렸던 아시아·태평양지역 각료회의에 대해 설명했다.

"오늘 금년 들어 두 번째로 전국의 지방장관 여러분이 한자리에 모여, 지난 6개월 동안 우리가 이룩한 업적을 평가하고, 또 앞으로 우리가 해 나가야 할 일을 토의하게 된 것을 나는 매우 기쁘게 생각하는 바입니다.

특히 오늘 이 모임에는 그동안 대민사업에 크게 애써 온 제1군 산하 주요지휘관과 그리고 각급 기관장들이 자리를 같이 하고 있다는 데 더욱더 큰 의의가 있다 하겠습니다.

우리는 지난 수개월 동안 어려운 여건 속에서도 여러 가지 고무적인 성과를 거두어 왔습니다.

지난 14일에는 여러분도 아시다시피 서울에서 역사적인 아시아·태평양지역 각료회의를 개최하여 큰 성황을 이루었고, 온 세계의 이목은 이 회의에 집중되었던 것입니다.

오랜 역사와 전통을 가진 아시아지역 국가들이 이와 같이 여러 나라가 한 자리에 모여서 아시아의 문제를 아시아인끼리 진지하게 토의해 본 일은 아마도 유사이래 처음 있는 일일 것입니다.

분명이 우리는 아시아의 진로와 세계사의 진운에 크게 기여할 수 있는 중요한 외교적 역할을 할 수 있었다고 자부합니다.

그리고 멀리 월남전선에 파견된 국군장병들은 자유아시아의 수호라는 신성한 사명완수를 위하여 선전분투, 혁혁한 전과를 올리고 있으며, 조국의 명예와 국군의 용명을 만방에 떨치고 있습니다."

대통령은 이어서 최근의 경제동향에 관하여 그 대강을 설명했다.

"나는 금년 연두교서에서 금년은 제1차 경제개발 5개년계획에 매듭을 짓고, 이를 토대로 하여 제2차 5개년계획을 준비하는 해라고 말한 바 있습니다.

우리 경제는 그동안 허다한 우여곡절과 시련을 겪은 나머지, 작년도 하반기부터는 안정된 추세를 유지하면서 급속한 상승을 보이고 있습니다. 지금 전국 방방곡곡에서는 계획된 사업들이 하나하나씩 완성되어 가고 있거나, 또는 새로운 사업들이 계속적으로 착공되어 가고 있습니다. 각 주요도시에서는 새로운 도시계획과 복지사업들이 활발히 진행되고 있습니다.

작년 초에 실시한 단일유동환율제는 1년 이상이나 평준을 지속하고 있고, 물가도 연간 상승률 10%선 이내를 계속 유지하고 있습니다.

작년 9월 단행한 금리현실화 실시는 그후 급격한 저축의 상승을 가져왔고, 금년도 저축만 하더라도 연간 목표액 2백억을 지난 5월 말 현재 이미 훨씬 초과달성하고 있습니다.

조세수익에 있어서도 작년도 실적의 67%를 증수하겠다는 금년도 계획이 대체로 순조롭게 진행 중에 있습니다.

산업생산총지수에 있어서도 작년도의 고도성장률에 계속해서 금년도 5월 말 현재 작년도 동월에 비해 8.9%를 상승하고 있으며, 수출실적은 6월 20일 현재, 금년도 상반기 목표액을 10%나 초과달성하고 있는 것입니다.

그러나 무엇보다도 고무적인 성과는 역시 보리의 대풍을 이룩했다는 사실일 것입니다. 평년작에 비해 70%나 증산을 가져온 보리의 풍작은 확실히 우리 농민들의 큰 자랑이라 아니할 수 없으며, 이는 오로지 우리 농민들의 강렬한 증산의욕과 지방장관 여러분들의 꾸준한 노력과 기술적·행정적 시책의 성과로 믿고, 나는 이 자리를 빌려 그 노고를 치하해 마지않습니다."

대통령은 이어서 우리의 농산물가격을 점진적으로 국제시장가격에 접근시켜 나가야만 농촌부흥의 길이 열린다는 점을 강조했다.

"중농정책의 궁극적 목표는 식량의 자급자족과 농가소득의 증대라고 말할 수 있습니다. 식량의 자급자족을 위해서는 우선 식량의 증산을 해야 하겠고, 식량증산을 하자면 필연적으로 적절한 곡가의 유지책이 문제가 될 것입니다. 우리는 지금 적절한 곡가선을 발견하는 데 크게 부심하고 있는 것이 사실입니다.

정부는 지난 6월 25일 국무회의에서 맥가문제에 대한 방침을 결정한 바 있거니와, 적절한 곡가선의 유지를 위하여 정부는 앞으로도 계속적인 연구와 노력을 경주해야 할 것입니다.

우리나라 경제정책 수립에 있어서 곡가의 적정선 유지란 가장 중요하고도 어려운 문제의 하나인 것입니다. 우리나라와 같이 비정상적인 경제구조하에서는 더욱 어려운 문제를 제기하는 것입니다.

나는 전에도 기회 있을 때마다 강조한 바 있거니와, 곡가를 무턱대고 올리는 것만이 농민을 위한 길은 아닙니다. 농산물가격을 점진적으로 국제시장가격에 접근시켜 나가야만 농촌부흥의 길이 트인다고 믿고 있습니다.

이것을 위해서는 몇 가지 시책이 단계적으로, 또한 점진적으로 이루어져야 한다고 보는 것입니다.

첫째는, 생산비를 최대한으로 저하시키면서 단위면적 생산량을 높이자는 것입니다. 즉 최소한의 생산비로 최대한의 증산을 하자는 것입니다. 그러나 이것도 현재와 같은 5단보 또는 3단보 미만의 영세농으로서는 노력의 한계가 있을 것입니다.

둘째는, 우리나라 농업을 점차로 기업화하고, 협업화해 나가자는 것입니다. 그러나 이것도 다음과 같은 시책이 병행됨으로써 점진적으로 이루어져 나갈 것입니다.

셋째는, 2차·3차 산업부문을 급속히 확대해 나감으로써 농촌인구를 이 부문에서 대량으로 흡수해 나가는 것입니다.

우리 정부가 중농정책을 표방하면서도 2차·3차 산업부문에 전력을 경주하는 이유도, 고용을 극대화하고 농촌인구를 이 부문에 최대한 흡수해 보자 하는 정책의 일환이기도 합니다. 이렇게 볼 때, 농업정책과 상공업정책이란 표리일체라고 봐야 하겠습니다. 즉 농촌이 부흥해야 공업이 발달될 수 있는 것과 마찬가지로, 공업이 발달해야만 농촌이 부흥될 수 있다는 이야기가 되는 것입니다.

정부가 추진하고 있는 이러한 종합적인 시책이 점차로 효과를 나타내게 될 때 비로소, 곡가문제도 현실적인 적정선 내지는 국제시세에 접근이 이루어질 것으로 믿고 있습니다."

대통령은 이어서 이제 우리 농민들도 국제경쟁을 할 시대가 왔다는 점을 강조했다.

"그렇다면 현시점에서 곡가의 적정선을 어디에 두어야 하는가?

경제안정시책을 위한 대종은 재정안정계획에 있는 것입니다. 재정안정계획이 무너지는 날에는 거기에는 곡가안정도 없고 모든 물가의 안정도 없으며, 오로지 경제파탄만이 뒤따를 뿐입니다.

따라서 정부는 재정안정계획이 허용하는 범위 내에서 최대한의 재정지원으로 맥가 조작에 착수한 것입니다. 이 이상 맥가 안정을 위하여 재정지원을 한다는 것은 맥가뿐만 아니라 온 물가의 안정을 파괴하고 말 것이며, 그 피해는 농민도 똑같이 입는다는 것을 지방 장관 여러분부터 먼저 인식해 주기 바랍니다.

앞에서 말한 바와 같이, 우리 농민들도 국제경쟁을 할 시대가 왔습니다. 국제경쟁력 강화의 길은 곧 생산비 절하의 기술에 있는 것입니다. 영농기술의 개선, 농지이용도의 향상, 경지정리 등 우리가 당장 우리의 노력으로써 할 수 있는 일은 최대의 노력을 경주해서 농산물생산비 저하에 지방장관 여러분들의 보다 과감한 시책과 창의를 당부하는 바입니다."

노력봉사로 예산절약하는 자조농가를 우선 지원해야 한다

1966년 7월 5일에는 전북 김제군 월촌지구 전천후 농업용수원 개발사업 준공식이 있었다.

대통령은 이날의 행사에서 식량증산을 위한 여러 가지 시책에 대해 설명했다.

전주에서 이곳까지 오는 도로변에 있는 많은 옥토가 아직도 미개발 상태로 방치되어 있다. 오늘 준공된 이 개발지구도 얼마 전까지도 활용되지 못하고 있던 야산지대였다. 여기에 520여 정보의 토지를 새로 만들고 농토를 확장했다. 정부는 식량증산을 위해서 간척사업·유휴지개간·야산개간·영농기술향상 시책을 추진하고 있다.

특히, 작년부터 시작한 전천후 농업용수원 개발사업을 앞으로 대대적으로 전개할 계획하에 금년도에 이미 5개소의 큰 사업장의 준공을 보았는데 오늘의 이 사업장은 그 다섯 번째가 된다. 규모는 작지만 이러한 사업이 전국의 30여 개소에서 추진되고 있다.

앞으로 수년 후에는 전농토의 85% 내지 90%가 전천후농업을 할 수 있게 되어 농업의 일대 개혁이 이루어질 것이다. 이 월촌지구의 520여 정보는 이 지역의 종합개발계획의 일부분이고 앞으로 1만여 정보의 야산을 농토로 개간할 계획이라는 것이다.

"오늘 여러분들이 이 고장에 또 하나 거창한 이러한 사업의 준공식을 가지게 된 것을 우리 모든 국민들과 더불어 진심으로 축하하는 바입니다.

오늘 아침 전주시에서 여기까지 오는 도중에 도로연변에 있는 기름진 수많은 옥토가 아직도 미개발 상태로 방치되어 있는 것을 보면서 여기에 도착을 했습니다.

오늘 여기에서 준공을 보게 되는 이 개발지구도 얼마 전까지는 그야말로 야산지대로서 충분히 활용하지 못하고 방치된 채 있던 땅들이었습니다. 이것을 이번에 이 고장의 주민 여러분들의 노력과 관계 당국의 협조로써 520여 정보라는 광대한 토지를 새로 마련했고, 여러분들의 농토를 이만큼 더 확장함으로써 보다 더 많은 생산을 할 수 있는 바탕을 만들어서, 농민 여러분들의 소득을 올릴 수 있게 되었습니다. 사업의 완공을 보게 된 데 대하여 다시 한번 기쁘게 생각하는 바입니다.

정부에서는 우리나라의 식량증산을 위해서 여러 가지 시책을 마련하고 있습니다. 바닷가에 있는 간사지대를 막는 간척사업을 한다든지, 유휴지를 개간한다든지, 또는 오늘 이 고장에서 준공을 보게 되는 것처럼 야산지대를 새로이 개간한다든지, 또는 현재 우리가 가지고 있는 농토 단위면적의 생산량을 올리기 위하여 여러 가지 영농기술의 향상과 발전을 위한 노력을 하는 등 여러 가지 시책을 지금 추진하고 있습니다.

특히 작년부터는 전천후 농업용수원 개발, 조금 애기가 깁니다만, 한발이 들든, 홍수가 나든, 기후가 어떻든간에 천재에 대한 피해를 입지 않고 항상 안심하고 농사를 지을 수 있는 농토를 만들어 놓는 사업을 벌리고 있습니다. 이것이 소위 말하는 전천후농업입니다.

앞으로 정부가 이러한 사업을 대대적으로 전개할 방침을 세워, 금년도에 벌서 큰 사업장으로 5개소의 사업장의 준공을 보게 되었습니다. 이 월촌지구의 이 공사준공식은 그동안 정부가 추진하는 5대 사업장 중의 다섯 번째 사업장의 준공식이 되는 것입니다.

이것뿐만 아니라, 현재 전국 방방곡곡에서 비록 규모는 이것보다 작다 할지언정, 30여 개소에서 이러한 사업이 추진되고 있습니다. 정부는 앞으로도 계속 연차적으로 이러한 사업을 꾸준히 밀고 나갈 것입니다. 앞으로 수년 후에는 우리나라에 있어서도 전농토의 약 85% 내지 90%가 한발이 들든, 홍수가 나든, 조금도 천재에 대한 영향을 받지 않고, 안심하고 농사를 지을 수 있는, 그야말로 전천후 농업을 할 수 있는 이러한 농업의 일대개혁을 가져올 것입니다.

오늘 이 지구의 520여 정보에 달하는 이 공사 준공식은 이 지역의 종합적인 개발의 일부분이고, 앞으로 근 만여 정보에 달하는 일대의 야산개발사업이 계속 추진될 것입니다. 그렇게 함으로써 지금까지 놀려 두어 전혀 이용가치도 없던 토지를 다시 농토로 개간해서 여기에서 우리가 증산을 하고, 우리 농민들의 소득을 올리고, 우리가 보다 잘살 수 있는 근대농촌을 만들기 위해서 꾸준히 밀고 나갈 것입니다."

대통령은 이어서 정부가 식량증산을 위하여 여러 가지 사업을 추진하는 데 있어서 지역주민들의 자조적인 노력이 많은 지역에 우선적으로 그러한 사업을 추진하겠다는 '자조농가 우선지원 원칙'을 밝혔다.

"오늘 이 자리에서 농민 여러분들에게 특별히 내가 말씀드리고자 하는 것은, 정부는 이 사업을 금년 내내 죽 이런 사업을 강력히 추진해 나갈 방침입니다.

그러나 이러한 사업이란 여러분들이 아시는 바와 같이 막대한 예산이 드는 것입니다. 조금 전에 설명한 바와 마찬가지로 520여 정보의 이 공사를 완공하는 데 소요된 예산만 하더라도 1억 8천여만 원이라는 막대한 액수가 든 것입니다. 따라서 정부가 앞으로 하고자 하는, 각 지역의 이러한 전천후농업을 하자면, 그야말로 천문학적인 막대한 예산이 수년 동안 필요한 것입니다.

우리는 이러한 사업을 빨리 완성하기 위해서 어떻게 하든지 이 예산을 절약해서 적은 예산을 들여서 많은 토지를 개간하고, 많은 효과를 내도록 해야 되겠습니다. 이것이 정부의 방침입니다. 따라서 앞으로 농민 여러분들이 각자 고장에서 이러한 유휴지·야산지 개발을 하고자 하면, 여기에 대한 여러분들의 계획을 세워 가지고 여러분들이 협력할 일이 무엇이며, 여러분들의 노력봉사로써 예산을 절감할 수 있는 부문이 무엇인가 하는 것을 충분히 검토해서 군이나 도 당국에 그 계획을 제출할 것 같으면, 여러분들의 최대한의 노력봉사로써 최대한의 성과를 올릴 수 있는 그런 사업에 정부는 가장 우선적으로 공사를 착수하게 될 것입니다.

다시 말씀드리자면, 100여 정보의 땅을 개간하는 데 어느 지역사회에서는 5천만 원만 정부의 지원이 있으면 나머지는 전부 현지주민들의 노력봉사로써 할 수 있다는 사업장이 있을 수도 있을 것입니다. 또 어떤 지역사회에 있어서는 같은 100정보를 개간하는 데 거의 1억 원 이상이 소요되겠다는 사업장도 있을 것입니다. 정부는 어느 사업을 먼저 착수하게 되겠습니까? 결과는 여러분들이 노력을 제공하고, 노력으로써 봉사하고, 나머지 절반만 도나 군이나 국고가 지원해서 할 수 있는, 즉 예산을 절약할 수 있는 사업부터 우선적으로 한다는 얘깁니다.

이렇게 함으로써 여러분들의 고장은 나날이 발전될 것이고, 여러분들의 농토는 나날이 확장될 것이고, 증산될 것이고, 여러분들 농가의 소득이 늘어서 여러분들이 보다 잘살 수 있는 날이 올 것을 믿어 마지않습니다.

오늘 이 방대한 공사를 불과 6개월 만에 완공하는 데 있어서, 현지주민 여러분들의 적극적인 협력과 전라북도 이정우 지사 이하 도 당국의 관계관 여러분들, 또 김제군 당국 또는 토지개량조합 관계직원 여러분, 또 이 시공을 직접 맡은 신흥건설회사 여러분들의 노고에 대해서 다시 한번 치하의 말씀을 드립니다.”

여기서 대통령이 강조한 예산절약을 위한 농민들의 '노력봉사' 방식이 농민들의 호응을 얻어 식량증산을 위한 각종 개발사업 추진 과정에서 많은 성과를 거두자 이 방식은 60년대 후반의 농어민소득증대특별사업과 70년대 초의 새마을사업에도 적용되었다. 그리하여 이 방식은 자조정신이 강한 농민과 마을부터 정부가 지원하여 잘살게 만들겠다는 '자조농가 우선지원 원칙'의 모형이 되었다.

식생활 혁신으로 식량소비구조를 변혁해야 한다

1966년 9월 15일, 유엔 식량농업기구(FAO)아시아 및 극동지역 총회에서 대통령은 이 지역 국가들의 농림, 수산 분야 개발을 위한 몇 가지 과제를 제시하고 FAO가 특별한 관심을 가져줄 것을 당부했다.

첫째, 빈곤타파와 기아해방을 위한 국가 간의 협력은 정치·경제·사회·문화 등 분야에 걸친 다각적 협력 관계로 발전돼야 한다.

둘째, 고도로 발달된 영농의 기술과 지식을 이용할 수 있는 기술

보급의 여건이 조성돼야 한다.

셋째, 식생활에 대한 과감한 혁신으로 식량의 소비구조를 변혁해야 한다.

넷째, 어업자원의 관리와 이용에 관한 국제분쟁의 합리적 해결에 FAO가 나서야 한다는 것이다.

대통령은 이 자리를 빌려 그동안 토양비옥도 조사, 토지이용구분, 하천지역 개간·간척조사·임야실태조사·원양어업 기술훈련, 기아해방운동, 세계식량계획 등 각종 사업을 통해서 우리나라의 농업개발에 필요한 기술과 훈련을 위해 지원과 협조를 아끼지 않은 FAO당국에 대해 감사의 뜻을 표명했다.

"셴 박사, 대표 여러분!

나는 오늘의 이 모임이 이 지역 인민의 이해와 협동을 촉진하고, 여러분이 논의하게 될 여러 과제가 원만하게 해결될 수 있기를 기대하면서, 다음 몇 가지 과제에 대해 여러분들이 특별한 관심을 가져줄 것을 희망합니다.

빈곤타파와 기아해방은 비단 식량증산을 위한 농업경제에 국한된 문제가 아니라, 교육·사회·문화와 밀접하게 관련된 문제라는 점에서 기아해방을 위한 국가 간의 협력은 정치·경제·사회·문화 등 여러 부면에 걸친 다각적인 협력관계로 발전되고 강화되어야 할 것입니다.

다음으로 이 지역 인민들로 하여금 고도로 발달된 영농기술과 지식을 이용할 수 있도록 하는 기술보급의 기회와 여건조성에 있어 여러분의 공헌이 크게 기대되고 있다는 사실입니다. 가장 많은 식량증산을 필요로 하는 이 지역에 가장 원시적인 영농방식이 그대로 답습되고 있다는 이 역설적 사실은 이 지역 인민의 기아해방을 위해 시급히 해결해야 할 가장 근본적인 과제가 아닐 수 없습니다.

다음은 이 지역 인민들의 식생활을 개선하는 문제입니다. 유럽 여러 나라에 비해 평균 3배 이상의 곡류를 식생활을 위해서 소비하고 있는 아시아의 실정으로서는 이 식생활개선 또한 긴요한 과제가 아닐 수 없습니다. 식생활에 대한 과감한 혁신으로 식량의 소비구조를 변혁함으로써 가난과 굶주림을 우리 주변으로부터 몰아내야 하겠습니다.

다음은 수산자원의 관리와 합리적 이용에 관한 문제입니다. 오늘날 어업자원의 관리와 합리적 이용의 문제는 비단 현재 아시아의 일부 지역에서 어업자원을 이용하고 그 관리에 참여하고 있는 몇몇 나라만의 관심사일 수는 없는 것이며, 이 지역 모든 국가의 공동의 관심사인 것입니다.

어업자원의 관리와 이용을 둘러싸고 앞으로 일어날지도 모를 국제적 분쟁의 합리적 해결에 있어서 식량농업기구가 담당할 역할에 대해 우리는 커다란 기대를 걸고 있습니다.

대표 여러분!

이 지구상에는 아직도 그 4분의 3이 미개발상태로 남아 있으며, 개발이 가능한 많은 여지가 여러분의 배전(倍前)의 분발을 기다리고 있습니다.

바라건대, 여러 의제들이 진지하고 슬기롭게 연구·토의·결정되고, 그 실천이 빈곤과 굶주림이 없는 풍요한 아시아건설에 크게 기여하는 바 있기를 빌어 마지않습니다.

나는 이 자리를 빌려 토양비옥도 조사사업을 비롯하여 토지이용구분, 하천유역 개간간척조사, 임야실태조사, 원양어선 기술훈련 등과 기아해방운동 및 세계식량계획의 각종 사업을 통하여 우리나라 농업개발에 필요한 기술과 훈련을 위해서 여러 가지 지원과 협조를 아끼지 않은 FAO 당국과 대표 여러분에게 한국국민을 대신하여 감사의 뜻을 표하는 바입니다."

농촌개발 성패는 농촌지도자들의 노력에 달렸다

1966년 9월 22일 제4회 리·동 농업협동조합 업적경진대회가 농협 간부와 조합원과 농민들이 참여한 가운데 열렸다.

대통령은 이날의 대회에서 먼저 농업의 획기적인 발전이 시급하다는 점을 강조했다.

"농업협동조합 간부, 조합원, 그리고 전국의 농민 여러분!

오늘 제4회 농업협동조합 경진대회에 즈음하여, 농촌부흥을 위한 협동조합운동의 발전을 치하하고, 조합원 여러분의 가일층의 분발을 다짐하게 된 것을 나는 매우 기쁘게 생각합니다.

농협이 발족하던 당초만 하더라도 적지않게 빈약했다고 할 이 경진대회가 회를 거듭함에 따라 크게 발전하여, 농협이 개척해야 할 각종 사업의 세부내용에 이르기까지 구체적이며 실질적인 업적을 분석 평가하고, 우리나라 농촌의 근대화를 위한 여러 가지 좋은 방책을 제공해 주고 있다는 이 사실은 참으로 고무적인 일이 아닐 수 없습니다.

지금 우리는 경제자립과 조국의 근대화를 이룩하기 위해서 온국력을 이에 총동원하고 있습니다만, 인구의 6할이 농민인 우리의 경우, 농촌의 근대화 없이 조국의 근대화가 이룩될 수 없으며, 농가의 자립경제 없이 국가의 경제자립이 이룩될 수 없는 것입니다. 특히 농업 또는 농촌사회의 지속적인 발전이야말로 공업을 포함한 국민경제 전체의 성쇠를 좌우하는 관건이라고도 할 우리의 실정으로서는 농민의 왕성한 개발의욕에 의한 농업의 획기적인 발전이 무엇보다도 시급한 과제인 것입니다."

대통령은 이어서 제1차 5개년계획에 있어서 중농정책의 성과에 대해 설명했다.

"정부는 제1차 경제개발계획에서 중농정책을 주축으로 삼아 여러 가지 시책을 추진해 왔습니다. 제1차 5개년계획에 대해서는 계획 당초부터 상당한 논란이 있었고, 그 중에서도 중농정책은 완전히 실패했다고까지 극언하는 사람도 있었습니다.

그러나 농업생산을 증대시켜 식량의 자급자족을 달성하고, 농가의 소득향상을 그 궁극적 목표로 하고 있는 중농정책은 그것이 식량증산의 초석을 마련한 점에서 확실히 성공적이었다고 봐야 할 것입니다.

1945년도의 우리나라 식량생산량은, 총 2천 335만 석 정도였는데, 1960년도의 식량 총생산량은 불과 2천 641만 석 정도로서, 10년간에 겨우 1할의 증산을 보았던 것입니다. 그러나 작 1965년에 우리는 혹심했던 한수해에도 불구하고, 총 4천 3백만 석의 식량을 생산했습니다. 그것은 1960년에 비해서 불과 4·5년 동안에 약 1천 650만 석, 즉 6할의 식량증산을 이룩했다는 것을 말해 주고 있는 것입니다.

금년도의 식량생산량은 아직 단정할 수는 없습니다만 대충 하곡 1천 5백만 석, 추곡 약 2천 5백만 석, 그리고 잡곡 약 7백만 석 정도로 추산되고 있으며, 이것은 1971년도에 6천만 석을 목표로 하는 식량증산 7개년계획을 수년 앞당겨 달성할 수 있다는 전망을 보여 주고 있는 것입니다.

이처럼 식량의 증산은 우리가 계획하고 예상했던 것보다 훨씬 빠른 속도로 많은 성과를 올렸습니다. 이제 새로이 제기되는 문제는 곡가를 어떤 선에서 여하히 조정하느냐 하는 문제와 농산물시장을 어디서, 어떻게 확보하느냐 하는 문제인 것입니다. 이 두 가지 문제는 농가소득의 증대와 농민의 증산의욕 앙양에 밀접하게 관련된 문제이며, 정부는 이에 대해서 가장 큰 관심을 가지고 있습니다.

그런데 곡가가 특히 문제되고 있는 근본원인은, 우리나라의 곡가를 비롯한 농산물가격이 국제시장가격보다 훨씬 비싼 데 있는 것입니다. 만일 우리의 농산물가격이 국제시장가격 보다 싼 것이었다면, 우리는 먹고 남는 것을 외국시장에 수출함으로써 외화를 벌어들일 수 있을 뿐 아니라, 농가의 소득도 그만큼 증대시킬 수 있는 것입니다.

그러나 여러분도 아시다시피, 보리 하나만 하더라도 국제시장가격은 1톤에 약 60달러인데 비하여 우리나라는 이보다 30달러나 비싼 90달러인 것입니다. 그렇기 때문에 금년처럼 보리농사가 대풍작을 이루었을 때도 어려운 문제에 직면했던 것입니다. 따라서 우리나라 농촌을 부흥시키고, 농가의 소득을 높이기 위해서는 우리의 농산물가격을 국제시장가격에 접근시켜 나가는 것을 기본방안으로 삼아야 할 것입니다.

물론, 현재의 우리나라 농산물가격은 국제시장가격에 접근시켜 나가는 것은 여러 가지 어려운 문제와 선결문제가 있기 때문에 당장은 불가능하지만, 점진적으로 그러한 방향으로 나가야 하겠다는 것입니다. 이를 위해서 우리가 먼저 해결해야 할 과제는 단위면적의 생산력을 증대하여 생산원가를 절하시키는 문제입니다. 이것은 영농기술과 방법의 개선, 또는 근대화된 영농방식을 도입함으로써 이룩해야 할 것입니다.

다음으로, 농가소득을 증대시키기 위해서 우리는 주곡생산 위주의 농업에서 탈피하여 점차 수출상품과 공업원료작물 생산에 치중해야 할 것입니다. 이것은 우리 농민이 시장과 직결된 농민이 되고, 먹고 사는 농민이 아니라 돈벌이하는 농민이 되기 위하여는 불가결한 과제입니다.

　정부가 항상 강조하는 주산지 조성이란 즉 이러한 경제작물을 장려하여, 그것이 집단적으로 생산됨으로써 쉽사리 시장과 결부되도록 하자는 것입니다. 그리하여 하루속히 우리 농민이 팔리는 물품을 만드는 농민이 되어 그 소득이 증대되어야 하겠다는 것입니다.”

　대통령은 이어서 제2차 5개년계획에 있어서도 중농정책을 계속 밀고 나가겠다는 방침을 밝히고, 이 계획의 성패는 우리 농민 자신과 특히 농촌지도자들의 자세와 노력 여하에 달려 있다는 점을 강조했다.

　“정부는 제2차 경제개발 5개년계획에 있어서도 중농정책을 계속 견지하여 경지정리사업의 대대적인 전개, 한수해를 극복한 이른바 전천후농업, 1단보 2석 정도의 농업에서 4석 평균의 농업으로, 그리고 경제작물·잠업 및 축산업의 장려를 통하여 우리 농업의 획기적인 개혁을 도모하려 합니다만, 이것은 결국 우리가 먹을 것을 우리 손으로 생산할 뿐 아니라, 그 이상을 증산하여 식량수출국가가 되자는 것이요, 또 그렇게 함으로써 궁극적으로 농민이 잘사는 나라를 만들자는 것입니다.

　그러나 농업협동조합의 간부, 그리고 농민 여러분!

　농촌근대화를 위한 정부의 계획이 아무리 적극적이고 또 막대한 자금이 이에 투입된다 하더라도, 그러한 계획의 성패나 자금의 효용성 여하는 실로 그 계획을 실천에 옮기고 자금을 운영하는 농민자신들, 특히 전국의 농촌지도자 여러분의 자세와 노력에 달려 있다는 것을 나는 강조하지 않을 수 없습니다. 왜냐하면, 비록 계획이 완벽하고 자금이 충분하다 하더라도 농민들이나 일선지도자들의 자세가 충실하지 못하고, 노력이 남다르지 못한 경우에는 별다른 성과를 올리지 못하는 반면에, 자세가 확고하고 노력이 비상한 곳에서는 설사 계획이나 자금면에 다소 미흡한 점이 있더라도 타에 모범이 될 만한 성과를 거둔 실례가 너무나 많기 때문입니다.

바로 이 자리에 전국의 리·동 조합장 그리고 농민 여러분이 마땅히 본받아야 할 우수조합과 모범조합장, 그리고 농민이 있습니다. 조합의 전구성원이 해를 거듭할수록 협동단결의 힘을 더욱 굳혀, 조합원 1인당 1만 원 이상을 출자하여 도합 212만 원의 불입을 끝내고, 그 위에 또 370만 원에 해당하는 각종 시설을 마련하여 사업을 합리적으로 확대시켜, 농가의 생산기반을 공고히하고 소득을 향상시킨 조합이 그 일례입니다. 이는 자조정신이 강하고, 과학적이며, 계획성 있는 농민들은 고소득의 향상된 생활을 누릴 수 있고, 또 협동력이 강한 마을은 근대화된 농촌으로 발전하고 있음을 보여 주는 증좌라 하겠습니다.

한편, 불구의 몸으로 조합육성과 향토개발에 혼신의 노력을 경주하여, 가장 뒤떨어지고 가난했던 농촌을 모범적인 근대농촌으로 키워 온 조합장이 있는가 하면, 연약한 여성의 몸으로 품팔이로 돈을 모아 부락여자에게 간소복을 입히고, 앙골라 토끼를 집집마다 나누어 기르게 한 장한 여성지도자가 있습니다.

또 온갖 고난을 무릅쓰고 가나안농군학교를 세워 농촌지도자를 육성하고, 농촌혁명에 헌신해 온 보람으로 마침내 그 공로와 업적이 국제적으로까지 높이 평가되어 농촌의 빛으로 숭앙받는 김용기 씨 같은 분도 있습니다.

정녕 이분들이야말로 오직 사회를 위해서 자기를 희생하고, 열화와 같은 정성과 피나는 노력으로 조그마한 마을을 부흥시킴으로써 필경 전국농촌부흥의 지표를 제시한 의지의 실천가인 것입니다. 이

분들이야말로 조국의 근대화와 자립경제 건설에 있어 전국민의 귀 감이 될 애국자들입니다.

지금 우리에게는 행동하는 농촌지도자, 참다운 농민의 아들이 그 무엇보다 아쉬운 것입니다. 신념없고, 용기 없고, 희망이 없는 주위 사람에게 신념과 용기와 희망을 줄 수 있는 헌신적인 농촌의 개척 자와 지도자가 그 어느 때보다 필요한 것입니다.

오늘 영예의 수상자 여러분들은 바로 나태하고 고식적이며 체념 에 빠져 있던 일부 농민에게 근면하고 진취적인 기상을 불러일으켜, 농촌근대화의 기수적 사명을 다한 신념과 용기의 개척자요 말없는 실천가의 본보기로서, 우리 모두가 그들의 노고에 감사하고, 그 업 적과 교훈을 본받아야 할 인간국보인 것입니다.

나는 이 자리를 빌려 수상자 여러분의 노고를 치하하고, 오늘의 영광을 충심으로 축하하는 바입니다.

아울러 한 가지 당부할 것은 현재의 성과에 만족함이 없이 가일 층 분발하여, 자립·과학·협동하는 선도조합으로서, 또 산 상록수로 서 그 빛을 더욱 밝혀 달라는 것입니다.

그리하여 여러분의 뒤를 따르는 조합이 늘어나서, 전국의 모든 조 합과 조합원들이 한결같이 우수조합이 되고, 모범조합원이 되고, 또 우리 농민들이 의욕과 자신이 넘치는 일하는 농민이 될 때, 우리 농 촌의 부흥은 그만큼 촉진될 수 있을 것입니다.”

대통령은 끝으로 농협을 진정 농민을 위한 농협으로 성장시켜 나 가야 되겠다는 점을 강조했다.

“친애하는 조합장 여러분!
농협운동의 귀착점은 농가생활의 안정과 향상에 있는 것입니다.

우리가 농업의 기업화·협업화 또는 주산지나 영농단지의 조성을 부르짖는 것은 과학과 협동의 힘으로 농업을 근대화하고, 농촌을 부흥시키자는 데 그 참뜻이 있는 것입니다.

여러분들은 창의적인 노력과 정성으로 우리 농협을 진정 농민을 위한 농협으로 성장시켜, 조합운동에 대한 농민들의 자진참여를 고무해 줌으로써 농민에 의한 농촌근대화의 계기를 마련해야 하겠습니다.

끝으로 수상자 여러분의 그간의 노력을 거듭 치하하고, 농촌부흥을 위한 조합장 여러분의 새로운 각오와 분발을 촉구하면서 여러분의 건투를 비는 바입니다."

4H구락부 활동은 근대농촌 건설의 원동력이다

1966년 11월 29일, 각 도를 대표한 4H구락부 부원들이 모여 그동안 쌓아올린 지식과 기능을 서로 겨루는 제12회 4H구락부 경진대회가 있었다.

대통령은 이날의 행사에서 먼저 그동안 4H구락부가 농촌청소년들의 건전한 성장과 낡은 생활방식 개선, 명랑한 사회기풍 진작 등을 위해 농촌근대화운동의 선구자로서 이룩한 업적을 평가했다.

"오늘 제12회 4H구락부 경진대회에 즈음하여, 각 도를 대표한 부원들이 모여 그동안에 쌓아 올린 지식과 기능을 서로 겨루어 보면서 보다 큰 발전을 위한 굳은 결의를 다짐하게 된 것을 매우 뜻깊게 생각하는 바입니다.

그동안 4H구락부는 농촌청소년들의 건전한 발전과 성장을 위해서 힘써 왔고, 낡은 생활방식을 개선하고 명랑한 사회기풍을 진작시키는 데 많은 공헌을 해 왔을 뿐만 아니라 농촌근대화운동의 선구자로서 커다란 업적을 세웠습니다.

그러나 4H구락부 부원 여러분!

여러분이 이룩한 이러한 업적과 공헌은 농촌근대화의 도정 위에 하나의 디딤돌을 놓은 것에 불과한 것입니다.

지금 우리가 해야 할 지상과제는 바로 자립경제의 건설과 조국근대화인 것입니다. 이 거창한 국가적 과제야말로 과감한 농업의 근대화 없이는 기대할 수 없는 것입니다.

한 나라의 농업발전은 그 나라의 공업을 촉진하고, 또한 그것은 자립경제 건설에 불가결의 초석입니다. 우리가 제1차 경제개발 5개년계획에서 중농정책을 추진하여 농업생산의 증대를 도모하고, 농민의 생활수준을 향상시키며 식량의 자급자족을 이룩하기 위해 여러 가지 시책에 줄기찬 노력을 경주한 것은 이러한 데 있었던 것입니다."

대통령은 이어서 근면과 협동·봉사와 성실을 밑천으로 삼아 농촌 지도자를 육성하고 새로운 농업기술과 지식을 보급시켜 생활개선과 지역사회개발에 헌신하고 있는 4H구락부의 활동은 근대농촌을 건설하는 데 강력한 원동력이며, 우리 힘으로 잘살아 보겠다는 굳은 신념과 우리 마을을 살기 좋은 낙원으로 건설하겠다는 그 의지는 자립·자존하는 민족중흥의 길을 열어놓고야 말 것이라고 말하고 4H구락부 운동을 전국적으로 더욱 확대해 나가야 되겠다는 점을 강조했다.

"농업의 근대화를 추진함에 있어 가장 중요하고도 시급한 과제는 유능하고 근면한 농촌지도자의 양성, 그리고 농민의 생산적이고 과학적인 정신과 자세를 확립하는 일입니다. 따라서 근면과 협동, 봉사와 성실을 밑천으로 삼아 농촌을 위해 헌신하는 진정한 농촌지도

4H구락부 활동은 농촌근대화의 초석(1966. 11. 29. 4H구락부 경진대회에서)

자를 육성하고 새로운 농업기술과 지식을 보급시켜 생활개선과 지역사회의 개발에 이바지하고 있는 여러분의 활동은 실로 중대하고도 뜻있는 일이 아닐 수 없습니다.

　여러분이야말로 농촌근대화의 중책을 맡은 실천의 역군인 것입니다. 젊음이 약동하는 여러분의 그 열정과 의지, 그리고 왕성한 창의력과 활동력이 농촌의 부흥을 얼마나 빨리 이룩하느냐에 따라, 이 나라의 장래는 좌우되는 것입니다.

　이제 우리는 공리공론에만 열중하고 결국은 남의 도움에만 의존하는 천명의 유식자보다는 인내와 용기로 향토를 지키고 개발하는 한 사람의 봉사적 일꾼이 아쉬운 오늘에 있어서 농촌의 지도자를 찾아 길러 내고, 잘사는 농촌을 건설해 나갈 착실한 청소년을 육성하여 농촌근대화운동에 솔선 참여케 하는 4H구락부운동을 전국적으로 더욱 확장시켜 나가야 하겠습니다.

그리하여 여러분 한 사람 한 사람의 개척정신과 노력이 모여 하나로 뭉칠 때, 그것은 우리의 농촌을 빈곤과 후진의 멍에로부터 해방시켜 명랑하고 풍요한 근대농촌을 건설하는 데 강력한 원동력이 될 것을 나는 확신하는 바입니다.

친애하는 4H구락부 부원 여러분!

신념이 있는 곳에, 미래가 있고, 의지가 있는 곳에 길이 있습니다. 우리 힘으로 잘살아 보겠다는 굳은 신념과, 우리 고장을 부유하고 살기 좋은 낙원으로 건설하려는 여러분의 그 의지는 메마른 황토를 황금의 옥토로 바꾸고, 헐벗은 산야를 기름진 녹원으로 만들어 자립자존하는 민족중흥의 길을 반드시 열어 놓고야 말 것입니다.

아무쪼록 4H구락부 부원 여러분의 넘치는 의욕과 농촌지도자 여러분의 열찬 지도와 그리고 국민의 아낌없는 협조로 우리나라 4H구락부운동이 알찬 성과를 거두어 더욱 발전해 나갈 것을 기대하는 바입니다.

끝으로, 나는 오늘 수상의 영예를 차지한 수상자 여러분을 충심으로 축하하고, 아울러 오로지 농촌근대화를 위해 남몰래 봉사해 온 전국의 12만여 농촌자원지도자들과 6천여 농촌지도직 공무원들의 노고를 높이 치하하는 바입니다.

여러분은 그동안 익혀 닦은 지식과 기술로 '개미와 같이 단결하고, 꿀벌과 같이 일하여' 조국근대화의 기수가 되어 줄 것을 당부하면서, 나는 오늘 여러분의 뜻깊은 모임이 앞으로의 더욱 큰 발전을 위한 분발의 계기가 되기를 기원하는 바입니다."

우리도 남과 같이 잘살아 보아야 하겠다는 것이 나의 소망이다

1966년 12월 17일, 청와대 출입기자단과 가진 기자회견에서 대통령은 나의 가슴속에 맺혀있는 하나의 소원은 우리도 어떻게 하든지 남과 같이 잘살아 보아야 하겠다는 것이라는 소회를 피력했다.

"취임 3년이 되었습니다. 세월이 빠르다는 것을 새삼스러이 느낍니다. 대통령으로서 처음에 취임하던 그 당시나, 오늘 이 시점에 있어서나, 내 가슴속에 풀리지 않고 맺혀 있는 하나의 소원이 있다면, 그것은 우리도 어떻게 하든지 남과 같이 잘살아 보아야 하겠다는 염원입니다.

우리가 왜 못 사느냐? 이처럼 아름다운 강토와 재주 있고 현명한 민족이 왜 남과 같이 잘살지 못하고 항시 가난과 빈곤에 허덕이느냐? 이것을 혹자는 우리의 여러 가지 지리적인 여건, 또는 국토가 양단된 사태에서 오는 이유를 듭니다. 또는 우리나라에는 지하자원이 빈약하다, 천연자원이 빈약하기 때문에 우리가 못 산다, 이런 여러 가지 얘기를 하는 사람이 있습니다. 물론 그런 것도 그 이유의 하나는 될 수 있지만, 그런 이유만이 우리가 오늘날 못사는 원인이라고는 볼 수 없겠습니다. 우리가 지금부터라도 보다 더 자각하고, 전국민이 단합해서 노력만 한다면, 반드시 우리도 남과 같이 잘살 수 있다는 자신, 즉 다시 말씀드리자면, 빨리 우리나라를 근대화시키는 일이 바로 우리가 진정 잘살 수 있는 길입니다.

조국근대화, 조국근대화 하고 구호로만 따지고 떠들어서는 절대로 잘살 수는 없을 것입니다. 여기에는 우리가 명심해야 할 몇 가지 전제가 반드시 있어야 한다고 생각합니다. 즉, 우리도 잘살아 봐야 되겠다 하는 민족적인 의욕, 이것이 무엇보다도 중요하다고 생각합니다. 의욕이 없는 그러한 민족은 아무리 남이 도와주더라도 결코 자립할 수 없는 것입니다. 동시에 이러한 의욕과 자신이 있다 하더라도, 우리가 꾸준히 노력해야 될 것이고, 또한 이러한 과업을 수행해 나가는 데 있어서 우리가 봉착할 난관과 애로를 뚫고 나갈 결심과 각오가 있어야 합니다.

어떤 문제에 부닥쳤을 때, 그것을 극복하여 나가는 의지와 인내력을 가지고 밀고 나간다면 우리도 반드시 남부럽지 않게 잘 사는 나라가 될 수 있다고 생각합니다.

지난 3년 동안 우리가 해 온 일에는 여러 가지 시행착오도 있었습니다만, 또한 많은 성과를 거두었다는 것도 부인할 수 없는 사실입니다. 이러한 소신을 가지고 우리가 계속 조국근대화작업을 위해서, 자립경제의 달성을 위해서 꾸준히 노력해 나가야 되겠다는 것이 오늘의 나의 소감이요, 또한 포부입니다."

대통령은 이어서 한국은 지난 수년 동안 공업보다 농업에서 비약적 발전을 했다고 평가되고 있다는 사실을 밝혔다.

"지금 정부의 중농정책에 대해서 비판이 많다는 것도 잘 알고 있습니다. 그러나 나는 몇 가지 통계와 숫자를 가지고 여러분에게 말씀드리고자 합니다.

지난 4년 동안 제1차 5개년계획이 실시되고, 정부가 중농정책을 실시한 이후 도시와 농촌농가소득의 비교를 보면, 농촌에 있어서의 연평균 농가소득이 60%씩 증가했습니다. 그러나 도시민은 이보다 훨씬 낮은 3.5%밖에 증가하지 못했습니다.

이것을 보더라도 지금 피상적으로 이야기하는, 농촌이 어렵다, 농가가 어떻다 하는 문제는 적절한 표현이 아니라고 나는 생각합니다. 최근 도시 주변에 큼직큼직한 공장이나 기업체가 들어서고 도시가 좀 번지르르해지니까, 도시만 다 좋아지고 농촌은 그것을 따라가지 못하는 것이 아닌가 하는 피상적인 관찰로써 이런 애기를 하는 사람이 있는데, 역시 이것은 어디까지나 정확한 것을 파악한 후에 애기해야 될 줄로 압니다.

금년만 하더라도 정부가 농촌을 위해서 투입한 자금이 475억 원입니다. 이것은 양곡매상, 고구마매상, 엽연초수납, 영농자금 등등해서 투입한 것인데, 이 숫자를 볼 때, 절대로 정부가 농촌에 대해서 등한시하고 있다고 볼 수는 없는 것입니다. 그리고 농촌이 지금 파탄상태에 있다는 등 소리를 하는데, 지난 5년 동안에 우리나라 농촌에서 어느 정도 생산이 증가되었는가 하는 것을 숫자로 간단히 말씀드리겠습니다.

1961년도의 우리나라의 평년작 농산물 생산량은 쌀이 1천 8백만 석이고, 보리가 7백만 석, 콩·강냉이·수수·고구마 등 잡곡이 7백만 석, 그래서 3천 2백만 석이었습니다. 그런데 5년 후인 금년의 우리나라 농산물 총수확고를 봅시다. 여러분이 아시는 바와 같이, 농림부 발표에 의하면 미작이 2천 750만 석이라고 하는데, 2천 7백만 석이라고 합시다. 금년 여름보리 수확고를 일부에서는 1천 8백만 석이라고 하지만, 정부에서 공식적으로 발표하기는 1천 5백만 석입니다. 잡곡은 1천만 석으로 봅니다. 그러니 얼마입니까? 2천 8백만 석, 1천 5백만 석, 1천만 석, 합쳐서 5천 2백만 석입니다. 61년도의 3천 2백만 석에 비해 불과 5년 동안에 2천만 석의 증산을 보았습니다.

오늘날 외국사람들이 한국경제를 볼 때, 어떤 사람들은 한국이 지난 수년 동안에 공업 분야보다도 농업 분야에서 비약적인 발전을 했다고 평하고 있는 것입니다."

대통령은 이어 농가소득증대와 농산물가격 문제에 대해 설명했다.

"물론 아까 질문에도 있는 바와 마찬가지로 한 가지 문제가 있습니다. 농산물가격 문제가 그것입니다. 이렇게 증산했다 하더라도 이것을 적절한 가격으로 정부가 매상한다든지, 가격유지정책을 써 주지 않으면, 풍년이 들고도 농민들의 생산원가도 되지 않는다, 피해를 본다, 이런 얘기가 있는데, 농산물가격에 대해서는 농민들의 생산원가보다 더 상회한 가격을 유지해 주기 위해서 최선의 노력을 다하고 있습니다.

그러나 우리가 지금 하나 생각해야 될 것은, 농촌을 부흥시키는 올바른 길이란 것이 반드시 곡가나 농산물의 가격만 올려 주는 것이 아니라는 것입니다. 가격만 올리는 것이 농민을 위한 길은 아닙니다. 이것을 확실히 알아야 하겠습니다. 물론 어느 단계까지는 정부가 이러한 보조정책을 써서 곡가유지를 위해서 상당한 재원을 투입해 가면서 곡가유지정책을 쓸 계획이고, 농민에게 손해가 가지 않도록 하겠습니다만, 이러한 정책을 언제까지나 지속해 나가면 농촌경제의 체질이 약화되어 버립니다.

오늘날 농촌경제도 국제시장가격과 맞서서 경쟁을 할 수 있는 그런 체질개선을 해 나가야 됩니다. 이것이 진정 농촌을 부흥시키는 길이라고 나는 확신합니다.

지금 우리나라의 모든 농산물은 거의 대부분이 국제시장가격보다 월등하게 비쌉니다. 한 가지 좋은 예로서, 보리만 하더라도, 금년 여름에 이런 예가 있었습니다만, 가마당 우리나라에선 90달러, 1천 5원이었습니다. 1천 5원이면 톤당 90달러에 해당됩니다. 국제시장가격은 60달러입니다. 우리나라의 농산물가격이 국제시장가격보다 50%가 더 비쌉니다. 그렇기 때문에 보리가 금년에 전례 없는 대풍작을 이루었는데도, 이 보리가 국내시장에만 돌 수 있지 해외에는 조금도 나갈 도리가 없습니다. 이것이 국제시장가격과 거의 평준화

되면 생산이 많이 되었을 때, 국내에 소비하고 남은 것을 외국에 많이 수출하여 농가소득을 그만큼 높일 수 있을 터인데 수출이 안 되는 것입니다. 국제시장가격과 경쟁이 안 되는 것입니다. 이것을 억지로 정부가 보조정책으로써 이에 대한 곡가매상가격을 정해서 그 하락을 어느 정도 방지하려고 노력은 했습니다만, 정부의 그런 노력만 가지고 농민들의 체질개선은 안 됩니다.

그렇기 때문에 우리 농촌의 농산물가격도 점차 국제시장가격에 접근시켜 나가는 노력을 해야 되겠습니다. 물론 당장에는 불가능한 일입니다.

고구마도 마찬가지입니다. 금년에 고구마가 대풍작이 되어서, 지금 농촌에 가면 고구마를 안 사 준다고 여러 가지 불평이 많습니다. 이런 것도 가격이 국제시장가격과 비등하면 이렇게 증산되었을 때에는 해외시장에 수출하는 길도 있지만, 이것도 국제시장가격과 경쟁할 수 있는 것이 못 되기 때문에 못 나가는 것입니다. 엽연초 같은 것도 마찬가지입니다.

이런 것을 볼 때, 농산물가격이라는 것은 지금 일부에서 비난하는 것처럼, 정부가 덮어놓고 가격만 자꾸 올려 주는 것만이 농민을 위한 길이 아닌 것입니다. 물론 어느 시기까지 정부가 이러한 보조정책을 지속해야 되겠지만, 점차 농촌의 체질개선을 하기 위해서, 또 농산물가격의 국제시장에 있어서의 경쟁력 강화를 위해서, 점차 국제시장가격에 접근시켜 나가는 노력이 있어야 되겠다는 것을 말씀드리지 않을 수 없습니다."

식량은 우리 스스로의 노력으로써 자급자족해야 한다

1967년 4월 22일, 제6대 대통령선거의 부산유세에서 대통령은 2차 5개년계획에 있어서는 식량의 자급자족을 이룩해야 되겠다고 말하고, 남의 원조만 기대해서는 안 되며, 우리 스스로의 노력으로써 식량을 자급자족해야 한다는 점을 역설했다.

"2차 5개년계획에 있어서는 식량을 자급자족해야 되겠습니다.

지난 1차 5개년계획에 있어서 우리나라 농업은 많은 증산을 했습니다. 그러나 그동안에 우리나라에는 많은 인구가 늘어났지 않았느냐 말입니다. 그래서 우리는 아직까지도 식량의 자급자족을 못합니다. 따라서 2차 5개년계획에 있어서는 우리가 계속 식량증산에 노력을 해서, 2차 5개년계획이 끝나는 무렵에는 적어도 우리가 식량만은 자급자족을 하자 이것입니다.

우리나라는 옛날부터 농업국가라고 하면서 아직도 식량 하나 자급자족을 못하고 있는 것입니다. 그동안 우리는 미국에서 많은 잉여농산물을 매년 받아다가 부족한 식량을 보충해 왔지만, 이것은 앞으로 우리가 노력을 해서 미국에서 잉여농산물을 받아오지 않더라도 우리 스스로가 자급자족을 해야 되겠다는 것입니다.

어떤 사람들은 식량은 모자라더라도 미국에서 계속 얻어먹으면 되지 않느냐, 이런 이야기를 하는 사람이 있습니다만은, 이것은 물론 우리가 부족할 동안에는 남의 원조를 받아야 될 것입니다. 그러나 남의 원조라는 것은 언제까지든지 받을 수 있다고 이렇게 믿어서도 안 될 것이고, 또 남이 준다고 해서 그것만 우리가 기대해서도 안 될 것입니다. 우리 스스로의 노력으로써 식량은 우리가 자급자족을 해야 되겠습니다.

어떻게 하면 식량의 자급자족을 하고, 농가의 소득을 훨씬 더 올릴 수 있느냐? 농업을 기업화해야 되겠다, 어떠한 방법으로 하느냐? 우리의 농토에서 단위면적에서 생산을 더 증산해야 되겠다, 논 한 마지기에 지금 평균 쌀이 두 섬이 난다면, 우리가 보다 더 영농기술을 개선해서 두 섬반 또는 석 섬 수확을 할 수 있도록 더 노력을 해야 되겠습니다, 또 동시에 우리 농촌에 이 영세성을 탈피하기 위해서 영농의 규모를 더 확장해 나가야 되겠다, 무슨 얘기냐 하면 개간을 한다든지, 간척을 한다든지, 또는 저 우리 농촌에 있는 아산, 저런 것을 최대한으로 우리가 이용을 해서, 저기에다가 양잠을 한다든지, 다른 특수작물을 한다든지 해서 경지를 더 확장을 해야 되겠다, 우리 농민들이 가지고 있는 농토는 평균 1정보가 되지를 않습니다. 미국의 농민들은 평균이 백 정보 이상입니다. 얼마나 우리 농촌이 영세하다는 것을 여러분들은 짐작이 갈 줄 압니다.

그뿐만 아니라 논이나 밭을 1년에 한 번만 이용할 것이 아니라, 어떻게 하든지 이모작·삼모작을 해서 농토를 더 많이 이용을 하고, 영농의 규모를 더 확대해 나가자, 동시에 우리가 생각하는 모든 농산물의 생산비를 떨어뜨리자, 이런 노력을 앞으로 계속해야 되겠습니다."

전천후 농토개조사업은 '가뭄 없는 농토'를 만드는 작업이다

정부는 1968년부터 항구적인 한해대책으로 농업용수 개발사업을 시작했다. 이 사업은 71년에 끝나는 4개년계획사업이며, 한발이 오면 피해를 입는 수리불안전답 43만 정보를 4년 동안에 완전히 수리안전답으로 만듦으로써 우리나라에 한발이라는 이야기가 다시 없게끔 전천후 농토를 만들어 보자는 방대한 사업계획이었다.

이 사업은 각 도마다 자체 지방예산을 가지고 추진하였으나, 정부는 추풍령 이남에 있는 호남지방과 영남지방에 한해 상습지대가 가장 많기 때문에 이 지방의 문제를 우선적으로 해결하고 이것이 끝난 뒤에 추풍령 이북지방에 대해서도 이 사업을 추진해 나가기로 하였다.

1968년 8월 26일, 대통령은 농촌업무를 담당하는 전국의 공무원에게 보낸 친서에서 이 사업의 중요성을 강조하고, 사업추진 방법과 공무원의 자세에 관해 구체적인 지시를 했다.

대통령은 먼저 인간의 지혜와 노력과 용기로 천재를 극복할 수 있다는 신념을 가지고, 전천후 농토개조라는 야심찬 기개로 항구적 한해대책에 매듭을 맺어 줄 것을 촉구했다.

"친애하는 공무원 여러분!

70년래의 한해를 당하여 중앙과 지방에서 천재와 맞싸워 헌신분투하는 공무원 여러분의 노고를 먼저 치하하는 바입니다. 오늘 우리는 우리의 조상과 선배들이 '천재는 불가항력이요, 농사는 하늘이 지어주는 것이다'고 체념하며, 무기력 속에 천기를 바라보며 요행을 바라던 수치스러운 유산을 청산할 때가 왔다는 것을 인식해야 하겠습니다.

근대화의 기치 밑에 과학의 세대임을 자부하는 이 땅에 아직도 비가 오지 않아 농사를 망쳤다는 부끄럽고도 슬픈 현실이 있음을 분통히 여길 줄 알아야 합니다. 이제 여러분은 인간이 지니는 지혜와 노력과 용기로써 천재를 극복할 수 있다는 신념을 가지고 전천후 농토개조라는 야심에 찬 기개로써 내가 제시하는 2개 단계의 '항구적 한해대책'에 기필코 매듭을 맺어 주기를 촉구코자 하는 바입니다.

나는 이미 훈령을 통하여 항구적 대책의 요점을 명시한 바 있습니다. 그런데 그 모든 것은 사람이 계획하고 공사하며 관리하는 것인즉, 이를 맡은 공무원 여러분의 정신자세가 바로 성패를 좌우하는 것입니다. 모든 공무원이 지닌 바 능력을 최대한 발휘하고 봉사와 희생과 성실성으로 임함으로써 소기의 목적을 절대 차질 없이 달성할 것을 강력히 요망하는 바입니다.

근면 없이 생산증가 없고 생산증가 없이 소득증가 없다(1968년 신년메시지 중) 박정
희는 한시도 자신이 농부의 아들임을 잊은 적이 없었다.

　요컨대 이번 계획의 수행으로써 우리는 이 땅에서 보릿고개라는
말과 더불어 '한해'라는 말을 다시 쓰는 일이 없도록 하자는 것입니
다. 전천후농업의 실현, 대국토건설의 보람찬 과업을 오늘의 우리가

완수한다는 긍지를 가지고 정진하기 바라면서 다음 몇 가지 사항을 시달하니 계획 추진에 유루 없기를 당부하는 바입니다."

대통령은 이어서 이 사업추진에 있어서 공무원들이 유의해야 할 사항에 관해 지시했다.

첫째, 예산과 물자를 효율적으로 사용하라는 것이다.

둘째, 사업장소 선정, 사업규모, 공작물의 종류는 대국토건설계획과 지역개발계획에 연관된 종합계획하에 이루어져야 한다.

셋째, 사업을 위한 사업이 아니라 효과를 위한 사업이 될 수 있도록 사전계획과정에서 그 근거와 성과 측정 등 종합적인 검토를 해야 한다.

넷째, 사업의 수립, 추진 과정에서 부처이기주의·공명주의 등 타성적인 습성을 버리고 일사불란하게 능률적으로 일해야 한다.

다섯째, 메마른 농토 위에서 굶주리는 사람이 한 사람도 없도록 구호하고, 이농방지·부업장려·생업알선 등으로 재기의욕을 고취하며, 구호사업이 한해를 입은 농촌의 재건에 실효를 거둘 수 있도록 계획하고 지도해야 한다.

여섯째, 성사된 사업은 영속적인 효과를 발휘할 수 있도록 사후관리를 철저히 해야 한다. 사업재원은 국민의 피땀어린 세금, 우방의 원조, 일선장병의 성금, 소년소녀 들의 푼돈이 모인 정성이 담긴 것임을 명심하고 한 푼의 낭비도 없어야 한다. 따라서 부정이나 공사의 부실이나 하자가 없도록 책임지도제도를 마련해서 면밀한 감독·지도·관리를 게을리해서는 안 된다. 다시 한번 강조하건대, 최소의 예산과 물자로 최대의 성과를 올리자면 '경제성'을 항상 전제해야 한다는 것이다.

대통령은 끝으로, 한해대책은 지방주민의 구호활동이 아니라 우리의 후손들이 '가뭄 없는 농토'를 유산으로 물려받아 잘살게 될 그 날을 위한 근대화작업이라고 강조하고, 오늘의 우리가 고되고 힘겨 워도 용기와 끈질긴 노력으로 꼭 보람 있는 성과를 거둘 수 있도록 분발 할 것을 당부했다.

"첫째, 건설을 비롯한 시급한 사업에 한 푼의 예산도 아쉬운데, 한해복구에 투입하는 자금·물자·각종장비는 실로 막대하며 국가 재 정면에서 큰 비중을 차지하고 있습니다.

즉 1967년도 한해대책으로 직접 또는 간접으로 투입된 자금만 해 도 약 백 5십여억 원이며 금년에는 그 2배에 가까운 2백 8십억 7천 여만 원을 투입해야만 하는 것입니다.

물론 앞으로도 계속 자금지원을 할 것이지만 관계기관과 공무원 여러분은 비가 내리고 자연적으로 한해를 면했다 해서 한해대책을 쉬이 망각했다가 또 다시 새로운 자금계획을 세우는 등, 낭비하며 당황하는 악순환이 없도록 평소에 꾸준히 사업을 추진해야 하겠습 니다. 더욱이 그 막대한 자금 속에는 국민의 세금과 우방의 원조 그 리고 동포애의 정성어린 성금이 포함되었음을 상기할 때 그것이 진 실로 효율적으로 쓰였는가, 또는 정확한 전망 밑에 계획적으로 투입 되었는가, 하는 문제를 재검토해야 하겠습니다. 특히 지적해야 할 것은 투자효과의 극대화를 도모하는 데 모든 지혜를 짜내야 하겠다 는 것입니다.

요컨대 사업의 목적은 효용에 있으므로 임시적이고 미봉적인 대 책이나 위기모면에 그치지 말고, 예산과 물자의 효율적인 활용으로 서 일시 구제가 아닌 전천후농업의 실현을 전제로 하는 항구적 효 용이 지속되도록 해야 하겠다는 것입니다. 따라서 구호대책은 항상 장래의 재건에 역점을 두는 방향으로 강구되어야 할 것입니다.

둘째, 사업장소의 선정, 사업의 규모, 공작물의 종류 등은 대국적인 국토건설 계획 및 지역개발계획과 연관지어질 수 있도록 종합적인 계획 밑에 이루어져야 하겠습니다.

셋째, 계획의 수립은 언제나 사전계획 과정에서 종합적인 검토, 확실한 근거, 치밀한 분석, 정확한 성과측정 등이 망라되어야 하며, 항상 사업을 위한 사업이 아니고 효과를 위한 사업이 되도록 계획되어야 하겠습니다.

넷째, 이 사업계획을 수립하고 추진하는 과정에 있어서 모든 관계 공무원은 자기 소속 부처 위주, 불합리한 권한 상충, 지나친 공명주의 등 타성적인 습성을 버리고 능률적인 체제 밑에 일사불란하게 종사해야 하겠습니다.

다섯째, 구호에 만전을 기하여 메마른 농토 위에서 상심하는 동포들을 위로하고 한 사람도 굶주리는 일 없도록 관계행정관청이 책임지고 구호하도록 해서 이농의 방지와 재기의 의욕을 불러일으키도록 지도해야 하겠습니다. 아울러 부업을 장려하고 일터를 마련해 주어 생업을 갖게 하며, 이들 구호사업이 농촌의 재건에 실효를 거둘 수 있도록 계획하고 유도해야 하겠습니다.

여섯째, 이룩된 사업은 그것이 영속적으로 효과를 발휘할 수 있게끔 시설·공작물 등의 사후관리를 잘 하도록 해야 하겠습니다. 사업 재원은 실로 피와 땀과 눈물어린 것입니다. 한 포의 시멘트, 한 자루의 삽마다 그리고 한 개의 못 속에도 국민의 피와 땀이 섞인 세금과 멀리 우방에서 보내준 귀중한 원조물자가 들어 있습니다. 더욱이 전선에서 병사가 보내온 성금, 소년소녀들이 푼돈을 모아 보내준 눈물겨운 정성이 여기에 담겨졌음을 깊이 깨닫고 한 푼의 낭비도 있어서는 안 되겠다는 것을 명심하기 바랍니다.

따라서 부정은 물론 대소간의 모든 불미스러운 행위는 추호도 있어서는 안 되겠습니다. 또한 공사과정에 있어서 부실이나 하자가 없도록 면밀한 감독·지도·관리를 게을리하지 말아야 하겠습니다. 즉 낭비를 최대한 방지하고 부정이 개재치 못하도록 책임지도제도를 택해야 할 것입니다.

이상 시달한 바는 항구적 한해대책을 추진하는 전과정에서 철저히 준행되어야 하겠습니다. 거듭 강조해 두고자 하는 것은 최소의 예산과 물자로서 최대의 성과를 기하자면 경제성이 항상 전제되어야 한다는 것입니다.

한해대책은 결코 어느 지방의 주민구호활동이 아닙니다. 일면으로는 동포애로서의 상부상조이며, 나아가서는 위대한 근대화과업의 촉진인 것입니다. 이 나라 이 땅에서 보릿고개를 몰아내고 이제 가뭄을 몰아내고 끝내는 가난을 몰아내서 겨레가 단란하게 살아갈 복지의 나라를 건설하는 보람찬 일을 우리 세대가 하고 있는 것입니다. 우리는 오늘 고되고 힘겨워도 후대가 가뭄 없는 농토를 유산으로 받아 잘살게 될 그날을 위해 희생정신으로써 전천후 농토개조에 전력을 집중합시다.

여러분이 용기와 끈질긴 노력으로 꼭 보람 있는 성과를 거두게 될 것을 확신하며, 나의 친애하는 공무원 여러분의 건투를 빌어 마지않습니다."

전천후 농토 조성을 위한 농업용수 개발에 기술과 재원을 동원해야 한다

1968년 11월 15일, 대통령은 전국의 지방장관과 시장·군수들에게 친서를 보내고 농업용수 개발을 위해 재원을 마련하고, 기술을 제공하며 노력을 동원해 줄 것을 요망했다.

"정부는 농업용수 개발을 위해 지난 몇 달 동안 막대한 정력을 경주해 왔으며, 이미 일부 사업을 착수함과 아울러 여기에 종합계획의 청사진을 완성시켰다.

앞으로 사업을 완성시키기까지에는 난관도 없지 않을 것이다.

그러나 시작이 반이라는 말과 같이 전천후 농토조성 계획의 웅대한 첫걸음은 이것으로서 내디디게 되는 것이다.

나는 이 거창한 계획이 우리의 의지와 노력으로써 기필코 완수되고야 말 것을 믿어 의심치 않는 바이다.

'농업은 천하의 대본'이라고 하면서도 오랜 세월에 걸쳐 천재 앞에 내버려둔 우리나라 농토는 거의 원시상태인 채 너무도 황폐되었고, 그리하여 재해와 가난을 더불어 낳았다.

수천 년 동안 한발에 무방책인 농토 위에 살며, 천후에만 의존하여 농사를 지어온 서글프고 부끄러운 과거를 이제 다시 장래에 연장시킬 수는 없다.

무위와 빈곤의 유산을 오랫동안 물려받은 우리들이 또다시 후손들로부터 무능한 조상이라고 불리워져서는 안 된다.

비록 오늘 우리가 고되고 힘겨워도 후손들이 가뭄없는 농토를 물려받아 잘살게 될 그날을 위해 희생정신으로 일해야 한다고 거듭 강조한다.

그러기에 나는 시급히 재원을 마련하여 기술을 제공하고 노력을 동원해 줄 것을 강력히 요구하는 것이다.

뚜렷한 목표를 향한 끈덕진 노력 없이 후진의 멍에를 벗어제칠 수는 없다.

삶에 지치기도 했던 농민들에게 희망을 안겨주며 자립과 번영의 영광을 조국에 돌리고자 우리는 촌각을 아껴 이 사업목표를 향해 끈덕진 노력을 다해야 하겠다.

국토를 종단하는 고속대로가 산업지대를 연결하며, 임입하는 공장과 새 모습의 도시가 도처에 번창하고 푸른 숲과 잘 정리된 경지마다 물 걱정이 없는 강산, 이 꿈을 이룩코자 함이 나의 필생의 소원이다. 나에게는 이를 이룩할 자신이 서 있다.

그리하여 겨레가 전원의 낙토에서 잘살도록 그 터전을 기어이 이룩하고야 말 것이다. 보다 나은 내일을 기약할 농업용수 개발계획은 보람찬 우리 세대의 사명이다. 그 추진을 오늘의 우리가 맡았음은 가장 보람 있는 일이라고 생각한다.

이제 근면·단결·성실, 그리고 인내로써 관민이 일치단결하여 끈기 있는 노력을 경주하기 바란다."

농촌근대화의 기본방향은 식량증산과 소득증대사업과 농공병진정책이다

1968년 12월 5일, 제3회 중앙부처장관 및 시장·도지사 연석회의에서 대통령은 한 해를 보내고 새해를 맞이하는 이 시점에서 지난해에 추진해 온 모든 사업을 종합적으로 검토 분석하고 평가해봐야 한다고 말하고, 69년도 사업계획에 사용될 예산편성 원칙을 강조했다.

"1968년도 이제 다 저물어 가고 있습니다. 금년은 우리 전국민이 '싸우며 건설하고 건설하며 싸우자'는 구호 아래 일치 단결하여 북한괴뢰의 발악적인 도전과 호남·영남지방의 대한발과 영동지방을 휩쓴 대풍수해라는 크나큰 시련에도 불구하고 제2차 5개년계획의 2차년도 사업을 총체적인 면에서 계획대로 잘 추진해 온 역사적인 해입니다.

옛적부터 위대한 영광의 역사를 남긴 민족에게는 하늘은 먼저 어려운 시련을 준다고 했습니다.

그 시련을 극복한 민족에게는 영광이 있고 그 시련을 극복하지 못한 민족에게는 패배가 있을 뿐입니다.

이 해를 보내고 새해를 맞이하는 데 있어서, 여러분이 책임을 지고 있는 사업을 보다 더 효율적으로 추진하기 위해서도 지금까지 여러분들이 추진해 온 모든 사업을 조용히 종합·검토·분석하고 평가해 봐야 할 시기가 왔습니다.

성공적으로 수행한 사업 그리고 실패한 사업 등을 하나하나 검토해서 그 원인과 경위를 정확하게 파악하고, 그 결과를 종합평가해서 신년도 사업에 참고로 삼아야만 성공이 있고 실패가 없는 법입니다.

여러분은 지금 1969년도 사업계획을 작성하고 있고 또한 그에 사용될 예산안을 편성하고 있을 줄 압니다.

이 사업계획과 그에 따른 예산은 내년도 여러분들이 집행할 지방행정의 근간이 되는 것이기 때문에 가장 중요한 계획이 되는 것입니다.

과거부터 해내려오던 타성에 따라 중점 없는 막연한 자금의 배정이나 할당이 아니라, 사업의 우선순위와 투자의 효율성 그리고 가용자원의 규모 등을 면밀히 검토하여 우리의 정책목표인 농어민의 소득을 증대하고 농업과 공업을 균형있게 발전시켜 나갈 수 있고 또한 항구적인 재해대책도 겸해서 달성할 수 있는 사업을 선정하고 그 성과를 극대화하도록 행정력을 최대한으로 발휘해야 할 것입니다."

대통령은 이어서 농촌근대화를 위한 농업정책의 기본방향에 대해 설명했다.

첫째는, 식량을 증산해야 한다는 것이고, 둘째는 농어민의 소득증대사업을 확대해 나가야 한다는 것이며, 셋째는 농공병진정책을 추진해야 한다는 것이고, 넷째는 금년부터 착수한 47개 농어민소득증대특별사업의 계속사업에 가장 우선적으로 예산을 지원하되 균등분배방

식을 지양하고 사업성과 기업성 그리
고 효과 위주로 사용해야 할 것이며,
이를 위해서는 사업계획과 그 기업성
에 대한 타당성 조사가 철저해야 되
겠다는 것이다.

"나는 이 기회에 농촌근대화를 위한
정부의 농업정책의 기본방향을 다시
한번 요약해서 천명하고자 합니다.

첫째는 식량작물 증산의 강력한 추
진입니다.

이를 위해서는 농업 생산기반 조성
사업을 강화하고, 종자의 개량과 영
농기술의 혁신과 그 지도에 힘쓰고,
영농의 기업화, 곡가의 적정선 유지
와 보장을 위한 제시책 추진 등에 노
력해야 하겠습니다.

둘째는 주민소득증대 사업의 추진과 그 확대 강화입니다. 금년에
이어 내년에 추진할 특용작물·축산·양식사업 등 47개 농어민소득증
대 특별사업을 착실하게 추진하고 재원을 감안하여 점차 확대해야
하겠습니다.

이를 위해서는 경제성·기술성·시장성·가용재원과 그 규모 등을
잘 검토해서 추진하고 특히 자금지원 능력을 고려할 것이며, 과다
한 사업책정을 지양하고 중앙의 지원이 필요한 사업은 중앙심의회
의 심사를 거쳐 실시하여 사업추진에 차질이 없도록 해야 하겠습
니다.

셋째는, 농공병진시책의 추진입니다.

농업과 공업의 균형 있는 발전을 촉진하기 위하여 농·수산 및 축산물을 원료로 하는 농촌의 중소공업을 권장·육성하자는 것은 정부의 기본정책의 하나입니다.

이를 위해서는 (수산·축산을 포함한) 공업원료작물을 적극 권장하고, 원료는 품질과 가격면에서 국제수준을 유지하도록 노력하며, 이러한 작물은 가급적 주산단지화하여 용이하게 가공처리공장이 유치되도록 해야 하겠습니다.

넷째, 참고로 정부가 내년에 농림·수산부문에 투입할 재원을 총괄하면 총 1,781억이며, 이 중 비료 외상공급이나 농·수산물 수매자금 등 간접지원을 제외한 투융자만 하더라도 966억이 됩니다.

이것은 금년도의 투융자 570억에 비할 때 실로 396억 약 68% 이상이 느는 것입니다. 이 중에서 금년부터 착수한 47개 농어촌소득증대 특별사업의 계속사업을 위해서 다음과 같은 재원이 가장 우선적으로 지원될 것입니다.

국비 7억 8천만 원, 지방비 7억 2천만 원, 약 1만 톤의 양곡대금 3억 4천 8백만 원, 중·장기자금(농협 이자 9%) 39억 3천만 원, 단기자금(농협이자 9%) 4억 4천만 원, 소계 62억 1천 8백만 원, 주민투자 19억 3천 7백만 원, 합계 81억 5천 5백만 원입니다. 따라서 앞서 말한 47개 사업 외에 각 시·도에서 투자효과가 높고 사업성 즉 경제성·기술성·시장성이 좋은 사업이 있으면 중앙(내무부)에 제출하고, 그렇게 하면 중앙소득증대사업심의회에서 검토한 연후 여기에서 통과된 사업에 한해서 지원을 하게 될 것입니다.

이상의 자금은 지역적인 균형을 고려에 넣기는 하지만, 균등분배 방식을 지양하고 어디까지나 사업성과 기업성 그리고 효과 위주로 사용할 것입니다. 그러기 위해서는 사업계획과 그 기업성에 대한 타당성 조사가 철저해야 하겠습니다."

대통령은 이어서 금년도에 한해와 수해를 입은 지역에 대한 대책과 전천후 농업용수원 개발에 있어서도 다른 사업에 있어서와 마찬가지로 농민들의 자조적인 '노력부담'이 있어야 한다는 점을 강조했다.

"우리나라에는 한해·수해·풍해·병충해 등 여러 가지 재해가 많으나, 우선 우리는 수년 내에 한해를 완전히 없애고 전천후 농업국토를 조성하는 것이 당면한 긴급과제입니다. 이에 관해서는 이미 양차에 걸쳐 훈령한 바 있지만 여기서 다시 한번 강조해 두고자 합니다.

첫째, 각 시·도에서 작성한 농업용수 개발계획은 앞으로 내한할 외국기술진의 협조를 얻어서 보완하되 국내재원과 외국차관을 도입하여 연차적으로 추진하고,

둘째, 금년에 한해를 입은 전남북과 경남의 일부 지역은 69년 6월말까지로 설정되어 있는 한해대책 제2단계 계획에 의하여 계속 추진하며,

셋째, 다음에는 전남북·경남북지역의 한해 상습지 중에서 제2단계 계획에 포함되지 않은 지역에 우선적으로 실시하며,

넷째, 그 다음에는 추풍령 이북지역의 순서로 실시해야 하겠으며,

다섯째, 이 사업들은 방대한 예산을 투입하여 우리 역사에서 '한

해'라는 어구를 없애자는 역사적인 사업인 만큼 지방장관 여러분은 굳은 신념과 깊은 책임감 아래 사업의 선정, 투자효과, 단가의 절감 등 사전에 면밀하고 빈틈없는 계획과 기술검토를 거쳐 철저한 감독 아래 시행되어야 하겠으며, 추호라도 예산의 낭비나 비위가 있어서는 안 되겠습니다.

또한 이 사업은 그 성질상 주민의 자조의식이 전제가 되는 것인 만큼 그 자조의식의 앙양을 위해서도 국고에만 의지하려 하지 말고 지방재정과 농민자담의 폭을 넓혀서 적극적으로 추진되어야 하겠습니다.

나는 여기서 경기도의 한 예를 들어 보고자 합니다.

경기도는 과거의 통계로 보아 한해 상습지역이 타도에 비해서 적은 까닭에 정부는 한해대책 농업용수 개발계획에 있어서 그 우선순위를 뒤로 돌린 바 있습니다. 여기에 경기도에서는 중앙정부에 의지하지 않고도 자체부담과 주민부담으로 지하수를 개발하여 한해를 극복할 목표하에 우선 금년 내에 663개의 관정개발을 계획하고 11월 24일 현재 47개의 관정을 완공하였습니다. 여기에 든 총공사비는 670만 원으로서 자재대 260만 원만 도비로 부담하고 나머지 410만 원은 동리 농민의 노력부담인데, 평균구경 1미터, 심도 7미터의 관정 1개당 평균사업비는 자재대 5만 6천 원, 노력 부담 8만 8천 원이 소요된 것입니다.

경기도의 이 실례는 5만 6천 원 정도의 예산과 주민들의 자조 자활 의식의 결합으로 약 5정보 이상의 수리불안전답을 전천후 농토로 개조한 예로서, 도지사 이하 지방공무원의 지도력과 주민들의 개발 의욕이 결합되면 보다 적은 예산으로 얼마든지 큰 일을 할 수 있다는 산 증거라고 하겠습니다.

여섯째로, 영동지방 풍수해대책도 동일한 것입니다.

이미 영동지방을 휩쓴 풍수해에 대한 복구대책은 그 궤도에 올라가고 있는 것으로 알고 있지만, 그 대책도 역시 한해대책과 마찬가지로 앞으로 영동지방에 풍수해는 없애야겠다는 계획 아래 10억을 넘는 보조금을 최대한으로 활용하여 주민들의 자조력을 극대화시켜서 복구대책을 추진해야 하겠습니다."

대통령은 이어서 획기적인 농한기부업 장려 성과를 거두어야 한다는 점을 역설했다.

우리 농촌이 잘사는 길은 농한기부업에 있다. 작년 1년 동안 약 5개월간의 농한기부업 장려운동의 경험을 토대로 금년에는 부업의 종류나 상품의 판매, 사업의 선택에 보다 면밀한 검토를 가하여 농한기라는 말이 없도록 해야 되겠다는 것이다.

"우리 농민들은 11월 중순부터 이듬해 4월 중순까지 약 5개월간을 농한기라고 해서 거의 생산 없이 소비만 하는 폐단이 있습니다.

5개월간, 즉 150일을 각 농가에서 허송·소비만 하지 말고 하루에 10원씩 소득을 올리더라도 하루에 2,500만원 150일이면 약 37억 5천만 원, 만약 하루에 100원 벌이를 한다면 약 370억의 소득을 올릴 수 있습니다.

놀면서 소비하는 5개월과 370억의 소득을 올리는 5개월과는 같은 농한기라도 엄청난 차이가 있는 것입니다.

이 운동은 작년 1년의 경험을 쌓은 만큼, 금년에는 부업의 종류나 상품의 판매 또는 사업의 선택에 보다 면밀한 검토를 가하여 농한기라는 말이 없어지도록 해야 하겠습니다.

진리는 가까이 있는데 사람들은 이것을 먼 곳에서만 구하려 한다는 옛 격언을 거울삼아, 농촌이 잘살고 못사는 길이 바로 여기에 있

다는 것을 명심하여 농한기부업 장려에 획기적인 성과를 희구하는
바입니다."

대통령은 이어서 농촌지도자들을 육성해야 한다는 점을 강조했다.

"농촌이 잘사느냐 못사느냐, 즉 농어민소득의 증대 여부는 농민
이 전통적 의식과 영농방법을 버리고 개발을 지향하며 새로운 영
농방법과 기술을 어떻게 습득하고 생활화하느냐에 달려 있는 것입
니다.

그러한 점에서 정부는 앞서 농촌지도사업 체제를 쇄신하여 일반
지도자 속에서 우수한 사람을 주재지도자로 선발, 주재시키는 제도
와 독농가로서 정착지도자가 되는 제도를 창설하여 새롭고 개량된
영농방법과 기술의 시범을 인근 농촌에 보임으로써 파급효과를 기
대하고 있습니다.

지방장관 여러분들은 지도자제도를 활용하여 농어촌개발의 선구
자 역할을 담당시키는 한편, 무엇이든 제도보다는 운영의 묘에 따라
성과가 좌우된다는 신념 아래 그 효율적 운용과 각 관서 간의 협조
를 당부하는 바입니다."

대통령은 이어서 중소기업은 농어민 소득증대와 관련 깊은 기업
체와 수출산업체의 육성에 중점을 둬야 한다는 점을 강조했다.

"중소기업은 특히 농어민 소득증대사업과 관련이 깊은 기업체 그
리고 수출산업체의 육성에 중점을 두어 육성해야 하겠습니다.

그리고 이 육성에 있어서는 자금지원을 중앙에만 의존하려는 타
성을 버리고 지방자치단체 예산에서도 재원을 확보하여 이를 은행

이자 보조금으로 활용하는 등, 방법을 강구하면 저리의 금융자금을 재정자금이나 다름없이 활용할 수 있을 것입니다. 예를 들어 만약 시·도에서 중소기업자금으로 1억 2천 5백만 원의 예산을 확보할 수 있다면, 그것을 이자로 보조해 줌으로써 연리 25%짜리 시중은행 자금 10억을 12.5%의 저리자금으로 사용할 수 있을 것입니다."

대통령은 이어서 1970년 1월 1일부터 실시할 공문서의 한글전용 준비를 잘 할 것을 당부했다.

"정부는 70년 1월 1일부터 우선 정부 내에서 한글을 전용하여 모든 공문서는 물론이요, 민원서류도 한글 이외는 접수하지 않을 방침이지만, 이것은 알기 쉽고 쓰기 쉬운 우리 글자를 전용함으로써 민족적 주체의식을 앙양하고 대중문화를 향상시키며 조국근대화 과업을 촉진하자는 대국적인 견지와 더불어, 어려운 한자를 빌려 씀으로써 이중 삼중의 고역을 겪어야 하는 관민의 폐단을 없애고 사무 간소화에도 큰 도움이 되는 것이라고 믿습니다.

지방장관 여러분은 중앙의 방침에 따라, 대개의 공무원은 한글 타자를 칠 수 있게 하는 등 한글전용의 준비에 여러 가지로 면밀한 대책을 강구하는 한편, 사무의 간소화에도 세밀한 연구와 방책을 강구하여 날로 더욱 요망되는 경영관리적인 사무추진에 솔선해 주기 바랍니다."

대통령은 지방장관들에게 향토예비군이 그 국방저력을 최대한으로 발휘할 수 있도록 육성하고 지도하는 데 직접 앞장서 줄 것을 당부했다.

"북한괴뢰는 지금 70년대 적화통일을 구호로 내세우고 전쟁준비에 광분하고 있습니다.

그들은 이 목적을 달성하기 위하여 이미 행동을 개시했습니다. 영동지구에 침투한 북괴 무장공비라는 것은 이 목적을 위한 제1단계공작입니다. 군·경·민이 혼연일체가 되어 적의 침투를 막고 조국을 수호해야 하겠습니다.

각 지방의 대간첩협의회는 보다더 능률적으로 그 기능을 발휘해야 하겠고, 향토예비군이 가진 국방의 저력을 최대한으로 발휘할 수 있도록 지방장관 여러분이 그 육성지도에 직접 앞장서야 하겠습니다.

향토예비군은 임진왜란 때의 의병들보다도 몇 배나 더 위대한 역할을 할 것이며, 청사에 길이 빛날 기록을 장식할 것을 확신합니다.

내 고장에 적이 침투했을 때는 지방장관이 앞장을 서고 전도민이 궐기할 수 있는 결의와 태세가 언제나 갖추어져 있어야 하는 것입니다. 이것이 즉 우리의 자주국방 정신인 것입니다.

무장공비는 언제나 휴식과 방심하는 때를 엿봐서 기습하는 법입니다. 특히 북괴는 앞으로 연말 연초를 당하여 모든 국민이 송구영신에 바쁜 틈을 타서 어떠한 치안교란행위를 책동할는지 모르는 만큼 지방장관 여러분은 연말 연초의 경계태세를 더욱 강화하여 국민이 마음놓고 새해의 새출발을 즐길 수 있도록 힘써 줄 것을 당부하는 바입니다."

대통령은 끝으로 오늘의 이 시점에서 대한민국의 모든 공무원들이 가져야 할 신념은 바로 '멸사봉공'이라는 것을 강조했다.

"이상, 나는 1968년을 보내고 1969년 새해를 맞이하기에 앞서 우리가 당면한 여러 가지 과제에 관하여 지방장관 여러분의 새로운 각오와 결의를 촉구했습니다. 우리 모든 공무원들은 민족중흥의 영광된 과업을 수행하는 이 시점에서 영광스럽게도 국가건설의 일익을 담당하고 있다는 긍지와 보람을 느껴야 할 것입니다.

요령주의·적당주의·안일주의는 이제 우리 공무원사회에서는 용납이 될 수 없습니다. 하물며 물질적인 소리에 현혹되어 비위를 범하는 공무원은 민족중흥의 역사적 과업을 수행하는 데 있어서 실로 국가에 대한 반역행위라고 규정해야 마땅할 것입니다. 멸사봉공이라는 말은 이 시기에 우리 대한민국의 공무원들이 가져야 할 긍지인 동시에 신념이어야 할 것입니다. 조국의 영광은 우리들의 한 방울 한 방울의 피와 땀으로 이루어진다는 것을 명심합시다.

친애하는 각 부처 장관 및 지방장관 여러분! 그리고 전국의 30만 공무원 여러분! 우리 다 같이 민족중흥의 역사적 과업을 수행하는 데 멸사봉공의 일념으로 더욱 분발합시다. 승리하는 자는 중단하지 않습니다. 우리 다 같이 힘찬 전진을 계속합시다."

지하수를 뽑아 올려서 농사에 활용해야 한다

1969년 6월 10일, 권농일에 대통령은 정부가 추진하고 있는 지하수 개발계획과 농업용수 개발계획을 설명하고 우리 농민들의 연구하는 자세와 자조적인 노력을 강조했다.

대통령은 먼저 우리나라의 지하에는 무진장한 많은 물이 있다는 것을 알아야 한다는 점을 강조했다.

68년부터 정부는 천재를 인력으로 극복하기 위해 지하수개발과 농업용수 개발사업을 전국에서 추진하고 있으며, 43만 정보에 달하는 수리불안전답을 4년 동안에 전부 수리안전답으로 만들 계획을 추진하고 있다는 것이다.

"작년과 재작년은 유례 없는 한발로 인해서 특히 우리 삼남지방의 농민들은 많은 타격을 받았습니다. 따라서 식량작물 생산에 있어서 엄청난 감산을 가져왔고, 이로 말미암아 정부는 외국에서 많은 식량을 도입하지 않으면 안 되는 형편이 됐던 것입니다. 금년은 다행히도 연초에 눈도 많이 왔고 또 비도 자주 왔으며, 앞으로의 기상 전망도 대체로 순조로울 전망이기 때문에, 금년에는 풍년이 들어서 우리 농민들의 얼굴에 주름살이 활짝 펴질 해가 될 것으로 생각됩니다.

그러나 항상 우리가 이야기하는 것처럼 농사란 것은 하느님이 비를 잘 내리면 풍년이 들고, 비가 오지 않으면 인력으로 도리 없다 하는 체념, 즉 농사는 하늘이 짓는다는 식의 과거의 관념을 근본적으로 고쳐야 되겠다는 것을 나는 항시 매년 이 권농일행사에 나올 때마다 강조했다고 기억을 하고 있습니다.

우리는 작년부터 이 천재를 인력으로 극복하기 위해서 과감한 도전을 했습니다.

벌써 전국 각도에서 지하수 개발·농업용수 개발사업이 활발히 전개되고 있고, 정부에서도 방대한 예산을 여기에다 투입을 해서, 4개년계획으로 우리나라의 전국 43만 정보에 달하는 수리불안전답을 앞으로 4년 동안에 완전히 수리안전답으로 고쳐 보자는 계획을 하고 있습니다. 지금까지 각도에서 하고 있는 실적을 보면, 대단히 순조롭게 또는 우리가 예상했던 것보다도 훨씬 더 좋은 성과를 올리고 있어 매우 흐뭇하게 생각하고 있습니다.

작년부터 경기도에서는 특히 경기도 남 지사께서는 경기지방은 작년에 한발이 삼남지방보다는 비교적 적었지만 도 자체가 여기에 대해서 적극적으로 지하수 개발사업을 해서 지금 훌륭한 성과를 올리고 있는 것으로 알고 있습니다. 우리나라의 지하에는 무진장한 많

권농일을 맞아 농촌진흥청 시험 논에서 4H클럽 청소년들과 모내기하는 박 대통령
(1969. 6. 10)

은 수량이 있다는 것을 우리가 알아야 합니다. 다만 이것을 우리가 어떻게 개발을 하고, 땅 밑에 있는 물을 어떻게 뽑아 올려서 농사 목적에 쓸 수 있느냐, 여기에 대해서 머리를 쓰고 보다 더 연구를 하고 노력을 할 것 같으면, 우리나라의 작년 정도의 한발 같은 것은 농사에 전연 지장이 없게끔 할 수 있다 하는 것을 우리는 확신을 얻은 것입니다."

대통령은 이어서 처음에 지하수를 개발한다고 하니까 농민은 물론이고 공무원들조차도 지하에 무슨 물이 있느냐고 믿지 않았으나, 최근에는 이에 대한 인식이 달라졌다는 사실을 지적했다.

과거에는 농업용수라고 하면 저수지나 소류지 등 땅 위에 갇혀 있는 물만을 생각했던 농민들이 지하수를 개발하면 공사비도 적게 들고 물도 더 많이 뽑아 올릴 수 있다는 것을 알게 된 것은 다행한 일이다. 과거에 우리가 많이 만든 저수지나 소류지는 한발이 계속되면 1, 2주일 내에 모두 말라 버리므로 돈은 많이 들이고도 성과없는 일을 해왔다는 것을 반성해야 한다. 지하수는 수맥을 잘 찾아서 개발하면 적은 예산으로 많은 물을 뽑아 올릴 수 있다는 것이다.

"지하수를 개발한다고 그러니까 일부 농민들은 물론이고 일부 공무원들까지도 땅 밑에 무슨 물이 있느냐, 비가 많이 왔을 때 잠깐 물이 고여 있는 것이지 지하에 무슨 물이 있느냐, 작년 한발 당시에 대통령이 전국에 다니면서 지하수개발을 입이 닳도록 강조했지만, 심지어 일부 지방의 군수나 시장들까지도 내 말을 믿지 않은 군수가 많았다는 것을 나는 기억을 하고 있습니다.

최근에 들은 보고는 공무원들도 여기에 대해서 완전히 이해가 가고, 농민들도 지하수에 대한 인식이 상당히 높아져서, 과거에는 무슨 농업용수라 그러면 저수지·소류지, 즉 못을 막아야만 하며, 이것이 눈에 보이는 땅 위에 갇혀 있는 물이어야만 물이지 땅 밑에 있는 물은 물이 아니다 하고 생각했던 농민들이 오히려 저수지보다도 공사비가 적게 들고 더 많은 물을 뽑아 올릴 수 있다는 데 대한 인식이 대단히 깊어졌다는 것은 다행한 일이라 생각합니다. 실지로 지금은 우리나라 전국을 다녀보면 많은 저수지와 특히 소류지를 과거에 수없이 많이 만들었는데, 여러분들이 보신 바와 같이 작년과 같은 심한 한발이 오면 소류지란 것은 전부 말라 버리는 것입니다.

비가 많이 올 때에는 물이 고이지만 한발이 계속되면 어지간한 소류지는 1주일, 2주일만 지나면 전부 말라 버리고 맙니다. 즉 소용이 없다는 것입니다. 그러나 그 소류지를 만드는 데 공사비는 막대하게 드는 것입니다.

경북지방의 다단계 양수시설 "인간의 지혜와 인내력으로 한해를 극복하자"는 박 대통령의 독려로 수리안전답은 79년 말까지 전체의 87.3%에 달했다(1977. 8. 5).

따라서 지금까지 우리가 해 온 이 농업 관개용수라는 것은 많은 돈을 들여 가지고도 성과 없는 일을 해 왔다. 효과가 적은 투자를 많이 해 왔다, 하는 것을 우리는 지금 반성하지 않으면 안 됩니다. 지금 여러분들이 직접 해봐서 경험을 얻었겠지만, 저 앞에도 지하수를 파는 시범장을 만들어 놓은 것을 오면서 봤습니다. 수맥을 잘 찾아서 지하수 있는 데를 잘 선정을 해서 팔 것 같으면, 적은 공사비로도 많은 지하수를 뽑아 올릴 수 있습니다.

물론 그 가운데는 위치를 잘 선정하지 못해서 물이 나지 않아 위치를 두 번 세 번 바꾸는 예도 더러는 있지만, 이것은 점차 지하수를 개발함으로써 경험이 늘고 지하수를 파는 기술이 더 향상이 될 것 같으면, 훨씬 더 위치 선정이 정확하고 공사비도 적게 들어 많은 지하수를 뽑아 올릴 수 있는 것입니다.

이것을 앞으로 우리는 강력히 밀고 나갈 방침입니다. 앞으로 71년 내지 72년까지는 지금의 전국의 불안전답은 거의 해결될 것입니다. 그밖에도 정부는 지금 지하수개발공사란 것을 만들어서 좋은 장비들을 가지고 전국에서 현재 작업을 하고 있는데, 이 지하수개발공사는 앞으로 수리불안전답이 완전히 해소된 다음에도 계속해서 이 작업을 장기적인 계획 아래 추진해 나갈 계획입니다.

왜냐하면 논 문제가 해결되더라도 밭농사에 대한 문제는 해결 안 됐다는 것입니다.

전작물의 한발에 대한 대책은 우선 1차적으로는 논에 대한 문제를 해결하고, 그 다음에는 밭농사도 앞으로는 지하수를 개발해서 한발이 들더라도 전작물의 피해를 입지 않게끔 해 나가야 되겠다는 것입니다. 이것이 우리가 말하는 소위 천재에 대한 인력의 도전입니다.

이것은 물론 정부가 강력히 뒤에서 뒷받침해 주어야 하겠지만, 일선공무원 또는 실제 농사를 짓는 농민 여러분들이 여기에 대한 깊은 인식을 가지고, 이것을 하면 된다는 신념을 가지고 해야 되겠다 하는 것입니다. 회의적이거나, 정부가 하는 일에 대해서 불신을 하거나, 과거에서부터 내려오는 인습에 젖어서 새로운 어떤 영농에 대한 습득을 빨리 못한다거나 하면, 이런 농민들은 농촌을 근대화 하는 데 있어서 언제든지 뒤떨어지는 결과를 가져오게 될 것입니다.”

대통령은 이어서 우리 농민들은 잘살아 보겠다는 왕성한 의욕으로 스스로 돕는 자조적인 노력을 해야 한다는 점을 역설했다.

최근 농촌과 도시, 농업과 공업의 격차가 점점 커진다는 이야기가 있다.

그것은 사실이다. 그러나 그것은 우리가 뒤떨어진 영농을 해왔고, 또 공업이 급속히 성장하는 데 농업이 미처 따라가지 못하기 때문에 생긴 현상이지 정부의 농촌정책이 잘못되었거나 정부가 농촌을 등한히 하고 농민에 대해 관심이 없어서 나타난 결과가 아니다. 정부가 농어민들한테서 받아들이는 세금은 전체 세금의 5.1%밖에 안 되지만, 농어촌에 대한 투자는 전체 투자의 25% 내지 26%나 된다는 것이다.

"최근 일부 인사들 중에 농촌과 도시의 격차가 자꾸 심해져 간다, 또는 공업과 농업 간의 차가 점점 벌어진다. 소위 산업 간의 불균형이 커지고 도시와 농촌 간의 격차가 자꾸 커진다 하는 이야기를 많이 합니다.

농업과 공업의 차이가 많다는 것과 도시와 농촌의 차이가 있다는 것은 사실입니다.

그러나 이 문제에 대해서 우리 농민 여러분들이 확실히 인식을 해야 될 점은, 어느 나라를 보더라도 농업과 공업 간의 격차가 사실상 있다는 것입니다. 그 정도가 심하냐 조금 적으냐 하는 정도지, 어느 나라를 가더라도 도시와 농촌이 똑같이 산다는 나라는 그다지 많지 않은 것입니다.

그러나 우리나라의 이런 현상이란 것은 반드시 정부가 농촌에 대한 정책이 잘못되어서 그렇다기보다도, 과거부터 우리나라가 뒤떨어진 그런 영농을 해 왔다, 또 최근의 우리나라의 공업이 갑자기 성장을 하기 때문에 농촌이 미처 따라가지 못한다 하는 관계라고 봐야 할 것입니다. 정부가 마치 농촌을 등한시하거나 농민에게 전연 관심이 없어서 이런 결과가 나타난 것은 결코 아니란 것을 농민 여러분이 잘 아셔야 합니다.

한 가지 거기에 대한 구체적인 예를 들 것 같으면, 지금 우리 정부가 1년에 농민들이나 어민들로부터 받아들인 세금과 또 전체 세금 중에서, 농민들이나 어민들을 위해서 정부가 거꾸로 투자나 융자를 하는 이 투자는 이것을 비교해 볼 것 같으면, 정부가 얼마만큼 농촌 또는 어촌에 대해서 힘을 경주하고 있는가 하는 것을 여러분들이 잘 알 것입니다.

정부가 받아들이는 전체 세금을 100이라고 했을 때, 농민들이나 어민들한테 받아들이는 세금은 불과 5밖에 안되는 겁니다. 5.1% 밖에 안되는데, 그 반면에 정부가 1차 2, 3차 산업 즉 농촌이나 농민들한테나 공업이나 기타 다른 서비스 분야에 전체 투자하는 투자를 100이라고 했을 때, 농어촌에 투자하는 것이 얼마나 되느냐, 근 26%나 됩니다. 받는 것은 5밖에 아닌데 투자는 25 내지 26을 합니다. 우리 이웃에 있는 일본 같은 나라에서도 농촌에 투자하는 것이 불과 20%밖에 안 되고, 자유중국은 그보다 더 적은 숫자입니다. 그러나 일본이나 자유중국은 농어민한테 받아들이는 세금은 우리보다 훨씬 그 징수율이 높은 것입니다.

금년도 여러분이 아시는 바와 같이 정부가 농어촌에 투자하는 직간접 재원을 전부 합치면 1,800억이 넘고 있습니다. 그런데 왜 농촌이 아직도 자꾸 뒤떨어지느냐, 조금 전에 말씀드린 바와 같이 뒤떨어지는 것이 아니라, 우리나라의 공업이 급속히 성장하기 때문에 농촌이 따라가는 속도가 뒤떨어졌다는 것입니다.

그러니까 우리 농민도 농촌도 빨리 공업이나 도시민에 따라갈 수 있는 노력을 해야 되겠다, 정부도 물론 여기 대해서 최대한의 지원을 하고 노력하겠지만, 농민 여러분들도 보다 더 근면하고 창의력을 발휘하고 영농에 대해서 연구를 하고 머리를 쓰고 부지런하고 노력을 해서 따라가겠다는 그런 여러분 스스로의 노력이 없으면, 정부가 일방적으로 농촌을 부흥시키려고 아무리 애써 봤자 되지 않습니다.

빨리 뛰어가려는 사람은 조금만 밀어 주면 빨리 가지만, 전혀 갈 생각이 없어서 땅바닥에 주저앉은 사람은 도저히 끌고 갈 수 없는 것과 마찬가지로, 낮은 데서 올라오려고 버둥버둥 하는 사람은 위에서 조금 당겨 주면 쑥 올라오지만, 전혀 자기 힘으로 올라올 생각이 없고 남이 업어다가 올려 달라는 이런 사람은 올라올 수 없는 것과 마찬가지로, 농민도 스스로가 노력을 해서 빨리 잘살아 보겠다는 이런 의욕이 왕성하지 못하면, 아무리 정부가 여기에 대한 많은 시책을 쓰고 농촌에 투자를 많이 하더라도 농촌이 빨리 부흥할 수 없습니다.

결국은 정부와 농민이 합심해서 같이 노력해야만 농촌이 빨리 부흥할 수 있다하는 것을 오늘 권농일에 우리 전국 농민 여러분에게 다시 한번 강조를 하는 바입니다."

공업국가 건설을 위해서는 식량 자급자족을 이룩해야 한다

1969년 10월 11일, 아산군 성장면 벼베기대회에서 대통령은 먼저 우리가 공업국가를 건설하기 위해서는 식량증산을 통해 식량의 자급자족을 이룩해야 한다는 점을 강조했다.

조국근대화의 열쇠가 공업입국에 있다고 할지라도 우리가 먹는 식량을 해마다 수백만 석씩 외국에서 수입하기 위해 공업부문에서 번 돈을 1년에서 몇억 달러씩 쓴다면 공업발전도 안 되고 경제건설도 안 된다는 것이다.

"전국의 농민 여러분! 이 자리에 모이신 농촌지도자 여러분!

매년 가을에 우리는 농민 여러분들과 더불어 벼베기 행사를 해왔습니다. 예년에는 주로 수원에 있는 농촌진흥청의 시범묘포든지, 그렇지 않으면 서울 가까운 인근 근교 농촌에서 이것을 실시해 왔지만, 금년에는 우리 농림부에서 추진하고 있는 소위 식량증산사업에 가장 성과를 많이 올린 지방 농촌부락에서 행사를 해보자, 그 중에도 가장 성적이 좋은 그런 농촌에서 이런 행사를 해보자, 이런 이야기가 있어서 금년은 이 성장에서 이 행사를 벌리게 됐습니다. 물론 이 성장에 있는 집단재배단지보다도 더 성과가 좋은 그런 지방이 많이 있습니다. 이 성장은 가장 좋은 단지 중의 하나이다, 이렇게 여러분들이 아시면 되겠습니다.

작년에는 영·호남지방에 혹심한 한발이 들어서 우리 농촌에 큰 흉작을 가져 왔고, 이로 인해서 작년에 우리 정부가 외국으로부터 쌀만 약 520여만 석이란 막대한 양을 사들여 왔습니다.

이것은 돈으로 따지더라도 미화로 1억 3천여만 달러나 되고, 우리나라 돈으로 따지면 약 330억 이상이라는 막대한 식량을 외국에서 도입해 왔습니다. 물론 작년에는 쌀 외에도 밀가루라든지 기타 많은 식량을 우리는 가져왔습니다. 우리나라가 아직도 소위 농업국가라고 일컫고 있는데, 농업국가란 나라에서 1년에 쌀 기타 잡곡을 합쳐서 2억 달러에 가까운 식량을 외국에서 들여온다는 것은 대단히 중대한 문제입니다.

우리가 아무리 공업발전에 힘을 집중하고 있다 하더라도, 공업부문에서 버는 돈을 식량을 사들이기 위해서 1년에 몇억 달러씩 쓴다면, 우리나라의 공업발전도 잘 안 될 것이고 경제건설도 잘 안 된다는 것은 뻔한 사실입니다.

따라서 우리나라는 지금 궁극적으로 공업국가를 건설하기 위해서 여러 가지 애를 쓰고 있지만, 공업국가가 되기 위해서는 우리 농촌이 같이 발전을 해야 되겠다, 그 중에 있어서도 식량을 증산해서 식량은 우리가 자급자족을 해야 되겠다, 우리가 먹는 식량까지 외국에서 사온 데서야 우리나라의 경제건설이 어렵다, 하는 것은 누구나 다 아는 사실입니다."

대통령은 이어서 금년 수해를 입지 않은 지역에서는 예년에 볼 수 없는 풍작을 이룩했다는 사실을 지적하고 이러한 풍년을 가져온 두 가지의 요인에 대해 설명했다.

첫째는, 비료사용에 관한 것이었다. 즉, 질소비료 대신 복합비료를 쓰고, 비배관리를 잘해 준 것이 수확고를 올린 중요한 요인의 하나였다는 것이다.

"금년에는 다행히 한발도 없었고, 또 우리 농민 여러분들이 많은 애를 써서 처음에는 예년에 없는 대풍작을 예상했지만, 마지막에 가서 지난 9월달·8월달에 일부 지방에 폭우로 말미암아 수해를 입어서, 처음에는 우리가 계획했던 양보다는 상당량이 감수되리라고 이렇게 보고 있습니다. 그러나 이러한 수해를 입었지만, 우리가 지금 예상하는 금년의 수확고는 평년작을 훨씬 넘는 풍년작이 되리라고 내다보고 있습니다.

우리는 수해로 입은 양을 아무리 적게 봐도 백만 석 이상은 감수를 봤지 않느냐, 3천만 석 이상의 수확고를 올리려 했지만, 한 백여만 석 이상은 감수를 봤을 것이다. 그러하더라도 금년은 역시 풍년이다. 금년에 수해를 입어서 감수를 입은 데는 대단히 우리가 안타깝게 생각하지만, 나머지 수해를 입지 않은 곳은 어디를 막론하고 예년에 볼 수 없는 풍작입니다. 이것은 우리 농민 여러분들과 더불어 대단히 기쁘게 생각합니다.

금년에 이렇게 농사가 잘 되고, 수해를 입지 않은 다른 지방에 있어서 농사가 잘 되고 풍년을 가져온 데는, 물론 금년에 한발이 들지 않았고, 비가 알맞게 왔다는 등 여러 가지 자연적인 조건이 있지만, 그 외 중요한 문제가 몇가지 있습니다. 나는 그 가운데 있어서 두 가지 요인이 있다고 생각합니다. 하나는 금년에 우리가 비료를 잘 썼다, 비배관리를 아주 잘 했다, 이것이 수확고를 올린 중대한 요인의 하나입니다.

농민 여러분이 잘 아는 바와 같이, 금년에는 우리가 복합비료를 많이 쓰고, 과거에 우리 농민들은 비료는 질소비료만을 많이 쓰면 좋은 줄 알고 있었지만, 그것이 잘못이란 것을 우리는 알고, 질소비료만 많이 쓰면 벼가 키는 크지만 알맹이가 없는 벼가 된다, 질소비료와 다른 인산가리 복합비료를 알맞게 비료를 주어야만, 농사가 잘 된다 하는 것을 우리 농민들은 알게 됐습니다.

그러나 지금 지방에 다녀보면, 벼들이 많이 도복이 되어 있습니다. 이것이 역시 일부 농민들 중에 정부나 농촌지도소에서 그만큼 우리가 권장을 했지만, 아직도 과거의 관념에서 탈피를 하지 못해서, 벼농사란 역시 질소질 비료를 많이 써야 잘 된다 하는 관념을 버리지 못한 농민들이, 정부가 시키는대로 하지 않고 제멋대로 질소질 비료를 너무 많이 주어, 그 질소질 비료도 두 번 세 번 네 번 적당한 시기에 나누어서 주어야만 효과가 있지, 한목에 많이 주어서는 그 효과가 없다는 것을 지도를 했지만, 일부는 아직까지 옛날에 해오던 그런 영농방식에 사로잡혀 있는 농민들이 이를 잘 듣지 않았기 때문에, 키가 너무 커서 벼가 약해서 넘어졌다. 바람이 불어서 넘어지고, 비가 와서 넘어지고, 도복이 많이 됐습니다.

이러한 것은 우리가 내년도에 여러 가지 참고를 해야 되겠습니다. 그렇지 않고 복합비료를 많이 쓰고 질소질 비료를 알맞게 쓰는 곳은 다 금년에 농사가 잘 되었습니다. 농사에 비배관리하는 것은 대단히 중요한 문제입니다."

둘째는, 농약 사용에 관한 것이었다. 즉 농약을 많이 써서 병충해를 막았기 때문에 많은 수확을 올릴 수 있었다는 것이다.

"그 다음에 또 하나 농사가 잘 된 것은 내가 보기에는 우리가 농약을 많이 썼고 알맞게 썼다. 이런 데 큰 원인이 있는 것입니다.

농민 여러분들이 금년 경험에서 잘 아시겠지만, 소위 집단병충해 방제, 집단살포, 이것도 병이 나고 난 뒤에 허둥지둥 뿌리는 것이 아니라, 알맞은 시기에 미리 사전방제를 하고, 어떤 지방에 병충해가 났다 할 때는 그 부분만 농약을 살포하는 것이 아니라, 그 일대에 전면적인 집단방제를 해서, 병충해가 더 퍼지지 않도록 병충해를 막았습니다. 이 병충해란 것이 수확고를 올리고 내리는 데 큰 영향을 미치는 것입니다.

가령 나락 한 포기 이상에 병충해가 들어서 죽은 쭉정이 알이 두서너 개씩 달렸다 하더라도, 이것이 우리나라 전국적으로 따질 때는 몇십만 석, 경우에 따라서는 몇백만 석까지 감수를 가져온다. 이것을 생각할 때 병충해방제라는 것이 얼마나 중요한 것인가 하는 것은 우리 농민들이 이제야 새삼 인식을 했으리라고 생각합니다.

즉, 금년에 수해로 감수를 가져왔고, 또 농사가 잘 된 데는 비도 알맞게 왔고 좋은 여건도 있지만, 그 중에도 우리가 증수를 가져온 중요 원인이 비료를 잘 썼고, 농약을 많이 쓰고 알맞게 썼다. 이것을 농민들이 인식해야 하겠습니다. 바꾸어서 말씀드린다면 우리 조상 때부터 해오던 예부터의 재래식 방식이라든지, 경우에 따라서는 원시적인 영농방식을 가지고는 도저히 우리가 증산을 가져올 수 없다, 농사도 역시 과학이다, 머리를 써야 된다, 여러 가지 영농에 대한 것이 발전이 되고 있다. 이것은 우리나라에서도 연구를 하고 있고, 또 외국에서 연구한 결과를 우리는 배워오고, 우리는 다시 배우고 우리 농업에 적용하려고 애를 쓰고 있습니다.

　농민 여러분은 이러한 새로운 영농방법과, 이러한 과학적인 기술적인 영농방식을 여러분들이 빨리 배우고, 또 정부의 이런 권장과 지도를 잘 받아들여서 농사를 지어야 여러분들 농가에 소득증가를 할 수 있습니다. 이런 것이 우리 농민들에게 점차 인식이 되어 가고, 보급이 되어 간다는 것은 대단히 좋은 일이라 생각합니다."

　대통령은 끝으로 금년도 정부의 쌀 매상가격은 가마당 5천 원선을 넘는 선에서 결정하겠다는 뜻을 밝혔다.

　"마지막으로 우리 농민들과 우리 농촌지도자 여러분들이 가장 관심이 많은 쌀값 문제, 왜 정부가 쌀값을 발표하지 않느냐고 궁금하게 생각할 줄 압니다.

　정부에서는 금년도 추곡 매상가격을 얼마 정도로 하는 것이 가장 알맞겠느냐, 하는 것을 여러 가지 검토를 하고 있습니다.

　대충 몇 가지 안도 나와 있고, 몇 가지 검토를 하고 있습니다. 그러나 지금 우리가 발표하지 않고 있는 것은 우리나라의 미곡의 총수확량이 정확하게 얼마만큼 되는지, 정확한 숫자를 파악해야만 그것이 금년에 정부가 쌀 몇백만 석 정도 매상을 하면 되겠다, 또 그가격은 가마당, 석당 얼마나 해야 되겠다 하는 책정할 수 있는 근거가 되는 것인데, 그 숫자를 확실히 알지 못하기 때문에 몇 가지 안을 가지고 검토를 하고 있습니다.

　오늘 이 자리에서 내가 확실히 말할 수 있는 것은, 여하한 경우가 있다 하더라도 5천 원선보다는 더 넘는다는 것입니다. 거기서 앞으로 백 원이 더 늘지, 2백 원이 더 늘지 하는 것은 여러 가지 여건에 따라서 결정이 되겠습니다만, 절대로 농민 여러분들이 실망을 하는

한·독 낙농시범목장 준공식에 참석해 젖소를 어루만지며 활짝 웃는 박 대통령(1969. 10. 11)

그런 가격이 아니라고 생각하시면 되겠습니다.

지금 정부가 생각하고 있는 5천 원선 이상, 가마당 우선 5천 원이다 하더라도, 이것은 작년 정부매상가격 4천 2백 원보다는 19%가 가깝게 인상되는 것이고, 더 올라가면 또 가격이 많아지리라 생각합니다.

곧 정부가 추곡수확고의 양과 내년도 조절미를 어느 정도 양을 확보해야 하겠다는, 이런 숫자가 확정될 것이라는 것을 농민 여러분에게 미리 알려 드립니다.”

놀고 있는 야산을 개발해야 농촌이 산다

1969년 10월 11일, 경기도 안성에서는 우리나라에서 가장 현대적인 한우낙농시범목장의 준공식이 있었다.

이 목장은 지난 64년 연말에 대통령이 독일연방공화국을 국빈 방문했을 당시, 대통령의 방독기념으로 한·독 두 나라 정부가 협력해서 한국에 시범적인 목장을 만들어 보는 것이 어떻겠느냐는 뤼브케 대통령의 제의에 따라 두 나라 사이에 교섭이 진행되었고, 67년 3월초 뤼브케 대통령의 방한 때 양국 대통령은 이 사업이 한·독 양국의 가치 있는 합작사업이라는 것을 확인했다. 그리하여 우리 농협과 독일정부가 협력하여 노력한 끝에 4년만인 이날 완공된 것이다.

대통령은 이날 오전에는 충남 아산에서 벼베기 행사를 마친 후 준공식에 참석했다.

대통령은 이날의 행사에서 먼저 이 목장을 건설하게 된 경위를 설명했다.

"이 고장에 우리나라에서 가장 모범적인 현대적인 목장의 준공을 보게 된 것을, 국민 여러분과 더불어 대단히 기쁘게 생각합니다. 이 낙농시범목장은 조금 전에 농협회장의 이야기와 마찬가지로, 지난 64년에 내가 독일연방공화국을 방문했을 때, 당시의 독일 뤼브케 대통령께서 나의 독일을 방문하는 기념으로서, 한·독 두 나라 정부가 협력을 해서 한국에 시범적인 목장을 만들어 보는 것이 어떻겠느냐 하는 이야기가 있어서 그 뒤에 두 나라 사이에 모든 교섭이 추진된 결과, 지난 4년 동안 우리나라의 농협과 독일정부의 협력으로서, 이 목장이 이제 완공이 된 것입니다.

이 자리는, 이 목장이 되기 전에는 이 지방 주민 여러분들이 잘 아는 바와 마찬가지로, 아무 쓸모 없는 놀고 있는 야산에 불과했습니다. 그러나 우리가 이 지역을 개발하기 위해 여러 가지 연구를 하고, 또 여기다가 자본을 투입하고 기술을 가져 오고 해서 이것을 개발한 결과, 여러분들이 보시는 바와 같이 과거에는 쓸모 없던 이런 야산이 이같은 훌륭한 목장이 되어서 여기서 생산이 되고, 우리나라 경제발전에 기여를 할 수 있게 되었습니다.”

대통령은 이어서 우리나라의 농촌이 사느냐 못 사느냐 하는 것은 지난 수백 년 동안 아무 쓸모 없이 놀고 있는 야산을 규모있게 개발하느냐 못 하느냐에 달려 있다는 점을 강조했다.

우리 농촌이 빨리 부흥하기 위해서는 식량증산도 해야 하고, 특용작물이나 가내공업, 부업 등 지역사회에 알맞은 일을 많이 해야 하겠지만, 이와 아울러 전국 도처에 얼마든지 있는 놀고 있는 야산을 개발해야 한다는 것이다.

어떤 사람들은 야산을 잘 개발하면 벼농사나 보리농사보다 몇 배나 더 많은 수익을 올릴 수 있다는 것을 알고 있고, 그래서 개발하고 싶지만 돈이 없어서 못 한다고 하는데, 돈 문제를 먼저 걱정하지 말고 우선 머리를 써서 연구하고, 어떻게 개발할 것이냐 하는 것을 구상하고 계획을 세우고 기술을 배워야 한다.

그 다음에 필요한 것이 돈인데, 농민들이 계획을 잘 세우고 충분한 기술을 습득하면 정부가 돈을 대 주겠다.

우리 농민들이 목장을 개발하고 축산을 할만한 좋은 계획도 없고, 기술도 없는데 정부가 돈을 융자해 주면 사업은 실패해 버리고, 돈은 낭비되고, 농민들은 정부에 진 빚을 갚느라고 고생하게 된다는 것이다.

“농민 여러분들이 쓸모없던 야산에 어떻게 갑자기 이런 건물이 우뚝 서고, 풀이 파랗게 자라고, 소가 들어오고, 신기하다는 정도로 생각할 것이 아니라, 여러분들은 이런 목장을 볼 때 여러 가지로 연구를 해야 될 줄 압니다. 우리나라에는 바로 이 주변에도 이 안성목장과 같은 땅이 얼마든지 놀고 있습니다. 그러나 이것을 우리는 개발을 못하고 있는 것입니다.

물론 이것을 개발 못한 이유는 우리가 하기 싫어서 안 하는 것이 아니라, 혹 어떤 사람들은 하고 싶어도 돈이 없지 않느냐, 자본이 없지 않느냐, 밑천이 들어가야 할 것 아니냐, 이런 이야기를 하는 사람이 있을 겁니다. 물론 옳은 이야기입니다. 그러나 돈만 있어서 모든 문제가 해결되는 것이 아닙니다.

이 안성목장 주변에, 경기도 일대에, 이같이 놀고 있는 쓸모없는 옛날 재래종 소나무가 드문드문 서 있는 비산비야가 얼마든지 놀고 있는데, 이것이 아직 개발을 못하고 있습니다. 이것을 우리가 잘 개발을 하면 여러분들이 가장 힘을 들이고 있는 논에다가 벼농사를 하는 것이나, 보리농사를 하는 것보다 몇 배나 더 많이 이익이 날 수 있는 것을 우리는 알고 있으면서도 개발 못한다, 왜 못하느냐. 첫째 이유는 돈이 없다는 이야기입니다. 그러나 나는 여러분에게 이야기합니다.

돈 문제를 먼저 걱정할 필요는 없다 이겁니다. 먼저 머리를 써야 합니다. 연구를 하고 생각을 하고 어떻게 개발할 것이냐 하는 것을 구상을 해야 합니다.

그 다음에 계획을 세우고 그것을 하는 데 어떤 기술이 필요하겠느냐. 우리가 기술을 배워야 합니다. 다음에 필요한 것이 돈입니다. 만약 여러분 농민들이 이러한 야산을 개발하는 데 훌륭한 착안이 서서 좋은 계획이 서고 여러분들이 그것을 개발할 수 있는 충분한 기술을 습득을 했다면, 그 다음에는 거기 필요한 자본은 정부가 뒷

축산흥농

1969 년 9월 22 일
대통령 박정희

반침을 할 것입니다.

우리가 아무리 자본이 있더라도 여러분들이 거기에 대한 훌륭한 계획이 없고, 또 설령 자본을 뒷받침을 해주더라도 이러한 목장을 개발할 만한, 축산을 할 만한 기술을 가지고 있지 않으면, 여러분들에게 정부가 돈을 지원해 주더라도 돈은 낭비가 되는 것입니다.

융자를 해주면 오히려 사업은 실패해 버리고 뒤에 정부에 갚느라고 허둥거려야 할 것입니다. 그래서 우리나라의 농촌이 빨리 부흥하기 위해서는 우리가 식량증산에도 노력을 해야 되겠고, 특용작물 기타 가내공업, 부업 등 여러 가지 그 지역사회에 알맞은 일들을 우리가 많이 해야 되겠으며, 또 한 가지 우리나라에 아무 쓸모없이 지난 수백 년 동안 놀고 있는 야산을 앞으로 어떻게 개발을 해야 되겠느냐, 이것을 우리가 잘 규모있게 개발을 하느냐 못하느냐에 따라서, 우리나라의 농촌이 사느냐 못 사느냐 하는 그런 관건이 될 것입니다.

나는 오늘 오전에 충남 아산에서 실시한 벼베기 행사에 갔다가 지금 돌아오는 길입니다.

천안에서 아산까지 가는 연변에 이 안성 부근과 같이 놀고 있는 땅이 얼마든지 있습니다. 이것을 아직까지 개발을 못하고 있는 것입니다. 앞으로 우리는 이것을 개발해야 하겠습니다."

대통령은 이어서 최근 축산업에 대한 열기가 높아지고 있다는 사실을 지적하고, 우리 농민들과 정부는 축산장려에 보다 더 힘써야 되겠다는 점을 강조했다.

"작금 우리나라에는 축산업에 대한 열이 대단히 높아지고 있습니다. 이는 대단히 좋은 현상이라 생각합니다. 과거에 우리나라 사람들은 한국은 축산이 안 된다, 축산에는 부적합하다, 이런 관념을 가지고 있었습니다.

그러나 최근 정부가 축산장려에 대해서 온갖 노력을 하고 여러분들에게 권장을 하고 또 뒷받침을 한 결과, 작년 금년 불과 최근 2, 3년 동안에 우리나라에 축산 '붐'이 일어나기 시작했습니다.

도처에 규모가 크고 작은 목장들이 생기고, 또 목장이 서지 않는다 하더라도 소위 요즈음 말하는 한우 비육사업이라든지, 또는 젖소를 키우는 이런 유우 사육사업이라든지, 기타 여러 가지 축산사업들이 도처에 일어나고 있다는 것은 대단히 좋은 일이라 생각합니다. 우리나라는 앞으로 우리나라의 많이 놀고 있는 국토의 거의 7할 정도 놀고 있는 산지를 개발해서, 그 중에서도 목장으로 개발할 수 있는 이런 땅은 전부 축산을 위한 목장으로 개발해서, 우리나라의 축산산업을 발전시킬 것 같으면, 첫째는 우리 농민 여러분들의 소득이 증대하고, 다음에는 우리 국민들이 쇠고기나 우유를 많이 먹음으로써 국민의 보건상 우리 국민들의 건강에 크게 도움이 될 것이고, 또 앞으로 나아가서는 여기서 생산되는 고기라든지 우유를 해외에 수출까지 할 수 있다면 외화획득도 할 수 있고, 이래저래 우리나라 경제발전에 크게 도움을 줄 수 있다고 생각합니다.

양산목장을 시찰하는 박 대통령 (1969. 5. 8)

　과거에 우리 사람들이 축산이 안 된다고 생각한 것은 여러 가지 경험이 없었다는 이유도 있겠고, 또 한 가지 우리나라는 겨울은 3, 4개월 동안 아주 추운 엄동기가 있는 겁니다. 이 고비를 어떻게 넘기는가, 지금같이 소를 목장에다 방목해 두면 제대로 뜯어먹는데, 앞으로 12월·1월·2월·3월 초순까지 엄동기에 목초가 없는 이 기간에 소를 어떻게 먹이느냐 이것을 과거에 우리가 연구를 못했다 이 겁니다.

　그것은 방법이 있는 겁니다. 사료작물이라든지 기타 가을철에 사료를 장만을 해서 또 요즈음 농촌 도처에 볼 수 있는 '사일로'를 만들어, 소가 겨울에 먹을 수 있는 그런 식량을 저장해서 몇 달 동안만 넘기면, 그 다음은 1년내 방목을 해서 사육할 수 있다, 이것을 앞으로 연구할 것 같으면, 나는 우리나라는 축산에 가장 적합한 그런 지역이라 생각합니다. 여기에 대해서 우리 정부나 우리 농민들이나 관계 모든 기관에서 앞으로 노력을 해서 우리나라 축산 장려에 보다 힘써야 되겠습니다. 그렇게 해야 우리 농촌이 잘살 수 있고, 우리 경제가 발전할 수 있다, 이렇게 생각합니다."

대통령은 끝으로 지난 4년 동안 이 목장 건설을 위해 재정적인 지원을 해준 독일정부와 이 목장에서 오랫동안 애써준 독일기술자들, 우리 농림부와 농협의 관계직원들에게 그간의 노고를 치하하고 안성 부근의 농민들에게는 이 지역 일대가 이 시범 낙농목장을 중심으로 한국의 축산센터가 될 수 있도록 인근에 축산을 많이 보급해 줄 것을 당부했다.

"오늘 이 목장이 완공될 때까지 근 4년 동안 독일정부의 적극적인 협조와 그 동안에 독일기술자 여러분들이 오랫동안 이 목장에 와서, 우리나라 축산을 위해서 많이 애를 써 주시고, 독일정부에서 여러 가지 재정적인 뒷받침을 해준 데 대해서 감사히 생각하고, 그 동안 우리 농림부와 농협과 기타 관계직원들이 이 목장 건설을 위해서 노력한 데 대해서 이 자리를 빌려서 치하를 드리고, 이 인근에 있는 주민 여러분들이 이 목장 건설 기간에 여러 가지 협력을 해준 데 대해서 감사히 생각합니다.

특히 인근에 있는 농민 여러분들은 이 목장을 중심으로 해서, 나는 이 일대가 우리나라의 축산센터처럼 축산이 많이 보급되기를 바랍니다.

여러 가지 방법이 있다고 생각합니다. 이는 여러분들이 연구를 해야 합니다.

여기서 젖소에서 나는 송아지를 여러분이 얻어 키워 돈을 서서히 갚고, 거기서 나는 젖을 짜서 이 목장에서 처리하는 공장에다 젖을 납품을 하고, 하는 여러 가지 이 목장을 중심으로 해서, 이 인근의 농촌에도 축산이 많이 보급되기를 바라 마지않습니다.

동시에 이 목장은 아까도 말씀드린 비와 같이, 우리나라의 하나의 시범적인 목장입니다. 즉, 우리나라에서 축산을 하자면 어떻게 하면 된다, 목야지는 어떻게 관리를 하면 된다, 소는 어떻게 키워야 된다, 또 여기서 나는 우유는 어떻게 처리해야 된다, 이러한 여러 가지 기술을 여기서 가르치고 보급을 해야 할 것입니다.

여기서 나는 좋은 우량종의 종우를 우리 농촌에 보급할 수 있는 그런 일도 해야 할 것이고, 따라서 이곳은 우리나라 축산을 위해서 또 하나의 모체가 될 수 있게끔, 여러 가지 좋은 사업들을 성공적으로 추진해 주실 것을 당부해 마지않습니다."

제3장 '통일벼 쌀밥 밥맛이 좋다'

1976년 무렵에는 식량의 자급자족을 이룩할 수 있다

1970년 1월 9일, 연두기자회견에서 대통령은 식량의 자급자족을 위해서는 몇 가지 문제를 해결해야 한다는 점을 강조했다.

농업용수문제, 비료와 농약문제, 경지정리와 기계화문제 그리고 종자개량문제를 해결해야 한다.

이러한 문제들이 해결되면 3차 5개년계획이 끝나는 76년 무렵에는 우리도 식량의 자급자족을 달성할 수 있다는 것이다.

"지금 우리나라 경제개발의 가장 큰 주축은 수출산업이라고 했는데, 우리나라의 여러 가지 여건이 역시 수출산업이 주축이 되어야 된다는 것은 틀림없는 사실입니다. 그러나 우리나라에 있어서는 수출이 아무리 잘 된다고 하더라도 농업부문의 발전 없이는 우리나라 경제 전체가 지속적으로 성장할 수는 없다 하는 것도 또한 사실입니다.

그래서 정부는 오래 전부터 밀고 오는 농공병진정책을 앞으로도 그대로 강력히 추진해 나갈 계획입니다.

이 농업부문에 있어서는 정부가 앞으로 노리는 정책적인 목표가 두 가지 있습니다.

하나는 식량의 자급자족을 해야 되겠다 하는 것과, 다른 하나는 농가소득의 중대를 급속히 올려야 되겠다 하는 것입니다. 식량 자급자족 문제는 원래 계획보다는 진도가 좀 뒤졌습니다만, 우리가 매년 많은 외화를 들여서 식량을 외국에서 사들이고 있는데 이래 가지고는 공업화가 대단히 어렵습니다. 그래서 우리는 어떻게 하든지 식량 자급자족을 꼭 이루어야 되겠는데, 여기에는 몇 가지 요소가 있습니다.

그 첫째는 물 문제를 해결해야 한다는 것입니다. 한발이 한 번 들면 농사가 흉년이 되고 몇백만씩 감수를 보게 되는데, 이것을 막기 위해서 우리가 재작년부터 시작하고 있는 것이 농업용수원 개발사업·지하수 개발사업인데, 이것은 지금 대단히 성공적으로 추진이 되어 가고 있습니다.

이것은 내년이면 거의 완성이 되어서 우리나라의 수리불안전답의 약 90%까지는 완전히 수리안전답화할 수 있습니다. 또 그 다음에 농사짓는 데 가장 중요한 것이 비료인데 이것은 벌써 우리가 자급자족 단계에 들어가 있습니다.

또 하나의 요소는 농약입니다. 이 농약은 아주 간단한 것 같지만 농사짓는 데 가장 중요한 문제입니다. 과거에는 가장 중요한 이 문제를 우리가 가장 등한시했기 때문에 식량증산에 큰 지장을 가져 왔습니다. 이것은 정부에서도 등한시했고 농민들도 등한시했습니다.

매년 병충해로서 감수를 가져 오는 것이 경우에 따라서는 몇백만 석이나 되는 일이 있었는데, 우리 농민들도 작금에 와서 비로소 이 것을 인식하고 작년에는 농약을 적절히 많이 썼기 때문에 우리가 많은 증산을 가져 왔다고 봅니다. 그래서 정부에서는 내년에 농약에 대한 보조금을 위해 과거 어느 때보다도 많은 예산을 책정해 놓고 있는 것으로 압니다.

그 다음에는 쌀값을 많이 올려 주어서 농민들의 생산 의욕을 북돋아 줌으로써 생산에 기여하도록 해야 되겠는데, 이를 위하여 지금

하고 있는 고미가정책을 그대로 밀고 나가야 되겠습니다.

그 다음에는 최근에 우리나라에서도 점차 현실문제로 논의되고 있는 문제인데, 우리 농촌에도 점차 기계를 집어넣어야 되겠다 하는 농촌의 기계화 문제입니다. 이것을 하기 위해서는 그보다도 선행해서 우리가 해야 될 문제가 있는데 그것은 경지정리를 해야 되겠다 하는 것입니다. 지금 우리나라같이 논이 조각조각 갈라진 땅에는 우리가 기계를 가지고 있다 하더라도 이를 집어넣을 수가 없고 쓸 수도 없습니다. 역시 기계화를 하려면 이에 선행해서 경지정리사업을 완료해야 하는데, 우리는 지난 몇 년 전부터도 부분적으로 해 보고 있습니다만 이것은 대략 지하수개발이 끝나는 내년도부터 본격적으로 시작하자는 계획을 가지고 있고, 농기구에 대해서도 금년도에 발족될 농업진흥공사가 앞으로 많은 농기구를 도입해서 점차 보급을 해 나갈 생각입니다.

마지막으로 식량증산을 하는 데 가장 중요한 문제가 있는데, 그것은 종자 문제입니다. 이것도 우리가 오래 전부터 우리나라 기후 풍토에 알맞은 가장 적합한 종자가 무엇이겠는가 하는 것을 다년간 연구해 왔는데, 최근에 농촌진흥청에서 '아이·아이아르(IR)667'이라는 새쌀 종자개량에 성공하였습니다.

이것은 과거의 재래종보다 약 5할 이상 증수를 한다는 것이 확증이 되었습니다. 그러면 이것을 농가에다가 빨리 공급을 해 주어야 되는데, 이것은 금년에 심어 가지고 나는 것을 하나도 먹지 않고 내년에 종자로 공급을 하고, 또 거기에서 나오는 것을 전부 정부가 사가지고 종자를 공급을 하고, 이렇게 하더라도 종자가 전체 농가에 보급되는 데에는 역시 몇 년이 걸립니다.

우리는 72년도까지는 이런 종자가 전농가의 손에 들어가도록 보급할 계획인데, 이렇게 되면 3차 5개년계획이 끝나는 76년쯤 가면

쌀 자급을 달성하게 해준 기적의 볍씨재배지에서 작황을 살펴보는 박 대통령(1973. 11. 15)

농업용수문제, 비료·농약문제, 또는 경지정리와 기계화, 그리고 획기적인 종자 개량 등등으로 우리나라도 식량의 자급자족을 이룩할 수 있다 하는 결론이 나옵니다. 과거에 안 되었기 때문에 이것도 되겠느냐고 의심할는지 모르지만, 내가 보건대 이것은 틀림없이 될 것 같습니다."

IR667이라는 새로운 벼종자는 3, 4할 증산할 수 있다

1970년 10월 5일, 벼베기대회에서 대통령은 오늘 벼베기를 하는 이 벼는 농촌진흥청에서 개발한 IR667이라는 새로운 벼종자를 심어서 거두는 것이며, 3, 4할 내지 5할까지 증산할 수 있는 전망이 있다고 천명했다.

"우리나라는 옛날부터 농업국가입니다. 지금 우리가 농업국가를 탈피하고 공업국가로 전환하기 위해서 여러 가지 안간힘을 쓰고 있기는 합니다만, 아직도 우리나라의 농촌인구가 전체 인구의 절반을 차지하고 있고 또 우리 농촌에서 생산하는 농산물이 국민경제 전체에서 커다란 비중을 차지하고 있습니다. 그런데 한 가지 대단히 부끄러운 사실은 이러면서도 아직까지 식량의 자급자족을 이룩하지 못했다는 사실입니다.

우리는 매년 식량이 부족하여 외국에서 상당한 양곡을 도입하고 있는데, 작년만 하더라도 수백만 섬의 식량을 외국에서 도입했고, 앞으로 우리가 갚아야 할 달러만 하더라도 억대를 넘고 있습니다.

이것은 대단히 중요한 문제이고 정부와 농민들이 앞으로 좀 더 반성하고 노력해야 할 일이라고 생각합니다.

그리하여 적어도 식량만은 외국에서 사들여 오지 않고 우리가 생산하는 식량을 갖고 자급할 수 있는 태세를 갖추어야 하겠습니다.

물론 그동안에도 우리는 이러한 노력을 계속해 왔고, 지금 현재도 힘쓰고 있지만 좀 더 노력을 해야 되겠습니다. 여기에 농민 여러분들이 해야 할 문제, 정부가 뒷받침해 주어야 될 문제가 있고, 또 정부와 농민 여러분들이 합심하고 협력해서 해야 될 문제들도 있는 것입니다.

농민 여러분들의 생산의욕을 북돋아 주고, 좀 더 증산을 많이 할

박 대통령, '기적의 볍씨' 첫 추수 수원농촌진흥청 시험 논에서 벼베기를 하는 모습
(1970. 10. 5)

수 있게끔 정부가 여러분들이 생산하는 곡가를 적절한 수준으로 유
지한다든지, 비료를 많이 공급한다든지, 또는 병충해를 구제하기 위
해서 농약을 많이 공급하고, 그것도 가급적이면 거의 무상으로 여러
분들에게 공급해 준다든지 하는 일은 정부가 해야 할 일이고, 그 외
에도 정부가 할 일이 많이 있습니다. 반면에 농민 여러분들이 해야
할 일도 많이 있는 것입니다.

정부에서는 지금 식량증산을 위해서 벼종자나 그 밖의 모든 농작
물의 종자 개량을 위해서 여러 가지 노력을 하고 있습니다.

오늘도 행사가 끝나면 옆의 논에서 우리가 벼베기를 하는데, 이
벼가 농촌진흥청에서 연구하고 있는 IR667이라는 새로 개발하고 있

는 벼종자입니다. 이것은 현재까지 연구한 결과로서는 생산에 있어서 3, 4할 내지 잘하면 5할까지 증산할 수 있는 전망이 있다는 것입니다.

이러한 여러 가지 노력을 집중해서 빨리 우리도 식량의 자급자족을 이룩하도록 정부와 농민들이 보다 더 힘써야 되겠다는 것을 강조합니다."

대통령은 이어서 식량문제 해결을 위해서는 식량증산과 소비절약의 노력이 병행해서 이루어져야 한다는 점을 강조했다.

"식량문제는 두 가지 과제가 같이 병행해서 해결되어야 한다고 나는 생각합니다. 즉, 우리가 많이 증산을 해야 되고, 동시에 소비를 절약해야 된다 하는 것입니다. 아무리 많이 생산을 하더라도, 많이 먹어 버리면 마찬가지로 부족을 가져오게 됩니다. 그러나, 많이 생산을 해서 절약을 하면 우리는 멀지 않은 장래에 식량 자급자족을 반드시 이룩할 수 있다고 봅니다. 일본만 하더라도 불과 5, 6년 전에는 식량이 부족하고 특히 쌀이 부족해서 미국에서 많은 원조를 받다가 드디어는 도입을 하는 등 여러 가지 고생을 많이 했는데, 그동안 일본 농민들이 노력을 해서 오늘날은 식량이 남아돌아가는 형편입니다.

이런 것을 생각할 때, 우리는 앞으로 농사를 짓는 데 있어서 영농기술을 연구 개발해서 많은 식량을 생산해서 자급자족에 기여하는 동시에, 한편으로는 먹어서 소비하는 것을 절약해야 하겠습니다.

요즈음 서울에서는 정부미다, 무슨 호남미다, 외국에서 가져오는 쌀이다 해서 쌀 한 가마에 1,000원 내지 1,500원 정도씩 차이가 있습니다.

물론, 상인들의 농간도 있을 것입니다. 그러나 그보다도 일부 소비자들 중에 쌀의 맛이 별반 차이가 없는데도 굳이 비싼 쌀을 사다 먹는 사람이 있기 때문에 쌀값은 자꾸 올라갑니다. 결국 정부가 방출한 쌀을 갖다가 한번 더 도정해 껍질을 살짝 벗긴 것을 비싸게 팔고 있는 악질 상인만 이득을 보는 것입니다.

가정주부들이나 일반시민들이 이것을 모르고 비싼 쌀을 자꾸 사다 먹으니까 장사꾼들은 정부방출미를 잘 속여서 팔고, 쌀값은 자꾸 올라가는 것입니다. 이런 것은 우리 국민 모두가 반성하고 정부의 정책에 협조를 해야 되겠습니다. 이것은 마치 암시장에서 국산 화장품에 외국제 상표를 붙여 팔면 진짜 외국제인 줄 알고 사가서 좋아하는 것과 마찬가지입니다. 외국제가 아니라 국산에다가 외국제 상표를 붙인 것을 좋다고 비싼 돈을 주고 사가는 이러한 시민이나, 정부방출미인데 이것을 한번 더 도정해 살짝 속여서 경기미다 하고 더 비싸게 파는 장사꾼들의 농간에 속아 그것을 사다 먹는 이런 가정주부나 무엇이 다르겠습니까? 이런데 대해서는 우리가 좀 더 반성을 하고 협조를 해야 되겠습니다. 쌀을 아무리 증산해도 소비를 많이 하게 되면 소용이 없는 것입니다.

우리가 돈을 많이 벌더라도 쓰는 데 절약하고 아껴 써야만 남고 저축이 되는 것이지, 돈을 아무리 많이 번다해도 많이 써 버리면 아무 소용이 없습니다. 우리는 식량증산에도 노력을 해야 되겠지만, 식량의 절약도 하나의 국민적 운동으로 전개해 나가야 하겠습니다.

물론, 쌀을 먹지 말라는 이야기는 아니지만, 쌀을 먹되 아끼고 다른 잡곡과 혼식을 해서 먹는다든지 또는 분식을 해서 될 수 있는 대로 많이 보급한다든지 해서 국민 모두가 협조를 하고 증산을 위해 계속 노력을 하면, 1년에 1억 달러 내지 1억 기천만 달러 어치의 비싼 외국쌀을 들여오지 않더라도 자급자족이 될 수 있습니다. 우리가 쌀을 절약을 해서 다른 부분의 농촌개발이라든지 또는 산업개발에 보태 쓸 수 있다면 그만큼 국가가 더 빨리 발전할 수 있는 것입니다. 우리 모든 국민들이 협력을 하면 모든 일이 즐겁게 잘 되어나갈 것입니다. 그와 반대로 협력을 하지 않고 자기 한 사람의 생각·취미·기호에만 집착을 해서 국가정책에 협력하지 않는 그런 국민은 잘살 수가 없습니다."

대통령은 쌀의 자급자족을 위해서 한편으로는 쌀의 획기적인 증산에 힘쓰면서 다른 한편으로는 쌀의 소비절약운동을 추진했다.

우리나라가 빈곤의 악순환 속에 빠져 이른바 춘궁기가 되면 농촌과 도시의 저소득층은 절식과 혼식을 많이 했다. 그러나 수출주도공업화로 우리 경제가 고도성장을 지속하고 국민의 소득도 증가함에 따라 절식이나 보리 혼식은 줄어들거나 없어지고, 쌀의 소비가 증가하여 쌀의 부족현상이 심화되었다.

1960년대 후반에는 동물성 단백질 식품의 소비가 증가했으나, 1인당 쌀소비량이 줄어드는 현상 같은 것은 상상조차 할 수 없을 정도로 가난했기 때문에 이러한 현상이 조금씩 나타나기 시작한 70년대 후반까지는 1인당 쌀소비량은 계속 증가하는 추세에 있었다. 그 결과 1차 경제개발 5개년계획 기간 중 식량증산 7개년계획을 강력히 추진한 결과 쌀을 증산하는 데 성공했으나 쌀은 계속 부족하여 자급자족이 안 되었다. 이것은 인구증가 때문이라고 지적되고 있었다.

1961년부터 1970년까지 10년 동안 우리나라의 연평균 쌀생산량은 364만 톤 2,530만 섬이었고, 단위면적당 수확량은 309kg/10a에 불과했다. 따라서 주곡인 쌀의 생산성이 인구증가를 따라가지 못하여 1966년부터 만성적인 쌀부족 현상이 심화되기 시작했으며, 1968년부터 1974년까지 7년간의 평균 쌀 자급률은 89%로서 연간 쌀부족량은 46.3만 톤, 322만 섬이나 되었다. 따라서 공업화에 필요한 귀중한 외화를 나누어 부족한 쌀을 수입하지 않을 수 없었다.

그러나 대통령은 쌀 부족 현상의 원인은 쌀의 생산성을 초과하는 인구증가에도 있지만, 또 하나의 중요한 원인은 우리 국민들이 지나치게 쌀만을 편식하여 쌀을 과소비하는 식생활 습성에도 있다고 보고 있었다.

따라서 대통령은 우리나라가 주곡의 자급자족을 이룩할 수 있는 최선의 방법은 두 가지, 즉 쌀 증산과 쌀 소비절약이라는 점을 강조하고 대대적인 혼식과 절미운동을 하나의 국민운동으로 전개할 것을 국민들에게 호소하면서 대통령 스스로 혼식과 절미운동을 앞장섰다.

농업개발을 위한 기초작업은 대충 끝났다

1971년 1월 11일, 연두기자회견에서 대통령은 먼저 농업개발을 위한 기초작업이 대충 끝났다고 천명했다.

우리나라의 농업부문도 그 자체만 볼 때는 비교적 성장을 했다. 지난 10년간 평균성장률은 4.6%로, 같은 기간 동남아 10개국의 평균 성장률 3.6%보다 높은 편이었다. 이 기간에 우리는 농업용수 개발로 전체 논 약 130만 정보의 83%를 수리안전답으로 만들었고, 비료도 자급자족하고, 질소질 비료는 수출을 하고 있다. 농약도 국산화했다. 농업기계화를 위해 경지정리를 하고 있다. IR667이라는 종자개량도 연구했고 이것이 4, 5년 후에 전국에 보급되는 날에는 미곡수확량은 3, 4할 정도 증산될 수 있다. 또 68년부터 시작한 농어민 소득증대사업은 전국 90여 개 주산단지에서 잘 추진되고 있다. 그리고 4대강유역 개발을 위해서 금강, 평택지역 공사는 작년 말 착수했고, 한강유역도 이미 착수했으며, 영산강 개발도 금년 봄에 착수될 것이며, 낙동강은 안동 댐부터 금년 초에 착수된다. 농업은 덮어놓고 투자한다고 효과가 나는 것이 아니다. 여러 가지 여건이 조성돼야 투자의 성과가 나타난다.

이제 농업부문의 기초작업이 갖추어졌기 때문에 제3차 5개년계획 기간에는 농촌에 중점적인 투자와 개발을 하기로 했다는 것이다.

"두 번째 말씀드릴 수 있는 것은 농업개발을 위한 기초작업이 대충 끝났다는 것입니다.

그간 우리나라의 공업부문이 유래없는 고도성장을 했기 때문에, 상대적으로 농업부문은 많이 뒤떨어졌다는 이야기가 나오고 있기는 합니다만, 이것은 공업부문과 비교를 해서 볼 때에 상대적인 문제지, 농업부문 그 자체만 볼 때에는 우리나라 농업도 지난 수년 동안 비교적 높은 성장을 했습니다. 그것은 우리와 다른 우리의 이웃 나라들을 비교를 해 볼 것 같으면 알 수 있다고 생각합니다.

동남아시아의 우리와 같은 개발도상에 있는 10여 개 국가의 지난 60년대에 있어서의 농업성장률을 평균을 내 보니까 얼마가 나오느냐 하면 연간 3.6%의 성장을 가져왔습니다.

그런데 우리나라에 있어서는 농업부문이 얼마만큼 성장을 했느냐 하면, 60년대에 있어서 우리는 4.6%의 연간평균성장을 가져왔습니다.

물론, 여기에는 작년과 같이 수해가 많은 해는 불과 2%밖에 되지 않았고, 67년, 68년과 같이 한발이 심했던 해는 오히려 마이너스로 후퇴하는 해도 있었지만, 그러나 지난 10년간을 평균잡아 볼 때에는 우리나라에서는 약 4.6%의 성장을 했습니다. 이것은 동남아시아 여러 나라의 평균성장치보다는 그래도 약간 높은 수치인 것입니다. 그러면 기초작업이란 무엇을 말하느냐. 첫째, 우리가 농사를 짓는

데 있어서 가장 중요한 문제인 농업용수입니다.

특히, 우리나라와 같이 미곡이 농업의 대종을 이루고 있는 나라에 있어서는 농업용수의 개발이라는 문제가 가장 중요한 문제인데, 이것도 60년대 초기에는 우리나라 전체 논 약 130만 정보 중에서 수리안전답으로 되어 있는 것이 겨우 52.3% 정도 되었다고 나는 기억을 하고 있습니다. 그런데, 작년말 현재 우리나라의 수리안전답률이 얼마냐 하면 83%가 되었습니다. 따라서, 내년 72년 말에 가서는 앞으로 수리안전답화할 수 없는 산마루에 있는 땅이라든지 논이라든지 또는 천수답이라든지 이런 일부 농토를 제외하고는 거의 100%가 수리안전답화할 수 있다, 이렇게 지금 전망을 하고 있습니다.

이것은 지난 몇 년 동안 정부가 농업용수의 개발에 대해서 상당히 노력을 했고, 또 많은 투자를 한 결과라고 봅니다.

그 다음에는 비료의 자급자족인데, 지금 현재 우리나라에 있어서는 비료는 거의 자급자족할 수 있는 단계에 와 있습니다. 일부 질소질 비료에 있어서는 외국에 수출도 할 수 있는 그런 단계까지 왔다고 봅니다.

다음에는 농약의 완전국산화, 이것도 그동안 이룩했던 것입니다.

그 다음에는, 앞으로 우리 농업을 기계화하기 위해서 기본 전제가 되는 경지정리인데, 이것은 지난 수년 동안 정부가 상당히 노력을 해서 많은 성과를 보고 있습니다마는, 앞으로 3차 5개년계획에 있어서도 이 경지정리사업에 대해서는 상당한 중점을 두고 추진하려고 합니다.

그 다음에, 종자개량 또는 영농방식의 개선 등을 들 수 있겠습니다.

지금, 이 종자개량에 있어서는 정부에서 추진하고 있는 IR667, 이것은 수원에 있는 농촌진흥청에서 수년 전부터 연구를 하고 있는 종자인데, 이것이 전국에 보급이 되는 것이 앞으로 4, 5년 후라고 보는데, 이것이 성공적으로 이루어질 때에는 적어도 미곡수확량의 3할, 잘하면 4할 정도까지 증산을 할 수 있다 이렇게 이야기를 하고 있습니다. 이처럼 우리는 종자 개량에 대해서도 상당한 주력을 하고 있습니다.

그 다음에 또 한 가지 말씀드릴 수 있는 것은, 농어민 소득증대사업을 그동안 우리는 상당히 역점을 두고 추진을 해 왔습니다. 이것은 1963년부터 시작을 해서 지금 현재 전국에 약 90여 개 단지에서 거의가 다 성공적으로 추진되고 있습니다.

다음에 또 한 가지는, 최근에 정부에서 발표한 4대강유역 개발 계획입니다.

이것도 금년부터 대부분 착수가 되는데, 금강, 평택지역의 공사는 작년 말에 착수를 했고, 한강유역도 벌써 착수가 되어 있고, 영산강 개발사업도 금년 봄에 착수가 되리라고 봅니다. 낙동강에 대해서도 안동 댐부터 금년초에 착수가 되리라고 봅니다.

이러한 사업은 착수할 때까지 그동안 정부에서 10년 가까이 여러 가지 조사사업이라든지 계획의 작성이라든지 또 외국기술자를 초빙을 해서 여기에 대한 검토를 의뢰하는 등 여러 가지 노력을 했습니다. 이 공사는 앞으로 약 10년 동안 걸려서 완성이 될 사업인데, 적어도 여기에는 3천여억의 투자가 필요한 것입니다.

이것은 전부 우리 국내 자본만을 가지고서는 어렵기 때문에 외국과의 차관 교섭 등을 했는데, 이것도 혁명정부 초기부터 시작을 해서 근 10년만에 겨우 매듭이 지어져서 금년부터 착수하게 된 것입니다.

이 4대강유역은 우리나라 전체 국토의 약 7할의 면적을 점합니다. 이 사업이 앞으로 이루어지면, 우리나라의 농촌의 모습도 그 면모를 일신하리라고 봅니다.

이러한 것을 우리는 농업부문에 대한 하나의 기초작업이라고 말씀을 드렸는데, 이러한 사업들이 이루어졌기 때문에 이제부터는 우리가 농촌부문에 대해서 집중투자를 할 수 있는 여건이 갖추어졌습니다. 그동안 농업부문에 대해서 정부가 좀 소홀히하지 않느냐, 또는 등한히하지 않느냐 하는 이야기를 하는 사람들이 있었습니다마는, 농업이라고 하는 것은 원래 투자를 해서 당장 성과가 나는 것도 아니고, 투자를 하는 데 있어서는 사전에 여러 가지 여건 조성이 이루어져야만 투자가 될 수 있는 것이지, 돈이 있다고 하더라도 덮어놓고 투자를 할 수 없는 것이 농업부문인 것입니다.

그래서, 지금 이러한 여러 가지 여건의 기초작업이 갖추어졌기 때문에, 이제부터 정부는 농촌에 대해서 중점적인 투자, 중점적인 개발을 해 보자는 것입니다. 3차 5개년계획에 있어서도 가장 중요한 목표의 하나가 농업부문에 대한 중점개발사업인 것으로 되어 있습니다.”

3차 5개년계획에서는 종자개량 등으로 주곡 자급자족을 실현할 것이다

대통령은 이어서 제3차 5개년계획에 있어서는 농업의 중점적 개발, 수출의 획기적 증대, 중화학공업의 건설에 중점을 두고 있으나, 우리 경제가 장기적으로 또는 건전한 성장을 하기 위해서는 농업부문의 발전이 가장 중요하다고 말하고, 이 부문에 있어서는 종자 개량 등으로 주곡의 자급자족을 실현할 것이라고 천명했다.

“조금 전에도 이야기한 바와 같이, 60년대를 통해서 우리 경제는 여러 가지 부문에서 획기적인 발전을 거두었지만 70년대를 완전 자립경제의 연대로 하기 위해서는 아직도 우리가 극복해야 할 여러 가지 과제들이 남아 있다고 보고 있습니다.

내년부터 실시되는 제3차 5개년계획에 있어서는 특히 다음의 몇 가지 과업을 우리가 성공적으로 수행하면서, 동시에 안정과 성장의 조화 속에 연평균 8.5%의 성장을 달성하고자 합니다.

3차 5개년계획에서 우리는 세 부문에 가장 중점을 두고 있는데 그 한 가지가 농업부문에 대한 중점적인 개발이고, 또 하나는 수출의 획기적 증대, 세 번째가 중화학공업의 건설의 세 가지 부문에 정부는 가장 중점을 두고 있는 것입니다.

그 첫 번째, 농업부문에 대한 중점적인 개발인데, 아까도 약간 설명이 있었습니다만 60년대에도 농업은 공업부문에 비해서 상대적으로 뒤떨어졌다고 볼 수 있지만, 연평균 4.6%를 넘는 비교적 높은 성장을 이룩해 왔습니다.

그러나 우리 경제가 장기적으로 또는 건전한 성장을 하기 위해서는 무엇보다도 농업부문의 발전이 가장 중요한 것인데, 정부는 벌써 2차 5개년계획의 후반부터 여기에 대해서 집중적인 노력을 기울여 오고 있습니다.

3차 5개년계획에 있어서는 종자개량이라든지 또는 경지정리, 농업의 기계화, 영농방법의 근대화 등으로 식량생산을 증대하고, 특히 주곡에 있어서는 자급자족을 실현하도록 하려고 합니다.

또한 농·어촌의 보건, 위생시설, 지붕개량, 우리 농촌이 5천 년 동안 조상 때부터 가져온 이 지붕을 제3차 5개년계획에서는 어떻게든지 없애 버리겠다, 초가집도 없애 보자는 것이고, 다음에는 전화사업으로, 우리 농촌에 보다 많은 전기를 집어넣어 주자, 또한 농·수산물의 가공, 유통시설의 확충, 이런 것으로 해서 농어촌의 환경을 근대화하고 우리 농촌의 근대화를 촉진해 보자는 것입니다.

또 한 가지는 아까 설명한 바와 같이 4대강유역에 대한 종합적

개발입니다. 이것을 우리가 완성함으로써 매년 되풀이하고 있는 한해와 수해를 최소한으로 막아보자는 것입니다."

경제정책의 기본방향을 성장과 안정의 조화에 두고 물가안정에 힘쓸 것이다

대통령은 끝으로 경제정책의 기본방향을 성장과 안정의 조화에 두고, 물가안정을 위해 공급과 유통면에 걸쳐 종합적인 안정을 유지하는 데 힘쓸 것이라고 천명했다.

"우리 농어민의 소득증대와 생산의욕을 고취하기 위해서 정부는 그동안 여러 가지 시책을 써왔습니다.

1968년부터 지금 계속 추진해 오고 있는 소위 고미가정책이라고 하는 것도 소득증대와 농어민의 생산 의욕을 고취하기 위한 정부의 시책의 일환이라고 보아야 할 것입니다. 이 정책은 앞으로도 계속 실시하려고 합니다.

작년도에는 여러분들이 아시는 바와 같이, 정부매상가격을 그 전년에 비해서 35.9%라고 하는 가격인상을 했는데, 이것은 물론 물가에 여러 가지 영향을 주고 있는 것도 사실입니다. 통계에 나온 숫자를 볼 것 같으면, 정부 매상미의 가격인상이 도매물가에 준 영향은 2.2%로 나타나고 있습니다. 또, 소비자물가에는 2.7%로 나타나고 있습니다.

그러나 정부에서는 이것을 일시적인 현상으로 보고, 앞으로 유통질서의 보다 합리적인 개선과 또 금년에는 정부가 조절미를 충분히 확보하고 있기 때문에, 앞으로 정부미 방출가격을 약 6천 5백 원 선으로 그대로 쭉 유지함으로써 일반물가에 대해서는 더 이상의 자극을 주어서는 안 되겠다, 이것을 방지해야 되겠다는 생각을 가지고 있습니다.

그 다음에, 다른 중요 물가에 대한 안정정책을 말씀드린다면, 정부의 경제정책의 기본방향은 성장과 안정의 조화에 두고 있고, 물가의 안정이라 하는 것이 우리 경제의 지속적인 성장의 기반이라고 확신을 하고 있고, 또 이것은 동시에 일반 민생안정에도 직결되는 문제라고 보고 있습니다. 따라서, 앞으로 소위 공급 또는 유통면에 걸쳐서 종합적인 안정 노력을 해 나갈 생각입니다.

구체적으로 말씀드린다면, 고도성장 과정에서 나타난 일부 경제의 과열한 요인을 근본적으로 제거하기 위해서 정부는 그동안 성장목표와 투자율을 대폭적으로 인하했습니다. 즉, 1969년도의 국민총생산의 성장률, GNP의 성장률은 15.9%로 고도성장률을 가져왔지만, 작년에는 9.7%, 전해에 비해서 약 6.2%나 성장률을 억제했고, 또 재정금융의 건전화를 기하고 합리적인 운영을 기하는 데에도 여러 가지 노력을 했다는 것을 말씀드릴 수 있습니다.

이것도 역시 숫자로 말씀드리면 정부 재정규모면에 있어서 1969년도에는 그 전년에 비해서 41.4%가 늘어났는데, 작년에는 1969년에 비해서 20.5%, 약 절반으로 그 규모를 줄였습니다. 그러면, 금년 1971년의 정부 재정규모는 작년에 비해서 어떠냐. 1971년도 정부 재정규모는 작년도에 비해서 17.5%가 늘어났습니다. 그러니까 41%, 20%, 17.5% 이렇게 점차 정부의 재정규모를 억제해 가고 있고, 또 국내 여신 부문을 볼 때 1969년도는 그 전년에 비해서 58.7%가 늘어났습니다. 그러나 작년은 25.6%, 그러니까 전해에 비해서 절반 이하로 이것을 억제를 하고 크게 줄임으로써 재정금융면에서 긴축 또는 안정을 기하는 데 노력해 왔던 것입니다.

다음에는 자원의 낭비와 경기 과열 방지를 위해서 비생산적인 소비와 투자를 억제했다는 것입니다.

구체적으로 말씀드리면 유흥시설을 억제했다든지, 또는 사치성 건축을 통제했다든지, 사치성 소비의 수요를 억제하기 위해서 물품세를 개정했다든지, 또는 수입을 대폭적으로 억제했다든지, 특히 그 중에 수입면을 볼 것 같으면, 작년도의 총체적 수입은 그 전년이 1969년에 비하면 불과 3.7%밖에 늘지 않았는데, 그 전해에는 어떻게 되었느냐. 1969년도에는 그 전년인 1968년에 비해서 수입이 34.7%나 늘어났다. 그런데 작년에는 그 전년에 비해서 불과 3.7%밖에 늘어나지 않았다. 이것은 우리 정부가 안정시책을 위해서 수입면에 얼마만큼 억제를 했느냐 하는 것이 여실히 나타났다고 봅니다.

　다음에, 물자의 수급을 원활히 해야 되겠다는 견지에서 중요 물자의 수급계획을 세워서 이것을 집행했고, 또는 중요 물자의 비축제를 더 확대했고, 생활필수품과 원자재의 적기 구매, 또는 방출 등으로 물가안정을 기했고, 또는 수송면에 있어서 종합수송대책을 세워 이것을 강력히 추진했던 것입니다. 이상과 같은 여러 가지 물가안정을 위한 제반시책의 효과가 서서히 금년 중에 물가면에 나타나리라고 봅니다.

　다만, 정부는 지금까지 여러 가지 안정시책을 위해서 노력을 했지만, 그러나 결코 현재와 같은 상태, 지금 나타나고 있는 효과에 대해서 결코 만족하지 않고 앞으로도 계속 안정기반의 구축을 위해서 노력을 강화해 나갈 것입니다.

　쌀값을 올린 데 대한 일시적인 물가의 자극이 있었다는 것은 사실입니다만, 그럼에도 불구하고 더욱 안정이 되고 착실한 바탕 위에서 앞으로 계속 우리 경제는 성장해 나갈 것이라고 전망하고 있습니다.”

　6·25전쟁 후 식량이 부족해지자 우리는 미국의 원조를 얻어 미국

의 잉여농산물을 도입해 오면서 저곡가정책을 유지해 왔다.

그 당시 정부는 곡가를 다른 물가에 비하여 불균등하게 높인다는 것은 일시적으로는 농민소득을 증가시킬지는 모르지만, 종국적으로는 다른 물가의 앙등과 인플레 요인이 되고, 전반적인 경제시책에 악영향을 주게 되므로 항구적인 농민소득지지책이 되지 못한다고 판단했다.

무상원조나 장기저리 차관에 의한 값싼 미국의 잉여농산물 도입과 저곡가 정책은 눈앞에 닥친 기근문제를 해결하고, 곡가의 앙등과 이로 인한 공산품 가격의 상승을 막아 악성 인플레를 억제하였으며 경제를 안정시키는 데 기여했다.

5·16혁명 후 혁명정부도 제1차 경제개발 5개년계획에서 중농정책을 추진하면서 식량증산과 농가소득증대를 위해 농업 생산기반을 확충하는 한편 물가안정과 공업화를 촉진하기 위해서 낮은 곡가정책을 시행했다.

즉, 정부는 곡가를 다른 물가와 균형을 유지하는 적정가격으로 연중 평준화하여 안정된 가격정책으로 농가소득을 향상시키고 있었으며, 출하기의 가격하락을 방지하기 위하여 곡물을 비료와 맞바꿔 주는 양비교환, 농지세를 곡물로 무는 농지세물납, 곡물을 담보로 융자를 해주는 미담융자 등으로 추곡을 매수해 주었다.

그리고 당장 부족한 식량문제를 해결하고 곡가의 안정을 위해서 정부책임하에 재정이 허용하는 범위 내에서 적절한 양의 식량을 비축하고, 이를 활용함으로써 국민생활의 안정을 도모하였다.

그러나 미국의 원조와 저곡가정책에 지나치게 오랫동안 의존해 온 결과 그것은 농가소득의 대종인 주곡의 생산 의욕을 감퇴시켜 식량의 증산을 저해했고, 농가의 소득을 저하시켰으며, 농업의 침체를 심화시켰다. 그럼에도 불구하고 1960년대 초에는 도시와 농촌

간에는 발전상의 격차나 소득상의 격차가 그렇게 크지 않았다. 6·25전쟁으로 전국토가 파괴되어 도시나 농촌이나 미국의 식량원조로 연명하고 있었고, 공업화가 막 시작된 시기여서 공업발전이 이루지지 않은 상태였기 때문이다.

그러나 60년대 후반에 들어와서 공업화가 대도시의 공업단지를 중심으로 단기간에 급속도로 촉진됨에 따라 공업과 농업의 발전상의 격차가 벌어지게 되고 도시근로자와 농민 간에 소득격차가 생기기 시작했고, 이것이 정치권에서 여당과 야당 간에 뜨거운 정치쟁점으로 부상했다. 그 당시 농가소득의 주종은 쌀이었기 때문에 도농 간의 발전상, 소득상의 격차를 줄이기 위해서 농민들은 해마다 쌀값 인상을 요구했고, 농촌지역출신 국회의원들은 여야 구별없이 정부에 대해 곡가인상 압력을 가했다.

또 매년 쌀가격을 결정할 때마다 고미가정책을 주장하는 농정관계 부처와 저미가정책을 주장하는 경제기획원과 재무부는 격렬한 논쟁을 되풀이했다. 그때마다 경제안정론에 밀려 67년까지 저미가정책이 지속되었다.

이러한 농민들의 요구나 정치인들의 압력이 아니더라도 정부로서는 곡가인상이 불가피하다고 생각하고 있었다. 인구는 계속 증가하는데 농업생산력은 빈약하여 매년 식량부족 사태가 되풀이되었기 때문이었다.

특히, 1968년의 혹심한 한발로 수백만 석의 쌀을 수입해야 했기 때문에 식량증산의 필요성은 더욱 커졌다.

그러나 식량증산에 필요한 여러 가지 요소들, 예컨대 농경지 확대, 영농의 기계화, 수리관개시설 등을 갖추는 데는 많은 자금과 시간이 소요되었다. 따라서 식량증산을 위해서 당장 할 수 있는 것은 생산주체인 농민들의 생산의욕을 고취하는 것이었고, 농민들의 생산의욕을 고취시킬 수 있는 최선의 방법은 결국 곡가를 올려주는 것이었다.

곡가인상은 농민들의 생산의욕을 고취시켜 식량을 증산할 수 있고, 식량증산은 농가소득을 증대시켜 도시와 농촌 간의 발전상의 격차나 소득상의 격차를 좁힐 수 있는 효과도 기대되었다.

그래서 대통령은 68년부터 고미가정책을 실시하기로 결정했다.

마침 이 무렵 대통령은 제1차 5개년계획이 성공적으로 추진됨에 따라 공업화의 기틀이 잡혀 우리 경제가 고도성장을 지속할 수 있게 되었다고 판단하고 공업과 농업의 발전상의 격차, 도농간 소득격차를 해소하기 위한 작업을 시작해야 한다고 생각하고 있었다. 그래서 물가안정과 재정형편상 저미가정책을 계속 유지해야 한다는 경제기획원 등의 반대를 설득으로 극복하고, 농업발전을 촉진하기 위한 정책, 특히 식량증산 시책과 농어민 소득증대사업을 대대적으로 추진하여 농업과 공업 간의 발전상의 격차와 농민과 도시민 간의 소득격차를 없애는 데 각별한 노력을 기울이기 시작했다.

특히, 농민의 식량증산 의욕을 높이고 쌀 소비를 억제하기 위해 고미가정책을 추진하여 65년 이후 3년간 매년 10% 내외로 인상해 오던 쌀가격을 68년에는 13%, 69년에는 22.6%, 70년에는 35.9%, 71년에는 25%를 인상하여 고미가정책을 지속적으로 유지했다. 76년까지 지속된 고미가정책으로 68년부터 75년 사이의 정부의 수매가격 인상률은 연평균 24.8%로, 같은 기간의 도매물가 상승률 15.3%를 크게 웃돌았다. 결국 쌀값은 현실적으로 올릴 수 있는 수준보다 높은 수준으로 다소 무리해서 유지해 온 것이다.

그리고 69년부터는 보리에 대한 '이중 맥가제'도 본격적으로 실시하여 증산과 소비절약의 이중효과를 거두었다.

또 72년부터는 보리 가격예시제를 시행했다. 즉 보리 수매가격을 파종 전에 인상해서 이것을 예시하여 농민들의 증산의욕을 고취하고, 실제로 수매할 때는 예시가격보다 더 비싼 가격으로 무제한 수매하여 농민들의 소득을 증대시키고 증산의욕을 북돋아 주었다.

그리고 73년부터는 쌀과 보리를 혼합한 경우에는 부분적으로 2중곡가제를 실시하고 75년부터는 전면적으로 실시함으로써 이중곡가제도를 미곡가격정책에까지 확대했다.

그러나 이러한 고미가정책을 지속적으로 밀고 나온 결과 물가불안과 재정적자 증가 등의 문제가 제기되었다.

따라서 대통령은 이러한 문제를 해소하기 위해서 정부의 재정이 허용하는 한 물가에 어느 정도 부담을 감수하더라도 고미가정책을 유지하되 더 이상 고미가정책을 쓰지 않더라도 농가소득이 도시근로자의 가계소득과 비슷한 수준을 유지할 수 있을 때까지만 한시적으로 실시한다는 방침을 세웠다. 그리고 그러한 시기를 단축시키기 위해서 쌀과 보리 이외에 특용작물·잠업·축산 등의 증산을 통한 농업소득과 농외소득을 증대시키는 데 집중적인 노력을 기울였다.

투자심사제도에 대한 교육을 확대 강화해야겠다

1971년 1월 12일, 경제기획원 연두순시에서 대통령은 투자심사제도에 대한 교육을 확대 강화해야 되겠다는 점을 역설했다.

2차 5개년계획의 5년 동안에 이루어진 총투자규모가 내외자 합쳐 9천 8백억이었는데 71년도 1년 동안의 투자규모가 8천 2백억이다.

투자규모가 크게 늘어났다. 그러나 투자를 많이 하는 것보다도 투자사업 하나하나를 엄선하고 그 경제성·우선순위·사업내용을 사전에 충분히 심사해서 투자하는 것이 보다 빠른 경제성장을 가져온다. 공장 건설뿐만 아니라 농업투자도 그렇게 해야 한다. 과거에 농업투자가 결코 적은 것이 아니었는데, 일선공무원과 농민들이 투자심사에 대한 훈련이 안 되어 투자한 만큼의 성과를 거두지 못하고 재원의 낭비를 가져왔다는 것을 반성해야 한다. 농업에 있어서는 적은 액수를 투자할 때도 말단에 있는 군서기·면서기까지, 또는 일반농민들에게까지 투자심사제에 대해 충분히 교육을 해야 하겠다는 것이다.

 "작년에 경제기획원에서 투자의 심사제도를 시도하면서 주로 각계의 민간인사들까지 포함해서 여기에 대한 교육을 많이 한 것으로 압니다. 아까 브리핑을 보니까 71년도에 정부가 투자하는 총투자의 규모가 내외자 합쳐서 8천 2백억이라고 하는데, 2차 5개년계획에 책정되어 있는 5개년 동안의 총투자규모가 내외자를 합쳐서 9천 8백억입니다. 그런데 71년도 1년 동안의 투자규모가 8천 2백억이라고 하는 것은 우리의 투자규모가 그동안 얼마나 늘어났는가 하는 것을 보여 주는 것입니다. 그러나 많이 투자하는 것도 좋겠지만, 많은 것보다도 투자사업 하나하나를 엄선해 가지고 경제성이라든지 그 우선순위라든지 또는 그 사업 자체의 내용을 사전에 충분히 심사를 해서 하는 것이 긴 안목으로 볼 때 우리 경제가 보다 더 빨리 성장하는 그런 결과가 되지 않겠는가 생각이 됩니다.

 큰 공장을 짓는 경우뿐만 아니라 농업투자를 하는 데 있어서도 그렇게 해야된다고 생각합니다. 정부는 앞으로 농업투자에 중점을 두겠다는 것을 내세우고 있는데 적은 액수의 투자를 하는 데 있어서도 심지어 말단에 있는 면서기·군서기·일반국민들까지도 전부 모든 투자사업에 있어서는 사전에 충분한 심사를 해 거기에 대한 성과를 미리 검토를 해서 투자를 한다는 이런 정신이 확실히 밝혀 있으면 앞으로 우리가 투자하는 사업은 우리가 지금 예측하는 것 보다도 훨씬 더 많은 성과를 가져오리라고 봅니다.

과거에 우리가 농촌에 투자를 결코 적게 한 것은 아닌데 역시 일선공무원들이 아직 이런 데 대한 훈련이 안 되어 있고, 기술이 부족하고 또 농민들이 여기에 대해서 잘 이해를 못해서 상당한 액수의 투자를 했으나 결과적으로는 투자한 만큼의 성과를 거두지 못했습니다. 결국은 재원의 낭비를 가져왔다는 사례가 많다는 것을 우리가 한번 반성해 볼 때 앞으로 특히 농촌부문에 대한 투자에도 덮어 놓고 금액만 많이 갖다 집어넣는 것이 아니라 투자하기 전에 사전에 여기에 종사하는 모든 사람들에게 투자심사제 등에 대해 충분히 교육을 시켜 하는 것이 보다 효과적이겠다는 것을 말씀드립니다."

정부미 방출가격 6,500원, 소비자가격 6,800원선을 유지해야 한다

1971년 1월 13일 오후, 농림부 연두순시에서 대통령은 정부미 방출가격 6,500원, 소비자가격 6,800원선을 유지하도록 하라고 지시했다.

"제3차 5개년계획에서는 농촌근대화를 위해 농어촌에 방대한 재원을 투입하게 됩니다. 모든 투자사업은 이에 대한 면밀한 사전검토와 냉철한 성과 분석을 함으로써 투자효과의 극대화를 기해야 하겠고, 또 사후관리를 철저히 해서 투자재원의 낭비가 없도록 해야 되겠습니다. 어제 경제기획원에 가서도 이야기했습니다만, 투자는 그 금액이 많으냐 적으냐보다 투자방법이 중요합니다. 즉, 사업의 경제성이라든가, 시장성이라든가, 기술성 등의 문제를 사전에 충분히 검토해야 하는 것입니다. 따라서 교육원의 교과과정에 '투자사업심사제도'를 필수과목으로 넣고 전 농업관계 공무원에게 투자사업 심사요령을 교육시키고, 농민들도 투자의 예상수익을 충분히 검토할 수 있도록 교육을 시켜야 되겠습니다.

또 한 가지는, 현재와 같은 영세한 농기계공장으로는 농업의 기계화사업을 효과적으로 뒷받침할 수 없다고 봅니다. 따라서 농기계 공장을 계열화하여 빠른 시일 내에 농기계의 국산화를 달성할 수 있는 지원대책을 상공부와 긴밀히 연락해서 마련해야 되겠습니다.

또 한 가지는, 농업고등학교의 교과과정을 정부의 농업개발시책과 연관시켜서 농촌개발에 필요한 기법 등을 교육하는 내용을 중심으로 개편해야 되겠다고 생각합니다. 농림부에서는 그 방안을 마련하여 문교부로 하여금 전면 개편하도록 협조해야 되겠습니다.

그리고 71년도에는 마늘·깨·고추·건명태 등과 같이 물가에 영향이 크고 비축이 용이한 농수산물을 중점적으로 비축하여 그 가격을 안정시켜야 겠습니다. 특히 전전환 계획에 포함된 대상작목 중에서도 비축·조절하는 데 적합한 작목은 계약재배를 권장해서 그 성과를 높이도록 각별한 노력을 해야 하겠습니다.

그리고 쌀값 문제에 대해서는 지난번 기자회견 때 국민들에게 정부미 방출가격 6,500원을 계속 유지하여 쌀값이 일반물가를 자극하지 않도록 하겠다는 방침을 밝힌 바 있습니다. 농림부에서는 정부미 방출가격 6,500원, 소비자 가격 6,800원선을 책임지고 유지하도록 해야 되겠습니다.”

‘통일벼 쌀밥 밥맛이 좋다’

1971년 2월 5일, 대통령은 김인환 농촌진흥청장에게 이날 열리는 월례경제동향보고회에서 신품종 육종 결과에 대해 보고하고, 회의가 끝난 후 신품종 쌀밥 시식회를 준비하라고 지시했다.

회의가 끝난 후 대통령이 경제부처장관 등 40여 명과 함께 시식장에 들어오자 김인환 청장은 ‘검정조사표’를 배포했다. 밥맛을 느끼신 대로 적어 넣을 수 있도록 무기명으로 했다고 했다.

신품종 쌀밥 검정결과 평가인원 40명 중에서 색깔을 보통이라고 평가한 사람은 69%, 차진 정도를 보통이라고 평가한 사람과 밥맛을 보통이라고 평가한 사람은 각각 46%와 67%를 차지했다. 대통령은 평가조사표에 '밥색깔은 좋다. 차진 정도는 보통이다. 밥맛은 좋다'라고 기재하고 서명했다. 그리고 대통령은 결론을 내렸다.

"누가 이걸 맛 없다고 그래? 비싼 외화 주고 외국쌀 사먹는 우리 처지에 밥맛 따지게 됐나? 배가 고프면 깡보리밥도 달게 먹는 것이 우리 현실 아닌가? 획기적인 다수확 품종이면서 밥맛이 보통 이상인 신품종은 정말 잘 육종된 품종이다"라는 것이다. 그러자 농림장관 김보현이 눈치없이 한 마디 했다. 농민들이 '이 벼는 일반벼보다 키가 작아서 지붕 이엉을 엮는 데 좋지 않다'는 얘기를 한다는 것이다.

대통령은 "지붕은 개량하면 돼"라는 한 마디로 일축했다. 대통령은 앞으로 시멘트 대단위 공장에서 시멘트가 대량생산되는 때에 맞추어 농촌의 지붕을 개량할 것을 이미 구상하고 있었다.

대통령은 금년에 신품종 종자를 증식하여 72년부터 농가에 확대 보급하라고 지시했다.

농촌진흥청은 71년 말에 공모를 통해 IR667 신품종의 이름을 '통일벼'로 결정했다.

1960년대 초 우리나라는 전체인구 중에 농업인구의 비율이 55%를 차지하는 가난한 농업국가로서 식량작물의 생산성이 매우 저조하여 식량부족 현상이 해마다 되풀이되고 있었다.

이른바 보릿고개라는 것은 해마다 5, 6월이면 지난해 가을에 수확한 식량은 바닥이 나고 여름 곡식인 보리는 아직 여물지 않아서 먹거리가 없어 굶주릴 수밖에 없었던 농촌의 어려운 사정을 가리키는 말이었다. 그것은 우리 농촌의 빈곤을 상징하고 있었다.

그래서 혁명정부는 제1차 5개년계획 때부터 식량증산을 위해서 다수확 소질을 가진 벼품종과 그 재배기술의 개발에 착수했다.

1961년 11월 9일 지금의 농촌진흥청의 전신인 농사원의 정남규 원장은 국가재건최고회의 의장실에서 육종개발된 3개의 벼 신품종의 결과에 대해 보고했다. 박 의장은 3개 품종에서 가장 우수한 수원 152호의 품종의 이름을 '재건'이라고 지어주었다. 그러나 이것은 실험재배에서 수확량이 기대 이하였고 병충해에도 약한 것으로 판명되었다.

그 후 65년 말에 서울농대의 이태현 교수가 중앙정보부 요원들이 이집트에서 몰래 들여온 나다(Nahda) 볍씨를 수원에서 실험재배하는 데 성공하여 일반벼보다 30% 이상의 다수확이 가능한 것으로 판명되었다. 쌀알이 많을 뿐만 아니라 병충해에도 강한 것으로 나타났다. 실험재배에서는 30가마가 수확되었는데 대통령은 이것을 전부 종자로 쓰라고 지시하고 66년 2월에 이태현 교수를 농촌진흥청장에 임명했다. 이 볍씨는 대통령 이름의 마지막 자를 따서 '희농1호'라는 이름을 얻었다.

대통령은 집무실의 한쪽에 나란히 세워둔 유리상자 속의 볍씨가 자라는 것을 보면서 "이제 우리 농민들이 보릿고개를 넘길 효자가 생겼다"고 식량자급에 대한 큰 희망을 간직하고 있었다.

언론에서도 희농1호를 기적의 볍씨라고 크게 소개했다.

1967년에 농진청에서는 희농1호를 일부 일반농가에 보급하여 재배시켰다. 그러나 실패했다. 67년에 닥친 극심한 가뭄 탓도 있었지만, 결론은 우리나라의 기후나 풍토에 맞지 않는다는 판정이 나왔다. 대통령으로서는 큰 기대를 걸고 있었던 만큼 실망도 컸다. 그러나 그럴수록 대통령은 다수확 볍씨개발에 성공할 때까지 계속 추진해야겠다는 결심을 굳히고 농진청에 계속 연구개발할 것을 지시했다.

농촌진흥청에 들러 기적의 볍씨 등 쌀 증산연구에 전념하고 있는 관계자들을 격려하는 박 대통령(1978. 2. 14)

그 후 68년 농촌진흥청의 김인환 청장이 벼육종사업의 현황과 그 개선책에 대해 대통령에게 보고하고 벼육종연구사업을 지원해 줄 것을 요청했다. 대통령은 지금 육종연구되고 있는 통일형 유망계통을 좀 더 빨리 육성완료하라고 당부하고, 그 자리에서 벼육종시설의 현대화에 필수적인 세대촉진온실과 인공기상실을 건설할 수 있도록 신축비 1억 원을 청와대 예비비에서 특별지원을 해주었다. 이 특별지원금과 정부예산으로 농촌진흥청은 69년과 70년 2년 동안에 벼육종연구에 사용되는 세대촉진온실을 작물시험장에 6동, 호남과 영남의 작물시험장에 각각 4동씩 건립하였고, 인공기상실을 작물시험장에 건립하여 계절에 구애받지 않고 연중 내내 벼육종연구를 할 수 있었다.

이미 동남아시아의 일부 국가는 벼의 신품종을 개발하여 식량을 획기적으로 증산함으로써 이른바 '녹색혁명'을 이룩하는 데 성공한 것으로 알려져 있었다. 우리 농촌진흥청은 65년부터 필리핀의 국제미작연구소(IRRI)와 함께 신품종을 우리나라의 토질에 맞도록 개량작업을 해온 끝에 5년만에 드디어 쌀의 다수확 신품종인 IR667을 개발했고 70년에 이것을 일반농가에 보급하여 실험한 결과 성공을 거두었다. 그 당시 우리나라의 일반벼는 이삭 하나에 80개 내지 90개의 쌀이 붙어 있는데 IR667은 120개 내지 130개, 많은 것은 200개 내지 300개의 쌀이 붙어 있는 획기적인 다수확 품종이었다.

그런데 신품종으로 지은 쌀밥에 대해 밥맛이 없다, 찰기가 부족해서 식으면 푸석푸석 해진다, 모양이 길쭉해서 이상하다는 등의 시비가 생기자 대통령은 이날 시식회를 열어 감식을 하도록 한 것이다.

농림부는 대통령의 지시에 따라 72년에 11만 1천 헥타에 통일벼를 보급했다. 그러나 불행하게도 세계적인 냉해가 우리나라에도 내습하여 통일벼는 일반벼보다 20%밖에 증수되지 않았다. 그래서 통일벼를 농가에 보급하는 데는 어려움이 많았다. 일반벼를 심겠다고 고집하는 농민들의 저항도 있었고, 또 통일벼를 심고 싶어도 만일의 경우 실패하면 농토를 팔고 이농을 하게 되는 상황에 직면할지도 모른다는 두려움 때문에 주저하는 농민들도 있었다.

대통령은 농민들이란 보수적이기 때문에 새로운 벼종자를 권유하면 그 성과를 알지 못해 주저하고 저항하는 경향이 있지만, 새로운 벼종자를 심은 농가들이 식량증산 효과를 거두게 되면 이것을 받아들이는 농가가 늘어날 것이라고 말하고, 정부의 농촌관계기관이나 공무원들이 꾸준하게 농민들을 설득하고 권장할 것을 당부했다.

1972년 연말경 주한 일본대사였던 가나야마(金山政英)가 청와대로 대통령을 예방하고, 우리나라의 통일벼에 대한 일본육종전문가들의 의견을 전했다. 즉 신품종 벼는 오랜 시간이 걸리더라도 지역시험을 완벽히 해야 하며, 철저한 지역시험을 하지 않은 신품종을 확대 보급시키는 경우에는 예상치 못한 새로운 병충해를 유발하여 수확이 크게 감소하는 일이 있을 수 있는데, 지금 한국에서 보급하고 있는 통일벼는 그러한 우려가 있다는 것이다.

그 당시 통일벼의 확대보급 문제에 대해서는 농수산부와 농촌진흥청 간에도 의견 차이가 있었다. 농수산부 간부들은 통일벼가 수확량은 많으나 쌀의 질이 일반벼에 비해 상대적으로 떨어지고 또 내한성이 약한 품종상의 특징이 있으므로 보급 면적을 줄이자고 주장했고, 농촌진흥청의 김인환 청장과 연구진들은 주곡의 자급을 달성하기 위해서는 통일벼를 확대 보급하는 길 이외에 다른 방법이 없다고 주장했다. 이들은 여러 차례의 논의 끝에 결국 대통령의 뜻에 따르기로 했다.

대통령은 가나야마 대사가 전한 일본육종전문가들의 의견이 일리 있다고 보고 한가닥 걱정되는 면도 있었다. 그러나 지난 몇 년 동안 신품종개발을 위해 주야로 심혈을 기울인 끝에 통일벼를 개발한 우리 연구진을 믿고 확대 보급하기로 결정한 이상 그대로 밀고 나가야 한다고 생각했다. 지금의 우리 형편에서 주곡의 자립은 어려운 식생활의 안정뿐만 아니라 식량안보를 위해서도 가장 중요하고 가장 시급한 일이다. 일본 등 외국의 육종전문가들이 지적한 문제점이나 또 우리 연구진이 알고 있는 문제점을 보완하고 사후 대책을 철저히 하면서 통일벼를 73년부터 본격적으로 확대 보급해 나가야 되겠다는 것이다.

대통령은 73년 4월부터 청와대 경제수석비서관을 단장으로 하는 식량증산기획단을 청와대 내에 설치하고, 식량증산과 쌀수급 전략에 관한 장·단기계획의 개발, 각 부처 간의 협조조정과 중앙정부시책의 일선지방 침투의 확인 및 평가를 담당하도록 했다.

대통령은 해마다 벼 이앙기의 권농일 행사와 가을철 수확기의 벼 베기 행사에도 직접 참석하여 보통벼와 통일벼의 성장과 수확량을 직접 살펴보았고, 농민들과 지방의 일선공무원들을 격려했으며, 식량증산을 위해서 영농기술을 익히고 새로운 영농방법을 연구해 줄 것을 당부했다.

1972년 통일벼의 종자를 11만 1천 헥타에 이르는 농지에 처음으로 보급하였으나 냉해로 그 수확량이 일반벼보다 별로 크게 늘어나지 않자 농민들의 호응이 식어서 73년도에는 통일벼 재배면적은 8만 2천 헥타로 줄었다. 그러나 74년에는 통일벼의 보급이 크게 확대됨에 따라 전국의 쌀생산량은 444만 5천 톤, 3천 86만 7천 석이었다. 이것은 60년대의 평균 쌀생산량 364만 톤에 비해 22%나 증산된 것이었다. 75년에는 통일벼 재배면적이 27만 4천 헥타로 늘어났고, 재배면적당 평균 쌀수확량은 5톤이 넘어 쌀총산량은 3천 2백 42만 4천 석이 되었다.

통일벼의 헥타당 쌀생산량이 5톤을 넘었다는 것은 우리 농민의 증산의욕과 기술혁신의 결과로서 앞으로 주곡을 자급자족할 수 있는 기술체계가 갖추어져 있음을 의미했다.

그 후 농촌진흥청 소속 연구기관인 수원작물시험장과 호남과 영남의 작물시험장이 중심이 되어서 각 도의 농촌진흥원과 국제미작연구소 등이 서로 협력하여 통일벼 품종의 단점을 개선한 신품종을 개발하여 농가에 보급했다. 즉 조생통일·영남조생·유신·밀양21호·밀양23호·수원264호·밀양30호 등 15개 품종을 육종개발했다. 그 결과 76년에 3천 6백 21만 1천 석을 생산한 데 이어서 77년에는 통일형 품종들이 전국의 벼재배 면적의 55%에 해당하는 66만 헥타에 보급되어 쌀의 총생산량 600만 6천 톤, 4170만 6천 석을 달성했다.

綠色革命成就

1977. 12. 20.

大統領 朴正熙 [印]

드디어 4천만 섬을 돌파한 것이다. 그리고 단위면적당 벼 평균수량이 494kg/a으로 단군 이래 최고, 세계 쌀생산 역사상 최고라는 기록을 세웠다. 이로서 주곡의 자급자족과 녹색혁명의 지반을 확고하게 다져놓게 되었다.

주역이 그 사명을 완수하고 퇴역한 것이다.

대통령은 주곡자립 달성과 녹색혁명을 기념하는 뜻에서 농촌진흥청에 '녹색혁명성취'라는 휘호를 보냈다.

그리고 다수확 통일형 우수품종의 개발연구에 공이 큰 연구원 등 관계공무원들에게는 훈장 등 특별시상을 했고, 통일벼의 재배기술을 농가에 확대 보급하는 데 공이 큰 각 도의 농촌진흥원장과 각 시도의 농촌지도소장은 1계급씩 특진시키는 등의 파격적인 포상을 했다.

농촌진흥청의 대강당 앞에 있는 정원에는 이들 수상자 14명이 뜻을 모아 건립한 '녹색혁명성취' 기념탑이 이들의 업적을 증언하고 있다.

주곡의 자급자족이라는 녹색혁명을 이룩하는 데에는 통일형 다수확 신품종의 개발이 결정적인 역할을 한 것이 사실이나, 그것만으로 이루어진 것은 아니다. 기술혁신·지력증진·관개배수·경지정리·영농 자재공급 등 주곡 증산을 위한 여러 가지 사업이 단기간에 압축적 으로 추진되었다. 비단 쌀생산뿐만 아니라 모든 농사에 필수적인 것 은 물이다. 그래서 60년대에는 관정·양수정·보(洑)·저수지 등 농업 용수 개발사업을 추진했고, 70년대에는 72년에 수립된 제1차 국토 종합개발 계획의 일환인 한강·금강·낙동강·영산강 등 4대강유역 농 업종합 개발사업을 완성하여 소양강 댐(1967~1973)·안동 댐 (1971~1976)·대청 댐(1975~1980)을 건설함으로써 해마다 되풀이 되던 홍수의 피해를 줄이고 전국의 논의 대부분을 가뭄 피해가 없 는 수리안전답으로 개량했다.

또한 산림녹화 10개년계획에 따라 6·25전쟁으로 벌거숭이였던 전 국의 산과 들에 나무를 심고, 사방사업과 육림사업을 추진하여 전국 토를 단기간 내에 푸르게 함으로써 홍수와 한발을 방지하고 저수지 의 물을 공급했다.

물 못지않게 농사에 필수적인 것은 비료다. 수입에 의존해 오던 비료의 자급을 위해서 제1차, 제2차 경제개발 5개년계획 기간에 여 러 가지의 비료를 생산하는 공장을 건설했다. 영남화학과 진해화학 은 복합비료를, 한국비료는 요소를, 경기화학과 풍농비료에서는 인 산질 비료를 농가에 보급했다.

그러나 71년과 72년에 비료수출을 많이 한 데다 국내수요가 매년 증가해 국내재고량이 감소하여 73년부터는 비료수출을 중단했다. 이 러한 상황에서 세계적으로 제1차 석유파동과 국제곡류파동이 일어나 우리나라와 같이 자원이 부족한 국가들은 아주 어렵게 되었다.

그래서 우선 비료 문제만이라도 완전히 해결하기 위해 미국의 애 그리코사와 합작으로 여천공단에 대규모 비료공장인 남해화학을 건설하였다. 또 제1차 준공을 본 포항종합제철이 양질의 슬레그를 대량 공급함에 따라 규산질 비료를 확대 생산할 수 있게 되었다.

한편, 물·비료와 함께 식량증산에 필요한 것은 영농자재였다.

1972년 10월 31일에 9개의 석유화학 계열공장들이 울산석유화학단지에서 합동 준공됨으로써 우리나라의 농업에는 혁신적인 자재가 보급되기 시작했다. 즉, 이들 공장에서 폴리에틸렌필름이 싸게 대량 출함에 따라 묘판을 설치하는 데 필요한 보온 절충 못자리용 비닐이 농가에 충분히 공급된 것이다. 또 보온 못자리에 사용되는 국산 대나무가 부족해서 이것을 적기에 수입하여 공급했고, 병충해방제용 농약을 충분히 확보해 보급했고, 농기계도 원활하게 공급했다.

72년에는 또 '농지보존 및 이용에 관한 법률'을 제정하여 절대농지와 상대농지를 고시하고 경제개발로 해마다 2만 헥타씩 줄어들고 있던 농지의 전용을 억제하고는 한편 '농지확대조성법'을 제정하여 농지확대를 촉진하고 식부(植付) 면적을 확보함으로써 안정된 생산기반을 다져나갔다.

79년에는 쌀생산 목표를 4천 250만 석으로 정하고, 이를 달성하기 위하여 우량품종의 확대보급과 병충해의 사전방제에 힘쓰고, 보리는 수요감소에 대응하여 계획생산 체제로 전환하고, 그 대신 전작물의 증산에 주력하였다.

특히 전국에 산재해 있는 한해 상습답에 대한 용수개발을 적극 추진하고, 1980년까지는 이를 일소한다는 목표 아래 지속적인 노력을 경주해 나갔다.

공업화과정에서 토지 수요가 크게 증가하고 있는 데 대비하여 서남해안의 간척사업과 산지개발을 더욱 확대해 나갔다.

그리고 농촌인력의 부족 현상에 대처하여 농업기계화를 촉진하고, 영농후계자의 양성을 위하여 농고교육의 강화와 농촌청소년의 영농정착을 지원했다.

또한 국민소득의 향상에 따라, 육류와 과채류의 수요가 급증하고 있음에 비추어 축산물 증산을 기하는 한편, 채소·과실 등 전작물은 주산단지 중심으로 계약재배 체제를 대폭 강화함으로써 생산을 증대시켜 농가의 소득증대와 농산물의 수급안정을 함께 도모하도록 하였다.

이와 아울러, 농수산물의 유통구조를 과감히 개선하는 한편, 농수산물 비축제도를 확대하여 농수산물의 가격을 안정시키도록 했다.

이러한 다각적인 노력의 결과 1989년부터 쌀이 남아돌자, 통일벼 품종을 심는 농가가 급격히 줄어들면서 식량의 자급자족 달성에 결정적으로 기여했던 이 품종은 이것이 보급된 지 20년 만에 자취를 감추었다.

금강·평택지구 다목적 농업개발사업은 4대강유역 개발계획의 첫 번째 사업이다

1971년 3월 23일, 금강·평택지구 다목적 농업개발사업 기공식에서 대통령은 먼저 이 사업은 여러 가지 종합적인 목적을 겸한 다목적 농업개발사업이라는 점을 설명했다.

"방금 농림부장관이 오늘 기공을 보게 되는 평택지구 다목적 개발을 위한 공사 기공에 관한 경과보고를 여러분들에게 드렸습니다.

이 사업은 비단 이 평택지구라기보다도 평택·금강지역 다목적 농업개발사업입니다. 저쪽에 보이는 조감도를 보더라도 알겠지만, 평택지구사업이라는 것은 야산만을 저렇게 댐으로 막고, 또 그 위에 경기도에 있는 남양만을 또 댐을 막고, 과거엔 저것이 바다였는데 호수를 만들어서 저기 들어온 물을 담수를 만들어 가지고, 그 물을 배수로 양수장 시설을 통해서 그 유역에 있는 모든 농지에다 수리 관개를 하고, 또 그 일대에 있는 지금까지 이용하지 못하던 땅을 농토로 개간을 하며, 이러한 농지를 앞으로 전부 경지정리를 해서 장차 우리 농촌에 기계가 들어갈 수 있도록 농촌기계화사업의 전제로서 여러 가지 사업, 즉 한 가지 목적만 위해서 하는 것이 아니라, 여러 가지 종합적인 목적을 겸한 그야말로 다목적 개발사업이 되겠습니다."

대통령은 이어서 급격한 경제성장에 필연적으로 뒤따르는 부작용에 대해서 설명했다.

경제가 발전하면 자동차가 늘어나 교통이 편리해지는 좋은 점은 있으나 교통사고나 공해발생 등의 부작용이 생기고, 고속도로가 생기면 속력이 빨라지는 편리한 점도 있지만 철도청은 기차 타는 손님이 줄어 수지가 맞지 않는다. 또 경제가 성장하는 것은 좋지만, 농촌이 도시를 따라가지 못하고, 농업이 공업을 뒤따라가지 못한다는 문제도 생긴다. 그러나 농촌과 도시의 격차, 농업과 공업의 격차는 선진국가인 미국에도 있고 일본에도 있는 현상이다. 문제는 그 격차의 정도가 어느 정도 되느냐 하는 데 있다. 그 격차가 너무 크면 곤란하다. 농민의 소득과 도시민의 소득이 거의 맞먹을 만큼 농가 소득이 늘어야 되겠고, 농민들도 도시민과 비슷한 문화생활을 할 수 있는 수준까지 따라가도록 해야 한다. 이것이 정부와 우리 국민들이 달성하려고 하는 목표다. 그러나 이 목표는 일조일석에 이루어지지는 않는다. 상당한 시일에 걸쳐 순차적인 노력을 해야만 이루어질 수 있다는 것이다.

"지난 수년 동안에 특히 1차, 2차 경제개발 5개년계획을 통해서 우리 경제는 급속히 성장을 했습니다.

원래 사회가 급속한 발전을 하게 되면 여기에는 필연적으로 여러 가지 부작용이 따르기 마련입니다.

예를 들면, 우리나라의 경제가 발전한다, 사회가 발전한다, 그러면 자동차가 급격히 증가된다, 자동차가 많이 늘면 교통이 편리해지고 여러 가지 좋은 점도 있지만, 차량이 많이 왕래하니까 교통사고가 나서 사람을 다치는 수가 많다, 또 차량이 많이 다니면서 매연을 뿜으니까 공해가 생긴다, 또 과거에는 어지간한 거리는 걸어다녔는데, 차가 하도 많이 다니니까 이제부터는 걷기가 싫고 웬만한 짧은 거리도 차를 타고 싶다, 그러니까 버스 노선을 이어 달라, 또 버스가 많이 다니니까 먼지가 난다, 그러니 도로에 포장을 해 달라, 이런 등등의 여러 가지 문제들이 생기는 것입니다.

고속도로가 지나가면 대단히 속력이 빠르고 편리한 점도 많지만은 고속도로가 생기면 역시 부작용이 생깁니다.

지금 경부고속도로 또는 호남고속도로가 생기니까 어떤 부작용이 생기냐 하면, 우리 교통부가 아주 망하게 됐다 이것입니다.

철도청이 아주 큰 타격을 입는다는 것입니다. 왜, 기차를 타고 다니던 사람들이 전부 고속버스를 타고 다니니까 철도에는 손님이 거의 없다 이것입니다.

손님이 많이 타고 수입이 많이 늘어야만 교통부나 철도청의 사업이 잘 돼 나갈 텐데, 손님을 다 뺏기고 나니까 수지가 맞지 않는다는 이야기입니다. 또 그와 반대현상도 일어납니다. 과거에는 여러분들이 기차를 타자면 대단히 고생을 많이 했는데, 심지어 기차표를 사지 못해서 암표까지 사가지고 탔는데, 열차간에 들어가면 콩나물시루처럼 가득 사람을 밀어넣어 가지고 아주 불친절하게 서비스를 했는데, 지금은 손님이 적으니까 아주 친절해졌다 이것입니다. 심지어 시내에서 암거래표를 살 필요 없이 역에다가 전화 한 통화만 걸고 역에 나가면 차표를 딱딱 준비해 가지고 아주 깍듯이 서비스를 하면서 기차까지 모십니다.

이런 등등 우리 사회가 발전을 하면 여러 가지 부작용, 반작용, 반작용의 반작용이 일어나게 마련입니다.

마찬가지로 우리나라의 경제가 속히 성장을 하니까, 여기에도 부작용이 납니다. 여기에는 어떤 소리가 나는가 하면, '경제개발이 되어서 경제가 부흥하는 것은 좋은데, 우리 농촌이 도시를 따라가지를 못한다, 또 공업은 많이 발전했는데 농업 분야가 미처 뒤따라가지 못한다, 소위 농촌과 도시의 격차가 생겼다, 농업과 공업 사이에 격차가 생겼다' 이러한 이야기들이 나옵니다.

그건 사실입니다. 이것은 어느 나라나 있는 현상입니다. 비단 우리나라만 있는 것이 아니라 우리보다도 훨씬 선진국가인 미국 같은 나라도 워싱턴이나 뉴욕 같은 도시는 미국의 농촌보다는 훨씬 앞지르고 있고, 미국의 농촌은 워싱턴이나 뉴욕에 따라가지 못하고 있는 것입니다.

일본의 농촌이 아무리 발달했다 하더라도 일본의 도쿄나 오사카를 따라가지 못하는 것과 마찬가지로 역시 이러한 격차는 생깁니다. 다만, 문제는 그 정도가 얼마냐 하는 데 있는 것입니다. 그 격차의 차이가 너무 커서는 곤란하며, 농촌이 도시와 똑 같지는 못한다 하더라도 농촌에 있는 농민들의 소득이 도시에 있는 도시민들의 소득과 거의 맞먹을 만큼 농민의 소득이 늘어나야 하겠고, 농촌사람들도 도시사람들과 비슷한 문화 생활을 할 수 있는 수준까지 따라가야 되겠다 하는 것입니다.

이것은 우리들의 노력의 목표인 것입니다. 우리는 지금 정부나 모든 국민들이 이 점에 있어서 여러 가지 노력을 하고 있는 것도 사실입니다. 그러나 이것은 일조일석에는 이루어지지 않는 것입니다.

여기에는 상당한 시일이 걸려야 하고 또 농촌을 도시와 같이, 또는 농업이 공업에 접근해 가기 위해서는 여러 가지 순차적인 노력을 해야만 따라갈 수가 있는 것입니다."

대통령은 이어서 정부는 앞으로 우리 농촌이 급속히 발전할 수 있고, 또 정부가 농촌에 집중투자를 할 수 있는 기초여건, 즉 농업 생산기반을 조성해 왔다는 사실을 설명했다.

"지난 1·2차 5개년계획 동안에 우리 정부는 농촌분야에 대해서 많은 노력을 했고, 또한 많은 투자도 했고, 역점을 두었던 것입니다. 그리하여 지난 1·2차 5개년계획 기간 동안에 우리는 장차 우리 농촌이 급격히 성장할 수 있는 여러 가지 기초를 닦는 데 성공했습니다.

즉, 앞으로 농촌이 빠른 속도로 발전할 수 있고, 우리 농민들의 소득이 급격히 늘어날 수 있는 여러 가지 기초 조건과 여건을 만드는 데 즉, 농업의 생산기반을 형성하는 데 큰 성과를 거둔 것입니다. 여러분이 잘 아시는 바와 같이, 우리가 농사를 짓는 데 있어서 첫째, 비료가 있어야 됩니다.

비료 없는 농사란 있을 수 없는 것입니다. 과거에는 우리가 비료를 거의 대부분 외국에서 달러를 소비해 가면서 사들여 왔으나, 지난 1·2차 5개년계획 동안에 우리나라에는 많은 비료공장이 건설되어서 지금은 거의 자급자족할 수 있게 되었습니다.

둘째, 농사를 짓는 데 가장 필요한 것이 물입니다. 특히 우리나라와 같이 쌀농사를 많이 하는 농촌에 있어서는 물이 없으면 농사란 절대 지을 수 없는 것입니다.

이 문제를 해결하기 위해서 여러 가지 노력도 많이 하고 투자도 많이 했습니다. 소위 농업용수 개발·지하수 개발·양수장 설치·저수지·소류지 등의 사업을 추진했습니다.

이러한 사업은 앞으로 우리 농촌을 보다 잘사는 농촌으로 만들기 위한 하나의 기초작업이었습니다.

셋째, 농약 문제가 해결되었습니다. 과거의 우리 농민들은 농약을 대단히 등한히 한 것이 사실입니다. 정부에서 농민들에게 갖다 주고 쓰라고 해도 잘 쓰지 않았습니다.

왜 그러냐 하면 농약의 효과를 잘 몰랐기 때문입니다. 과거에 우리는 벼농사에 있어서 병충해 때문에 일 년에 수백만 석 손해를 입었습니다. 우리 농민들은 비만 많이 오면 그 해는 풍년이다, 한발이 들면 이것은 흉년이라고 했는데, 비가 많이 와서 벼가 잘 자랐다 하더라도, 충해가 많거나 병해가 많이 달려들면 수백만 석의 손해를 보는 것입니다.

이것을 개선하기 위해서는 우리가 농약을 많이 써야 할 것입니다. 이 농약도 지난 몇 년 동안에 완전히 국산화해서 자급자족할 수 있는 단계에 왔습니다.

넷째, 우리가 농사를 짓는 데 가장 중요한 것은 좋은 종자를 확보하는 일입니다. 벼농사를 하는 데 있어서도 재래종 종자가 좋지 못한 것을 우리가 사용한다면 연간 몇백만 석의 감소가 생깁니다.

최근에 우리 농림부 산하의 농업진흥청에서는, IR667이라는 새로운 혁명적인 벼종자를 개발해 벌써 작년부터 우리 농촌에 보급을 하고 있습니다.

또 한 가지, 농사짓는 데 있어서는 역시 여러 가지 영농의 기술을 익혀야 되겠습니다. 과거에는 우리가 가장 원시적인 영농방식을 써 왔는데, 이제 농업도 머리를 써야 되고 과학을 끌어넣어야 합니다.

새로 개량된 근대적인 영농방식을 사용해야만 우리가 같은 농사를 짓더라도 보다 많은 소득을 올릴 수 있는 것입니다.

이러한 등등은 우리 농촌에 정부가 많은 투자를 했을 때, 급속한 성장과 큰 효과를 올릴 수 있는 농업개발의 기반이라 할 수 있습니다.

지난 1·2차 5개년계획 동안에 일부 사람들은 정부가 경제개발에 애는 많이 썼지만, 농촌에 대해서는 등한히 했지 않느냐 하는 소리를 하는 사람이 더러 있기는 합니다만, 이건 몰라서 하는 이야기입니다.

농촌에 여러 가지 기반조성이 되지 않고 여건이 성숙되지 않는데 돈을 갖다가 쏟아봤자 아무 효과도 없는 것입니다. 그만큼 투자의 낭비밖에 되지 않는 것입니다.

우리가 앞으로 농촌에 투자를 했을 때는 그만큼 효과가 날 수 있는 기초적인 여건을 만들어야 되는데, 우리는 이것을 한 것입니다.

그리하여 지금 우리 농촌에는 이러한 여건이 거의 성숙 단계에 들어섰습니다. 나도 최근에 우리 농촌을 둘러보았는데, 이제부터 우리가 좀 더 집중적으로 농촌에 투자를 하고 노력을 하면, 농촌이 급속히 발전할 수 있는 여러 가지 여건이 갖추어져 있다고 보고 있습니다.

그래서 정부에서는 내년부터 시작하는 3차 경제개발 5개년계획을 짤 때, 농업부문에 최대의 중점을 두는 방향으로 계획을 세웠습니다. 3차 5개년계획에는 대단히 큰 목표가 있는데, 첫째가 농업부문, 다음엔 수출의 급속한 증대, 또 하나는 중화학공업의 육성입니다.

이 세 가지 부문에 모든 것이 집약이 되어 있는데, 그 중에 있어서도 농업부문, 우리 농촌에 대한 중점투자에 가장 역점이 가 있다는 것을 농민 여러분들은 잘 알아주시기를 바랍니다.

금년 한 해만도 정부는 농어촌에 약 2천 5백억 원을 투자하는데, 3차 5개년계획 기간 중에 있어서는, 융자를 합쳐서 금년도 총액의 10배에 가까운 약 2조 원이라는 돈을 우리 농촌에 투입하게 됩니다.

　2조 원이라는 것은 아주 천문학적 숫자입니다. 금년도 우리 정부 예산액이 5천 3백억이니까, 금년도 정부예산의 한 4배 정도 드는 것을 앞으로 5년 동안에 농촌에 다 들이는 것입니다."

　대통령은 이어서 4대강유역 개발계획에 대해 설명했다.

　"농업부문 투자 중에서도 가장 큰 사업이 뭐냐 하면 4대강유역 개발입니다. 이 4대강유역 개발이라는 것은 아까 농림부장관이 설명을 했습니다만, 한강·금강·영산강·낙동강 등 우리 남한에서는 가장 큰 강의 유역을 말하는 것인데, 이 4대강의 면적은 전국토 면적의 약 6할 내지 7할이 되고, 이 유역에 사는 인구가 역시 전인구의 약 6할 내지 7할이 됩니다.

　여기에다 금년부터 시작해서 앞으로 10년 동안에 약 3,100억, 미국 달러로 하면 약 10억 달러라는 투자를 하는 것입니다. 그 중에 제일 일착으로 착수하는 것이, 오늘 여기서 기공을 보게 되는 평택·금강지구 개발입니다. 이 사업은 금년부터 시작해서 앞으로 4년 만에 완성이 됩니다. 26억이라는 돈을 들여서 조금 전에 농림부장관이 설명한 여러 가지 사업, 즉 바다의 조수를 막아 담수를 만들어서 앞으로 농업용수에 쓰기 위한 댐 공사·하천 개수·양수장, 또 8백 수십 킬로에 달하는 배수로 그 연도에 있는 모든 농토에 대한 경지정리, 붉은 산에 대한 조림, 산림사방사업, 또 농촌에 대한 전화사업 등등 우리 농촌근대화를 위한 하나의 획기적인 사업입니다.

농림부장관은 이것이 우리나라에서는 가장 큰 사업이라고 그랬지만, 내가 알기에는 농업 분야에서 일정한 단위지역에 이러한 많은 집중투자를 하는 것은 동양에 있어서도 가장 큰 규모의 사업인 것입니다.

이 사업은 세계은행에서 4,500만 달러라는 유리한 차관을 우리한테 주었는데, 세계은행은 과거에 여러 나라에 농업개발을 위해서 차관이라든지 투자를 한 일이 있긴 하지만, 그 액수가 그리 많지 않고 그저 몇백만 달러 정도의 차관을 주었을 뿐입니다.

그러나 우리나라의 평택·금강지구 개발사업을 위해서 4,500만 달러라는 전례가 없이 막대한 자금을 차관해 준 것입니다. 이것은 세계은행의 기술자들이 여러 번 우리나라에 와서 기술조사를 하고 평가를 하고 검토를 한 결과, 이 지역을 개발하면 그만큼 투자의 효과가 있고 그만한 성과가 나리라는 결론이 나서 이러한 차관을 주었다고 생각합니다.

오늘부터 시작하는 이 공사의 감독이나 주관은 농림부 산하에 있는 농업진흥공사가 합니다만, 건설작업은 우리나라의 큼직큼직한 건설업자들이 맡아서 하게 되는데, 앞으로 이 지방 농민 여러분들이 많이 협력을 해 주셔야만 이 사업이 예정 시일 내에 완성되리라고 생각합니다.

앞으로 여러분들은 정부가 무엇 때문에 많은 돈을 들여서 이렇게 개발을 하느냐 하는 사업 목적을 잘 이해를 하시고, 이 사업이 되고 나면 이 지방에 사는 농민 여러분들이 어떻게 이것을 이용하느냐 하는 것을 지금부터 연구를 해야 되겠습니다.”

대통령은 세계의 식량 사정은 날로 심각해 가고 있고, 앞으로도 식량자원 확보를 위한 국제경쟁은 더욱 치열해질 것으로 내다보고 식량증산을 위해 농업의 생산기반을 계속 확충해 나갔다.

생산기반 확충사업으로는 농업용수 개발에 최우선 순위를 두어 전천후농업에 박차를 가해 왔으나, 농업용수 개발방식도 종래의 부분적인 한해 대책만으로는 한해를 극복하는 데 미흡하다고 판단하고, 4대강유역 종합개발사업을 중심으로 한 종합적인 수원개발에 착수하여 항구적인 수리안전답을 조성하는 한편, 농업용수 개발 외에도 새로운 농경지를 조성하고, 경지정리사업을 확대하여 농업의 기계화를 촉진하여 나갔다.

해마다 되풀이되는 한발과 홍수 등 자연의 도전에 대해 전천후 수자원 개발로 응전한 대통령은 4대강유역의 자연적 혜택을 이용하는 거대한 사업을 체계적으로 추진함으로서 공업화와 농촌근대화를 위한 또 하나의 토대를 구축해 놓았다.

그리고 새마을경제협력 계획에 의한 11개 대단위 농업개발사업 중 삽교천과 계화도지구는 이미 기초 조사를 완료하고 1974년부터 공사를 착수하고, 나머지 지구에 대하여도 차관을 들여와서 추진하기로 되어 있었다.

대통령은 이러한 농업종합 개발사업이 모두 완공되는 때 우리 농업은 질서있게 정리된 바둑판 같은 농경지에서 물걱정 없이 기계화 영농을 할 수 있게 됨으로서 쌀과 보리 등 우리의 주곡은 자급자족하고, 우리 농촌은 근대화된 농촌으로 탈바꿈하게 될 것이라고 확신하고 있었다.

새 벼품종 IR667을 빨리 심기 위해 권농일 행사를 10일 앞당겼다

1970년 10월 5일, 벼베기대회에서 대통령은 벼베기를 끝낸 후 이날 행사에 참여한 농민들과 지방행정의 일선공무원들과 함께 도시락 점심을 들면서 71년도에 전국의 500여 곳에 단지를 만들어 약

2,700정보에 IR667(일명 통일벼)이라는 벼의 새품종을 10여 일 정도 앞당겨 빨리 심어서 시험재배를 해보자고 말한 바 있다. 그래서 71년도부터는 모심기를 시작하는 권농일 행사를 10일 앞당겨 6월 1일에 거행했다.

이날의 행사에서 대통령은 먼저 우리가 개발한 새로운 벼품종인 IR667을 10일 앞장서 빨리 심게 되어 금년부터는 권농일 행사를 열흘 앞당겼다는 사실을 밝혔다.

"매년 권농일 행사를 6월 10일날 하던 것을 금년은 열흘 앞당겨서 오늘 이 행사를 하게 됐습니다.

날짜를 열흘 동안 당기거나 늦춘다는 것은 그다지 큰 문제가 아닌 것 같지만, 이 행사를 열흘 앞당긴 데는 중요한 의미가 있습니다.

벼를 조기에 이식해서, 가을에 빨리 수확을 한다 하는 것은, 우리나라의 기후조건이라든지, 여러 가지 문제로 봐서 대단히 중요한 일입니다.

열흘 앞당길 수 있다 또는 보름을 더 앞당길 수 있다 하는 것은 아무 품종을 가지고 되는 것이 아니라, 장구한 시일에 걸쳐서 새로운 품종을 연구하고 시험한 결과 확신을 얻어야 가능한 것입니다.

따라서, 이 행사를 열흘이나 당기게 된 것은 그동안 장부나 우리 농민들이 영농기술을 꾸준히 연구해서, 특히 벼품종개량을 위해서 다년간 노력한 결과, 오늘날 IR667이라는 좋은 품종을 개발하고, 이것을 빨리 심어 더 많은 수확을 올릴 수 있는 성과를 가져왔다는 것을 말하는 것입니다.

금년에 우리는 IR667을 전국 약 2,700정보에 조기이식을 합니다. 내년에 가면 약 30만 정보에 이것을 심으려고 계획을 하고 있습니다. 이렇게 빨리 심어서 가을에 빨리 수확을 하고 보다 더 많은 수

권농일 행사로 충북 오송리 벼 집단재배 시범단지에서 모내기를 하는 박 대통령(1971. 6. 1)

확을 하면, 식량의 자급자족에 기여를 할 것입니다. 오늘날까지 우리는 식량의 자급자족을 이룩하지 못하고 있습니다. 특히, 우리의 주식으로 되어 있는 쌀 문제는 매년 인구가 늘어나는 이유도 있겠지만, 우리 국민들의 소비가 늘어나고 쌀의 공급이 부족하기 때문에 금년만 하더라도 약 1억 달러 이상의 귀중한 외화를 써서 외국에서 부족한 쌀을 도입하고 있습니다.

이 문제를 어떻게 하든지 우리는 빨리 해결을 해야 되겠습니다. 물론, 식량에는 쌀뿐만 아니라 보리라든지 밀이라든지 여러 가지가 있습니다만, 특히 쌀 문제는 우리가 빨리 자급자족을 해야 되겠습니다.

이 문제 해결을 위한 오랫동안의 노력의 결과로 오늘날 우리는 빨리 심어서 빨리 수확을 하고, 또 많은 수확을 올릴 수 있는 좋은 품종을 발명했다는 것을 나는 오늘 우리 농민 여러분들과 더불어 대단히 경사스럽게 생각하는 바입니다."

급속한 공업성장으로 농촌에 집중투자할 돈이 마련되었다

1971년 6월 1일, 권농일 행사에서 대통령은 그동안 우리의 공업이 급속히 성장했기 때문에 3차 5개년계획부터는 농촌에 집중적으로 투자할 수 있는 돈이 마련돼 가고 있다는 사실을 밝혔다.

"또 한 가지 이 자리에서 여러분에게 하나 더 말씀드리고자 하는 것은, 지난 수년 동안 우리나라의 경제가 급속도로 성장을 했지만, 농촌과 도시, 또는 농업과 공업이 격차가 많이 벌어졌지 않느냐 하는 이야기를 많이 합니다. 지금 어떤 면은 그것이 사실입니다. 도시와 농촌에 차가 생기고 공업과 농업에 차가 생기는 것은 사실입니다. 그러나 이것은 어떤 기준을 가지고 이야기를 해야 됩니다. 지난 몇 년 동안에 우리나라의 경제가 고도성장을 하는 과정에 공업부문이 급속한 성장을 했기 때문에 농업부문이 상대적으로 뒤떨어졌다는 말을 할 수 있습니다. 그러나 농업 자체를 가지고 볼 때, 한국의 농업이 정말 발전하지 못했느냐 하면 절대로 그렇지 않습니다. 동남아시아에 있는 여러 개발도상국가들이 지난 60년대의 10년 동안에 농업부문에 있어서 어느 정도의 성장을 가져왔느냐 하는 통계가 유엔보고서에 나와 있습니다.

거기에 보면 지난 10년 동안에 연평균성장률이 3.81%밖에 안 됩니다. 그런데 우리 한국의 농업은 어느 정도 발전했느냐, 그보다 훨씬 높은 4.7%선의 발전을 가져왔습니다. 농업이 발전하지 않는다 하지만, 우리는 동남아시아 개발국가들의 평균 수치보다도 훨씬 더 높은 성장을 이룩한 것입니다. 그러나 공업 분야가 너무 앞섰기 때문에 비교를 해 보면 농촌이 뒤떨어졌다는 이야기가 나올 수도 있습니다.

이것은 마치 소나무와 이태리포플러가 성장하는 것과 비슷한 것입니다. 소나무와 이태리포플러를 1년생이면 1년생을 같은 날 같은 연령의 묘목을 심고, 그 뒤에 같은 비료를 주고, 같은 공을 들이더라도 이태리포플러는 1년 동안에 벌써 1미터 이상으로 자라지만, 우리나라의 재래종 소나무는 몇 년 되어 봤자 1미터도 못 큽니다. 왜 그러느냐 하면, 원래 나무 수질이 그렇게 생겨 먹었기 때문입니다. 산업도 마찬가지입니다. 농업과 공업이라는 것은 산업의 근본적인 체질상 성장 속도가 다른 것입니다.

소나무가 안 큰다고 아무리 한탄해 봤자 도리가 없다는 것입니다. 이태리포플러가 빨리 큰다고 그것을 잘라서 소나무하고 평균을 유지할 필요는 없는 것입니다. 빨리 성장하는 부분에 대해서는 우리가 노력을 해서 빨리 성장시키고, 뒤떨어진 부분은 잘 가꾸어서 발육을 시켜야 합니다. 한국의 산업이라는 것은 공업이 빨리 클 수 있는 여건에 놓여 있습니다. 이태리포플러가 소나무보다 빨리 클 수 있는 여건에 놓여 있다는 말입니다.

이태리포플러는 빨리 키워서 거기서 나오는 소득으로 안 크는 소나무를 도와 주자, 즉 우리가 공업에서 번 돈을 농촌에다 집어넣자는 것입니다.

그동안에 우리나라 공업이 많이 컸기 때문에 이제부터는 농촌에다가 집중적으로 투자를 할 수 있는 그런 돈이 마련돼 가고 있는 것입니다. 3차 5개년계획에 있어서 정부가 농촌에 중점적으로 투자를 하자는 근본 취지는 바로 이런 데 있는 것입니다.

앞으로 정부는 농촌에 대해서 보다 더 많은 관심을 가지고 자원 면이나 모든 건설면에 있어서 집중적인 지원을 하겠지만, 이에 적극적으로 참여하시고, 보다 더 부지런하고, 영농기술을 부단히 연구를 하고, 머리를 쓰고, 노력을 하는 농민에게는 앞으로 많은 혜택이 돌아갈 수 있는 여건이 갖추어져 가고 있다는 것을 농민 여러분들이 잘 이해해 주시기 바랍니다."

통일벼의 시험결과는 성공이었다

1971년도의 벼베기대회는 예년보다 일 주일 정도 앞당겨 9월 29일 석화리에서 거행되었다.

대통령은 이날 행사에서 우리 기술자들이 연구 개발한 새로운 벼 종자 즉 통일볍씨라고 부르는 IR667을 지난 몇 년 동안 시험해 본 결과 완전히 성공했다고 천명했다.

"농촌지도자 여러분!

금년에도 부분적으로는 수해도 있었고 때로는 폭풍의 피해, 또 일부 병충해 등 여러 가지 재해가 있기는 했지만, 대체로 기후가 순조

로왔습니다. 현재
로서는 오곡백과
가 무르익어 풍년
을 구가하는 소리
가 도처에서 들리
는 것 같습니다.

농민 여러분들
이 올 여름 여러
가지 재해를 극복
하고 땀 흘려 노
력해서 이와 같이
훌륭한 결과를 가
져온 데 대해서
그간의 노고를 치
하드립니다.

여러분들이 아
시는 바와 같이,
우리나라는 아직
까지 식량의 자급
자족이 안 되고

벼 집단재배 시범단지에서 통일벼 수확 벼베기 행사에 참석한
박 대통령(1971. 9. 27)

있습니다. 조상 대대로 내려온 농업국가라고 하면서도 식량의 자급
자족을 하지 못하고 있다는 것은 대단히 부끄러운 일이라 하지 않
을 수 없습니다. 그러나, 여러 가지 사정이 아직까지는 식량의 완전
자급자족을 이룩하기에는 미흡한 실정입니다. 따라서 정부나 우리
농민 여러분들은 어떻게 하든지 식량의 자급자족을 위해서 그동안
온갖 노력을 다 해 왔습니다. 다행히 최근에 우리나라 기술자들이

연구한 새로운 벼 종자, 즉 통일볍씨라고 부르는 IR667이라는 것은 지난 몇 년 동안 시험을 해본 결과, 이제 완전히 성공을 한 것을 알고 있습니다. 금년에도 전국의 500여 곳에 단지를 만들어서 시험을 해 본 결과 지난번에 태풍 피해를 입은 몇몇 지역을 빼고는 반당 평균 500킬로 이상의 수확을 올릴 수 있으며, 잘 한다면 600킬로의 수확을 거둘 수 있게 되었습니다.

이런 수준이라면 현재 일본보다도 더 좋은 성적을 올릴 수 있습니다. 내년에는 전국에다가 약 30만 정보에 이 볍씨를 배급하여 약 120만 톤 정도의 수확고를 올려 보자 하는 계획을 추진하고 있습니다. 물론 전국의 120만 정보를 한목에 다하지 못하는 것은 여러 가지 이유가 있는 것입니다.

새로 개발한 종자를 전국에 일제히 바꾸었다가 예기치 않은 병충해라든지, 또는 다른 결함이 나타날 것 같으면 여러 가지 피해를 입을 염려가 있기 때문에, 우선 내년에는 약 30만 정보, 그 다음에 점차 이것을 확대해 나갈 것입니다. 그렇게 된다 하더라도 당분간 식량 자급자족은 어렵습니다.”

대통령은 이어서 식량의 자급자족을 위해서는 쌀생산을 많이 하는 한편 쌀소비를 줄이고 절미를 해야 한다는 점을 역설했다.

“식량의 자급자족에 있어서 가장 중요한 것이 쌀 문제인데, 이를 해결하기 위하여 우리는 앞으로 어떻게 해야 되겠느냐.

첫째는, 증산을 해야 됩니다. 우리 농민 여러분들이 지금보다도 훨씬 더 많은 식량을 생산할 수 있도록 노력해야 되겠고, 또 정부가 여러분들의 이와 같은 노력에 대해서 뒷받침을 해 주어야 되겠습니다.

정부는 여러분들이 생산한 농산물에 대해서, 농가소득이 증대될 수 있고 또 생산비도 훨씬 능가하는 그러한 수준의 적정한 가격을 유지하려고 노력하고 있습니다. 작년에도 쌀값을 약 35% 이상이나 올렸는데, 금년에도 작년 수준까지는 가지 못할지 모르지만 상당한 수준까지 쌀값을 올려서 여러분들의 생산 의욕을 북돋우어 주려 하고 있습니다.

금년에 외국에서 쌀을 얼마나 들여왔느냐 하면 약 1백만 톤을 들여왔습니다. 1백만 톤이라면 약 7백만 석이 됩니다. 과거에는 우리나라에서 농사를 해 가지고 쌀을 일부 수출도 했고, 또 일제강점기에는 일본사람들이 상당량을 가져가기도 했습니다.

우리는 작금 몇 년 동안에는 수출도 하지 않고 다른 곳에 소비한 것도 없는데 왜 자꾸 쌀이 부족하느냐. 그동안에 생산을 많이 한 것도 사실입니다. 그런데도 부족합니다. 물론 인구가 늘었다는 사실도 하나의 요인이 되겠지만, 이것은 그다지 큰 문제가 되지 못한다고 봅니다.

내가 볼 때는 우리 국민들이 쌀을 너무 많이 소비하고 있다는 데 큰 원인이 있는 것입니다. 얼마 전에 내가 시골 가다가 농민들이 일하는 데 들러서 점심 먹는 것을 보니까 하얀 쌀밥을 먹고 있어요. 보리쌀이 한 톨도 안 섞여 있어요. 왜 잡곡을 섞지 않고 하얀 쌀밥만 먹느냐고 물으니까, 요즘은 농사지을 때라서 쌀밥을 먹어야 기운이 난다는 대답이었습니다. 그런 힘든 일을 할 때만 쌀밥을 먹고, 집에 가서는 보리쌀이나 잡곡을 섞어 먹는지는 모르지만, 하여튼 우리는 과거보다 쌀을 너무 많이 소비하고 있어요

얼마 전에 서울 근교에 있는 어느 골프장에서 풀 깎는 인부들이 점심 먹는 것을 옆에 가서 보니까 이 사람들도 보리쌀 한 톨 없는 하얀 쌀밥만 먹고 있어요. 서울시내나 지방 중소도시 할 것 없이 어느 음식점이나 한 때는 분식장려, 혼식장려, 잡곡을 섞어 먹자 하는

소리가 상당히 많이 들렸지만, 요즘 가 보면 언제 그런 소리가 없어졌는지 전부 하얀 쌀밥으로 돌아갔습니다. 농민들이 아무리 생산을 많이 하더라도, 쌀을 소비하는 국민들이 이렇게 아까운 줄 모르고 쌀을 많이 소비하면 식량 자급자족이란 도저히 될 수 없습니다.

한편에서는 생산을 많이 하면서, 한편에서는 소비를 줄이고 절미를 해야 됩니다. 쌀만 먹는다고 해서 건강에 절대로 좋은 것은 아닙니다. 보리쌀을 섞어 먹는 것이 건강에 좋다는 것은 우리가 다 아는 사실입니다. 일본사람들이 일 년에 소비하는 쌀 소비량과 우리 한국 국민이 소비하는 양을 보면 우리가 훨씬 더 많습니다.

여기에는 여러 가지 원인이 있겠지요. 그 사람들은 빵도 먹고, 고기도 먹고, 우유도 먹고 하기 때문에 점차 쌀 소비는 줄어들어갑니다. 우리가 덮어놓고 쌀만 먹는다면 건강에도 좋지 않고 쌀도 부족해지고 하니까, 어떻게 하든지 잡곡을 많이 섞어 먹고, 또 축산이라든지 다른 여러 가지 방법으로 점차 식량에 대치할 수 있는 것을 많이 생산하여 쌀을 아껴야 되겠다는 것입니다.

우리가 1년에 소비하는 것이 약 3천만 석 정도라고 보는데, 이것은 정확한 숫자는 아니지만 하루에 세 끼 쌀밥을 안 먹고 분식 또는 다른 것으로 대치한다면, 약 3분의 1이 절약될 것입니다. 약 천만 석 가까이 식량이 절약됩니다. 이렇게 되면 외국에서 쌀을 도입할 필요도 없고 충분히 자급자족이 된다는 결론이 나올 수도 있겠습니다. 하여튼 쌀을 아껴야 되겠다는 것은 앞으로 국민운동으로 전개해 나가야 하겠습니다.

여러분도 농촌생활의 경험을 가진 분이 많을 줄 압니다만, 과거에 우리들이 어려서 초등학교에 다닐 때는 일 년 중 쌀밥을 먹는 것은 불과 몇 달 되지 않았습니다. 더군다나 여름철에는 학교 다니면서 쌀밥 도시락을 싸가지고 다닌 기억이 없어요. 추석이다, 생일이다

할 때 몇 번이지, 그 나머지는 거의 새카만 보리밥을 싸가지고 다녔습니다.

지금 농촌에 가 보세요. 새카만 보리밥 먹는 사람 별로 없습니다. 전부 쌀밥만 먹고 있어요. 물론 우리나라에서 쌀이 많이 생산되어 먹고도 남을 정도라면 어느 정도 소비를 하는 것도 좋겠지만, 식량이 부족하여 약 1억 6천만 달러라는 귀중한 외화를 써서 1년에 1백만 톤의 쌀을 사들여야 하는 이런 형편에서는 전국민들이 좀 더 협조를 해서 쌀 소비를 억제해야 됩니다. 요즘 식량에 대해서 불평을 많이 하는 사람치고 그 사람 가정에 가 보면 쌀을 아끼느냐 하면 그렇지 않은 것 같더군요.

앞으로 모든 국민들은 쌀을 더 저장을 해야 되겠습니다. 그래서 외화를 아끼고 빨리 식량을 자급자족해야 되겠습니다. 식량의 자급자족이 안 된다면 일 년에 막대한 외화를 소비하게 될 것이며, 그렇게 되면 다른 건설에 그만큼 큰 지장을 가져오게 되는 것입니다."

보리수매와 수매보리 보관에 최선을 다해야 한다

1972년 6월 20일, 하곡수매에 관한 지방장관회의에서 대통령은 먼저 정부는 금년의 보리수매가격을 작년 가을에 예시한 대로 30% 인상된 가격으로 결정했다는 사실을 지적하고, 보리의 수매와 수매보리의 보관에 대해 관계공무원들이 책임을 지고 최선을 다해야 한다는 점을 강조했다.

"이 회의의 목적은 금년도 하곡수매에 대한 정부의 방침과 세부지침을 지방장관, 농협계통의 모든 관계관, 하곡을 수매하는 검사관, 도에서 이 업무를 주관하고 있는 주무국장 등 관계관들에게 전달하기 위한 것입니다.

조금 전에 농림부장관으로부터 세부에 관한 지시사항이 있었기 때문에 특별히 더 첨가할 것은 없지만, 농림부장관이 지시한 사항 중에 몇 가지 중요한 사항은 내가 강조하는 뜻에서 다시 이야기를 하고자 합니다.

정부는 금년의 하곡보리 수매가격을 작년 가을에 예시해서 30%를 인상하기로 했고, 이를 수매할 때에도 30% 인상된 가격으로 사들이기로 했습니다.

또 수매하는 양도 작년에는 한 100만 석 정도밖에 안 되었는데, 금년은 400만 석, 작년의 4배 정도를 정부가 사주기로 결정을 했습니다.

이러한 조치를 하는 데는 정부에 재원문제 등 여러 가지 어려운 점도 많이 있었지만은 농민들의 생산 의욕을 높여주고, 우리가 추구하고 있는 식량의 자급자족을 달성하고 동시에 우리 농민들의 소득의 증대 등 종합적인 정책 목표를 달성하기 위해서 이러한 시책을 지금 펴 나가고 있는 것입니다.

이 정책은 농민들로부터는 정부가 하곡을 시중가격보다 훨씬 비싸게 사주어 농민들의 소득증대에 이바지하도록 하고, 도시에 사는 사람들이라든지 비농가 일반소비자에 대해서는 싸게 팔아주는 것으로, 이것이 소위 말하는 2중곡가제인 것입니다.

농민들에게는 비싸게 사줘서 소득이 증대되도록 하고, 사먹는 사람들에게는 부담이 가지 않도록 싸게 팔게 되면 자연히 가격의 차이가 생기게 되는데 그것은 결국 정부가 손해를 보게 되는 것입니다.

금년 하곡매상만 하더라도 정부는 약 179억 원이라는 결손을 봅니다.

그것은 농민들한테 보리 한 가마를 6,357원에 사고 또 거기에 조작비 770몇 원을 더 보태면 정부가 농민들에게서 보리 한 가마 사는 데 있어서는 실제로 정부돈이 나가는 것은 7,130원이 되며, 이를 소비자들에게는 4,300원에 팔게 되어 보리 한 가마당 정부는 약 2,800원이라는 결손을 보게 됩니다.

이것은 농민을 위해서, 농민들의 생산 의욕을 고취시키기 위해서, 증산을 위해서 식량 자급자족을 위해서, 등등 여러 가지를 목적으로 하는 것이기 때문에 지금부터 보리를 수매하고 수매한 양곡을 저장하고 보관하며 관리를 하는 데 대해서는 이 자리에 있는 여러분들이 앞으로 책임을 지고 잘 해주어야 하겠습니다.”

대통령은 이어서 보리수매량의 배당과 보리의 저장과 보관에 관해 지시했다.

첫째, 농가당 보리의 수매량을 배당하는 데 있어서 그 결정은 그 부락의 지도자들한테 맡겨야 되겠다는 것이다.

“먼저 보리를 매상하는 데 있어서 각 농가당 수매량의 배당은 과거에는 대개 각 농가를 상대로 해서 결정한 것 같은데, 이번에는 그 부락에다 맡기자 이겁니다.

그 부락의 동장, 부락지도자, 부녀회 회장, 4H책임자 등 부락지도자들이 있는데, 지난번에 새마을운동을 할 때에 이런 부락지도자들이 전부 앞장서서 이끌어 왔습니다. 이러한 부락지도자들한테 일을 맡기자는 것입니다.

어느 집에는 금년에 보리농사를 몇 마지기 했다, 보리가 얼마 생산됐다, 이번에 우리 동네에 할당된 양이 얼마니까 어느 농가에는 몇 섬, 어느 농가에는 몇 섬, 몇 가마를 할당하는 것이 좋겠다는 것을 부락지도자를 중심으로 부락민들이 서로 의논을 해 할당을 하는 것이 가장 공정할 것입니다.

정부관리들이나 농협직원들이 가서 부락 실정을 잘 모르고 결과적으로 불공평한 배당을 했다 하는 것보다는 부락사람들한테 맡기자는 것입니다."

둘째, 보리의 저장과 보관도 부락지도자를 중심으로 마을주민들이 협의해서 정부가 매상해 주는 보리의 반 정도는 농가에서 보관하도록 해야 되겠다는 것이다.

"금년에 갑자기 400만 섬이나 보리를 수매하자면 농림부장관이 조금 전에 설명한 바와 같이 창고시설이 부족합니다.
따라서, 농민들이 보리를 일부 보관해 줘야 되겠습니다.
내 생각에는 절반 정도, 400만 석 사는 중에서 한 200만 석 정도는 농민들이 농가에 보관해 줘야 하겠다는 것입니다.
이렇게 해 준다면, 정부가 중농시책을 밀고 나가는 데 농민들이 정부에 대해서 큰 협조를 하는 것이 됩니다.
물론, 앞으로 정부에서 창고를 많이 세워서 저장시설이 충분해지면 이런 일을 하지 않을 것입니다. 그러나 현재 작년 가을에 매상한 추곡을 전국 각지에 보관을 하고 있는데, 조금 전에 저 슬라이드에서 본 것처럼 일부 책임자들이 무책임하거나 관리가 소홀해서 모처럼 수매를 해서 저장한 쌀이 변질하고, 쥐가 먹고, 감량이 된다든지 비를 맞아서 쓰지 못하게 되는 현상이 각지에서 일어나고 있습니다.
여기에 보리까지 400만 석이나 수매하게 되면 저장할 장소가 없으니까 농민들이 좀 책임을 지고 보관을 해줘야 되겠다는 것입니다.
보관하는 것도 부락지도자가 마을사람들과 의논을 해 어느 농가에는 몇 섬, 어느 농가에는 몇 섬, 하는 식으로 보관증을 받고 보관시켰다가 정부가 필요할 때는 언제든지 보관증과 보리를 교환할 수 있도록 해야 되겠습니다.

보관을 잘해 준 농가에 대해서 정부는 금년 가을에 추곡을 매상할 때에 여러 가지 혜택을 베풀 수 있는 방법도 강구하겠습니다.

　반대로 정부양곡이라고 해서 저장상태나 보관상태가 나빠서 비를 맞게 한다든지 변질이 되었다든지, 쥐가 먹어 버렸다든지, 이러한 비협조적인 농가에 대해서는 금년 가을에 추곡을 매상할 때 정부에서 사주지 않겠습니다. 정부가 농민을 위해서 이처럼 도와 준다면 농민들도 그런 정도의 협력은 해 주어야 될 것입니다.

　농가에 지금 얼마만큼 저장할 능력이 있겠느냐. 물론 경우에 따라서는 전혀 저장할 능력이 없는 경우도 있을는지 모르지만 농가에 돌아가는 것이 대략 많아봤자 보리 한두 가마 될 것이고, 많이 생산한 사람들은 자기 집에 창고라든지 기타 시설이 있을테니까 이처럼 저장 보관할 수 있는 능력이 많은 농가에서는 좀 더 많이 맡게 되면 충분히 저장되고 잘 보관되리라고 생각이 됩니다."

　대통령은 이어서 정부미 보관에 대해 책임을 지고 있는 지방장관·시장·군수·면장·농협 등이 각기 그 책임을 다하지 못한 점을 힐책했다.

　"정부미 보관에 대해서는 지방장관·시장·군수·면장·농협 등이 각기 다 책임이 있는 것으로 압니다.

　종전에 정부양곡 보관상태가 좋지 않았던 것은 책임을 져야 할 사람들이 너무 등한히 했기 때문이라고 봅니다.

　저장하는 방법은 첫째, 시설이 좋아야 되겠지만 농촌에 정부가 완벽한 시설을 다 갖춰 줄 수는 없을 것입니다.

　그래도 저장하는 방법에 관해서는 조금 전에 슬라이드에서 나온 것처럼 대략 쌀이면 그 쌀을 몇 가마 정도로 쌓아야 한다. 그 이상 더 쌓아서는 안 된다. 왜 안 되느냐. 몇 가마 이상 더 쌓으면 위에서 압력이 가하기 때문에, 더군다나 여름철이 되면 거기서 열이 나고 온도가 높아져서 변질하기 쉽다. 그러니 대략 몇 가마 정도만 쌓아라. 또 몇 가마 몇 줄씩 쌓고 그 중간에 통풍이 되도록 바람이 통하도록 해야 한다는 등 여러 가지 규정이 있을 것입니다.

이런 식으로 해야지 그냥 창고에 갖다 고물상처럼 쌓아 놓는다면 그것이 반드시 변질을 한다. 쥐가 들어가서 먹는다. 천정에서 비가 새 내려와서 부식하게 됩니다. 이런 일이 있어서는 안 되겠다는 것입니다."

관정과 양수기는 농민과 그 부락이 관리하도록 지도해야겠다

대통령은 이어서 관정과 양수기는 농민들과 그 부락이 책임지고 관리하도록 지도해야 되겠다는 점을 강조했다.

"그 다음 양수기와 관정에 대한 사후관리도 조금 전에 지시가 있었는데, 농사를 짓는 농민들에게 가장 필요한 것이 농기구와 양수기, 관정 등인데 쓸 때도 조심스럽게 써야 되겠지만, 사용하고 나서는 반드시 잘 정리를 해서 보관을 했다가 그 다음에 필요한 때에 꺼내서 써야 합니다.

바쁠 때는 갖다 쓰고 그 다음엔 창고에 갖다 아무렇게나 던져둔다든지 해서 이듬해 봄에 가서 쓰려고 꺼내보면 전부 녹슬었다든지 무슨 부속이 빠지고 없다든지 이런 상태가 되어서는 안 되겠다 이것입니다.

외국의 농민을 볼 것 같으면 이웃에 있는 일본만 하더라도 양수기나 경운기 같은 기구뿐만 아니라 호미나, 곡괭이 같은 것까지도 가을에 쓰고 난 뒤에는 흙을 전부 닦고 녹이 슬지 않도록 기름까지 약간 발라서 일정한 장소에다 잘 정돈해 두었다가 필요할 때는 내 쓰고 또 갖다 넣을 때는 손질해서 넣어 두고 있습니다.

우리 농민들도 반드시 이렇게 해야 하겠습니다.

우리 농촌에 있는 양수기만 하더라도 몇 년 전에 한발이 심했을 때 국내 공장에서 이것을 미처 다 만들지 못해서 일본에서 바삐 비행기까지 동원해 실어오는 등 뭐 별별 방법을 다해 가져와서 농촌에다 나눠 준 것입니다.

따라서 정비를 잘 해서 가급적 오래오래 쓸 수 있도록 해야 할 텐데 급할 때는 쓰고 비가 오면 양수기고 관정이고 다 잊어버립니다.

한발이 심할 때 정부에서 없는 예산으로 전국 농촌 방방곡곡에 정부예산과 농민들의 노력을 들여서 만들었으면 비가 오더라도, 오히려 비가 온 뒤에는 다시 한 번 가서 보살펴 보고 여러 가지 정비를 해야 될 것입니다.

물이 흘러들어가고 흙과 모래가 들어간다든지 하면 쳐내가지고 다음에 쓸 수 있도록 해야지 비가 올 때는 전혀 잊어버리고, 한발이 들면 그때 가서 관정을 들여다보고 양수기를 꺼내보고 이런 식으로 해서는 안 되겠습니다.

일선에 있는 우리 공무원들은 이에 대한 지도만 바로하고 양수기와 관정의 관리는 그 부락에 책임을 맡겨야 하겠습니다.

이렇게 내가 강조해도 농민들이 양수기 하나 정비 보관할 줄 모르고, 관정은 아까 저 슬라이드에도 나왔지만, 심지어 위에 덮어 놓은 뚜껑까지도 깨버렸습니다.

왜 그랬는지는 모르지만 사람이 일부러 두드려 깨지 않으면 깨지지도 않을 것입니다. 뚜껑을 깨 없애 버린다든지, 어디로 갔는지 행방불명이 된다든지, 관정 안에 돌과 모래가 가득 들어가 있을 때 만약 한발이 든다면 어떻게 하겠습니까? 또 정부 보고 고쳐 달라, 새로 뚫어 달라, 이런 소리 할 수 없는 것 아닙니까?

그 부락을 위해서 그 동네의 농민들을 위해서 만들어 주었으니까 그 부락에 사는 농민들이 평소부터 잘 관리해야 되겠습니다.

또 공무원들은 수시로 나가서 점검을 한다든지 일 년에 몇 번씩 정기적으로 또는 수시로 조사해서 나쁜 것이 있으면 손질해서 언제든지 필요할 때 쓸 수 있는 상태로 해 둬야 하겠습니다.

그동안 한발이 한참 없으니까 농민도 이에 대해서 관심이 없고 공무원들도 무관심하게 있다가 한발이 든 후에야 양수기다, 관정이다, 그래서는 곤란하다는 것입니다."

대통령은 이어서 퇴비증산도 적극 권장해야 되겠다는 점을 강조했다.

"그 다음 퇴비증산도, 아까 농림부장관이 지적을 했는데, 이것도 좀 적극적으로 권장해 주기 바랍니다.

최근에 우리나라에 화학비료가 많이 나와서 농민들이 모두 퇴비를 많이 만드는 데 대해서 관심이 희박해진 것 같은데, 화학비료를 많이 쓰면 쓸수록 퇴비도 더 많이 써야 되는 것입니다.

화학비료는 쓰면 쓸수록 땅이 산성화되어 가며, 지력이 감퇴하여 일단 거기에 심어 놓은 농작물은 키는 삐쭉하게 잘 클는지 모르지만 체질이 약해서 병충해에 잘 걸리게 되어 결과적으로 생산이 그만큼 감소됩니다.

따라서, 화학비료를 많이 쓸수록 우리는 퇴비를 더 많이 만들어서 농토에다 넣어야 되는 것입니다.

나는 퇴비라는 것은 마치 사람에다 비한다면 보약과 마찬가지라고 생각합니다. 감기 들었을 때 아스피린을 먹고, 설사가 났을 때

설사약을 먹으며, 소화가 안 될 때 소화제 먹는다. 이런 것은 화학비료에 속할는지 모르지만, 몸 전체를 근본적으로 튼튼하게 만드는 데는 우리나라에 옛날부터 내려오는 보약이라는 게 있는데, 땅이나 작물도 하나의 보약을 먹인다. 즉 퇴비를 많이 주어야 한다고 생각합니다.

그렇게 해야 거기서 자라나는 작물이 아주 튼튼해지고 병충해도 잘 걸리지 않으며 결과적으로 증산을 할 수 있는 것입니다."

식량과 유류와 목재에 대한 장기대책을 세워야 한다

1973년 3월 5일, 월간경제동향보고회의에서 대통령은 유류·식량·목재 등 세 가지 문제에 대해 장기적인 안목에서 지금부터 대책을 검토해야 되겠다는 점을 강조했다.

첫째, 우리의 공업 발전과 자동차 증가에 따른 석유수요에 대비하는 대책을 연구해야 한다는 것이다.

"정부에서는 앞으로 국제경제의 추세를 보아가지고 한 서너 가지 문제에 대해 장기적인 안목에서 지금부터 대책을 검토해 나가는 것이 좋겠습니다. 하나는 연료, 특히 유류문제, 또 하나는 식량문제, 또 하나는 목재입니다.

먼저, 유류는 매년 수요가 늘어나고 있는데 우리나라에서는 지금 기름이 한 방울도 나지 않습니다. 지금 주로 중동지역에서 사오고 있는데 산유국에서 기름값을 자꾸 올리려고 들먹이고 있습니다. 특히, 미국이다, 일본이다, 이런 선진국가에 있어서는 유류의 수요가 매년 굉장한 속도로 늘어나고 있는 모양입니다. 그래서 앞으로 이 석유 때문에 3차대전이 일어나지 않느냐 하는 얘기까지 하는 사람이 있을 정도로 지금 연료문제는 상당히 중요한 문제입니다.

우리나라에서 석유가 난다면 문제가 없는데, 저기 대륙붕 개발을 하고 있지만 그것도 기름이 나올는지 안 나올는지 더 있어봐야 전망이 나올 것입니다.

우리나라도 지금 공업이 발달되어 자동차가 자꾸 늘어 결국은 석유수요가 늘어나는데, 여기에 대한 대책도 지금부터 장기적 안목에서 연구해 나가야 되겠다는 것입니다."

둘째, 쌀의 증산과 절약운동을 철저히 해서 그 자급자족을 이룩하고 한발 등에 대비한 여유분을 갖고 있어야 되겠다는 것이다.

"세계인구는 매년 늘어나고 식량증산은 인구증가를 따라가지 못하고 있습니다. 특히, 소련과 중공 등 인구가 많은 나라들은 작년에 흉년이 들어서 미국과 호주와 캐나다에서 2천 8백만 톤의 식량을 사들여 갔다는 신문보도가 있었습니다.

우리나라가 1년에 먹고 공업용과 사료로 쓰는 것을 전부 합쳐서 약 1천만 톤 될 텐데 이것에 비하면 2천 8백만 톤이라는 것은 어마어마한 양인 것입니다. 그래서 작년에 밀가루 값이 올라서 우리나라도 타격을 받고 있습니다. 우리나라는 쌀이 주식이라도 아직도 쌀의 자급자족이 안 되어 매년 외국에서 상당량의 쌀을 도입하고 있습니다. 이렇게 매년 식량이 부족해서 외국에서 사오면서도 우리 국민들은 식량문제를 심각하게 생각하지 않고 있는 것 같습니다. 식량이 부족하면 미국 같은 우방에서 사올 수도 있고 원조도 얻어올 수 있다는 안이한 생각을 하고 있습니다.

이제 우리는 쌀이 모자라면 미국의 잉여농산물을 얻어오면 된다거나 미국에서 사오면 된다는 안이한 생각을 버려야 합니다.

식량부족 문제에 딱 부딪치고 난 뒤에 그때부터 쌀을 도입한다,

밀가루를 도입한다고 무계획하게 야단법석을 떨지 말고, 지금부터 빠른 시일 내에 우리가 식량의 자급자족을 이룩할 수 있는 계획을 세워야 합니다. 장기적인 안목에서 쌀을 자급자족할 수 있는 방법을 연구해야 되겠다는 것입니다. 방법은 두 가지 즉 한편으로는 쌀을 증산하고, 한쪽에서는 쌀을 절약하는 것입니다. 요즈음 혼식, 분식, 쌀 안 먹는 날 등 절미운동을 하고 있는데, 이런 것도 형식적으로 할 것이 아니라 아주 철저하게 해야 하겠습니다. 그렇게 해서 식량이 언제든지 약간 남는 상태가 되도록 해야 합니다. 이것이 정상적인 것입니다.

식량이 부족하거나 빡빡하게 겨우 수요공급이 맞아떨어지는 상태는 불안정한 것입니다. 한발이 한 번 들면 수백만 석씩 감수가 되는데 그렇게 되면 또 사와야 되는 문제가 생깁니다. 따라서 우리는 증산과 절약운동을 철저히 해서 쌀의 자급자족을 이룩하고 한발 등에 대비한 여유분을 갖고 있어야 하겠습니다."

셋째, 목재수요에 대비해서 용재림을 조성하고 목재에 대한 대용물을 연구개발해야 되겠다는 것이다.

"지금 우리 경제가 발전되어 나감에 따라서 목재의 수요가 자꾸 늘어나고 있습니다. 물론 합판 같은 것은 어느 때 가서 목재가 없으면 우리나라에서 만들지 않고 수출을 안 해도 되지만, 건축 분야가 자꾸 늘어나는데, 우리나라에서는 건축자재로 쓸 만한 목재는 아주 소량밖에 나오지 않아서 외국에서 전부 들여오고 있습니다. 우리가 원목을 수입해 오던 필리핀에서는 법률로 원목의 해외수출을 금지했다는 보도가 나오고 있습니다. 인도네시아도 제한을 한다는 것입니다. 우리나라의 업자들이 일부 들어가서 계약을 해가지고 앞으로 당부간은 거기에 있는 원목을 가지고 들어오겠지만 그것도 언제까지 무진장으로 가져올 수 있다고 할 수는 없다고 생각합니다. 물론 현지에 나가서 앞으로 우리나라에 목재를 가져올 수 있는 임지를 많이 우리가 확보하는 노력도 해야 되겠지만, 우리 국내에서도 목재를 생산하는 방안을 강구해야 할 것입니다. 우리나라는 원래 기후가 춥고, 나무가 잘 자라지 않기 때문에 다른 나라에서 10년 키우면 될 나무가 우리나라에서는 20년이나 30년을 키워도 그만큼 클지 안 클지 모르기 때문에 용재림을 만드는 데 있어서는 여러 가지 불리한 여건이 많은 것이 사실입니다.

그러나 그렇다고 하더라도 우리는 장기적인 안목으로 앞으로 20년이 30년 후에 가면 우리나라에서도 용재림이 완전 자립은 안 되더라도 외국에서 일부는 가져오더라도 상당히 자급자족할 수 있게끔 하는 그런 계획을 세워가지고 지금부터 나가야 되겠습니다. 목재를 전적으로 외국에서 다 들여온다면 어느 시기에 가서는 아마 목재파동이 일어날 것입니다. 따라서 용재림을 조성하면서 동시에 목재를 대용(代用)하는 물건이 뭐가 있겠느냐 하는 것을 연구해야 되리라고 생각합니다.

PVC를 가지고 목재를 상당히 대용하고 있고 시멘트를 가지고 목재를 대용하고 있습니다. 그 외에도 지금 우리나라에서 이태리포플러를 많이 심고 있는데, 용재림으로는 거의 쓸모가 없다고 상식적으로 생각하고 있는 것 같습니다. 그런데 언젠가 내가 과학기술처에 갔더니 과학기술연구소(KIST)에서 연구한 바에 의하면 이태리포플러 나무에다가 방사능을 갖다 쪼이면 그 나무가 굉장히 단단한 나무가 된다는 설명을 들은 기억이 납니다. 그래서 앞으로 우리나라의 이태리포플러를 그런 식으로 만들어 외국에서 들여온 목재의 대용으로 쓸 수 있는지 없는지를 연구해 보라고 했는데 기술적으로 기업적으로 가능한지 안 한지는 모르지만, 그런 점을 우리가 앞으로 계속 연구해 나가야 되겠습니다.

우리나라에 속성재를 심어가지고 어떤 연구를 해서 그것을 외국에서 들여온 좋은 티크나 나왕 정도까지 못 만들지언정 그것을 대용할 수 있는 정도의 나무는 우리도 만들어 낼 수 있다는 신념을 가지고 지금부터 연구를 해나가야 되겠습니다. 국제적으로 목재값이 막 뛰고 사들일 때도 없어진 뒤에 그때부터 허둥지둥해서는 시기가 늦습니다.

유류·식량·목재 문제는 물론 지금 당장 다급한 문제는 아니라고 하더라도 장기적인 안목에서 앞으로 수요가 늘어나면 늘어났지 절대 감소될 전망은 없는 물건이기 때문에 연구해 나가면 좋지 않겠느냐. 참고로 얘기를 해둡니다.”

일선공무원들과 농민들은 관정과 양수기의 사후관리에 힘써야 한다

1973년 8월 6일, 경제기획원의 월간경제동향보고회의에서 대통령은 먼저 지방의 일선공무원들과 농민들은 관정과 양수기 등의 사후관리에 좀 더 많은 관심과 노력을 기울여야 한다는 점을 강조했다.

“우리 농민들과 농수산부에서 식량증산에 대해서 여러 가지 노력을 많이 하고 성과도 있는 줄 압니다만 대체로 현재 추진하고 있는 방향은 옳다고 봅니다.

그런데 우리나라는 지난 61년에 혹심한 한발을 겪었고, 그 다음에 가장 우리 기억에 남는 것이 67년, 68년에 혹심한 한해가 있어서 호남지방과 영남지방에 중점적으로 지하수개발을 하기 위해서 정부가 노력을 많이 했고 투자를 많이 했습니다. 금년 여름에 청와대에서 직접 그동안에 만들어 둔 지하수 관정·양수기·집수암거·저수지에 대해 일선공무원들과 농민들이 어느 정도 관심을 가지고 관리해 왔는가 하는 것을 점검해 보았습니다.

그 결과 성적이 대단히 좋지 못합니다. 67, 68년 이후에는 한발이 없어서 일선공무원들이라든지 농민들이 한발에 대한 관심이 적어지지 않았는가 이렇게 생각이 됩니다마는, 한해에 대한 대책은 오히려 비가 잘 안 오는 해에 준비해둬야 된다고 생각합니다.

금년 봄에도 한해 한해 하고 상당히 떠들다가 요즘에 다행히 비가 와서 해갈은 완전히 됐다고 하는 보고가 있는데, 한발에 대한 문제는 지금부터 가을까지, 내년 봄, 내년 여름에 대한 대책을 준비해야지 한해 한해 하다가 비 한 번 오면 다 잊어버리고 양수기 관리를 소홀히 했다가 내년 봄이나 여름에 한발이 닥치면 그때가서 준비하는 그런 습성은 버려야겠습니다. 비가 잘 오는 해에 언제 한해가 오더라도 이에 대한 대책이 돼 있다고 할 정도로 준비해야 됩니다. 금년에도 한해대책을 하다가 비가 왔기 때문에 중지했습니다. 물론 지금은 논에 물이 풍부하니까 양수기를 돌린다든지 그런 것은 할 필요가 없겠지만 관정 같은 것을 다시 수리한다든지 양수기를 정비해서 다음에 한해에 대비하는 그런 관심과 생각을 모든 공무원들이 가지고 있어야 되고, 특히 농민들이 더군다나 금년 봄처럼 비가 알맞게 오는 해에 금년 정도의 한해를 가지고 한해 한해하고 떠들 정도라면 우리나라에서 농사는 안 됩니다. 금년에 적당한 시기에 오죽 비가 잘 왔어요. 그러나 그동안에 비가 안 온 기간이 있었는데 그 정도의 한해라는 것은 인력을 가지고 완전히 해결할 수 있는 정도가 돼야지, 금년처럼 매년 비가 그렇게 알맞게 와주기를 기대할 수 있느냐 이거예요."

천수답문제를 근본적으로 해결해야겠다

대통령은 이어서 천수답 등 벼농사를 하기에 부적합한 농경지 16만 정보에는 다른 작물을 경작케 해서 천수답문제를 근본적으로 해결해야 하겠다는 점을 강조했다.

농민들이 비가 오면 벼를 심고, 가뭄이 들어 벼가 말라 죽으면 다른 작물을 대파하는 일을 해마다 되풀이하는데, 이를 지양하기 위해서는 무엇보다도 먼저 농민들이 천수답에 벼를 심겠다는 사고방식을 근본적으로 고치도록 정부가 지도해야 한다.

만일 정부가 지도하는 대로 따라오지 않으면 다른 혜택을 주지 않는다는 강력한 조치를 취해서라도 산마루에 있는 땅에다 벼농사를 짓겠다는 생각을 뜯어고쳐야 한다. 정부가 권장하는 작물을 심어서 수익도 더 높아지고, 안정된 농사를 지을 수 있다는 것을 알게 되면, 정부가 지도하는 대로 따라오게 된다는 것이다.

"저 높은 지대에 있는 천수답 벼농사를 하기에는 적당치 않은 그런 경지가 16만 정보가 있는데, 그런 곳에는 다른 작물을 경작하는 것도 좋지만 이것은 근본적으로 우리가 해결해야 됩니다.

비가 안 오면 3년에 한 번 벼농사가 되어도 다행이라는 이런 원시적인 사고방식을 가지고 여러 집에서 농사하는 것을 근본적으로 해결해야 됩니다. 나도 이번에 휴가 갔다가 8월 3일날 돌아오면서 보니까 경북 대구 근교에서 흘러내려온 빗물을 이용해 이제야 모심기를 하는 그런 데를 보았는데, 8월 3일에 벼를 심어 거기서 과연 얼마만큼 수확을 올릴 수 있는 것입니까? 그런 논에는 근본적으로 작물을 변경한다든지 무슨 대책을 강구해야지 그저 기다리다가 비만 오면 벼를 갖다 심는다는 그런 생각은 바꾸어야 돼요.

옥수수가 부족하다느니 유채재배 등의 문제를 검토한다고 했는데 이러한 천수답은 근본적으로 작물을 다른 것으로 바꾸고 농민들이 금년 비가 좀 왔으니까 천수답에 벼를 심겠다는 사고방식을 근본적으로 뜯어고치도록 정부에서 지도해야 합니다. 그렇게 해서 비가 오면 벼를 심고 벼를 심어놨다가 한발이 들어 벼가 다 말라 죽으면 다른 작물을 대파한다는 식으로 과거에 하던 것을 매년 되풀이하는 것은 지양해야 되겠습니다. 농수산부에서는 근본적인 대책을 검토해서 농민들을 지도하고, 지도해도 말을 안 듣는 농민들에 대해서는 정부에서 지원해 주는 비료 등 각종 지원을 끊어 버리고 정부가 지도하는 대로 따라오지 않으면 다른 혜택을 주지 않는다는 강력한 조치를 하세요. 그렇게 해서라도 물 나올 데는 없고 하늘에서 하느님이 다행이 비를 많이 주시면 벼를 심어서 먹고 그렇지 못하면 아무것도 안 되는 산꼭대기에다가 벼농사를 한다는 생각은 근본적으로 뜯어고쳐야 한다 이겁니다.

농민들이 과거부터 그런 습관이 있어서 말을 잘 안 듣는 모양인데, 정부가 지도하는 작물을 심어 수익도 더 높아지고 안정된 농사를 지을 수 있는 것을 알게 되면 농민들도 따라오리라고 생각합니다. 일선공무원들이 철저하게 하지 못하고 한해가 있는 해에만 가서 지도를 하고 그 다음에는 잊어버리고 그냥 방치해 두니까 시정이 안 되는 것입니다. 그 점을 좀더 연구해 보세요."

절미운동을 강제로라도 강력히 전개해야겠다

1973년 1월 16일, 농림부 연두순시에서 대통령은 먼저 절미운동을 자발적인 국민운동으로 전개해 줄 것을 계속 호소하고, 권유해 오던 방침을 바꾸어 강제로라도 절미운동을 전개해야겠다는 방침을 천명했다.

"우리는 식량이 부족해서 일 년에 몇억 달러씩 주고 쌀을 수입해오고 있습니다. 그런데 가정주부들이 경기미라야만 먹고 호남미는 맛이 없고, 또 요즘에 새로 나온 통일벼는 찰기가 부족하다고 해서 안 사먹고, 쌀장사가 정부미나 호남미도 갖다놓고 적당히 섞어서 이건 경기미입니다, 그러면 몇 천원씩 더 주고 사간다. 우리 국민들의 자세가 이래가지고는 식량자급이라는 것은 안 된다. 식량의 자급자족을 이룩하려면 증산을 해야되는데 증산만 해 가지고는 안 된다. 또 먹는 국민들이 그 쌀을 아낄 줄 알아야 그 한 톨의 쌀이 나오자면 봄에 못자리를 만들어, 심지어는 보온못자리라고 해서 추울까봐 이불을 덮어 씌우다시피 비닐을 덮어서 키운 다음 이것을 논에 옮겨 심고 비료를 주고 농약을 주고 김을 매고 가을에 베어서 타작을 해서 정미소에 가서 찧어야 합니다. 그것도 우리나라에 쌀이 남아 돌아간다면 좀 풍성풍성하게 먹어도 좋지만, 부족해서 일 년에 몇억불의 귀한 외화를 들여 외국에서 수입해 오는 이 판국이라면 국민들이 쌀 한 톨을 아낄 줄을 알아야 한다 그겁니다. 농민도 그렇고, 농사 안 짓는 도시에 있는 사람도 그렇고 몰라요.

경기미라는 게 일 년에 얼마나 나옵니까? 김포반도 부근에서 나온 것이 경기미인데, 김포반도도 얼마 안 가서 공장이 들어서면 경기미는 구경도 못하게 될 겁니다. 그러면 쌀 안 먹겠느냐 이거에요. 아직 그런 포시라운 소리 해서는 안 된다 이겁니다.

그래서 금년부터는 보리쌀은 눌러서 압맥을 만들어서 경기미고 호남미고 통일벼고 할 것 없이 몇 할씩 섞어 가지고 싸전에서 그대로 팔아라 이겁니다. 강제로라도 절미운동을 해야 되겠다. 그리고 한쪽으로는 증산을 하고 이래야 빨리 자급자족이 될 수 있습니다.

식량문제는 우리나라뿐만 아니라 전세계적으로 심각한 문제입니다. 소련 같은 나라는 작년에 2천 몇백만 톤이 부족해서 몇십억 달러를 들여 쌀·밀가루를 사간다고 하는데, 중공도 그렇고 동구라파 나라가 전부 다 그렇다는 겁니다.

쌀은 아무데서나 나는 것도 아니고 생산지역이 제한되어 있는데, 쌀 먹고 사는 민족은 아마 한국인·일본인·중국인, 그리고 동남아 몇 개 나라밖에 없기 때문에 전세계적으로 쌀이 풍부한 것도 아니 다 이겁니다.

쌀에 대한 것은 우리가 자급자족을 위해서 증산운동과 병행해서 쌀을 절약하는 시책을 강력히 밀고 나가야 되겠습니다.

예년 같으면 정부미를 8백만 석을 방출했는데, 작년에는 혼분식 을 장려해서 한 4백만 석 방출하고 어떻게 견디어 냈다, 그래서 4 백만 석이 절약이 됐다 이겁니다. 조금만 더 하면 한 4백만 석 또 남을 거 아니냐 말이요. 그렇게해서 한 8백만 석 되면 그까짓 외미 들여오지 않더라도 현재의 생산량 가지고도 어떻게 꾸려 나가지 않 겠느냐, 그런데 꼭 쌀밥을 먹어야 되고 쌀 중에서도 경기미를 먹어 야 되고 호남미나 다른 지방미는 못 먹고 더군다나 통일벼는 맛이 없어 못 먹겠다느니 무슨 그런 소리를 해가지고 어떻게 우리가 식 량 자급자족을 하겠느냐 이겁니다.

금년에는 필요한 식량을 정부 보유 달러를 써서라도 가져옵시다. 쌀이 딸려 또 쌀값이 뛰면 물가 전체에 영향을 미칠 것이니 충분한 양을 갖다놓고 금년에는 강력한 절미운동을 하는 겁니다.

그래가지고 보리쌀 섞어서 맛이 없는 사람은 먹지 말아달라 이겁 니다. 밀가루를 먹든지, 빵을 먹든지, 그러면 쌀이 절약될 게 아닙 니까?"

농림부와 농촌관계기관의 직원들이 농민을 지도하지 않고 있다
대통령은 이어서 농림부의 공무원들과 농협과 수협 등 농촌관계 기관의 직원들이 농민들을 지도하는 방법과 자세에 있어서 근본적으로 고쳐 갈 문제점이 많다는 사실을 구체적인 실례를 들어 비판했다.

"최근 몇 년동안 우리 농촌이 그전보다 많이 달라지고 있습니다. 작년에 새마을운동이 일어나서 농민들의 의욕이 고조되어 간다는 것은 좋은 현상이라고 보겠습니다.

특히 농촌문제에 대해서 농림부에서 그동안 실시해 온 여러 가지 시책의 성과도 조금씩 나타났다, 난 이렇게 보고 있습니다.

그러나 우리 정부가 투자하고 노력하고 있는 데 비해서 농촌이 달라져 가고 있는 성과는 아직까지는 만족할 그런 성과가 못 된다 이렇게 보는 것입니다. 애는 많이 쓰고 있는데 성과는 그만큼 나지 않는다는 것은 우리가 하는 방법에 있어서 좀 더 재검토하고 연구해야 될 과제들이 많이 남아 있다는 것이 아닌가 하고 생각됩니다.

조금 전에 통계에도 나왔습니다만, 금년도에 우리 정부가 농촌에 투입하는 투자는 3천 6백억입니다. 어제 경제기획원에가서 브리핑을 들으니 금년도 우리 정부의 총투자가 9천 9백 80억인가, 약 1조원입니다. 그 중에서 농촌에 들어가는 것이 3천 6백억이라면 3분지 1이 훨씬 넘는다 이겁니다. 그만큼 우리가 돈을 들이고 노력한 만큼 농촌이 그만큼 달라지고, 농가의 소득이 늘어나고, 농촌이 살기 좋아졌느냐? 우리의 투자나 노력 만큼 그 성과가 따라오지 못하고 있다, 이것은 우리의 일하는 방법이 무엇인가 잘못되어 있다는 이야기입니다.

특히 식량증산 문제는 장관이 솔직히 잘못된 시책이 무엇이라고 지적을 했는데, 식량증산을 위해서는 정부가 지금 굉장히 힘을 들이고 있습니다. 그런데 기껏 그저 잘 돼봤자 평년작입니다.

작년도에 수해도 좀 있었지만, 우리나라에 완전히 홍수도 아니고 한발도 없어서 수해 없고 한해 없는 그런 좋은 해란 것은 100년에 그저 몇 해 일을까 말까할 겁니다. 의레 우리나라는 매년 한발 아니면 수해가 있기 마련인데 우리가 그걸 극복하기 위해서 그동안 투자도 많이 했고, 여러 가지 노력도 많이 했고, 거기에 대한 기술도 많이 연구를 했으니 이제는 천재가 있더라도 이것을 극복을 해서, 농업 생산이라는 것이 그렇게 급속히 쭉쭉 늘어나는 것은 아니지만, 식량도 점차 자급 단계에 육박을 하고 있다, 이래야 될 텐데 기껏해 봤자 그저 평년작, 풍년이다 했던 것이 따져보고 나면 결국 평년작입니다.

최근 농가소득이 좀 올라간 것은 정부에서 곡가를 인상해 주었기 때문이지 농민들이 노력을 많이 해서 된 것이 아니다 그겁니다. 정부는 곡가도 적정가격을 유지해 주고 농민들의 생산의욕을 고취시킬 수 있는 그런 시책을 강력히 시행해 줘야 하겠지만, 그것만 바라고 농가의 소득증대를 기대한다는 것은 안 되는 얘기입니다.

앞으로 농림부의 여러 시책에 있어서도 재검토를 해야 되고, 농림부 산하의 공무원들, 농협이나 수협의 직원과 농촌지도원의 정열이 있어야 하겠으며 근본적으로 그들의 자세를 고쳐야 되겠습니다.”

대통령은 이어서 농림부 산하의 공무원, 농협 및 수협의 직원, 또 농촌지도원들이 농민들을 전혀 지도하고 있지 않는 여러 가지 실례를 지적했다.

“나도 농촌에서 자라나서 어릴 때는 어른들이 일하는 데 따라 나가서 봤고, 내가 직접 농사를 지어본 경험은 없지만, 농촌에 다니며 보면 공무원들이나 농민들이나 할 일이 많은데 왜 저걸 안 하고 있을까 하는 생각이 드는 일이 많이 있었습니다.

가령, 가을철에 농촌에 가서 금년에 콩의 수급계획이 어떻게 되어 있는지 모르지만, 우리나라에서 도입하는 원료의 하나인 외국의 콩값이 자꾸 오르고 있으니 어떻게 하든지 콩이라도 자급을 해야 되겠다 해서 몇 해 전부터 내가 지사들이나 군수들한테 만날 때마다 밭에도 콩을 심고 논두렁에도 콩을 심으라고 그렇게 강조하고 장려를 해도 하고 있는데도 있고 안 하는 데도 있고 또 금년에는 했는데 내년에 가면 잊어버리고 안합니다. 또 가을에 가면 논의 피를 뽑으라고 하고, 심지어 초등학교 아이들이 특별히 선생님들이 지시를 해서 피를 뽑는 데가 있는데 농민들은 그걸 뽑지 않습니다.

큰 비가 오고 난 뒤에 지방에 가보면 제방이 허물어졌고, 논의 한쪽 모퉁이가 유실돼 있습니다. 물론 큰 것은 안 될지 모르지만 사소한 것은 비가 멎으면 즉각 남의 논을 하라는 것도 아니고 자기 농토니까 온식구들이 총동원해서 나온다든지, 부락민들이 나와서 우선 임시적으로라도 보수를 한다든지 뭐 이런 노력이 있어야 될 텐데 그것도 그냥 방치 상태입니다. 1년내 고생을 해서 가을에 벼가 다 자라면 춥기 전에 빨리 추수를 해야 된다고 정부에서 그렇게 강조를 해도 농촌에 가보면 그대로 논에 세워 놓고 있거나 그렇지 않으면 베어가지고도 일 년 동안 피땀 흘려서 지은 벼농사인데, 그 이삭이 물에 젖지 않도록 또는 사람이 밟아서 떨어지지 않도록 논두렁 같은 데다가 잘 쌓아 놓는다든지 그렇지 않으면 밑에다가 깔판을 깔고 쌓아 올린다든가 해야 할 텐데 물이 흥건한 데다가 눕혀 놓고 사람이 그냥 밟고 다닙니다.

작년 가을에 누가 일본에 가서 보니까 저 나이롱줄 같은 것을 쭉 쳐놓고 볏단을 갖다가 거꾸로 해서 전부 거기다가 깨끗이 걸어놓았더라는 겁니다. 그러면 벼가 물에 젖을 염려도 없고 쥐가 와서 뜯어 먹을 염려도 없다는 것입니다.

이런 것을 지도해야 할 입장에 있는 공무원들이나 농협에 있는 직원들이나 농촌지도자들은 왜 농민들을 지도하지 않느냐 말입니다.

그런 자세 가지고는 우리 농촌은 안 됩니다. 이거 괜히 말로만 떠들고 이래가지고는 농촌에 중점투자해 봤자 밑빠진 독에다 물 붓는 거나 마찬가지입니다. 우리한테는 여러 가지 제한조건이 많이 있습니다. 지금 우리는 중공업도 육성해야 돼, 수출도 해야 돼, 교육투자도 해야 돼, 앞으로는 국방도 우리가 맡아야 되지, 방위산업도 해야돼, 이런데도 정부가 무리해서 농촌에 3천 6백억 원을 투자를 하면 거기에 종사하는 공무원들이나 농촌지도자들이나 농민들이 분발해서 최대한의 투자효과를 내야 합니다. 남이 잘살라고 하는 것이 아니라 자기들이 잘살기 위해서 하는 일이니 이 기회에 빨리 우리 농민도 잘살아보자는 의욕이 넘쳐흘러야 투자한 것이 효과가 나타나는 거지, 도대체 누구를 위해서 농사를 짓는지 그런 상태가지고 농촌이 어떻게 일어나느냐, 동서고금에 그런 식으로 해가지고 농촌이 부자가 되고 근대화된 농촌이 있느냐 이겁니다."

대통령은 끝으로 농협·수협·토련 등 농촌 관계직원들이 자전가나 오토바이를 타고 일해야 할 우리 형편에 새로 나온 코로나나 크라운 같은 세단을 사서 타고 다닌다고 힐책했다.

"농촌행정을 담당하는 농림부 산하의 모든 공무원들이라든지, 전국에 깔려 있는 농협·수협·토련의 수많은 직원들이라든지, 열의가 없어요. 물론 열심히 하는 사람도 있지만 대다수는 그렇지 못합니다. 감사를 해보면 농협이다, 토련이다, 이거는 농민을 위해서 존재하는 기구가 아니라 자기들을 위해서 있는 거다, 토련이면 수세를 받아가지고 자기 직원들 월급이나 나눠먹고 보너스나 타고, 심지어

요즘 새로 나온 코로나·크라운 같은 세단을 타고 다닙니다.

앞으로 우리 농촌이 부자가 되면 농협이나 토련 같은 데서 또 농가와 농민들도 자가용을 가질 그런 시대가 와서 좋겠지만, 아직은 그런 때가 아닙니다. 그런 돈이 있으면 그 돈은 농민을 위해서 쓸 수 있는 사고방식부터 가지고 있어야지, 자기 개인 것은 아니다, 조합의 것이니까 이것은 부정도 아무것도 아니다, 이러한 사고방식 가지고는 안 된다 이겁니다.

자전거 타고 다녀라 이겁니다. 자전거! 농촌에서는 오히려 자전거가 훨씬 낫지 않느냐? 그것이 혹 뭣하면 오토바이 같은 거나 사면 되는 거지, 무슨 놈의 세단을 사가지고 타고 다니면서 토련이다, 농협의 직원이냐 이거야. 자세부터 그래가지고는 농촌 안 됩니다."

제4장 농수산물 유통구조에 혁명적 변화를 가져와야 한다

농업성장촉진을 위해 비닐을 최대한 이용해야겠다

1973년 1월 16일, 농림부 연두순시에서 대통령은 농산물의 계획생산과 가격보장에 힘써야 한다는 점을 강조했다.

"최근 고속도로를 쭉 지나오면서 보면 비닐하우스가 작년보다 숫자가 훨씬 적어요. 몇 동이 줄었는지 그건 세어보지 않아서 모르지만 늘 지나다니는 데이기 때문에 그전보다 훨씬 줄었구나 하는 것이 대번에 느껴지는데, 왜 그러냐고 물어보니까 작년에 모두 열심히 했는데 값이 떨어져서 농민들이 재미가 없으니 금년에는 안 한다 이겁니다. 값이 떨어져서 재미를 못 보면 농민들이 안하는 것은 당연한 겁니다. 그러나 책임은 농민들보다도 정부에 있다고 봅니다. 정부나 도·시·군·공무원과 농협에서 처음부터 계획적으로 생산을 시키고, 그렇게 했는데도 가령 생산이 조금 과잉되었다, 값이 떨어졌다, 이럴 때는 정부가 그걸 조정해야 한다, 정부가 권장해서 생산한 것은 그 가격을 조절해 주자 이겁니다. 돈이 얼마나 들든지, 몇 억을 들이더라도 사가지고, 사료로 쓴다든지 가난한 사람들한테 겨울 김장감으로라도 그냥 공짜로 나눠준다든지, 안 그러면 군대 같은데 주어서라도 군인들이 먹는 부식을 좀 올려준다든지, 그런 식으로 해서라도 가격을 조절해 주자는 것입니다.

이런 것을 지금 다른 나라에서는 다 하고 있습니다. 옆에 있는 일본 뿐만 아니라 덴마크 얘기를 우리가 자주 하는데, 덴마크에 가보면 그 나라의 농림부인가 어디서는 저 육군본부나 8군사령부의 작전상황실 같은 데가 있어 일 년 동안의 계획생산표가 미리 정해져 있어서 어느 지방은 어떤 작물을 얼마만큼 심고, 어디는 심지 말고, 어느 지방은 얼마만큼 감산시키고, 어느 지방은 증산을 시킨다는 계획을 가지고 정부가 그걸 전부 유통체계 내에 집어넣어서 농민들이 실패하지 않도록 하고, 만약 계획생산을 했는데도 값이 떨어지면 정부가 보조를 해준다든지 사서 저장을 해준다든지 하는 방법으로 농민들이 안심하고 일할 수 있도록 하고 있다는 것입니다.

다른 나라의 사람들은 그런 체제를 시행하고 있는데 우리나라 사람들은 앉아서 농업정책에 대해서 좌담한 것, 글쓴 것, 책쓴 것을 보면 전부 그런 것을 간과하고 있어요.

유통구조를 개선해야 되고, 계획생산을 해야 된다고 그러는데 실제 그거 하는 사람은 없다 이겁니다.

특히, 농업행정이라는 것은 저 시골에 있는 농민 한 사람 한 사람을 상대로 해서 하는 것이기 때문에 우리가 정책을 말단까지 침투시키고, 그리고 집행시키고, 지도해서 잘 이끌어 나가는 것이 중요합니다. 이론을 아는 것도 중요하지만 실천이 문제라는 얘기입니다.

지금 우리나라에는 농업관계 연구기관 같은 데가 상당히 많이 있는데, 그 사람들도 물으면 연구비가 부족하다는 말을 합니다. 물론 연구비가 충분치는 못할 겁니다.

다른 데가 다 풍족해야 거기도 풍족한 거지, 다른 데는 다 돈이 부족한데 그런 기관만 돈이 풍성풍성할 수 있는가요? 우리나라 살림살이 전체에 비해서 우리가 이런 정도를 가지고 하더라도 만족하고 열심히 해야 되겠다, 나라가 부강해지면 점차 우리한테도 예산도 더 나오고 좋아진다, 이렇게 생각하고 해야지 늘 가서 물어보면 예산타령이나 하고 앉아 있어서야 되겠느냐는 것입니다."

대통령은 이어서 농업성장을 촉진시키기 위해서 비닐을 최대한 이용해야 되겠다는 점을 역설했다.

"우리나라에 지금 비닐이 생산되어 여러 가지 농업에 어떤 면으로는 혁명을 가져왔다, 이렇게 볼 수 있는데, 이것이 늘어나는 움직임을 보이다가 점차 수그러지는 것 같아요.

우리나라는 기온이 겨울에 찬데, 우리가 농업을 빨리 성장시키기 위해서는 비닐을 최대한 이용해서 기온을 올리자 이겁니다. 물론 거기에는 비닐 값이 필요하겠지요. 이런 것도 어떤 방안이 딱 서면 정부에서 비닐 만드는 회사에다가 대량으로 양산하도록 해서 이것을 농가에 다 주고 이런 걸 줄 테니까 이러저러한 작물을 재배하라고 하면 겨울에도 우리가 재배할 수 있는 작물들이 상당히 많지 않겠느냐는 것입니다.

비닐이 늘어나니까 생산과잉이 돼서 값이 떨어진다는 그런 작물은 피하고 상당히 많이 생산하더라도 시장이 있고 소비가 가능한 작물, 또 필요하다면 겨울에 정부가 그것을 사서 저장·비축을 할 수 있는 작물을 잘 연구해서 그런 것을 앞으로 많이 재배하게 한다면 우리나라의 기후적인 취약점을 비닐을 가지고 극복할 수 있지 않겠느냐, 우리나라는 일본보다 기온이 평균 몇 도 낮지만 비닐을 가지고 이를 극복하고 오히려 땅을 더 많이 이용한다는 이런 정도가 되어야만 우리 농촌이 제대로 됐다, 이렇게 볼 수 있지 않겠느냐 이겁니다. 그런 것도 앞으로 좀 더 많이 연구할 필요가 있다고 봅니다."

대통령은 이어서 농업정책을 수행하는 데 있어서 농림부와 각 지방자치단체 간에 업무와 책임의 한계를 분명히 하고 중앙의 업무를 지방에 대폭 이양하여 농업행정의 능률을 올려야 되겠다는 점을 강조했다.

"농림부는 농정에 대한 정책을 수립하고 주요한 지침을 지방장관에게 하달하고 필요한 예산을 책정해 주고, 농촌진흥청 등을 통해서 기술적인 지도를 하는 등 이러한 주요한 일을 해야지, 중앙에 있는 농림부 직원들이 지방의 군청이나 도청 과장들이 해야 될 일을 따지고 앉아있다 이겁니다. 굉장히 열심히 하고 세밀히 파악하는 것 같은데 사실은 보다 더 중요한 문제를 잊어버리고 있어요.

지방에서 할 일을 중앙에서 쥐고 앉아서 지방에 있는 사람들을 오라가라 하여 도나 군의 일선공무원들이 서울까지 올라와야만 된다는데 이래가지고는 안 된다, 농림부에서 해야 될 일이 무엇이란 것을 확실하게 선을 그어서 도지사나 군수에게 맡길 것은 대담하게 맡기고 권한과 책임을 주고 지도를 하고 잘못되었을 땐 책임 묻는 것이 능률을 올리는 올바른 행정의 방향이라는 것을 농림부의 저 위에 있는 국장·차관보 등 고급공무원들뿐만 아니라 저 밑에 있는 말단공무원까지도 확실히 알고 일을 해야지, 괜히 쓸데없는 일을 꽉 붙잡고 앉아서 불필요한 보고서를 요구한다든지 밑에다 맡겨도 될 일을 쥐고 앉아서 중앙에서 무슨 권한을 가지고 결정을 하는 것처럼 해가지고 행정이 더 복잡해지고 번잡해지도록 하는 것, 이걸 아주 대폭적으로 막아서 권한과 업무를 대폭적으로 밑에다가 넘겨주는 것만 해도 농림행정이 그만큼 능률이 오르고 도지사들이 그만큼 시간적 여유를 가지고 더 뛸 수 있다 이겁니다.

농림부의 주임무는 모든 지방자치단체나 그 산하에 있는 농림관계기관에 대해서 뚜렷한 임무와 목표를 제시해 주고 그들이 능률을 올릴 수 있도록 지원을 해 주는 것이다, 그런 걸 여기서 다 쥐고 앉아서 주물럭거리는 것이 농림부의 일이 아니다, 이걸 확실히 인식을 해야만 이번에 기구를 개편한 의의가 있고 앞으로 능률도 올라가리라 생각합니다."

대통령은 이어서 전국민 과학화운동의 제1단계 목표는 가정생활의 과학화와 농사방법의 과학화에 있다고 말하고, 먼저 가정에서의 과학화에 대해 설명했다.

"과학화다, 기술화다 하면 흔히 전문적 이론이나 기계 기술을 연상하고 어렵게 생각하는 경향이 있는데 그렇게 생각해서는 안 됩니다.

국민의 과학화운동은 우리들의 가정과 생활 주변에서 쉽고 가까운 것에서부터 출발해야 합니다. 즉, 우리들의 가정생활부터 과학화하고 농사짓는 방법을 과학화하는 것이 전국민 과학화운동의 제1단계 목표인 것입니다.

예를 들면 우리가 사는 방의 온도는 몇 도 정도가 알맞은가? 우리가 먹는 음식의 주된 성분은 무엇이며, 어떤 작용을 하는가? 뜰에 서 있는 나무나 꽃밭의 화초는 무슨 거름을 주어야 잘 자라는가? 집의 방향은 남향이 좋다는 데 그 이유는 무엇인가? 농로의 폭은 몇 미터로 하는 것이 좋으며, 최소 5미터 이상이어야 한다면 그 까닭은 무엇인가? 하는 것 등 우리가 일상생활을 통해서 늘 하고 있는 일부터 그 이치와 기술을 배우고 익혀서 이를 응용해 나가도록 해야겠다는 것입니다.

또한 앞으로 산업이 발달되어 우리 농촌에도 냉장고·텔레비전, 세탁기와 같은 문명의 이기가 들어가고 가정에서 전기를 쓰고 가스

를 쓰게 되면, 과학적인 기초지식
이 있어야 활용할 수 있는 것이
며, 기술이 없으면 고장도 많이
낼 것이고 잘못 취급하여 인명피
해를 가져올 경우도 없지 않을 것
입니다."

대통령은 이어서 영농의 과학화
에 대해 여러 가지 예를 들어 설
명했다.

"농어촌에도 과학기술이 있으면
우리 농촌이 훨씬 더 빨리 발전하
고 향상될 수 있는 분야가 허다하
게 있습니다.

벼농사의 증산이다, 고등소채
다, 특용작물이다, 축산이다, 어
업이다, 양식업이다, 가내공업이
다 하는 것 전부가 기술이 있어
야 합니다.

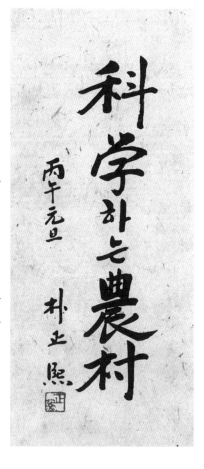

막연히 상식적으로 남이 하니까 비슷하게 흉내만 내는 영농방법
이나 소득증대사업이나 농가부업으로는 언제든지 남보다 뒤떨어지
고 또 애써 만들어 봤자 하나도 제값을 받지 못하고, 농가소득에도
별반 도움이 되지 않을 뿐 아니라 잘못하다가는 오히려 손해를 보
는 경우도 있을 것입니다. 그동안 우리나라의 영농기술이 개량되고
발달된 것은 사실이지만, 아직도 옛날 조상 때부터 해 오던 영농방

법을 그대로 답습하고 있는 것이 많습니다. 영농기술의 연구 개량은 농촌진흥청이나 농과대학의 연구원만이 하는 일로 생각하는데, 이것이 잘못된 생각입니다.

물론, 전문적인 시험연구사업은 전문가들이 할 일이지만, 직접 영농에 종사하는 농민도 스스로 머리를 쓰고 연구하는 자세로 농사일을 이루어 나가야 합니다.

영농의 과학화는 먼 데서 찾을 것이 아니라 가까운 데서 찾아야 합니다. 어떻게 하면 같은 면적의 농경지에서 더 많은 수익을 올릴 수 있겠는가 하는 방법을 찾아 연구하고 응용하는 것, 이것이 바로 농사의 과학화인 것입니다.

예컨대 작년에 우리 집에서는 이런 방법으로 비료를 주고, 농약을 뿌렸더니 농사가 잘 안 되었는데, 앞집에서 다른 방법을 쓰더니 잘 되더라 하는 경우에 그 잘못된 원인을 찾아서 연구하고 하나하나 고쳐 나가야 합니다.

또 다른 예로, 금년에는 이상난동으로 보리가 너무 많이 자라서 늦추위가 엄습해 올 경우 얼어죽을 염려가 있다고 걱정들을 하고 있는데, 이런 것도 과거의 경험을 거울삼아 보리를 밟아 주고, 골에 흙을 넣어주는 등 할 수 있는 일을 다하여 동해를 입지 않도록 해야 합니다.

영농에 있어서 조상들이 해 오던 방식에만 의존하지 말고, 스스로 연구하고 또 선진 농업기술을 배우고 익힘으로써 같은 면적에서 같은 노력을 하더라도 보다 많은 소득을 올릴 수 있도록 힘써야 하겠습니다."

대통령은 이어서 농촌에 대한 투자는 투자사업에 대한 사전검토와 사후관리와 지도를 잘 해서 100% 성과를 내야 된다는 점을 강조했다.

"작년, 재작년부터 농림부 산하의 모든 사업에 투자가 많이 늘어났지만 작년부터는 농촌사업에 외자가 상당히 들어가고, 금년부터는 새마을사업만해도 벌써 2억 몇천만 달러의 외자가 들어오고 또 3천 6백억이 들어오면 농촌에 들어가는 돈은 더 많아질 것입니다.

문제는 이 금액이 많다는 것보다 우리가 이것을 어떻게 효과적으로 농촌에다 투자를 해서 그 효과를 내느냐 하는 것입니다. 성과 위주로 투자를 하고 우리가 사전에 투자사업에 대한 검토와 사후관리와 지도를 잘 해서 100% 성과를 내야 하겠다 이겁니다. 그렇지 않고, 외국에서 들어오는 외자까지 써서 해보니까 결국 별 성과가 없었다, 실패했다, 이래가지고는 안 되겠다 이겁니다."

대통령은 이어서 이번에 농림부의 업무량이 너무 많아서 차관보를 두 사람 더 두기로 했으며, 이것은 일을 분담해서 능률을 더 울리자는 데 그 목적이 있다는 점을 강조했다.

"농림부가 지금 하고 있는 일이 하도 광범하고 업무량이 너무 많아서 장관 한 사람이 이걸 전부 장악하고 파악하기는 너무 짐이 벅차겠다고 해서 이번에 정부조직법을 일부 고쳐 농림부 기구를 개편하고 장관 밑에 차관보를 두 사람이나 더 맡겨주었습니다. 기구를 넓히면서 나도 염려는 했습니다. 정부기구를 넓힌다는 것은 뭐냐하면 그만큼 업무량이 많으니까 분담을 해 능률을 더 올려라, 일을 잘하라 하는 것이 그 근본취지인데, 자칫 잘못하면 기구만 늘려놓으면 앉아서 서로 권한다툼만 하고, 그 전에는 한 사람이 해 척척 잘 돌아갔는데 여기저기서 서로 붙잡고 앉아서 무슨 쓸데없는 일을 해가지고 오히려 행정이 돌아가지 않고 속도가 늦어지는 결과를 가져오는 일이 과거에 있었다는 것입니다. 앞으로는 이런 일이 있어서는 안 되겠다 이겁니다.

이번에 새로 기구를 개편하고 난 뒤에 거기 앉아서 일하는 공무원들은 정부가 기구를 개편하거나 새로운 기구를 증설하는 취지가 어디 있나 하는 것을 확실히 파악을 하고 농림부가 보다 더 능률을 올릴 수 있는 방안을 마련해 주어야 되겠습니다."

우리 농민들이 쌀을 2, 3할 증산하면 식량 자급자족은 가능하다

1973년 9월 21일, 벼베기대회에서 대통령은 먼저 금년에 우리가 예년에 볼 수 없었던 대풍작을 보게 된 것은 우리 농민들과 새마을지도자·농촌지도자·공무원·학생 등이 피땀어린 노력을 기울여 한해와 수해와 병충해를 극복한 결과라고 평가했다.

첫째, 금년 6월 중순과 7월, 8월 경에 상당한 한발이 계속되었으나 농민·공무원·학생까지 나서서 주야로 노력해서 한해를 극복했다.

둘째, 일부 지방에 폭우가 내려 많은 피해를 입었으나 수해를 입은 부락민들이 새마을정신으로 자기들 스스로의 힘으로 수해를 극복했다.

셋째, 정부와 농촌지도자와 새마을지도자들이 새로운 영농기술을 지도, 권장하고 농민들이 이에 적극 호응하여 모내기 2주일 앞당기기 운동, 벼농사 150일 작전, 보온 못자리, 조기이앙, 병충해구제 등 과거 농민들이 관심을 가지지 않았던 영농기술에 대한 연구와 노력을 거듭해서 한해와 수해와 병충해 등을 극복했다는 것이다.

"전국의 제농가, 새마을지도자, 농촌지도자 여러분!

오늘 예년에 볼 수 없던 대풍작을 우리들 눈앞에 바라보면서 금년도 벼베기대회를 가지게 된 것을 나는 농민 여러분들과 더불어 충심으로 기쁘게 생각합니다.

우리나라에서는 옛날부터 풍년이 들자면 약간 수해가 있어야 한다는 이야기가 있습니다. 그것은 무슨 뜻인가 하면 다소 수해가 있더라도 비가 좀 지나칠 정도로 와서 한쪽에서는 일부 손해를 입는 그런 상태야 되어야 풍년이 들지 그렇지 않으면 결국 한발이 들어 흉작을 면치 못한다는 뜻일 것입니다.

그 말은 또 바꿔서 말하면, 우리나라 농촌에서는 물을 잘 이용할 줄 모르고 수해 극복에 대한 경험이 부족해서 하늘에서 떨어지는 비가 아니면 농사를 짓지 못한다는 이야기가 될 것입니다.

그러나 금년에는 다행해 수해라고 할만한 큰 수해도 없었고, 또 한발도 큰 한발 없이 지내왔습니다.

그러나 한발과 수해가 전혀 없었느냐 하면 그런 것은 아닙니다. 금년 6월 중순이라든지, 7, 8월경에는 상당한 한발이 계속되어 우리 농촌에서는 상당히 염려를 했고, 또 일부 지방에서는 폭우가 내려 적지 않은 피해를 입은 것도 사실입니다.

그러나 가을에 들어서 이처럼 풍작을 맞이한 것은 결코 우연한 일이 아닌 것입니다.

여기에는 우리 농민들의, 우리 농촌지도자들의, 또 우리 정부의, 어지간한 한해와 어지간한 수해는 우리 스스로의 힘으로 극복을 해 나가겠다는 피눈물 나는 노력이 있었다는 것을 잊어서는 안 되겠습니다.

금년 여름의 한해만 하더라도 농민들은 물론이요 우리 공무원, 학생까지 총동원해서 밤낮을 가리지 않고 한해 대책을 강구한 노력의 결정으로 한해를 극복한 것이지, 우리가 가만히 있었는데도 모든 것이 저절로 극복된 것은 아닙니다.

또 수해도, 일부 지방에서는 꽤 많은 수해가 있었습니다. 그러나, 수해를 입은 농민들이나 부락민들이 총동원해서 새마을정신과 자조정신으로 자기들 스스로의 힘으로 그것을 극복하겠다는 노력의 결과가 오늘날 수해 없는 풍년을 가져온 것입니다.

그밖에도 우리 농민들의 영농기술이 지난 수년 동안에 엄청나게 발전됐다 하는 것도 우리가 잊을 수 없는 사실입니다. 물론, 아직도 우리의 영농기술 분야에 있어서 발전을 해야 하고 개량해 나가야 될 분야가 많이 있다는 것은 알지만 과거에 비해 볼 때 많은 발전을 가져왔습니다.

과학적인 영농, 기술적인 영농, 이런 데에 우리 농민들도 이제 눈을 뜨게 되었습니다.

정부와 우리 농민들, 특히 우리 농촌지도자들, 새마을지도자들이 모두 앞장서서 새로운 영농기술을 지도하고 권장하고 농민들도 여기에 적극적으로 호응을 했기 때문입니다.

금년에도 우리 경험에 비춰서 모내기를 좀 빨리 하자는 모내기 2주일 앞당기기 운동, 또는 벼농사 150일 작전, 모두 우리나라에서 새로 생긴 술어들입니다, 기타 보온못자리 또는 조기 이앙, 병충해 구제 등등 과거 우리 농민들이 그다지 관심을 가지지 않았던 영농기술 분야에 우리 모두가 머리를 쓰고 연구와 노력을 해서 한해·수해를 극복하고 병충해도 극복하여 그 결과 금년에는 과거에 보기 드문 대풍작을 가져온 것입니다.

이처럼 금년의 풍년은 우리 농민들의 피땀어린 노력의 결정이라고 생각해야지, 이것을 우연히 재수가 좋아서 농사가 잘 됐다고 생각을 해서는 결코 안 되겠습니다."

대통령은 이어서 과거의 경험에 비추어 볼 때 10월 중순경 예기치 않던 천재가 닥칠 가능성에 대비해서 추수가 끝날 때까지 방심하지 말고 보다 더 마음써야 될 농사일에 대해서 몇 가지 당부를 했다.

첫째, 논에 생긴 피는 당연히 농민들이 뽑아야 된다는 것이다.

논에 생긴 피는 인근에 있는 학생·군인·공무원들이 뽑아주는 것이지 농민들이 뽑는 것이 아니라는 잘못된 생각을 버리고 농민들이 뽑아야 한다.

둘째, 폭풍우로 넘어져 있는 벼를 일으켜 세워서 짚으로 묶어서 한 톨의 쌀이라도 손해보지 않도록 정성을 들여야 한다는 것이다.

세째, 벼를 베어서 물이 홍건한 논에 그대로 눕혀두는 과거의 방식을 개량해야 되겠다는 것이다.

물이 있든 없든 논에다 두면 쥐나 새가 와서 먹어서 상당한 감수가 생길 염려가 있다. 일본에서는 볏단을 묶어서 거꾸로 달아매는 등 여러 가지 연구를 하고 있는데, 우리 농촌에서도 이에 대해 연구를 해야 한다는 것이다.

"또한, 우리 농민들은 아직도 모든 것을 안심해서는 안 되겠다고 생각합니다.

왜냐하면, 과거 우리의 경험에 비추어 본다면 이때쯤까지는 모든 것이 잘 되고 풍작을 예상했는데, 의외에도 이상기후가 닥쳐서 10월 중순쯤 가서 난데없는 폭우가 내려 모처럼 우리가 땀 흘려 지은 농사가 폭우로 인해서 떠내려간다든지 수해를 입는다든지 하여 많은 감수를 가져온 예가 있습니다.

70년경만 하더라도 10월 중순에 충청남도 서산반도 일대에 난데없는 폭우가 내리고 해일이 들어와서 그 일대 우리 농민들이 논에다가 베어놓은 벼가 전부 물에 둥둥 떠 서해안으로 떠내려가 많은 피해를 입었고, 인명의 피해까지 있었습니다.

이런 것을 생각한다면 앞으로 적어도 한 2주일 정도 기후가 순조롭게 계속되어야 하며, 예기치 않던 천재가 없어야 되겠습니다.

따라서, 아직 방심을 하지 말고 추수가 완전히 끝날 때까지 농사에 우리는 보다 더 마음을 써야 되겠다는 것입니다.

그밖에도 벼농사는 잘 됐는데, 시골에 지나가다 보면 피가 우북하게 나 있는데 이런 것도 빨리 뽑아야겠습니다.

일부 농민들 중에는 피 뽑는 것은 그저 근처에 있는 학교 학생들이 나와서 뽑아주는 것이지 농민들이 뽑는 것이 아니라는 그릇된 생각을 가지고 있는 농민들도 있는 것 같은데, 모내기할 때처럼 손은 모자라고 빨리 모내기를 해야겠고 농민들의 힘만 가지고는 안 될 때 학생들이나 공무원 또는 군인들이 나와서 도와주는 경우가 있는 것이지, 논에 피가 생겼으면 당연히 농민들이 뽑아야 되는 것입니다.

물론, 그것도 너무 많이 나서 농민들만의 힘으로 어려울 때 학생들이 나와서 도와주는 경우가 있을 수 있겠지만, 어디까지나 농민들이 자기들 손으로 뽑아야 됩니다.

또 얼마 전에 비가 좀 오고 폭풍이 불어서 상당한 벼가 도복된 상태에 있는데, 이것도 빨리 일으켜 세워서 짚으로 묶어준다든지 그렇지 않으면 새끼줄을 쳐 가지고 양쪽 줄에다 걸친다든지 해서 금년 1년 동안 우리가 땀흘려가면서 농사한 그 결과를 한 톨이라도 손해를 보지 않도록 정성을 들여야 하겠습니다.

벼를 베고 난 뒤에도 마찬가지입니다. 이것도 우리 농촌에서는 앞으로 대대적으로 개선을 해야 될 문제라고 생각하는데, 벼를 베어 가지고 논에 물이 흥건한 데도 거기다가 벼를 그대로 눕혀두는 경우가 많습니다. 이것은 어떻게 방법을 개량해야 되겠습니다. 이웃 일본 같은 나라에서는 줄을 쳐 가지고 거기다가 볏단을 묶어서 거꾸로 달아맨다든지, 그렇지 않으면 논두렁에 깔판을 깔아가지고 거기다가 말린다든지 여러 가지 연구를 하고 있는데, 우리 농촌에서도 이것을 점차 연구해야 되겠습니다.

과거에 하던 방식으로 벼를 베어서 물이 있든 없든 논에다 그냥 눕혀 놓으면 역시 상당한 감수가 생길 것입니다.

논에 그냥 두면 쥐가 와서 먹을 염려도 있고 새가 와서 먹을 염려도 있으므로 우리가 땀 흘려서 이룩한 이 결실을 한 톨이라도 아낀다는 정신이 끝까지 계속되어야 되겠습니다.

이것이 바로 농민정신인 것입니다. 농사라 하는 것은 하늘에서 비가 잘 오고 비료를 많이 주고 기계가 있다고 해서 농사가 되는 것이 아닙니다. 결국은 농민들의 정신, 성의의 결정이 가을의 추수로서 나타나는 것입니다.

다행히 기후가 순조롭고 또 농민들의 노력의 결정으로 금년에는 도처에 예년에 유례없는 풍년을 맞이한 이 시기에 다시 한 번 여러분들의 그동안의 노고를 치하하면서, 마지막까지 보다 더 정성을 들여서 땀 흘려 이룩한 이 결실을 하나라도 더 많이 거둘 수 있도록 노력해 줄 것을 여러분께 당부합니다."

대통령은 이어서 이제 우리나라의 식량은 우리 자신의 노력으로 자급자족해야 할 필요성과 그렇게 할 수 있는 가능성에 관해서 설명했다.

식량문제는 세계적으로 크게 문제가 되고 있다. 식량증산이 인구증가를 따라가지 못하고 있다. 우리는 식량이 부족하면 미국에서 잉여농산물 원조도 받고 장기차관으로 사오기도 했으나 미국의 식량도 이제는 그런 여유가 없다고 한다. 내년부터는 잉여농산물, 이른바 PL480호에 의한 원조도 없어진다. 우리나라는 기후·토질·면적 등 때문에 우리가 많이 쓰는 밀가루는 자급자족할 수 있는 형편은 못 된다. 그러나 쌀·보리·콩은 우리가 좀 더 노력하면 충분히 자급자족할 수 있다. 특히 쌀은 통일벼로 2~3할 증산하는 것은 어렵지 않으므로 3할만 증산하면 자급자족하고도 일부는 남을 수 있다. 그리고 모자라는 밀가루는 공업발전으로 점차 늘어나는 정부보유 달러로 사들여 오면 충분히 보충할 수 있다. 따라서 우리가 자급자족할 수 있는 분야는 서둘러 자급자족해야 하며 우리가 자급 할 수 없는 것만 사와야지, 쌀까지 1년에 몇억 달러어치씩 외화를 들여 사와야 한다면 우리의 경제건설은 안 되는 것이다. 농가소득증대를 위해서, 국가의 식량자급자족을 위해서 우리 농민들은 증산운동에 보다 더 노력해야 되겠다는 것이다.

"우리나라에서는 오래 전부터 식량을 자급자족해야 되겠다는 것을 입버릇처럼 부르짖고 있기는 합니다만 아직까지 그 실현을 보지 못하고 있습니다.

몇 가지 우리나라의 여러 가지 여건으로 자급자족이 안 되는 그러한 분야도 있을 것입니다.

예를 들면, 최근에 우리나라에서 밀가루, 소맥을 많이 쓰는데 우리나라의 기후나 토질 또는 면적 등으로 봐서 이것까지 우리가 자급자족할 수 있는 형편은 안 되지 않느냐? 그러나 쌀이라든지 보리는 우리 국민들이 조금만 더 노력하면 충분히 자급자족을 할 수 있다고 나는 생각합니다.

쌀은 아직까지 통계가 나오지 않아서 금년에 소출이 어느 정도 되는지 모르겠습니다마는 특히 통일벼는 아주 놀랄 만큼 훌륭한 성과를 올리고 있다고 생각합니다.

작년만 하더라도 농수산부에서 올라온 통계에 의하면 충청북도 옥천군, 홍승희 씨의 인정단지 같은 데서는 정보당 700킬로그램을 넘는 수익을 올렸던 것입니다. 전국 평균이 300여 킬로그램인데 700킬로그램이라면 보통 농사의 배 이상이 나온 것입니다.

물론, 그 토질의 조건이라든지 여건에 따라 전부가 똑같이 되는지 안 되는지 모르지만, 어지간한 좋은 논에서는 우리 농민들이 조금만 머리를 쓰고 노력을 하면 거의 배에 가까운 양을 생산할 수 있을 것이고 이렇게는 못 되더라도 한 2~3할 증산하는 것은 그리 어려운 문제가 아니라고 생각합니다.

그렇다면 우리 평년작이 쌀만 해도 약 2,700만 석쯤 되는데 벌써 1할만 증산하더라도 270만 석이요, 2할만 더 증산하면 벌써 550만 석 가까이, 3할만 증산하면 충분히 자급자족하고도 일부 남는다는 것입니다.

그때까지 우리는 더 노력을 해야 되겠습니다. 식량 문제는 전세계적으로 크게 문제가 되어 있습니다. 세계 인구는 나날이 늘어나고 식량증산은 인구가 늘어다는 것만큼 따라가지 못하고 있습니다.

지금 식량이 가장 많이 생산되는 데가 미국·호주·캐나다 등등의 나라들인데, 과거에는 우리가 식량이 부족하면 미국에서 잉여농산물 원조 등의 지원도 받고 또 모자랄 때에는 장기차관으로서 들여오기도 했지만 미국의 식량도 이제 그렇게 여유가 없다는 것입니다.

내년부터는 잉여농산물, 소위 PL480호에 의한 원조 방식도 없어지리라는 이야기도 있습니다.

그렇다면 우리나라의 식량은 우리 자신의 노력으로 자급자족해야 되겠습니다. 방법은 없느냐? 있다 이 말입니다. 조금만 우리가 노력하면 충분히 있습니다.

밀 같은 것은 어떻게 하느냐? 밀 같은 것은 만약 모자라면, 쌀이 충분히 자급자족된다, 보리가 된다, 콩이 된다, 다른 것이 모두 자급된다면, 우리나라의 공업이 발달돼서 외화보유고가 점차 늘어나니까, 모자라는 밀가루 정도는 정부보유 달러로 사 들여오면 충분히 보충할 수 있는 것입니다.

쌀도 모자란다, 보리도 모자란다, 밀가루도 모자란다, 콩도 모자란다, 모조리 모자란다면 전부 달러로 사들여 온다는 것은 불가능한 것입니다.

또 앞으로는 달러가 많이 있다 하더라도 우리가 필요한 식량을 전부 사올 수 있는 그런 양이 있겠느냐, 없겠느냐 하는 것도 문제가 되는 것입니다.

따라서 우리가 자급자족할 수 있는 분야는 빨리 서둘러서 자급자족해야 하겠고, 도저히 우리 형편으로서 안 되는 것만 우리가 가지고 있는 외화로써 들여와야지, 쌀까지 우리가 외국에서 1년에 몇 천만 달러, 몇억 달러어치씩 들여와야 된다면 우리나라의 경제건설은 안 되는 것입니다.

이런 점을 생각하더라도 우리 농민들이 증산운동이라는 것은 여러분의 농가소득증대는 물론이요, 국가적으로 보더라도 우리의 식량 자급자족이라는 견지에서 대단히 중요한 문제요, 또 여러분의 노력에 대해서 정부나 국민들의 기대가 얼마나 크다는 것을 잘 인식해서 보다 더 노력을 해주시기 바랍니다.”

기름을 절약·비축하고, 식량저장창고를 많이 만들어야겠다

1974년 1월22일, 경제기획원 연두순시에서 대통령은 먼저 유류절약시책을 정부가 솔선해서 좀 더 강력하게 추진하라고 지시했다.

"작년 연말에 석유파동이 있어 에너지 문제에 대해 국민들이 대단히 걱정을 하고, 그동안 여러 가지 에너지 절약 노력을 많이 했는데, 최근에 보니까 앞으로 기름은 우리가 필요한 것만은 확보할 수 있다는 전망을 갖고 있지만 에너지 파동을 거의 잊어버린 것 같은 느낌을 갖게 됩니다.

에너지 절약에 대해서 연초에 세워놓은 계획을 조금도 풀지 말고 그대로 추진했으면 좋겠습니다. 설령 기름의 양을 충분히 공급을 받을 수 있다면 그것을 절약해서 예비로 비축한다든지 해야지 기름을 얼마든지 쓸 수 있다고 해서 그대로 쓰면 우리의 외화가 그만큼 낭비되는 등 여러 가지 어려운 문제가 생깁니다. 작년에 유류파동이 났을 때는 전기를 절전해야 된다, 기름을 아껴 써야 된다, 자동차도 10부제를 해야 된다고 했는데 요즘에 와서 보니까 거의 다 잊어버린 것 같아요. 아직도 유류파동문제가 다 풀린 것이 아닙니다. 정부가 좀 더 강력하게 솔선해서 유류절약 시책을 추진해 주시기 바랍니다."

대통령은 이어서 농수산부에서는 세계적인 식량부족 사태에 대비해서 식량저장창고 소요계획을 세우라고 지시했다.

앞으로 식량문제는 석유문제 같은 문제로 등장할 시기가 닥쳐올 것이다. 다른 분야를 줄이더라도 농수산물 저장시설, 특히 식량창고를 최우선적으로 많이 만들어서 미국이 풍년이 들면 우리가 식량을 사두고, 국내 식량이 남으면 저장해서 미래의 사태에 대비해야 한다. 막상 식량문제에 직면해서 갑자기 사려고 하면 살 수도 없고 또 사오더라도 저장창고가 없으면 심각한 위험에 부닥치게 된다는 것이다.

"농수산부에서는 다른 분야를 줄이더라도 농수산물 저장시설, 특히 식량창고를 최우선적으로 많이 만들고 수리시설 확충 같은 것은 이자가 싼 AID자금을 사용하는 것이 좋겠습니다. 나는 앞으로 얼마 안 가면 식량문제가 석유문제 같은 문제로 등장할 시기가 닥쳐오리라고 보는데 식량창고를 많이 만들어 놓아서 미국이 풍년이 들게되면 우리가 식량을 미리 사둔다든지, 국내 식량이 남으면 저장을 해서 앞으로의 사태에 대비를 해야지 막상 식량문제에 부닥쳐 갑자기 사려고 하면 살수도 없고, 또 사오더라고 저장할 창고가 없어서는 심각한 위험에 직면하게 됩니다. 지금 작업을 하고 있는 줄 압니다만, 우선 세계적으로 식량부족 사태가 벌어졌을 때 거기에 대비해서 평소에 얼마만큼의 식량을 저장해야 되겠는지, 그것을 위해 창고가 얼마만큼 필요한지, 돈은 어느 정도 드는지, 그런 소요(所要)에 대한 계획을 세워보세요."

과학적인 영농기술을 전국 농민들에게 잘 지도해야겠다

1974년 1월 23일, 농수산부 연두순시에서 대통령은 먼저 식량증산을 위해서 작년에 풍작에 기여한 과학적인 영농기술을 전국의 농민들에게 잘 지도해야 되겠다는 것을 강조했다.

앞으로 자원난 문제에 있어서는 유류문제뿐만 아니라 식량자원도 큰 문제가 될 것이다, 과거에 우리는 미국의 잉여농산물을 도입해서 식량 걱정은 안 했으나, 앞으로는 여건이 달라져 식량자급을 위해 특별한 노력을 해야 한다. 특히 쌀·보리·콩은 정부가 2, 3년 내에 자급자족을 해보려고 계획을 세우고 추진하고 있다는 것이다.

이 계획이 그 기한 내에 목표를 달성하지 못한 예도 있었다. 그러나 작년에 우리는 쌀만 해도 2,900만 석의 풍작을 거두었다. 물론 기후도 좋았지마는, 그것보다는 병충해방제, 벼농사 150일 작전,

기계화 작업으로 누렇게 익은 벼를 수확하고 있는 농촌 박 대통령의 '과학하는 농촌'
의 의지가 열매맺고 있다.

모내기 2주일 앞당기기, 이앙 및 추수시기 조절 등 과학적인 영농
기술을 최대한 활용했기 때문에 증산이 가능했다는 것이다.

"요즈음 흔히 무슨 자원난, 자원난하는 이야기를 많이 합니다.
일반적으로 자원이다 그러면, 원유다, 고철이다, 주로 그런 것을 생
각하지, 식량문제에 대해서는 비교적 관심이 등한한 것 같은데, 장
차는 이 식량문제에 대한 문제가 점차 문제가 되리라고 이렇게 보

고 있습니다.

과거 우리나라에서는 주로 미국에서 잉여농산물을 도입해서 식량문제는 거의 걱정을 하지 않았는데 앞으로는 여러 가지 여건이 달라져서 식량도, 우리가 앞으로는 자급자족을 하는 데 특별한 노력을 해야되겠고, 또 우리 국내에서 생산을 해서 자급이 안 되는 것은 해외에서 어떻게 확보하느냐 하는 데 대한 노력도 지금부터 우리가 해야할 단계에 있습니다.

특히 우리나라의 주곡에 속하는 쌀·보리·콩은 앞으로 정부가 한 2~3년내에 자급자족을 해보자 하는 계획을 세워 가지고 밀고 있는데, 과거에는 이런 것이 되겠느냐 안 되겠느냐는 논란도 있었고, 또 정부가 몇 번 계획을 세워 놓았다가 그 기한 내에 목표에 도달 못한 그런 예도 많았습니다. 그러나 작년의 예를 보면 쌀만 해도 2,900만 석의 풍작을 거두었습니다. 물론 작년에는 어려가지 기후조건도 대단히 좋았지만 기후만 가지고는 이러한 풍작을 가져올 수는 없을 겁니다.

그 외에 병충해라든지, 이앙시기라든지, 추수시기라든지, 여러 가지 과학적인 영농기술, 이런 것을 우리가 최대한으로 활용하지 않았으면 단순히 기후만 좋았다고 해 가지고 증산은 어렵다고 봅니다.

작년에 벼농사 150일 작전, 또 모내기를 2주일 앞당기자는 것은 대단히 성과가 좋았다고 보는데, 그러한 그 성과를 앞으로 그대로 살리고 금년에도 이것을 전농민들에게 잘 지도를 하고 반드시 좋은 성과를 가져 오도록 노력해 주시기 바랍니다."

대통령은 이어서 우리나라의 내수면에 담수어를 양식을 하면 식량문제 해결에 도움이 될 것이라고 말하고 새마을에 양어를 권장해 보라고 지시했다.

"아까 브리핑할 때 광의(廣意)의 식량이라는 이런 용어를 썼는데, 축산물 같은 걸 포함을 했습니다만, 전에도 강조한 우리 내수면의 담수어, 이건 외국사람들도 한국에 와서 여러 가지 실정을 보고 조금만 더 노력하면 상당한 성과를 올릴 수 있다, 이렇게 말합니다.

우리나라는 산이 많고 지형이 복잡하고, 계곡이 많고, 그래서 규모가 작은 저수지·소류지·요즈음에는 또 큼직큼직한 댐, 이런 것이 많기 때문에 이런 내수면에 담수어를 우리가 잘 장려를 하면 식량에 상당한 도움이 될 것이라고 하는데, 과거 이런 이야기는 많이 했지만 별반 성과가 안 올라간 것 같아요. 금년에도 이런 계획이 있습니다만, 그냥 어떤 강이나 하천에 치어를 뿌렸다고 해서 그것이 성공하리라고 보지 않습니다. 특히 우리나라 사람들은 하천이나 저수지에 있는 고기는 그냥 가서 낚시질을 해서 잡든지, 그렇지 않으면 폭발물을 터뜨려 잡는 기술밖에 없고, 양식은 할 줄 모르니 그냥 해가지고는 양식이 잘 안 될 거예요. 그래서 조그마한 저수지나 소류지 같은 것들은 그 근처에 있는 새마을이라든가 부락에다가 책임을 지워가지고 치어를 주고, 마을주민들에게 양어기술을 가르쳐 가지고 어느 정도 클 때까지는 일절 낚시질을 못하도록 보호하지 않으면 치어를 암만 갖다 뿌려봤자 성공 못한다고 봅니다."

대통령은 이어서 농협과 수협, 토지개량조합과 농촌진흥청의 직원들이 농민을 위해 봉사한다는 정신자세를 지니고 있지 못하다고 강도 높게 비판했다.

"농수산부 산하에 있는 이 농협·수협·농촌진흥청·농업진흥공사 등 여러 산하기관이 많이 있습니다만, 이 기관에서 일하는 사람들이 우리 국민들의 한 반수에 속하는 농어민들하고 가장 많이 접촉을 하는 그런 사람들인데, 이 기관들이 앞으로 일하는 데 좀 더 농민들을 위해서 하는 소위 봉사자세라 그럴까, 이런 것이 좀 더 확립이 되어야 하겠다 하는 것을 강조하고 싶습니다.

작년에 이 농협·수협·토지개양조합에 대해 감사원에서 감사를 실시를 했는데, 여기 있는 사람들이 자기 맡은 일을 충실히 이행하지 않고, 자기네 본연의 임무를 확실히 알지도 못하고 있고, 농협이라는 것은 농민을 위하여, 수협이라는 것은 어민을 위해서 있는데 그런 데 대한 인식이 철저하지 못한 사람들이 있어 가지고 일도 능률이 오르지 않고 여러 가지 잡음이 많았기 때문에 상당히 정리를 했습니다.

앞으로도 이 기관에서 일하는 사람들 중에 그 기관에서 일하는 사람들의 본연의 사명이 무어다, 농민을 위해서 있는 농협이고, 어민들을 위해서 있는 수협이다 하는, 그런 정신자세가 확고히 서 있지 않은 사람들이 앉아 있거나, 그것을 취직하는 장소같이 생각하거나 또 그 조합이라는 것이 조합비를 거두어서, 자기들만 월급이나 받고 수당이나 받고 하는 그런 데에만 관심이 있고, 농민들이나 어민들에 대한 관심이 없으면 이 기관은 오히려 차라리 없는 것만 못하다, 나는 이겁니다.

조합비를 받으면, 직원들의 월급도 주어야 될 것이고 필요한 경비도 떼야 되겠지만 그런 분야에 쓰는 것은 최소한으로 줄이고 나머지 돈을 가지고 어떻게 하든 농민들이나 어민들을 위한 사업에 써야 되겠다 하는, 그런 그 관념이 철저해야지 오히려 그것이 거꾸로 되어 있는 것 같아요.

그리하니까 일반농민들이나 어민들이 이러한 기관에 대해서 그다지 믿지를 않는다, 농민들이나 어민들이 믿지를 않으면 그 기관에서 나가서 여러 가지 지도를 해 보아도 하나도 먹혀들어가지 않을 것입니다.

이런 것에 대하여는 그동안에 여러 가지 많이 쇄신이 된 걸로 알고 있지만 앞으로도 보다 더 철저한 지도와 교육과 감독이 있어야 된다고 생각합니다.

금년에도 나는 농협·수협 등 농수산부 산하에 있는 이런 기관들 직원들이 일하는 자세에 대하여 특별히 관심을 가지고 좀 볼려고 합니다."

아산만종합개발로 전원도시와 공업단지가 조화를 이룬 모습을 보게 된다

1974년 5월 22일, 아산·남양방조제 준공식에서 대통령은 먼저 이 거대한 방조제 건설의 경위와 그 효과에 대해 설명했다.

"오늘 우리는 대자연과의 대결에서 줄기찬 민족의지의 또 하나의 위대한 승리를 거두었습니다.

그것이 바로 며칠 전 인천항 선거(船渠)에 뒤이어 지금 준공을 보게 된 이 거대한 방조제인 것입니다.

지난 3년 동안 우리는 10미터가 넘는 극심한 조수 간만의 차와 초속 7미터의 격류를 무릅쓰고 매일 수억 톤의 바닷물과 싸우면서 드디어 이 난공사를 완공하고, 이곳 아산만 일대의 지도를 바꾸어 놓았습니다.

아산과 남양 두 군데에 세워진 이 방조제는 그 길이가 모두 10리가 넘는 4,630미터나 됩니다.

그뿐만 아니라, 해상에 노출된 폭만도 16미터이며, 바다 속에 잠긴 폭은 무려 330미터에 이르는 실로 상상조차 하기 어려운 엄청난 것입니다.

이것이야말로 우리들이 대자연에 도전하여 해저로부터 쌓아올린 번영과 발전을 위한 줄기찬 의지의 실증이라 하겠습니다.

나는 국토개조의 이 우람한 결실을 모든 국민과 더불어 자랑스럽게 생각하면서 그동안 온갖 악조건을 무릅쓰고 불철주야 땀흘려 애쓴 우리 건설역군과 기술진, 그리고 농업진흥공사 관계자 여러분들의 노고에 대하여 뜨거운 치하를 보내는 바입니다.

무릇, 인류의 역사는 인간 의지에 의한 자연극복의 기록이라 할 수 있습니다.

그렇기 때문에, 예부터 대자연을 슬기롭게 활용한 민족은 언제나 융성 발전하였고, 그렇지 못한 민족은 항상 빈곤과 침체 속에서 헤어나지 못했습니다.

이제 우리는 이 두 개의 방조제를 완성함으로써 이곳 아산만 일대를 비롯한 2만여 정보의 광활한 농경지에 풍부한 농업용수를 공급할 수 있게 되었고, 또한 아직도 개간의 손길을 기다리고 있는 수많은 구릉과 야산을 옥토로 만들 수 있게 되었습니다.

그뿐만 아니라, 900만 평에 달하는 광대한 간척지를 새로운 농경지로 얻게 된 것입니다.

이것은 울산공업단지와 맞먹는 넓은 땅인 것입니다.

따라서, 앞으로 이 지방 농민들은 장마가 지든 가뭄이 들든 한해와 수해 걱정 없이 언제나 마음놓고 영농을 할 수 있게 되었습니다.

그리하여, 이곳 주민들의 소득증대를 촉진하고 나아가 우리나라 식량증산에도 커다란 기여를 하게 된 것입니다.

이미 우리가 다 아는 바와 같이, 오늘날 세계의 식량사정은 날로 심각해 가고 있으며, 앞으로도 식량자원 확보를 위한 국제경쟁은 더욱 치열해질 것이 분명합니다.

그렇기 때문에, 우리는 하루빨리 농업의 생산 기반을 계속 확충하고 식량증산에 더욱 박차를 가해 나가야 하겠습니다.

아산만 방조제 완성으로 농업용수 공급 1971년 3월 착공, 74년 5월 22일 준공된 아산만과 남양만 바다를 가로막는 대규모 사업으로, 충남·경기 4개 군 14개 읍면에 농업용수를 공급할 수 있게 되었다.

이미 정부는 이를 위해 4대강유역 개발계획을 세우고 수천억 원의 막대한 자금을 투입하여 전국적으로 11개 대단지농업종합 개발계획을 추진하고 있는 것입니다.

그리고 이와 같은 우리의 계획이 실현될 때 우리나라 식량자원의 생산 기반은 완비되고 농업근대화는 이룩될 수 있는 것입니다."

대통령은 이어서 광역 아산만종합개발계획은 전원도시와 공업단지가 균형있게 조화를 이룬 농·공 병진의 참모습을 보여주게 될 것이라고 천명했다.

"우리는 지금 번영된 복지국가 건설을 위해 농·공 병진정책을 강력히 추진하고 있습니다.

이것은 우리 정부의 기본시책인 동시에 또한 우리가 기필코 이룩해야 할 당면과제인 것입니다.

지금 준공을 본 이 방조제는 비단 농업 분야뿐만 아니라, 앞으로는 우리나라 공업진흥에도 획기적인 기여를 함으로써 우리의 농·공 병진정책을 굳게 뒷받침하게 될 것입니다.

다시 말해서, 이제 아산만 일대는 용수가 풍부하게 되었고, 더욱이 양항을 건설할 수 있는 해안을 끼고 있기 때문에 이 지역을 다목적 기간산업기지로 개발하는 데 이 방조제는 값진 초석이 되는 것입니다. 따라서 정부에서는 이 방조제의 건설을 계기로 여기에 대단위 공업기지를 건설하기 위한 종합적인 계획을 세워 나가고 있습니다.

또한, 정부는 이에 대비하여 동력자원을 개발하고 저 안산만 입구에 또 하나의 거대한 방조제와 갑문시설을 만들어 25만 톤급의 초대형 선박도 내해에 자유롭게 출입할 수 있도록 하기 위한 웅대한 항만건설 계획을 검토 중에 있습니다.

그뿐만 아니라, 용수 공급의 원활을 기하기 위해 멀리 여주에 있는 남한강의 물줄기를 틀어서 안성·평택을 거쳐 이곳 아산만까지 연결시키고, 또한 안성과 여주에 45만 킬로와트의 발전소를 건설할 계획도 추진하고 있습니다.

그리고, 이와 아울러 이 지방의 지역기능에 따라 대규모의 축산단지와 양식어업을 적극 개발하고 근교농업도 계속 장려해 나갈 방침입니다.

이와 같은 광역 아산만종합개발계획이 완성되면 이 일대는 새로운 도시를 형성하게 되고, 또한 우리나라 중부지역의 대표적인 산업권으로 발전하게 될 것입니다.

그리하여, 우리는 광활한 옥토에 둘러싸인 아름다운 전원도시와 거대한 공장들이 들어찬 공업단지가 서로 균형 있게 조화를 이룬 농·공 병진의 참모습을 여기서 한눈으로 볼 수 있게 될 것입니다.

국민 여러분!

우리는 지금 이와 같이 조국의 번영을 앞당겨 이룩하기 위해 유신과업 수행에 총력을 경주하고 있는 것입니다.

우리 모두 대자연에 도전하여 위대한 승리를 거둔 오늘의 이 의지와 이 정열을 굳게 견지하고 근면·자조·협동의 새마을정신으로 철통같이 단결하여 민족중흥을 위해 줄기차게 매진해 나아갑시다. 그리하여, 우리 세대의 힘으로 이룩한 이 빛나는 업적을 민족사에 자랑스럽게 기록하고 보람찬 유산을 후손들에게 길이 물려줍시다.”

국가가 개발하는 농경지는 영세농가에 장기대여해야 한다

1974년 11월 7일, 청와대에서 열린 정부·여당 연석회의에서 농수산부장관은 전국의 유휴지와 산지 등을 개간하고 또 간척사업 등을 통해 농경지를 확대하기 위해 마련한 '농경지 확대개발촉진 법률안'에 관해 보고했다.

대통령은 이에 대한 강평에서 농경지 개발을 위한 구체적인 추진방법을 제시했다.

“버마 외상의 애기로는 중공에는 놀고 있는 땅이 없다고 합니다.

우리나라도 땅은 무진장 있는데, 이것을 개발한다고 해서 이곳저곳에 소 뜯어 먹은 것 같이 만들어 놔서는 곤란하며, 연구를 잘 해서 추진하지 않으면, 오히려 안 한 것만 못하게 됩니다.

건설부와 산림청 등에서 농경지로 개발할 수 없다고 한 땅을 제외한 나머지 땅을 잘 선정해서 개발해야 하는데, 면서기나 농협 말단직원이 마구 파헤쳐 놓으면 곤란하므로 전문기술자로 구성된 '농지개발기술단' 같은 것을 만드세요.

농업학교 출신도 훈련시키고 상당한 수준의 기술자를 모아 팀을 구성하여 각 도별로 분담케하고, 이들이 올리는 보고서를 중앙에서 다시 검토한 후 허가를 해주면 기술단은 개간 설계도와 작물 종류까지 추천해 주도록 하고, 사후관리는 각 시·도에 넘기면 될 것입니다.

기술단의 보고서 내용은 적지판단부터 작물판단서까지도 조사 보고토록 해야 할 것이며, 월남이나 남미까지 파견하여 교육을 시키는 것도 고려해야 할 것입니다."

대통령은 이어서 농경지 확대개발사업은 원칙적으로 돈 많은 부자에게 권장하고 국가가 개발하는 것은 영세농에게 장기대여하는 방식을 취하라고 지시했다.

"농경지 확대를 위해서는 원칙적으로 돈 많은 부자들에게 개발을 권장하고, 국가가 개발하는 것은 영세농에게 장기대여하는 방식을 취하는 것이 좋겠습니다.

첫해는 과욕을 내지 말고 시범사업을 예산 범위 내에서 하고 우선 기술자를 선발하세요.

100정보 이상 집단적으로 개발 가능한 것부터 착수하되 이것을 전국적으로 파악해서 정부가 할 때 얼마 들고, 민간인이 할 때 얼마 드는지 그리고 20개 지역 정도 한다면 얼마나 들 것인지를 검토하여 예산을 확보하는 것이 중요합니다. 예산이 모자라면 수를 줄여야 합니다.

개발 가능 지역이 파악되면, 농지개발기술단으로 하여금 '적지 판단서'를 내도록 하고 책임지도록 해야겠습니다.

공장 지을 때 설계를 먼저 하듯이 개간방식을 검토한 후에 국가가 할 것인가 민간이 할 것인가 아니면 대집행을 할 것인가 하는 문제를 검토해야 합니다.

100정보 짜리가 끝나면 50정보 이하도 하고 경험을 얻으면 연한을 거르지 말고 한꺼번에 해야 할 것입니다.

소유 관계가 애매한 땅은 전부 국유지로 만들어 개발하세요. 의정부의 소송관계 90%가 땅소송이라고 합니다.

수복지구 토지정리에 관한 것은 특별법을 만들어 해야 할 것입니다.

개발에 있어서는 민간인끼리 하게 하면 싸움이 생길 것이므로 지가증권을 발행해서 정부가 지불하고 나중에 개발주로부터 환수하도록 하는 것일 좋겠습니다. 흥미와 매력을 느끼도록 특혜를 주고 해야지 강제로 해서는 안 따라옵니다.

하천개수, 산지개발 등을 위해 취로자금을 몇백억 확보했다가 풀어 주면 어떻습니까? 미국의 루즈벨트 대통령이 대토목공사 때 그렇게 했다고 합니다."

지금은 7분도정한 쌀이 밥맛 없다는 소리를 할 때가 아니다

1974년 12월6일, 월간경제동향보고회의에서 대통령은 지금은 7분도정을 한 쌀이 밥맛 없다는 소리를 할 때가 아니라고 말하고, 정부에서 대대적으로 전개하고 있는 식량절약운동에 대한 홍보를 더해야 되겠다는 점을 강조했다.

"식량절약운동은 지금 정부가 대대적으로 밀고 있는데 언론기관
이나 일반국민들한테 계몽을 잘 해야 되겠어요.

어제도 어떤 일부 방송기자들이 얘기하는 것을 들어보니까 쌀을
9분도정하다가 7분도정을 하니까 밥맛이 떨어져서 큰 걱정이고 떡
을 만드는 데 밀가루를 30% 넣으니까 떡맛이 없다고 하는데 그런
보시라운 소리 할 때가 아닙니다. 언론기관에 있는 친구들이 지금
우리나라의 식량사정이 어떻게 되어 있는지 모르고 9분도정 하다가
7분도정을 해서 밥맛이 떨어져서 걱정이라는 소리를 하고 있는 것
을 보면 정부가 국민들에 대한 계몽이라든지 홍보노력이 부족해요.
우선 언론기관에 있는 사람들부터 완전히 계몽을 시켜야 된다는 말
이예요. 다소 맛이 떨어지더라도 참고 절약을 해야지, 우리가 이런
식으로 나가면 앞으로 식량문제는 큰일난다는 것을 인식시켜야 되
겠습니다."

**식량위기에 대비해 식량증산·소비절약·비상대책 등 세 가지 계획
을 추진해야 한다**

1975년 1월26일, 농수산부 연두순시에서 대통령은 먼저 앞으로
식량증산은 과학적이고 계획적으로 추진하고, 특히 새마을운동과
유기적으로 추진해야 되겠다는 점을 강조했다.

"작년도에는 역사상 유례없는 쌀 3천만 석 돌파를 위해서 농수산
부가 처음부터 계획적이고 훌륭한 시책을 세워서 적절한 지도와 지
원을 했고, 산하 모든 기관의 임직원, 관계 공무원, 또 농민들이 여
기에 적극적으로 호응을 해서 좋은 성과를 올렸다고 봅니다.

물론 작년에는 기후조건도 비교적 좋았다고는 보지만, 역시 농업 증산도 이제는 영농기술이 발달되어야지 재래식 방법을 가지고는 안 된다는 것이 작년의 우리의 증산실적을 가지고도 증명이 된다고 봅니다.

최근에 하나의 좋은 현상은 우리 농민들이 농사기술을 많이 알고, 기술을 습득하려고 노력을 하고, 또 기술영농에 대해서 관심이 높아 졌다는 것입니다. 그러나 현재 상태를 가지고 만족해서는 안 됩니다. 앞으로 기술영농에 있어서는 우리가 더 보급을 하고 지도를 해야 될 분야들이 상당히 많다고 봅니다. 새해에도 3천 2백만 석 식량증산계획과 여러 가지 의욕적인 계획을 많이 추진하고 있는데 작년과 같이 농사라는 것은 역시 과학적이고 계획적으로 추진해야 되겠고, 특히 지금 우리 농촌에서 불이 붙고 있는 새마을운동하고 유기적으로 잘 연결시켜서 추진하면 반드시 소기의 성과를 거둘 수 있다고 생각합니다."

대통령은 이어서 74년도에도 쌀을 3천만 석 생산했지만, 금년에 약 8억 달러의 외화를 들여 약 2천만 석의 식량을 외국에설 도입해야 한다는 사실을 지적하고, 우리는 앞으로 식량증산에 비상한 노력을 기울이면서 동시에 식량 절약에도 힘써야 한다는 점을 강조했다.

"작년에 쌀 3,000만 석을 돌파해서 상당히 좋은 성과를 올렸지만 우리의 식량 자급자족 목표에 비해 보면 아직도 우리는 금년만 해도 2,000만 석에 가까운 식량을 외국에서 들여와야 됩니다. 약 8억 달러 가까운 외화를 써야 됩니다. 이런 문제를 생각할 때 우리는 앞으로 계속해서 식량증산에 대해 비상한 관심과 노력을 집중해야 된다는 것을 모두 인식을 해야 될 줄 압니다.

과거에는 우리가 주로 미국에서 잉여농산물을 원조받았고 또 돈
만 있으면 사올 수 있는 상태에 있었지만, 앞으로는 그 절대량도 매
년 줄어들어가고 있고 돈이 있더라도 사올 수 없는 경우가 닥쳐 올
것을 예측을 할 때, 식량문제는 우리가 가장 관심을 많이 가져야 할
문제입니다. 식량 자급을 위해서는 증산이 가장 중요한 일이지만,
그보다 더 우리가 노력해야 할 문제는 식량의 절약입니다. 우리나라
는 아직도 1년에 2,000만 석의 식량을 외국에서 들여오면서도 우리
국민들 중에는 식량을 아껴야 되겠다는 관념이 대단히 희박한 사람
들이 많은 것 같습니다. 쌀과 잡곡을 섞어서 혼식하자는 운동도 철
저히 되고 있지 않은 것 같고, 9분도 쌀을 7분도 쌀로 먹으면 큰 변
이라도 나는 것처럼 불평의 소리가 나온다는 것은 아직도 식량문제
가 얼마만큼 절박하다는 것을 인식하지 못하고 있기 때문이 아니
냐? 과거와 같이 소위 춘궁기가 되면 절량농가가 생기고 굶는 사람
이 생기는 사태가 최근에는 없어졌지만, 그렇다고 해서 우리가 식량
을 푸근푸근히 마음대로 먹어도 관계없다는 생각을 해서는 대단히
곤란합니다.
　여러분들이 최근에 뉴스라든지, 외신보도를 보면, 지금 방글라데
시라든지 아프리카 지역이라든지, 인도라든지 이런 지역에서 하루
에 수천 명씩 아사자가 생기고 있다는 이러한 냉혹한 현실을 우리
국민들은 좀 더 인식을 해서 식량을 절약해야 되겠다는 것입니다."

　대통령은 이어서 국민들이 식생활을 개선하여 쌀을 절약하도록
계몽하여 국민들이 자발적으로 협력하도록 해야 하겠다는 점을 강
조했다.

　"그동안에 우리 인구가 많이 늘어난 것도 사실이고, 우리의 식량

증산도 상당히 늘어났는데 솔직히 지금 식량을 절약하는 데 있어서는 덮어놓고 절약, 절약 할 것이 아니라 어떤 분야를 누르고 과감히 절약할 수 있느냐 하는 문제를 연구해야 되지 않겠느냐? 밥도 먹고, 국수도 먹고, 빵도 먹고, 과자도 먹고, 떡도 먹고, 막걸리도 먹고, 식량을 가지고 만드는 것은 다 먹고, 그리고도 절약을 하겠다는 생각을 해서는 안 된다고 생각합니다. 뭔가 어딘가는 눌러야 됩니다. 우리나라에서 생산되는 식량이 먹고도 약간 남을 정도가 되었다면 이왕 사람들이 먹는 물건이니까 그것만은 그렇게 제한할 필요가 없지 않겠느냐 하는 이야기도 나올 수도 있습니다. 그러나 지금 1년에 7,100만 석 정도가 있어야 되는데 우리가 생산하는 것은 작년같이 사상 유례없는 대풍작이라 해도 쌀·보리·콩·감자 전부 합쳐서 5,000만 석밖에 안되고 2,100만 석을 외화를 들여 사와야 하는 판국이니 지금부터 무언가 눌러 들어가고, 국민들의 식생활도 개선해 들어가고, 이것을 국민들한테 보다 더 계몽을 하고 또 국민들이 자진해서 협력할 수 있도록 하고, 만약에 장차 세계적인 식량기근이 온다든지 위기가 온다든지 했을 때 어떻게 하느냐 하는 데 대한 비상계획 같은 것도 가지고 있어야 되겠습니다.

솔직히 말하면 5,000만 석이 우리나라에서 생산되니까 정 급할 때는 최대한으로 통제하고 억제하면 국민들이 먹는 것은 해결된다고 나는 생각합니다. 그대신 사료라든지, 공업용으로 쓰는 것이라든지 밥 이외에 먹는 과자 같은 것은 그런 시기에 가서는 최대한으로 제한을 해야 되겠지요. 지금 당장 그럴 필요는 느끼지 않지만, 식량문제도 석유문제 같이 될 위험성에 대해서 대비를 해야 된다고 생각합니다."

대통령은 이어서 식량위기에 대비해서 우리는 식량의 증산과 소비절약, 그리고 비상대책 등 세 가지 계획을 병행해서 추진해야 되겠다는 점을 강조했다.

"석유는 중동지역의 땅에서 무진장 나온다. 전세계에서 아무리 갖다 써도 계속 나온다고 해서 2년 전까지만 해도 달러만 있으면 우리가 석유를 얼마든지 사올 수 있어서 기름문제에 대해서 심각한 생각을 안 했는데, 중동전쟁 이후에 석유파동이 일어나니까 석유문제가 전세계적으로 큰 파문을 던졌습니다.

식량도 인구는 늘어나는데 식량증산이라는 것은 그만큼 따라가지 못해서 문제가 되고 있습니다. 수치적으로 봐서는 식량증산이 인구증가보다 조금 앞서고 있다고 하는데 역시 소비가 자꾸 늘어나니까 식량문제는 더욱 어려워지면 어려워졌지 호전되지는 않는가 봅니다.

따라서 식량자급문제에 대해서는 과거와 같은 막연한 사고방식은 지양을 하고 우선 우리 자체의 식량증산, 그 다음에 소비절약, 그리고 비상사태시의 대책, 이 세 가지 계획과 노력이 같이 병행되어야 한다고 봅니다.

작년 연말에 청와대비서관을 시켜서 시내 초등학교 몇 군데를 나가보게 했는데 아직도 그 하얀 쌀밥을 가지고 오는 애들이 상당수 있다는 것입니다.

요즈음에는 어떻게 됐는지 모르지만 모두 상당한 중류급 이상의 가정에 있는 자제들이 그것을 싸가지고 온다는 것입니다.

부모들이 자녀들한테 가정에서부터 절약하는 그런 교육을 시켜야 된다 이겁니다. 자녀들한테 보리쌀 섞는다든지 콩을 섞는다든지 해서 영양실조가 된다든지 위장이 나빠진다든지, 건강이 나빠진다든지 그러면 혹 부모된 마음으로 애처러워서 그렇게 할런지 모르지만 하등 해로운 것이 없고 오히려 쌀만 먹는 것보다는 영양이라든지 건강면에서 훨씬 좋다는데, 또 우리 식량사정이 이만큼 어렵고 일 년에 막대한 양을 사들여 왔다는 것을 알면서도 가정에서 교육을 시키지 않는다, 또 학교선생들이 그런 애들이 싸오는 것을 보고도 교육을 안 한다는 것입니다.

이것은 막연히 식량문제가 없겠지 하는 과거부터 내려오던 관념에서 완전히 벗어나지 못했기 때문에 그렇지 않은가 생각이 됩니다. 식량기근이 왔다, 위기가 왔다고 했을 때 그때 가서야 허둥지둥 서두는 것이면 이미 때가 늦은 것입니다. 뭔가 여유가 있고 아직 그리 급박하지 않을 때 대비를 하나하나 해두는 것이 가장 현명한 방법입니다. 이것은 식량문제도 그렇고, 경제문제도 그렇고, 국가안보문제도 그렇고, 모든 문제가 다 그렇다고 나는 봅니다."

제주도에 초식동물 사육하는 목장을 대대적으로 개발해야겠다

대통령은 이어서 제주도에 초식동물을 사육하는 목장을 대대적으로 개발하는 문제를 연구해 보라고 지시했다.

"농수산부에서 역점을 두고 있는 축산은 식량문제와 직결되는 것이므로 축산을 권장해야 되겠습니다. 소도 늘려야 되고, 돼지도 늘려야 되고, 닭도 늘려야 되고, 그래서 국민들이 식량만 먹지 말고 동물성 단백질을 더 많이 섭취하는 것이 식량절약도 되고 건강에도 좋다는 것입니다.

우리나라의 축산에 있어서 뭐가 문제냐 하면 사료가 문제입니다. 사료에는 주로 사람이 먹는 식량이 상당히 들어갑니다. 사람이 먹는 식량도 모자라는데 그것이 동물이 먹는 사료로도 많이 사용되고 있는 것입니다. 그것도 우리나라에서 생산이 되면 모르지만, 외국에서 외화를 주고 사들여 와야 됩니다. 이런 사료문제가 있기 때문에 앞으로 축산권장문제와 식량문제, 그리고 사료문제는 우리가 종합적으로 검토해서 나가지 않으면 안 됩니다. 한쪽을 한참 하다보면 또 한쪽이 문제가 생깁니다.

요전에 어느 학자가 쓴 것을 보니까 한국 같은 데서는 지금 사람이 먹는 식량도 부족하기 때문에 축산은 주로 초식을 하는, 식량을 먹지 않고 풀을 먹는 초식동물을 지금부터 권장을 해야 된다는 그런 얘기가 있었습니다. 그것도 일조일석에 갑작스럽게는 안 되겠지만 식량을 덜 사용하는 그런 동물을 권장하고, 또 그런 사료를 우리가 많이 개발해야 되겠습니다.

정초에 애들 데리고 제주도에서 잠깐 며칠 쉬었다 왔는데, 제주도에 지금 놀고 있는 산간지대에 앞으로 목장을 대대적으로 개발하는 것이 좋지 않겠느냐는 생각이 들어요. 왜 그러냐 하면 땅이 놀고 있고, 제주도는 기후가 육지보다 훨씬 따습고, 일 년에 강우량도 육지보다는 훨씬 많습니다. 목장이라는 것은 육지에 여기저기 만드는 것이 좋겠지만, 육지에는 목장을 만들고 풀을 심어 놓으면, 비가 잘 안 온다든지 한발이 든다든지 하면 거기다가 땅 밑으로 파이프를 끌어들여 물을 주는 그런 시설이 있어야 됩니다. 그러나 제주도는 강우량 자체가 많을뿐 아니라 또 연간 골고루 오기 때문에 그런 시설을 할 필요가 없습니다.

또 하나는 정월 초하룻날인데도 도립시험목장 같은 데 가면 풀이 새파래요. 소들이 나와 그냥 뜯어먹고 있는데 우리나라에 그런 목장으로는 제주도가 적지가 아니냐고 생각이 됩니다.

이 땅이 다른 농경지로 전부 개발이 되어 있는데, 이것을 목장으로 바꾼다면 문제가 있을지 모르지만 그냥 놀고 있는 땅인데 도에서 일부를 시험적으로 목장으로 만들어 성공적으로 운영하고 있다고 하는데, 아직 몇 만 정보나 놀고 있는 것 같으니 농수산부는 이것을 한번 대대적으로 개발하는 문제를 연구해 보세요.

왜 작년에 돌 뽑아내는 특수 장비를 몇 대 사준 것 있지 않아요? 과거에는 제주도에 돌이 많아서 그것을 사람이 개간하자면 돌을 뽑아낼 도리가 없고, 인력이 많이 드는 문제가 있었는데, 지금은 그런 특수장비를 집어넣으면 바위 같은 것도 쑥쑥 빠지니까 그런 기계만 집어넣으면 개발하는 데 큰 문제가 없을 것입니다.

몇만 정보를 전부 개발하면 수십만 두의 소를 집어넣을 수 있지 않겠느냐? 이렇게 생각이 됩니다."

대통령은 끝으로 토끼고기로 쇠고기를 어느 정도 대체한다는 계획을 지금부터 장기적으로 추진해 나가는 것이 좋겠다는 뜻을 밝혔다.

"우리나라 사람들은 고기하면 쇠고기나 돼지고기를 생각하는데 토끼고기는 어때요? 한국사람들은 아직 토끼고기 요리를 할 줄 몰라서 잘 안 먹는다고 하는데 요리를 잘 하면 고기도 연하고 맛도 있다고 합니다. 토끼고기를 많이 먹으면 쇠고기를 상당량 대체할 수 있지 않겠느냐는 이야기를 하는 사람들이 많이 있습니다. 지금 현재도 먹고 있다는 것입니다. 요리 잘하는 사람을 시켜가지고 요리를 이렇게도 만들어 보고 저렇게도 만들어 보고 여러 가지 조리방법으로 하면 노린내도 나지 않고, 맛도 좋을 것입니다.

제주도에 가면 토끼섬이라고 있는데, 한 십 년 전에 누가 토끼 서너마리 갔다 놓아 줬다는데 사료도 안 주었는데 지금은 수천 마리가 뛰어다닌다고 합니다. 사료를 안 주더라도 잘 자라니 소를 키우는 것보다 훨씬 쉽지 않겠나 하는 생각이 듭니다. 우리나라의 인구는 자꾸 늘고 육류소비는 늘어나고 또 소를 키우려면 비싼 사료가 늘어나고 있는데, 이러한 문제가 더 어려워지기 전에 소도 키우되 토끼도 많이 권장해서 토끼고기로 쇠고기를 어느 정도 대체한다는 계획을 지금부터 장기적으로 추진해 나가는 것이 좋겠습니다.”

최근 우리나라 도시소득과 농촌소득은 거의 접근되어 있다

대통령은 끝으로 최근 우리나라의 도시소득과 농촌소득이 거의 접근되어 있다는 사실을 지적했다.

“우리나라에서 경제를 안다는 사람들은 흔히 우리나라에는 소득 격차가 있다, 특히 농가소득과 도시인의 소득은 그 격차가 너무 크다는 애기를 많이 합니다. 그런 소리가 많아서 나도 지금 어느 정도 되는가 궁금했는데, 오늘 아까 나온 통계를 보니까 도시근로자소득과 농가소득이 도시를 100%라고 했을 때 농가는 98.7%라고 했는데, 이것은 도시사람들 소득을 100으로 했을 때 우리 농가의 소득은 98.8%라는 애기 아닙니까? 자유중국의 농가소득이 도시근로자소득보다 앞섰다는 애기를 몇 해 전에 들었는데, 이런 추세로 가면 우리나라도 그렇게 될 것입니다.

그러나, 우리나라 통계를 보면 50년인가 60년 초에는 이상하게 거꾸로 되어서 농촌은 못 살았지만 농가소득이 도시인의 소득보다 앞설 때가 있을 정도로 도시는 더 형편없었다는 것입니다. 그런데 공업이 발달되고 도시가 발달되니까 도시사람의 소득은 늘어났는데 농촌사람은 따라가지 못했다, 즉 소득격차가 많아졌다는 것인데 요즘 농촌이 따라오고 있습니다. 이것은 상당히 좋은 현상이 아닌가 생각됩니다.”

대통령은 이어서 청와대 특별보좌관들의 보고에 의하면 앞으로 3, 4년만 지나면 대부분의 농협이 자립할 수 있는 단계에 이를 것이라는데, 농수산부장관은 농협이 농민을 위해서 큰 도움을 줄 수 있는 기관으로 발전할 수 있도록 특별한 관심을 가지고 노력하라고 지시했다.

"요즈음 나한테 들어온 보고에 의하면 농수산부 산하에 있는 기관들에 있는 사람들이 과거보다 훨씬 열정적으로 일하고 있고 농민들이 그 사람들을 상당히 신뢰한다는 것입니다.

물론 일부 잡음도 있지만 청와대 특별보좌관들이 작년 연말에 시골의 여러 고을을 쭉 둘러보니까 지금 농촌에 가면 과거에 이·동단위로 있던 농협이 몇 해 전부터 면단위·읍단위로 통합이 되었고, 농민들이 면사무소에 들락날락 출입하는 숫자보다 농협에 드나드는 숫자가 더 많다는 것입니다.

과거는 면사무소에 다녔는데 요즈음은 농협·수협에 많이 다니고 거기서 여러 가지 기술지도도 받고, 자금지원도 받고 해서 농협에 대한 농민들의 인식이 그 전보다 많이 달라졌다고 합니다.

그리고, 농협자체가 자체기금이라고 할까, 예금고 같은 것도 많이 늘어나고 있다는 것입니다. 청와대 특별보좌관들의 보고에 의하면 앞으로 3, 4년만 지나면 거의 대부분의 농협이 자립할 수 있는 단계까지 오지 않겠느냐는 얘기가 있습니다. 이것은 대단히 좋은 현상인데, 청와대 특별보좌관들의 종합보고가 그랬으니까 앞으로 농수산부에서 농협 말단에 있는 조합장 인사문제에 있어서 다른 부작용을 일체 배제하여 아주 적임자들이 그 자리에 앉으면 우리 농협도 매년 발전되고 향상되고 농민을 위해서 큰 도움을 줄 수 있는 그런 농협이 될 것입니다. 장관께서 그런 데 대해서 특별히 관심을 가지고 일해 주기 바랍니다."

대통령은 끝으로, 최근 말썽이 되고 있는 돼지고기값 파동에 중간 상인이 농간을 부리고 있는지 그 실태를 파악해 보라고 지시했다.

"그동안 돼지는 수출도 잘 되었는데, 내가 요즘 들은 얘기는 돼지값이 떨어져서 농민들이 상당히 불평을 하고 있다는 것입니다. 봄에 새끼돼지 사다가 일 년 가까이 키웠는데 요즈음 팔자니 새끼돼지값도 안 나온다는 소리가 들리는가 하면, 또 며칠 전에 신문을 보니까 돼지고기값이 또 얼마가 뛰어오르자 서울시에서는 올라간 값을 다시 환원하라고 했다는데 어떻게 되고 있는 거에요?

도시에서 파는 고기값은 그 전이나 지금이나 마찬가지인데 농민들이 파는 돼지값은 많이 떨어졌다는 거에요?

그렇다면 좀 자세히 실태를 한번 파악해 봐야지요.

중간상인들이 뭐하는 건지, 도시의 돼지고기 값은 올라갔는데 농촌의 농민들이 파는 돼지값은 안 올라갔는지.

내가 이것을 어떻게 아느냐 하면, 청와대에서 전국의 나환자촌 몇 군데에 그 전에 집사람이 돼지새끼를 사다주어서 연락이 오고 하는데 작년 연말부터 그런 진정이나 편지가 여러 번 들어오고 있단 말이오. 중간상인들이 농간을 부리고 있는지 그 실태를 파악해 봐요."

일부 학부모와 교사들이 식량절약을 위한 혼식운동에 협조하지 않고 있다

1976년 1월27일, 문교부 연두순시에서 대통령은 식량절약을 위해서 국가시책으로 추진하고 있는 혼식운동에 대해 일부 학부모와 교사들이 협조하지 않고 있다는 사실을 지적했다.

"내가 듣기에는 일부 학교에 있어서는 아직까지도 학생들의 점심 싸온 것을 보면 혼식을 않고 하얀 쌀밥을 가지고 오는 학생이 있다는 것입니다.

문교부에서는 아는지 모르지만, 그런 자녀를 가진 부모들의 대도도 잘못 되었을 뿐더러 꼭 하얀 쌀밥만 먹어야만 자녀들의 건강에 더 좋다는 법은 없을 것입니다.

오히려 혼식을 하는 것이 건강에도 더 좋다는 것이 하나의 상식으로 되어 있고, 더구나 국가의 시책으로 식량을 절약하기 위해서 혼식을 하자는 것입니다.

아무리 자녀들이 귀엽더라도 자녀들에게 모두 혼식을 시키는 것이 참다웁게 자녀를 사랑하는 부모의 정신이고 또 가정에 있어서 교육일 텐데 그걸 아니 한다는 것입니다.

사소한 일이지만 나는 국가시책에 처해서 그렇게 비협조적인 태도가 못마땅한 것입니다.

그러한 일부 학부모들 있고, 그러한 학생들이 있는데도 그 학교의 교사들이 그것을 보고도 강력히 막지 않고 시정하지 않는 흐리멍텅한 태도도 잘못된 것입니다. 학생들로부터 미움을 받더라도 꼭 필요한 것은 가르치고 지도하고 시켜야만 그것이 교육이지, 자주 얘기하다 보면 잔소리가 되고 잔소리를 하면 미움을 받으니까 못본 체하자 하는 것은 교육자로서 가장 타기해야 할 태도라고 생각합니다.

피교육자에 대해서 교육자들이 진정한 의미에 있어서의 교육애, 꼭 올바른 사람으로 육성하겠다는 애정이 부족해서 그렇다고 나는 생각합니다. 한 가지 간단한 예인데 그런 것도 우리가 고쳐 나가야겠습니다.

모두 혼식을 하자, 식생활에서도 일주일에 몇 번씩 쌀을 안 먹고 분식을 하자, 심지어 외국 관광객을 받아들이는 관광호텔에 있어서도 쌀밥은 먹이지 않는다, 이것이 하나의 국책이고 국민 전체의 단합된 기풍입니다. 우리나라는 아직 식량자급이 안 되고 해마다 많은 식량을 외국에서 귀한 외화를 쓰면서 사오기 때문에 조금이라도 아끼고 절약을 하자, 그것은 남을 위해서가 아니라 내 자신을 위해서도 좋은 일이고 또 건강상 좋다. 또 그런 조그마한 일이라도 전국민이 우리 한번 하자, 이것이 옳은 일이다 라고 할 때 한 사람도 빠지지 않고 모두 다 참여해서 같이 협조하고 호응하는 것이 국민총화다. 여의도 5·16광장에 모여서 요란스럽게 열기나 올리고 구호를 부르는 것만이 국민총화가 아니라, 사소한 향제이지만 꼭 모두 다 해야 될 일을 나 하나라도 빠져서는 안 되겠다는 정신자세가 나는 국민총화라고 생각합니다."

고속도로 등 국책사업들이 농민들에게 도움이 될 수 있는 활용방안을 연구·실천해야겠다

1976년 1월29일, 농수산부 연두순시에서 대통령은 먼저 농협과 수협을 고속도로 등 정부가 추진하고 있는 여러 가지 사업을 농어민들에게 도움이 될 수 있도록 활용하는 방안을 연구해서 실천하라고 지시했다.

"농협과 수협은 그동안 체질 개선이 상당히 많이 되었다고 보는데, 지금 새마을운동이니 뭐니 하는 것은 사실 농협이나 수협이 원래 제대로 잘 하면 그런 데서 다 하는 일입니다. 농협·수협이 제 기능을 다 발휘 못해서 이런 운동이 일어나게 되는 것입니다. 내가 보건대 농협·수협이 그동안 체질개선이 되었지만 아직도 거기서 일하고 있는 직원들의 자질향상이랄까, 이런 면에서 좀 더 노력을 해야 되겠고, 또 농협과 수협은 지금 정부가 여러 가지 일들을 많이 하기 때문에 그걸 최대한으로 이용하는 방법을 알아야 할겁니다.

예를들면 고속도로가 전국으로 뻗어나가고 있고, 그 고속도로와 지방 사이에는 국도가 포장이 되어 있는데 이 고속도로나 국도 포장을 뭣 때문에 만드느냐? 지금은 고속도로 1키로 만드는데도 몇 억씩 들어가고 국도 포장하는 데도 약 1억 가까이 들어간다는 얘기가 나오는데, 농협이라든지 수협이라든지 하는 데

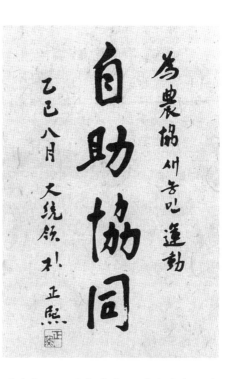

서는 어떻게 해서든지 이걸 최대한으로 이용해서 농민들에게 도움이 될 수 있도록 해야 되겠습니다.

아까 유통구조 얘기도 나왔는데, 이런 길이 생기고 수송편·교통수단이 빨라지고 편리해지고 농촌에 전화가 들어가고, 전기가 들어가고 심지어 텔레비전·라디오가 들어가고, 방송국이 지방 도처에 있고, 이런 걸 잘 이용하면 유통구조면에서 하나의 획기적인 개선이 이루어질 수 있을 것입니다.

고속도로 만들어 놓고 집하장을 만들어 보라고 해서 몇 개가 되는데, 지금 운영상태가 어떻게 되는지 확인을 못 해보았지만, 그런 걸 잘 이용하면 중간상인이나 이런 게 필요 없게 되는 게 아니오? 그리고 농협에서는 수송력을 가지고, 농민들이 생산해서 한 곳에 모

아두고 연락만 하면 가서 실어다가 시장에 갖다 팔아서, 농민들이 지고 싣고 또 중간업자들한테 맡기지 않더라도, 소비자한테 갈 수 있도록 유통과정을 훨씬 단축해 버리면 농민들의 소득도 더욱 늘어날 것입니다.

어느 지방의 농산물 가격이 변동하면 그 지방에 있는 농협 같은 데서 조사해 가지고 방송국에 갖다 주어서 매일 아침이든지 저녁이든지 농산물 시세 발표를 하면 어느 농가에서든지 라디오 안 가진 농가가 없을 테니까 집에 앉아서 다 알 수 있을 것입니다. 이런 문명의 이기를 최대한으로 이용하는 방법을 농협·수협이 연구하는 것이 좋겠어.

그리고 집하장이 지금 급격히 늘어나지 않는 이유가, 내 생각에는 농협이 움직여 가지고 당장 수지가 안 맞는 모양인데, 당장 수지가 안 맞더라도 그걸 함으로써 농민들과 어민들한테 소득이 훨씬 더 올라갈 수 있다는 계산만 나온다면 어느 시기까지는 농협·수협이 조금 적자를 내더라도 보조를 해가면서 자꾸 늘려 나가야 하지 않겠느냐고 봅니다. 영동고속도로가 작년 가을에 뚫렸지만 그동안 집하장 같은 게 몇 개나 되는지 모르지만, 저 강원도 산골짝에 있는 농촌, 동해안에 있는 어촌, 이런 데서 여러 가지 농산물·수산물 등이 생산되는데 길을 만들어 봤자 농협·수협 같은 데서 집하장을 이용 안 하면 서울에 있는 장사꾼이 차 가지고서 아침에 일찍 현지에 가서 농어민들한테 사가지고 오기 때문에 결국은 또 뜯기게 된다, 이런 걸 어떻게 해서든지 줄이는 방법을 연구해야 된다는 것입니다. 어찌 생각하면 고속도로라는 게 잘 이용을 못하면 농어민을 위해서 뚫려 있는 것이 아니고 중간 장사꾼들 장사해 먹기 좋게 하기 위해서 뚫렸다, 이렇게 얘기해도 되지 않겠느냐. 이 점을 좀 더 머리를 써야 되겠다고 나는 생각합니다.

물론 농협도 이익이 나는 사업을 해서 돈이 나와야 직원들 보수도 주고 다른 사업도 해 나갈 수 있겠지만, 집하장 같은 시설이 있음으로써 농민을 위해서 훨씬 많은 이익을 줄 수 있다고 할 때는 정부나 농협에서는 거기다 보조를 해 나가면서 적자를 내가면서라도 키워나가다가 어느 시기쯤, 몇 년 후면 겨우 채산이 맞을 것이고, 그때쯤 가서는 정부에서 보조 안 해도 될 것입니다. 이렇게 해야 우리가 투자해서 만들어 놓은 여러 가지 시설들이 효과 있게 성과를 올릴 수 있는 것입니다."

4대강유역 개발과 서해안 간척사업의 문제점을 빨리 시정해야 한다

대통령은 이어서 농수산부가 추진하고 있는 사업 중에는 부실한 사업이 많다고 지적하고 4대강유역 개발과 서해안 간척사업 추진과 관련해서 구체적인 지시를 했다.

"4대강유역 개발사업은 농진공에서 하고 있지? 오늘 이 자리에 농진공 사장이 나와 있으면 설명 좀 해봐요.

금강·평택지구사업은 금년에 다 끝나게 되는 것인가요? 그리고 영산강 1단계사업은 4개가 있지요? 이 4개는 금년에 모두 다 끝나게 되는지? 또한 삽교천지구는 어떻게 되어가고 있는지요? 계화도 지구사업은 지금까지 돈이 얼마나 들어갔으며, 언제 끝나는 것인지? 이 사업은 61년인가 62년인가 시작했지요? 한 20년 걸리나요?

충분한 사전검토와 연구를 해서 결정지어 사업을 착수해야지 일을 그렇게 오래 끌고 가는 사업이 있을 수 있나요?

그보다 몇 배 더 큰 공사도 몇 년이면 끝나는데 어떻게 해서 근 20년이나 끌게 되는지 모르겠어요. 계화도 지구가 그렇게 오래 걸리는 건 자금이 부족해서 그런 것인가요?

저건 한때 차균희 장관이 있을 때 거기다 새우양식장을 하니 뭐니 하면서 했던 것인데, 정책이 이랬다, 저랬다 왔다갔다 방침이 자꾸 바뀌는 바람에 그런 것 아니오? 계화도 관계 사업계획이 지금까지 어떻게 돼 있고, 앞으로 어떻게 할 것인가를 청와대에 보고서를 하나 내봐요.

그리고 영산강 2차계획은 금년부터 착수를 한다고 그랬지. 4대강 지구사업이란 것은 한강·금강·영산강·낙동강사업인데, 낙동강사업은 어떠한지 모르겠어요.

농수산부는 여러 가지 사업을 시작해 어떤 것은 10년도 가고 20년도 걸리는데, 처음 계획 단계에서 충분히 연구를 안 하고 모두 즉흥적으로 했기 때문에 그 실적이 부진한 것 같아요.

그동안 장관도 많이 바뀌고 책임자도 많이 바뀌었지만, 농수산부 사업이라는 것은 규모가 크고 돈이 많이 드는 건데, 처음부터 계획 단계에서 계획을 잘 세워 여러 가지 검토를 잘해서 착수해야지 즉흥적으로 하다보니까 돈이 몇 배가 들고 사업은 늦어지고 하는데, 서해안 간척사업이니 뭐니 하는 것도 장차의 사업계획을 연구해서 자료를 모아 두는 건 좋은데 이것저것 자꾸 벌리기만 하는 것은 앞으로는 안 하는 것이 좋겠어요.

그리고 농수산부에서 영산강개발 같은 데에 돈을 집중적으로 투자하여 81년까지인가, 82년까지인가 끝나는 걸로 돼 있는데, 그렇게 하는 것이 일도 빨리 끝나고 경제성이 훨씬 좋단 말이오.

낙동강, 이것도 안동 댐이 되고 낙동강 홍수 조절이 되면 그 양쪽 유역에 굉장한 땅들이 나오기 때문에 호안공사를 한다든지, 농지조성을 해서 그걸 먼저 개발하고, 서해안 간척사업은 우리가 조사만 해두었다가 몇 년 후에 내륙에 있는 다른 큰 사업들을 거의 다 끝내고 난

후 그때 가서 집중적으로, 대규모로 개발하면 약 60만 정보나 40만 정보가 나온다고 했지요? 우리나라의 벼농사 하는 논이 120만 정보 되는 게 아니야, 그 3분의 1정도가 나오는 거니까 그것은 굉장한 면적이야. 따라서 이것을 조금씩 잘라서 할 생각 말고 지금부터 충분히 연구하고 자료를 수집해서 계획을 세워 두었다가 어느 시기에 가서 집중적으로 개발하면 굉장한 경제적 효과도 나올 거에요.

지역사람들이 이 사업을 해달라, 저 사업을 해달라고 한다고 해서 이것도 하고 저것도 하고 하다보니 엉거주춤 돼버리는 것이 얼마든 지 있지 않느냐 말이오.

연구를 해두는 것은 좋아, 앞으로 10년 후에 할 것도 지금부터 조사를 하고 연구를 하고 계획을 세우는 것은 좋지만, 그걸 모두 즉흥적으로 하기 때문에 사업이 지지부진해지고 오래 끌게 된단 말이오.

계화도사업만 해도 옛날 군정시대부터 시작했어요.

최고회의 시대 그때 불과 몇십억 가지고 한다는 게 지금 얼마요? 모르긴 해도 몇백억 원이 들어갔을 거요. 그동안 들어간 거 계산도 안 나오겠지만 한번 계산해 보는 것일 좋겠군요.

평택·금강지역사업은 71년 선거할 때 착공한 것으로 기억하는데 2·3·4·5·4년 만에 저렇게 큰 사업이 아주 깨끗이 마무리가 되고 당장 실수익이 나오고 있지 않느냐, 이것이 바로 경제성이라는 거지요."

한해대책을 위해 4대강유역 개발과 지하수개발 등 수리시설을 철저하게 해야 한다

대통령은 이어서 한해 대책을 위해서는 4대강유역 개발과 병행해서 지하수개발 등 수리시설을 좀 더 철저하게 하라고 지시했다.

"오늘 농수산부에서 무슨 한해 대책 운운하고 있었는데, 수리시설에 대한 것을 좀 더 철저히 해야 돼요. 4대강유역 개발은 아주 큰 물 줄기를 뽑아내서 세로(細路)를 뚫고 농지까지 끌고가지만, 역시 지형이 높다든지, 천수답에 대해서는 그것만 가지고는 안 됩니다. 따라서, 지하수를 판다든지, 관정을 뚫는다든지, 안 그러면 양수를 해서 물을 끌어올려가지고 거구로 물을 보낸다든지 하는 사업을 4대강유역 개발사업과 병행해서 해나가야 되겠습니다. 지금 보니까 수리안전답이 84%, 81년에 가면 90% 된다고 하는데, 적어도 벼농사를 지어 먹을 수 있는 데까지 거의 100% 될 수 있도록 해야 합니다.

그렇게 해야 두 달쯤 한발이 들더라도 양수기·경운기 등을 전부 총동원해서 물을 끌어올리면 한 달 내지 두어 달 정도는 조금도 지장을 안 받을 것입니다. 이 정도 돼야 농사가 제대로 되는 것입니다. 금년에도 비가 왔다, 안 왔다 하지만 그래도 상당히 잘 온 해 아닙니까? 이 정도의 가뭄 가지고 한발이라고 한다면 그런 농사는 원시적인 농사다 이 말입니다. 그래서 그런 수리시설을 확충하는 것이 시급하고 중요한 것입니다.

매년 연초에 농수산부에 오면 애기를 하는 것인데, 금년에는 앞으로 기후가 어떻게 되는지 모르지만, 연초부터 중부지방에는 눈도 하나 안 오고 건조합니다. 우리나라는 과거에 몇 년 동안 풍년이 들면 한발이 오고 하는 그런 예가 있기 때문에 연초부터 농촌에서 가지고 있는 양수기라든지 과거에 파 놓은 관정이라든지를 점검해서 한 해가 왔을 때 여기에 대한 준비를 해두는 것이 좋을 것입니다. 그래서 비가 잘 오면 다행이고, 비가 안 오면 이걸 최대한으로 활용해야 되겠습니다."

농촌진흥청 연구팀 지원, 농지확장, 식량창고 보수, 농가 저축유도, 토끼고기 식량화에 힘써야겠다

대통령은 끝으로 농촌진흥청 연구팀 지원문제, 농지 확장문제, 식량창고 보수문제, 농가 저축유도문제, 토끼고기 식량화문제 등에 관해 지시를 했다.

첫째, 쌀의 신품종개량에 좋은 성과를 올린 농촌진흥청의 연구원들이 연구하고 있는 콩과 보리 종자에 있어서도 성과를 올릴 수 있도록 지원해야 되겠다는 것이다.

"농촌진흥청에서는 그동안에 다른 일도 많이 했지만, 특히 우리나라의 쌀, 주곡작물에 대한 신품종개량에 있어서 농진청 연구팀들이 훌륭한 성과를 올렸다고 생각합니다.

작년, 재재작년, 기후도 비교적 순조로왔지만, 이렇게 증산을 가져온 것은 역시 품종개량에 아주 크게 힘입었다고 생각합니다. 앞으로 특히 보리·밀·콩은 어떤지, 콩은 아직 연구단계에 있다지요?

앞으로 거기서 연구하는 사람들은 꾸준히 지원을 해서 좋은 성과를 올리도록 뒷받침을 잘해 주도록 하시오."

둘째, 농업진흥공사개발단의 농지확장사업에 있어서는 경제성 등을 충분히 검토한 후 착수하라는 것이다.

"농지확장을 위해서 지금 농업진흥공사 밑에 개발단인가 뭔가 생겼지? 금년부터 몇 개 사업을 시작하는 것 같은데, 과거처럼 그냥 무계획적으로 해가지고는 공연히 개간해 놨다고 후회하는 일이 없도록 경제성이라든지 여러 가지를 충분히 검토를 해가지고 착수를 해야 되겠습니다."

셋째, 식량창고는 식량뿐만 아니라 다른 농산물을 저장하는 데에도 필요하므로 수리를 해서 쓸 수 있는 창고는 연차적으로 보수해서 사용하라는 것이다.

"식량창고가 한 900동 조금 못된다는데, 시골에 다니면서 보면 창고를 지은 지가 오래돼서 상당히 낡은 게 있는데, 영 낡은 건 뜯어버리고 새로 짓든지 해야겠지만 어지간한 건 조금만 수리하면 창고로도 쓸 수 있겠다 하는 게 도처에 많은데 그런 건 좀 보수를 해서 쓰면 어때? 창고 같은 건 앞으로 그것 가지고도 모자라고 식량뿐만 아니라 다른 농산물도 저장하고 임시로 출하하는데 필요할 텐데.
지금 있는 것 중에 수리를 해서 쓸 수 있는 것을 조사해 가지고 연차적으로 보수를 해서 쓰는 것이 상당히 경제적이라고 생각해."

넷째, 농가소득증대로 농민들이 상당한 현금을 보유하고 있다는데, 이 돈을 전부 저축하도록 유도하는 여러 가지 정책을 연구하라는 것이다.

"최근에 농가소득이 그동안 많이 올라가서 농촌의 농민들이 현금을 상당히 많이 가지고 있다는 얘기를 여러 사람한테 들었는데, 그걸 어떻게 하든지 농민들이 농 밑에 사장해 두지 않고 전부 저축을 할 수 있도록 하는 방법을 재무부라든지 금융기관이라든지 이런 기관과도 협조를 해야겠어요. 지금 농촌에 가면 마을금고니 새마을금고니 하는 것도 많지만, 어떻게 하든지 그 돈을 모두 저축하게끔 유도하는 여러 가지 정책이 뒤따라야 하리라고 생각하는데, 그걸 적극적으로 연구를 해주시오."

다섯째, 앞으로 쇠고기 부족사태에 대비해서 토끼고기를 보급하는 문제를 생각해 봐야 되겠다는 것이다.

"우리나라 축산도 그전보다 많이 발전되어 가고 있지만, 우리나라 사람들이 모두 쇠고기만 먹겠다는 생각을 가지면 앞으로 상당히 어려울 것입니다.

우리나라는 광활한 목장이나 땅이 적기 때문에 아무리 축산을 장려한다 해도 우리나라에서 생산된 소를 가지고 온국민들이 충분히 먹을 수 있는 고기를 공급해 낼 수 있겠느냐? 소득이 점차 올라가면 올라갈수록 고기 수요가 늘 텐데, 거기에 대한 하나의 방법으로 앞으로 소도 많이 길러야 되겠지만, 양고기 또는 우리나라에서는 토끼가 잘 되는데, 이 토끼를 기르는 것도 생각해야 될 줄 압니다. 토끼는 사료도 많이 안 들므로 이것을 많이 길러서, 요리하는 방법만 잘 연구하면 토끼고기는 맛이 조금도 떨어지지 않는다, 영양가도 떨어지지 않는다고 하면 장차에는 보급이 될 것 아니냐고 생각합니다."

쌀 3천 6백만 석 생산의 기쁨을 한편의 시로 노래하다

1963년 봄, 미국정부가 식량을 무기삼아 혁명정부에 대해 민정이양을 빨리 하지 않는다고 미국의 잉여농산물 원조를 일시 중단했을 때 대통령은 가난하고 힘없는 약소국가의 비애를 뼈저리게 통감했다. 그당시 대통령은 국가의 진정한 자주와 자립과 독립을 위해서는 어떻게 해서라도 식량의 자급자족을 이룩해야 되겠다는 굳은 결심을 했다. 그로부터 십수년이 지난 76년에 주곡인 쌀과 보리의 자급자족을 이룩했다.

대통령은 9월 26일의 일기에서 쌀 3천 6백만 석이 생산된 풍년의 기쁨을 한 편의 시로 노래했다.

추석유감(秋夕有感)

팔월 한가위
해가 뜨고 달이 지고 지구가 돌고 돌면
해마다 가을이면 이날이 오건만은
올해는 보기드문 풍년 중에도 대풍년
농민들의 흘린 땀이 방울방울 결실했네
높고 맑은 가을 하늘 아래
들과 산에 단풍이 물들어 가는데
오곡이 풍성하고 백과가 익어가니
나라는 기름지고 백성은 살쪄가니
이 어찌 천우와 조상의 보살핌이 아니랴
국화의 향기 드높은 중천에
팔월 대보름 둥근달 높이 떠서
온누리를 비치니 경악가도 높드라
이 강산 방방곡곡에 풍년이 왔네
이 강산 좋을씨고 풍년이 왔네

영산강유역 농업개발사업이 완공되면 유역일대 농촌의 개혁이 완성될 것이다

1976년 10월14일, 영산강유역 농업개발 제1단계사업인 장성호 등 4개 댐의 준공식이 있었다.

영산강유역 개발에 있어서는 제1단계사업인 장성·담양·광주·나주의 4개 댐 건설이 73년 4월에 착공되어 76년 가을에 완공되었고, 영산강 하류에 영암과 무안군을 연결하는 방조제 건설사업인 제2단계사업은 81년 완공예정이고, 제2단계사업에 이어 제3, 제4단계 사업을 95년까지 완공할 예정으로 있었다. 이러한 사업들이 모두 끝나면 영산강유역의 하천이 전부 보수되고, 유역에 있는 모든 농토가 경지정리되고 수리관계시설이 이루어져 100% 수리안전답이 되고, 또 그 유역에 있는 산야에 대한 산림녹화사업이 이루어져 유역일대 농촌의 개혁이 완성될 것으로 전망되고 있었다.

대통령은 이날의 준공식에서 이 개발사업의 추진과정과 그 개발효과에 대해 설명했다.

오늘 준공된 장성·담양·광주·나주호 등 4개의 댐은 우리나라 최대규모의 농업용 저수지다. 이 댐은 취수탑에 특수장치를 해서 언제나 농작물에 알맞은 온도의 물을 댈 수 있도록 되어 있으며, 축조방법에 있어서도 최신기술과 특수공법을 개발하여 비용을 절감하면서 공사에 완벽을 기했다. 영산강유역의 호남평야는 해마다 한발이나 수해로 많은 피해를 입어온 곡창지대다. 그러나 오늘 제1단계사업의 준공으로 장성·광산·담양·함평·나주·영암 등 6개 군에 걸친 광활한 농경지가 한수해를 모르는 전천후농토로 개발되고 연간 6만5천 톤의 쌀을 증산할 수 있게 되었다. 제2단계사업이 81년에 끝나게 되면 영산강 하류에 영암과 무안군을 연결하는 거대한 방조제가 축조되고, 동양 최대의 인공호수가 만들어져 그 지역 일대가 수리안전답으로 바뀌고 광대한 개펄이 옥답으로 가꾸어짐으로써 농토확장과 식량증산에 박차가 가해질 것이다. 대자연에 도전하여 국토개발의 개가를 올린 오늘의 이 자신과 의욕을 견지하고 풍요롭고 살기 좋은 낙토를 건설하여 후대에게 자랑스럽게 물려줘야 되겠다는 것이다.

"친애하는 전남도민 여러분!
그리고 국민 여러분!

알뜰하게 국토를 개발하고 농업의 근대화를 이룩하겠다는 우리의 집념과 의지가 대자연에 도전하여 또 하나의 개가를 올린 자랑스러운 현장에 우리는 지금 서 있습니다.

그 실증이 바로 이 거대한 장성호를 비롯하여 담양·광주·나주호 등 네 개의 댐입니다.

특히, 오늘 3년 6개월 만에 준공을 본 장성·나주·담양호는 저수량이나 몽리 면적이 우리나라 최대규모인 농업용 저수지라는 점에서 새로운 기록을 세웠습니다.

그뿐만 아니라, 이 댐에는 취수탑에 특수장치를 하여 언제나 농작물에 알맞은 온도의 물을 댈 수 있도록 했으며, 축조방법에 있어서도 최신 기술과 특수공법을 개발하여 비용을 절감하면서도 공사에 완벽을 기했다는 사실 등은 우리 댐 건설사상 특기할 만한 일이라 하겠습니다.

나는 먼저 오늘의 이 보람찬 성과가 있기까지 그동안 험난한 자연과 싸우면서 불철주야 땀흘려 이를 개조해 낸 건설역군과 우리 기술진, 그리고 농업진흥공사 관계관 여러분의 노고에 대해 진심으로 치하를 보내는 바입니다.

영산강유역의 호남평야는 우리나라에서 손꼽는 곡창지대이면서도 한발이나 수해 때문에 해마다 많은 피해를 입어 왔습니다.

67년, 68년의 대한해와 재작년 8월에 있었던 대홍수의 참상은 지금도 우리 기억에 생생합니다.

그러나 이제 영산강유역 농업개발 제1단계사업이 준공됨으로써 앞으로는 장성·광산·담양·함평·나주·영암 등 6개 군에 걸친 광활한 농경지가 한수해를 모르는 전천후 농토로 개발이 되고 연간 6만 5천 톤의 쌀을 증산할 수 있게 되었습니다.

또한, 제2단계사업이 끝나는 1981년에 가면 영산강 하류에 영암과

영산강개발 제1단계 사업 가운데 하나인 장성호 장성호는 광산군·장성군·화순군 일대
에는 농업용수를, 하남공단에는 공업용수를 보내고 있다(1976. 10. 14, 준공).

무안군을 연결하는 거대한 방조제가 축조되고, 동양 최대의 인공 호
수가 만들어짐으로써 그 지역 일대가 수리 안전답으로 바뀌는 것은

말할 것도 없고, 지금은 쓸모없는 광대한 개펄이 옥답으로 가꾸어지는 등 농토 확장과 식량 증산에 더욱 박차를 가하게 될 것입니다.

나아가서 정부는 제2단계사업에 이어 이미 제3, 제4단계 사업계획을 확정하고 1995년까지 총 5천억 원의 막대한 자금을 투입할 예정으로 있습니다. 그리고, 이와 같은 거대한 농업개발사업은 비단 이곳 영산강유역뿐만 아니라, 4대강유역의 곳곳에서 동시에 추진되고 있는 것입니다.

전국의 우리 농민들이 바둑판처럼 잘 정리된 농경지에서 한해와 수해 걱정 없이 마음놓고 농사를 지으며 근대화된 농촌에서 문화생활을 영위할 수 있게 될 날도 멀지 않을 것입니다.

오늘날 세계의 식량 사정은 심각해지고 있으며, 따라서 식량자원 확보를 위한 국제경쟁은 더욱더 치열해질 것이 예상됩니다.

우리는 하루빨리 영농의 근대화를 완성하여 확충 정비된 생산 기반 위에서 식량증산을 가속화해 나가야 하겠습니다.

정부가 매년 막대한 자금과 인력을 투입하여 4대강유역 개발과 11개 대단위농업 종합개발계획을 추진하고 있는 것은 이처럼 잘 사는 농촌, 부강한 나라를 우리 힘으로 앞당겨 건설하려는 데 그 뜻이 있는 것입니다.

우리는 작년에 이미 주곡의 자급자족을 달성한 바 있으며, 금년에는 심한 가뭄과 일부 지역의 집중 호우나 병충해가 있었지만, 농민 여러분의 끈질긴 의지와 정부의 효과적 지원으로 훌륭히 이겨내고 대풍을 맞이하게 되었습니다.

이것은 그동안 우리의 농업생산기반이 그만큼 알차게 확충되었다는 증거이며, 우리 농민들이 근면·자조·협동의 새마을정신을 발휘하여 부지런히 땀흘려 일한 결과입니다.

국민 여러분!

예부터 치산치수를 잘하고 대자연을 슬기롭게 활용할 줄 아는 민족은 언제나 융성 발전할 수 있었습니다.

우리 모두 대자연에 도전하여 영농의 과학화를 실현하고 승리의 개가를 올린 오늘의 이 자신과 의욕을 굳게 견지하고, 조상이 물려준 금수강산을 더욱 쓸모있고 아름다운 국토로 개조하기 위하여 가일층 분발합시다.

그리하여, 기어코 풍요하고 살기 좋은 낙토를 후대에게 자랑스럽게 물려줍시다.

끝으로, 이 거대한 사업을 이룩한 우리의 건설역군, 기술진, 농업진흥공사 관계관 여러분의 노고와 전남도민 여러분의 그간의 적극적인 협조에 대해 다시 한 번 치하하는 바입니다.”

광주시내의 깨끗한 모습 역연하고, 내 고장 사랑하는 시민의 마음씨가 구석구석에 보인다

1976년 10월 14일, 대통령은 이날 저녁에 쓴 일기에서 영산강유역 개발 제1단계사업 준공식에 다녀온 감회를 피력했다.

자동차 창밖으로 내다본 풍요롭고 평화로운 농촌의 모습, 1년 전에 비해 깨끗하게 다듬고 가꾼 광주시내의 모습, 영산강유역 지방 농민들의 천년의 한을 풀어준 대역사의 완공 모습, 영산강 하구 나불도 방조제공사 예정지점 시찰 등에 관해 기록하고 있다.

“10시 40분 기동차편으로 서울역발. 영산강유역 개발 제1단계 사업준공식 참석차 광주로 향발. 오후 4시경 광주 도착. 기차편으로 광주행은 오래간만이다. 연도 농촌의 모습이 수년 전에 비하여 괄목할 만큼 변모한 모습이 눈에 띈다.

새마을운동의 실적이 농촌 방방곡곡에 나타나고 있고 풍요에 넘실거리는 가을의 평화는 아름답기만 하다.

광주시내 모습도 1년여 만에 보는 눈에는 깨끗하고 알뜰하게 다 듬고 가꾸어진 모습 역연하다. 시민들이 내 고장을 아끼고 사랑하는 마음씨가 구석구석에 보여 기쁘기 한이 없다.

영동고속도로 개통 1주년 오전 10시 장성호(댐) 준공식에 참석하고 준공비 제막식과 통수식도 동시에 거행되었다. 영산강유역의 종합개발사업의 제1단계 사업인 장성·담양·광주·나주 4개 댐이 오늘 준공됨으로써 여기에 담수된 2억 6천만 톤의 저수는 하류 1개 시, 6개 군에 몽리를 하게 되고 3만 5천 정보가 한수해로부터 벗어나는 전천후농토가 되는 것이다. 이 지방 농민들의 천년의 한을 풀어주는 대역사가 73년 4월에 착공하여 우리 기술진에 의해서 730억이란 방대한 예산으로 완성된 데 대하여 무한히 자랑스럽게 생각한다.

앞으로 1981년까지 제2단계사업이 완료하면 영산강 하구언이 완성되고 3, 4단계사업(1995년 완료)까지 완료하면 영산강유역은 천재 없고 기름진 옥토가 조성될 것이다. 헬기로 여타 3개 댐은 공중시찰을 하고 영산강 하구 나불도에 착륙, 방조제공사 예정 지점을 시찰하고 광주 비행장으로 돌아와서 점심을 들고 전용기편으로 귀경.”

대단위 농업종합개발 계획과 농촌주택 개량사업을 추진해 나가야 한다

1977년 1월 12일, 연두기자회견에서 대통령은 대단위 농업종합개발 계획을 금년에도 계속 추진해 나가고, 농촌의 주택을 연차적으로 개량해 나가야 하겠다고 천명했다.

"그밖에 농어촌 관계에 있어서는 4대강유역 개발사업을 계속 추진해 나갈 것이고, 경지정리 사업, 수리시설의 확충, 농업생산 기반 조성을 꾸준히 추진할 것이고, 농어촌의 생활환경 개선과 소득 증대를 위한 사업을 적극적으로 추진해 나가겠습니다.

특히, 농수산부에서는 작년에 우리가 겪은 한발에 대한 교훈을 살려서, 농업용수 개발을 위한 양수용 장비를 대량으로 확보해서, 이것을 각 지역에서 보관시키는 일을 추진하고 있습니다.

가령, 도에서 얼마, 군에서 얼마, 면에서 얼마, 이것을 장비의 지역정수제라고 하는데, 작년 한발을 겪은 경험으로 이런 것이 평소에 이루어져 있고, 장비가 확보되어 유사시에 이를 일제히 동원하면, 한해 극복에 가장 효과적이겠다는 결론에 따라 금년에 이 제도를 추진하려고 합니다.

다음에 농업부문에 있어서는 대단위 농업종합개발 계획을 금년에도 계속 추진해 나가겠습니다.

그 중에서 금년에 완공될 사업은 계화도지구사업과 경주지구사업, 그리고 영산강 제1단계사업 등입니다.

영산강은 작년에 4개 댐과 일부 도수로가 완공되었습니다만, 그에 따르는 나머지 잔여공사와 경지 정리사업 등, 그 1단계사업이 금년 중에 완공되겠습니다.

이 세 가지가 금년에 완공되고, 또 금년에 계속사업으로 해야 할 삽교천지구사업은 79년에 완료됩니다.

창녕지구사업은 내년에 완료되고, 임진강지구사업은 79년에 완공됩니다.

또, 영산강 제2단계사업이 금년에 새로 착수가 되어 83년에 끝날 예정입니다. 이것은 영산강하구에 하구언을 만들어서 큰 댐을 만드는 공사입니다. 그 다음에 미호천지구사업, 남강지구사업 등이 금년에 새로 착공될 사업이고, 그밖에 농촌에서 지금 추진하고 있는 농촌전화사업은 작년 말로 우리 농촌의 약 90% 이상이 전기가 들어가 있으나 금년 말이면 93%, 내년이면 100% 전기가 다 들어가게 됩니다.

전화는 금년 말에 이·동의 82%까지 들어가고, 내년이면 이·동 단위까지는 전부 다 들어가도록 되어 있습니다.

지붕개량도 내년이면 100%가 되고, 농촌에 지금 가설하고 있는 간이상수도는 81년에 가면 거의 100%가 완료될 계획입니다.

다음에 정부는 농어촌주택 문제에 대해서 특별한 관심을 가지고 있습니다.

그동안에는 농가소득이 너무 낮아서 주택개량은 감히 엄두를 내지 못했습니다마는, 이제부터는 농가의 소득도 점차 늘어나기 때문에, 농촌의 주택을 연차적으로 개량해 나가야 하겠습니다.

표준형 주택을 개발해서 작년부터 일부 지방에 시범적으로 해 보고 있는데, 가장 위생적이면서 또 여러 가지 면에서 생활에 편리하고, 가급적 값이 적게 들고도 외모가 아주 문화적인 단정한 가옥을 선정해서 연차적으로 보급해 나가고, 80년대 초에 우리나라 농가소득이 200만 원 이상 올라가면, 거의 대부분의 농촌주택들이 이런 문화적인 주택으로 개량될 것으로 내다보고 있습니다.

다음에는 연근해어업에 대한 근대화를 추진하겠습니다.

이것은 작년에 우리가 동해안에서 겪은 어선 조난사고 등으로 여러 가지 많이 느꼈습니다만, 앞으로는 어선을 좀 더 대형화해야 하겠고, 동력화해야 하겠으며, 또 장비도 현대화해야 하겠습니다. 또, 육지에 있는 어항시설을 보다 더 많이 개량해야 하겠고, 수산물 유통구조를 개선해 나가는 사업들을 계속 추진하려고 합니다.

다음에는 전국의 국도 포장사업입니다.

경제장관 기자회견에서 구체적으로 나오리라고 생각합니다마는, 금년 말로서 전국의 국도 중 약 51%가 포장됩니다. 81년에 가면 91%까지 포장률을 올릴 수 있겠습니다.

대구에서 마산까지 가는 구마고속도로가 금년 연말에 완공될 것입니다.

그밖에 철도·항만·주택·상수도사업 등에 관한 것은 역시 다음 경제장관들의 기자회견에서 보다 더 구체적인 설명을 드리기로 하고 생략하겠습니다."

주곡은 자급자족되었으나 식량절약 노력은 계속돼야 한다

1977년 1월 21일, 농수산부 연두순시에서 대통령은 먼저 식량을 절약하는 우리의 자세와 노력을 종전과 같이 견지해 나가야 한다는 것을 강조했다.

"그동안에 농수산부 산하 공무원들, 또 산하에 있는 모든 기관의 임직원, 또 우리 농민들이 애써서 우리나라의 식량 주곡에 대한 자급자족이 되었다는 것은 가장 기쁜 일 중의 하나라고 생각합니다. 특히 신품종을 개발하는 데서 일하는 학자들의 그동안의 꾸준한 노력, 우리 농민들의 여러 가지 영농기술의 개발, 이런 것이 모두 합쳐서 이런 성과를 가져왔다고 생각합니다.

그러나 이 식량 자급자족이 되었다고 해서 자칫 이 정도면 이제 뭐 좀 푸근푸근히 먹어도 괜찮다하는 그런 생각들을 가지지 않을까 하고 나는 염려를 하는데 앞으로 식량은 우리가 더욱 절약을 해야 됩니다. 지금 현재 주곡은 우리가 자급을 하고도 조금 여유가 있지만, 저 학자들 얘기를 들으면 요즘 공해니, 뭐니 하지만 공해 같은 것은 과학이 발달되면 해결되지만 인구가 폭발적으로 늘어나게 되면 이에 대한 식량문제가 어느 시기가 되면 큰 문제가 되지 않겠느냐, 장래에 있어서 가장 염려되는 문제가 식량문제라는 것입니다.

우리는 그동안에 여러 가지 영농기술의 향상, 신품종개발이 성공을 해서 주곡의 자급이 되었는데, 식량을 절약하는 우리의 자세라든지 노력을 종전과 같이 견지해 나가야 되겠습니다.

그리 해야만 언제든지 우리가 상당한 여유를 가지고 천재라든지 비상사태에 대해서도 당황하지 않고 대처해 나갈 수 있다고 생각합니다."

그 당시 일부에서는 농업보호정책을 비판하고 나섰다.

즉, 농업은 제조업에 비해 과보호를 받고 있으며, 특히 농산물가격지지정책의 결과로 우리나라 농산물의 가격이 국제가격보다 2배 이상으로 확대되고 있으며 제조업, 그 중에서도 한국경제의 비교우위 부문이며 수출주도형 고도성장의 견인차 역할을 하던 경공업 부문의 국제경쟁력이 약화되고 있다는 것이었다.

따라서, 농업보호정책이 낳은 왜곡된 산업간의 자원 배분을 시정하여 국제경쟁력 위주의 자원 배분을 실현함으로써 국제비교우위에 입각한 산업구조를 조성하고, 국내 소비자의 선택의 폭을 넓히기 위해 전면적인 수입자유화 시책을 추진해야 한다는 주장이 제기되었던 것이다.

농업부문에 있어도 쌀 등 주곡을 포함한 농업의 전면적 대외 개방을 통해 농업 내의 국제분업을 도모하여 국제경쟁력을 지니는 유망 품목에 한해서 집중적인 생산성 향상 투자를 지원하는 한편 국제경쟁력이 없는 농산물은 수입함으로써 소비자에게 저렴한 가격의 식품을 안정적으로 공급한다는 것이었다. 식량도 우리나라보다 싼 외국쌀을 사다 먹자는 것이다.

主穀의自給達成

1977. 12. 20

大統領 朴正熙

　세계적으로 가장 높은 인구밀도와 불리한 농지, 인구비율을 지닌 한국의 농업 조건 아래서 국민 식량의 전부를 국내 생산으로 공급하는 것은 기술적으로나 경제적으로나 거의 불가능한 일이다. 그러나 그렇다고 해서 식량을 포함한 모든 농업부문을 국제경쟁력 기준에 따라 재편성하고 비교우위에 따른 국제분업 정신에 따라 식량자원의 대부분을 변전하는 국제시장에 맡겨 놓는 전면적인 농산물 수입개방 정책도 결코 바람직한 것이 아니었다.

　그러한 정책 방향은 지나치게 단순하며 근시안적일 뿐 아니라 위험한 일이었다. 왜냐하면 적정한 규모와 수준의 농산물을 국내에서 생산, 공급하는 것은 국민의 생존과 국가경제의 안정적 발전을 위해서 긴요한 것이며 기본전제라고도 할 수 있기 때문이다.

　국제곡물수급과 가격은 구조적으로 불안정한데다가, 농업생산기반은 단기간에 개선되기 어려운 특성을 지니고 있기 때문에 세계적으로 식량부족 현상이 일어나고 곡가가 폭등할 경우 곡물 수입 국가들은 국민의 생존과 경제 전반에 치명적인 위협을 면할 수 없게 된다.

　국민 생존의 기초를 이루는 식량정책을 단순한 국제비교우위의 기준에 입각해서 다루고 있는 나라는 국내생산이 전혀 불가능한 도시국가를 제외하고는 지구상에서 그 예가 없다.

19세기 후반 자유무역의 황금시대에 국내 곡물수요의 75%를 수입에 의존한 바 있었던 영국의 경우도 제1, 2차 세계대전 때의 쓰라린 경험을 거친 오늘날에는 80%에 가까운 곡물자급률을 달성하고 있으며, 곡물 부문에서 압도적인 경쟁력을 지닌 미국도 13개의 농산물에 관해서는 관세무역일반협정(GATT) 조항의 적용을 받아 수입 제한을 실시하고 있었다. 또 유럽공동체(EU)가 농산물 과잉처리를 위한 방대한 재정부담을 하고 있고, 회원국가 간의 이해관계가 상충하고 있음에도 불구하고 공동농업정책을 견지하고 있었는데 이것은 회원국들이 식량안보를 확보하고, 정치적 독립성을 유지하기 위한 것이었다.

우리나라도 결코 예외가 될 수 없다. 특히 준전시 상태에 있는 우리나라의 경우, 우리가 먹는 식량을 우리가 생산하여 자급자족을 이룩하는 것은 국민의 생존과 경제적 자립, 그리고 정치적 독립을 위해서 필수적인 것이었다.

특히 우리의 주곡인 쌀과 보리는 반드시 자급자족해야만 하고 비상사태에 대비해서 상당량의 양곡을 비축해 놓을 필요가 있었다. 그래서 대통령은 식량절약을 강조한 것이다.

대통령은 이어서 농협·수협·토지개량조합 등 농수산부 산하기관의 인사문제를 재검토해서 유능한 사람들이 산하기관에 들어갈 수 있도록 하라고 지시했다.

"앞으로 농협·수협·토지개량조합 등 농수산부 산하의 기관에는 유능한 사람들이 많이 들어가야 됩니다.

과거에는 농협이다, 수협이다, 무슨 조합이다 하면 적당히 인사청탁이나 해가지고 들어가는 사람들이 없지 않았는데 그런 사람들이

▲ 100여 명의 청와대 직원들과
함께 경기도 시흥군 과천면 갈
현1리로 모심기를 나갔다. 이
날 장덕진 농수산장관, 손재식
경기도지사, 최광수 의전비서
관 등이 수행했다.

▶ 모내기 후 맨발로 논두렁을
걸어나오는 모습. 이날 다수확
신품종 밀양21호를 심었다
(1978. 6. 13).

그런 자리에 앉아 가지고는 농촌이란 건 해결이 안 됩니다. 인사청탁이라든지 그런 옛날과 같은 폐단이 아직까지 잔존해 가지고는 농어촌에 우리가 아무리 돈을 집어넣어도 좋은 성과가 안 나온다고 생각합니다.

요즈음에는 영농기술이란 것도 과거마냥 적당한 상식이나 그전 것 가지고 되는 게 아니라 상당한 기술이 필요하고 지식이 필요한데, 그런데 대한 지식과 기술과 또 농어촌에 들어가서 헌신적으로 일할 수 있는 정신적인 자세가 확고히 서 있는 사람들이 그런 자리에 앉아야만 실제 농어촌에서 올바르게 봉사를 할 수 있고 실적을 낼 수 있고 또 능률이 올라갈 수 있습니다. 최근에 과거의 그런 폐단은 많이 없어진 것으로 압니다만, 언제 한 번 농수산부에서 인사문제를 다시 검토해서 아주 유능한 사람들을 산하기관에 들어갈 수 있도록 해주기 바랍니다."

들에 나와 일하면서 먹는 탁주맛은 농민이 아니고서는 알 수 없는 일품이다

1978년 6월 13일, 대통령은 이날 과천면 갈현리에서 청와대 직원들과 모내기를 한 후 점심시간에 먹은 탁주의 맛은 들에 나와 일하면서 먹는 농민이 아니고서는 알 수 없는 일품이었다고 이날의 일기에 적고 있다.

"오전 경기도 시흥군 과천면 갈현리에 나가서 청와대 직원들과 모내기 작업을 하다. 묘판에서 45일간 자란 밀양21호 조생종을 심었다. 모내기(180평)를 끝내고 동행한 직원, 경기도지사 등과 같이 점심을 들고, 점심시간에 나온 막걸리의 맛은 그야말로 일품이다. 들판에 푸른 볏논이 끝없이 보이고 산과 들에 초하의 녹음이 싱그

논두렁에 앉아 막걸리 잔을 기울이며 농부들과 어울리는 것을 좋아했던 박 대통령

러운데 시원한 들바람을 만끽하면서 컬컬한 참에 목을 적시는 탁주의 맛, 이것은 들에 나와 일하면서 먹어보는 농민들 아니고는 그 맛을 알 수 없으리라."

하루도 쉴새없이 중화학공업 건설현장과 방위산업공장을 두루 살펴면서 공장식당에서 기능공들과 점심을 함께하는 가운데 80년대에 이 땅에 구현될 고도산업사회의 미래상에 대해 설명해 주며, 기능공들을 격려하고 그들에게 용기와 자신감을 심어주는 데 영일이 없던 대통령이 이날은 초여름 녹음이 싱그러운 산마루에 앉아 모내기를 끝낸 한 사람의 농부로서 모처럼 여유로운 시간을 보내는 모습을 엿볼 수 있게 했다.

농수산물의 유통구조에 혁명적인 변화를 가져와야 한다
1979년 2월 2일, 농수산부 연두순시에서 대통령은 먼저 작년에 신품종 벼인 '노풍' 피해보상에 대한 농민들의 불만을 재심사하여 조정을 해주라고 지시했다.

"작년에 신품종 벼인 노풍 피해에 대한 보상을 해준다고 정부가 약속했는데 그건 어느 정도 수행이 되었는지요?

현금은 주지 않고 전부 쌀로 줬다는 얘기인데, 글쎄 농민들이 그 정도를 가지고 만족을 하나요? 신문을 보니까 어떤 데서는 불만이 많다는데 조용히 한번 나가서 피해보상을 받은 농민들의 얘기를 들어 보시오. 물론 농민들이 요구한다고 다 해 줄 수야 없지만 농민들의 불만이 정당한 이유가 있으면 재검토해 보는 게 어떨는지요. 그런 문제가 우리가 행정을 하는 데 있어서 사실 참 어려운 문제입니다. 그동안 중앙에서는 진정 피해를 입었다 하면 몇 %로부터 몇 %

까지는 얼마 해 주고 하는 기준은 있지만, 실제 말단에서는 농가에 가서 이 집에는 얼마나 피해를 입었느냐 하고 물어 보는데, 그것이 70% 미만이라는 정확한 숫자가 나오는 것이 아니라 60 몇% 되는 거, 70 몇% 되는거 등 그 한계를 짓는 것은 상당히 어려울 거요.

자칫 잘못하면, 공무원들은 70% 이하다, 농민들은 70% 넘는다, 이렇게 되면 상당히 마찰이 생길 것 같단 말이오. 역시 가장 어려운 문제는 일선공무원들이 이 집은 69%, 저 집은 70%, 이렇게 판정을 내리는 것이 우리가 볼 때는 무슨 근거를 가지고 한다고 볼 수는 없다는 데 있는 것입니다. 따라서 70%가 넘는다, 70%가 안 된다 하는 그런 한계를 일선공무원보다도 좀더 상위기관에 있는 사람들이 한번 2차로 가서 심사를 한다든지 조정을 해 주는 그런 노력을 안한다면 내가 볼 때는 70%가 안 된다고 보는 공무원과 아무리 적게 봐도 72%나 73% 된다고 주장하는 농민들 간의 갈등문제가 해결되기는 상당히 어렵지 않으냐 이거요."

대통령은 이어서 영농자금의 관리와 운용에 대한 감독을 철저히 하라고 지시했다.

"농사자금의 운용과 관리 문제인데, 작년에 농수산부 산하 어떤 지역의 농협에서 고구마 수매자금을 가지고 큰 물의가 일어나고 말썽이 있었는데, 앞으로는 이 분야에 대한 자금관리를 보다 더 감독을 철저히 하고 지도를 잘해서 불미스러운 일이 없도록 단속을 잘해야 될 거요.

지금 보니까 금년에 농수산 분야에 직접·간접으로 지원되는 자금이 2조 3천억 원인가 얼마가 된다고 했는데, 몇 해 전만 해도 2천억, 3천억 하더니 벌써 이렇게 늘었으니까, 늘은 것은 대단히 좋지만 어떤 뚜렷하고 공정한 기준이 있어 유용하게 잘 운용되어야지 어떤 정실이 작용한다든지 사후관리가 잘못되어 이것이 낭비된다든지 하는 일이 절대 없도록 해야 되겠어요. 작년에 나한테 들어온 보고로는 그런 사례가 간혹 있었다는 걸 내가 알고 있습니다.

특히 농협중앙회장 여기 나와 있지요? 농협에서 이런 일은 전국에 흩어져 있는 수많은 조합의 일이니까 상당히 어렵기도 하겠지만, 여기에 대한 지도·교육·감독을 평소에 잘 해서 이것이 가장 효과적으로 쓰여질 수 있도록 해야지 그렇지 못하면 아무리 액수가 많이 늘었더라도 자칫 잘못하면 원성이나 불만을 사는 그런 요인이 아니겠어요. 수협도 마찬가지입니다."

대통령은 이어서 농수산물의 유통구조에 혁명적인 변화를 가져와야 한다는 점을 강조했다.

"농산물에 대해서는 늘 이 분야에 대한 전문가들이 앉으면 하는 소리인데, 유통구조 개선의 일대혁신이 필요하다는 것입니다. 우리나라의 농수산 분야 중에 다른 데는 상당히 잘 돼 가는데 이 유통구조면에서는 어떤 새로운 혁명적인 변화가 없기 때문에 이것이 막혀 생산하는 농민도 손해 보고, 사먹는 소비자들도 손해 보고 그러다가 어떤 파동이 일어나는데 작년에 그런 일이 있었지요. 장관이 금년에 이것을 특별히 3대목표 중의 하나라 했는데, 결국 이 분야에 대한 전문가들을 많이 동원하든지 이것을 잘 하고 있는 외국에 가서 한 번 좀 더 보고 온다든지 하면 남이 하는 걸 우리도 안 될 이유가 없지 않은가요?

지금은 우리 농수산행정도 많이 발전이 됐고 또 그 분야에 종사하는 사람들이 그동안에 교육도 많이 받았고 경험도 가지고 있기 때문에 잘 될 수 있다고 봅니다.

금년에는 한번 여기에 특별히 역점을 두어 해봅시다.

덴마크는 원래 농업국으로 성장한 나라라고 하는데, 지금 덴마크는 농업국가는 아니라고 합니다. 농업인구가 불과 전체 인구의 한 10% 정도밖에 안되고, 농수산물을 가지고 전부 이것을 공업화해서 소위 우리가 말하는 농공병진이 가장 이상적으로 발달된 그런 국가 같은데 이 유통구조가 아주 이상적으로 잘 된 나라라고 합니다.

심지어 컴퓨터를 가지고 금년에 이 분야는 어느 지역에서 얼마만큼 생산을 하라 하는 것을 전부 연초에 농민들한테 알려 줘 계약재배를 하고, 이런 식으로 해서 아주 모범적으로 잘 된다고 그럽니다.

우리나라에서 그 분야에 시찰 간 사람이 많은데 그냥 가서 수박 겉핥기식으로 돌아보고 와서는 아무 소용이 없는 거요.

덴마크에서는 유통 잘 합니다, 우리도 잘 합시다, 그 정도 가지고는 백날가도 소용이 없어요. 실제 어떻게 하느냐. 또 그 사람들의 것을 그대로 가지고 오더라도 우리나라의 농업구조는 여러 가지면에서 덴마크와 똑같지 않기 때문에 그걸 가져와서 참고하여 우리 실정에다 맞게 적용하는 것이 대단히 중요한 것입니다.

모든 제도를 가지고 오는 것도, 남이 하는 것을 그대로 가지고 온다고 해서 꼭 성공한다는 법은 없으니까.

그건 우리가 보고 가지고 와서 참고로 해서 우리 농촌, 우리 어촌의 실정, 또 우리 농어촌의 현단계에서 어떤 제도가 가장 적합하겠느냐 하는 것을 잘 연구해서 그걸 단계적으로 잘 시행해 나가면 우리나라도 성공하는 건데, 그렇지 못하면 이걸 보고 와서 해봐도 늘 남은 되는데 우리는 안 된다는 결과가 됩니다."

제5장 쌀·보리 농사만으로 농민들 부자 될 수 없다

소득과 영리를 목적으로 하는 농업을 발전시켜야 한다

1967년 1월 17일, 연두교서에서 대통령은 우리 농업을 생계위주 농업으로부터 소득과 영리를 목적으로 하는 농업으로 발전시켜야 한다는 점을 강조했다.

정부는 경지정리 사업, 간척·개간사업의 확대로 생산성이 높은 농지를 만들고, 주산지 조성, 농산물 가공공업 육성 등으로 농산물의 경제단위 생산과 국제수준 품질의 농산물생산을 도모하여 이것을 국제시장에 연결시켜 줌으로써 계절에 따른 가격의 기복을 줄이고, 농민들이 안정된 가격에서 안심하고 생산에 전념할 수 있도록 지도할 것이다. 따라서 우리 농민들은 공업원료작물이나 경제작물을 국제시장에 공급한다는 의식혁명이 있어야 할 것이고, 국제시장의 농산물가격 형성에 관심을 기울이는 기업농민이 되어야 한다. 정부는 또한 산림청을 신설하여 산림녹화를 국가적 노력으로 촉진하여 그 경제적 이용도를 높일 것이며, 대일어업협력기금에 의한 어선의 도입과 건조, 어업전진기지 건설 촉진, 수산물가공 공장의 육성으로 어민 소득증대에 힘쓴다는 것이다.

"정부는 중농정책과 농촌근대화운동의 근본목적이 농가의 소득향상에 있다고 확신하며, 따라서 우리 농업을 생계위주의 농업으로부터 소득과 영리를 목표로 한 농업으로 발전시켜야 하겠다는 것이 그 방침입니다.

정부는 이 과제를 해결하기 위하여 이미 '농업기본법'을 제정하여, 농지를 담보로 해서 융자받을 수 있는 길을 마련하기는 했습니다만, 앞으로 정부는 더욱 경지정리사업, 간척·개간사업 등을 확대 추진하여 보다 생산성이 높은 농지로 개량하는 한편, 주산지 조성·농산물 가공공업 육성 등으로 농산물의 경제단위 생산과 국제수준 품질의 농산물생산을 도모하여, 이를 국제시장에 연결시켜 줌으로써 농산물의 풍년·흉년 또는 계절에 따른 가격 기복을 축소시켜, 우리 농민들이 보장된 가격에서 안심하고 생산할 수 있도록 지도 육성할 것입니다.

　우리 농민이 사는 길은 궁극적으로 우리 농민이 만든 농산물을 국제시장에 진출시키는 데 있다고 나는 믿습니다.

　따라서 우리 농민들이 국민의 식량공급이라는 종래의 좁은 사명의식에서 한 걸음 나아가, 공업원료작물이나 경제작물을 세계시장에 공급해야 한다는 사명확대의 의식혁명이 있어야 할 것입니다.

　정부나 우리 농민들이 합심하여 이 의식 속에서 지혜와 노력을 다한다면, 이것은 어떤 밭에서나 어떤 산에서나 가능하다고 나는 확신합니다. 우리 농민들이 제한된 국내시장보다도 넓은 국제시장의 농산물가격 형성에 관심을 기울이는 '기업농민'이 되어야 하겠다는 것입니다.

　정부는 농업정책에 있어서 우리 농민들에게 식량증산은 물론, 이러한 세계시장을 감안한 경제작물의 생산기반과 여건을 조성해 주는 데 힘을 기울일 것입니다.

　정부는 금년에 산림청을 신설하여 산림녹화를 국가적 노력으로 이를 촉진하여 그 경제적 이용도를 제고할 것이며, 대일어업협력기금에 의한 어선의 도입과 건조, 어업전진기지 건설의 촉진, 수산물 가공공업 육성 등으로 어민 소득향상에 힘쓸 것입니다."

모든 행정의 집약적인 목표는 농가소득증대에 집중돼야 한다

1967년 2월 15일, 전국의 시장·군수·구청장이 연석한 지방장관 회의가 있었다. 대통령은 이날의 회의에서 먼저 제1차 계획기간 중에 우리는 많은 발전을 이룩했으나, 소성(小成)에 만족하지 말고 새로이 제기된 과제들을 과감하게 해결하고 계속 전진하는 용기와 태세를 가다듬어 나가야 되겠다는 점을 역설했다.

그동안 정부와 국민이 땀 흘려 노력한 보람으로 우리 농촌에는 많은 변화가 일어나고 있다. 우선 농수산물 생산이 배로 증가했고, 춘궁기라는 말이 없어졌다. 그리고 지역사회의 특수성을 감안한 특종산업과 주산지 조성사업, 그리고 경지정리, 전천후 농업사업, 개간사업, 조림사방(造林砂防) 등 특수시책, 특종작물 재배, 양식사업 농수산물 가공처리사업 등이 괄목할 만한 성과를 보이고 있다. 그러나 이러한 변화와 발전은 또 다시 새로운 과제와 문제를 제기하고 있다. 이러한 과제와 문제를 해결해야 한다는 것이다.

"친애하는 전국의 지방장관 여러분!

그리고 시장·군수·구청장 여러분!

여러분이 아시다시피 우리는 올해를 '전진의 해'로 정하고, 근면·저축·검소를 다시 우리의 행동강령으로 삼아 증산·수출·건설에 총력을 기울임으로써, 안정 속의 지속적인 성장을 도모하고 있습니다.

금년은 제1차 5개년계획의 성과와 경험을 살려서, 공업입국을 위한 제2차 5개년계획을 성공적으로 출발시키고, 또 자유롭고 공명정대한 선거를 실시하여 민주한국의 전통을 확립해야 할 해라는 점에서, 발전하는 조국의 역사 위에 새로운 도표를 마련하게 될 중차대(重且大)한 1년인 것입니다.

이 역사적인 한 해에 여러분들이 맡은 바 사명과 책무를 소신대로 수행하느냐 못하느냐 하는 것은, 바로 국가와 민족의 진로에 중대한 영향을 미친다는 점에서 사명완수를 위한 여러분의 분발과 노력은 한결 새로운 바가 있어야 하겠습니다.

나는 연초의 각 지방순시를 통하여, 그동안 여러분들이 이룩한 여러 가지 업적과 또 새해에 추진할 제반계획을 직접 보고 매우 마음 든든하게 생각하고 있으며, 이 자리를 빌려 여러분과 관하(管下) 전지방공무원 여러분이 보여 준 열의와 노고에 대해 치하의 뜻을 표하는 바입니다.

그동안 정부와 국민이 땀 흘려 노력한 보람으로, 우리의 생활주변은 여러 면에서 크게 달라져 가고 있는 것이 사실입니다.

지방행정과 가장 관련이 깊었던 몇 가지 사실을 가지고 그 과거와 현재를 비교해 본다면,

우선 지난 1차 5개년계획 기간 중에 우리의 농수산물 생산이 배로 증가했다는 것이고, 이로 인하여 우리 농촌에 춘궁기라는 말이 없어진 것이 사실입니다. 이제 우리가 조금만 더 노력을 지속한다면, 식량 자급자족이 머지 않아 이루어질 수 있다고 내다보았습니다.

또한 농민들이 가장 관심을 가지고 있는 비료도 금년부터는 그 수요를 충당할 수 있게 된 데 대해서 농민들로 하여금 안심할 수 있게 되었고, 지역사회의 특수성을 감안한 특종산업과 주산지 조성사업, 그리고 특수시책 등이 점차로 그 성과를 나타내기 시작하였다는 것을 확인했습니다. 예컨대, 보리 배증산(倍增産)·경지정리·상전(桑田) 집단 조성·건답직파(乾畓直播)·전천후 농업사업·개간사업·조림사방 등은 괄목할 만큼 성과를 올리고 있으며, 그밖에 특종작물 재배·양식사업·농수산물 가공처리사업 등도 많은 성장을 하였습니다. 이러한 것은 우리 주변에 일어나고 있는 변화의 일례에 불과합니다.

이러한 변화와 발전은 우리에게 또다시 새로운 과제와 문제점들

을 던져주고 있는 것입니다. 무릇 발전과 전진이 있는 곳에는 언제든지 새로운 난제와 장애가 뒤따르기 마련입니다. 따라서 우리는 소성에 만족하거나 안심할 것이 아니라, 새로이 제기된 과제들을 과감하게 해결하고, 앞으로 전진하는 용기와 태세를 가다듬어 나가야 하겠습니다."

대통령은 이어서 지방행정의 방향에 관해 몇 가지 사항을 특별히 지시했다.

첫째, 모든 행정의 집약적인 목표가 농가소득증대에 집중되어야 한다는 것이다.

농가소득은 증산만으로는 늘지 않는다. 농수산물을 식량 위주에서 공업원료화로 변환하고 이것을 원료로 쓰는 중소기업을 많이 육성해야 농어민의 소득도 증대되고, 동시에 공업도 발전될 수 있다. 지방장관 여러분들은 그동안 농수산업에 비해 공업 분야는 등한시해왔으나 이제부터는 농수산업체와 관련된 중소기업체와, 적은 투자로 수익성이 높고 효과가 빠른 업체를 우선적으로 육성시켜야 한다. 공업화라고 하면 대기업이나 수출특화산업 유치만을 생각하고 정부지원을 요청하는데, 앞으로는 지방장관 여러분의 재량과 창의와 책임하에 지방실정에 적합한 중소기업을 육성하고, 상공부는 중소기업 육성업무를 지방장관에게 대폭 이양하고, 지원해 줄 가치가 있는 중소기업에 대해서는 지방장관의 재량으로 신용융자하는 시책을 적극 추진해야 되겠다는 것이다.

"나는 금년도 연두교서에서 조국근대화의 제2단계 목표와 새해 시정방향을 제시하였고, 지난번 지방시찰 때에는 각 지방별로 도정방향에 관해서 지시한 바 있습니다만, 이 기회에 몇 가지 사항을 특별히 당부하고, 제일선행정의 책임자인 여러분들에게 가일층 분발을 촉구하고자 합니다.

도정의 궁극적 목표는 도민소득을 향상시키는 데 있습니다. 모든 행정의 집약적인 목표가 여기에 집중되어야 한다는 것입니다.

농어민의 소득향상을 위해서 농수산물의 증산을 도모해야 한다는 것은 당연한 일이겠으나, 증산만으로 반드시 소득이 향상되는 것은 아닙니다. 증산과 더불어 생산성을 증대하고 수익성을 높여야 하겠다는 것입니다. 환언하자면 농수산물을 식량위주에서부터 점차로 공업원료화해 나가자는 것입니다.

즉, 농수산물을 원료로 하는 중소공업을 많이 육성해 나가자는 것입니다. 이렇게 함으로써 농어

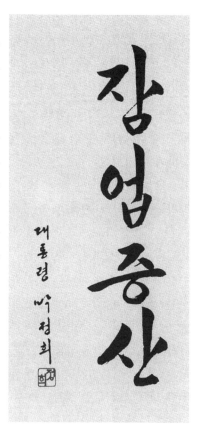

민의 소득도 증대되고 동시에 공업도 발전될 수 있는 것입니다. 그동안 여러분들은 농업과 수산업에 관해서는 비상한 노력과 관심을 집중해 왔고, 또한 성과가 컸다는 것을 충분히 인정하는 바이나, 그 반면 공업분야에는 비교적 등한시해 왔다는 것이 사실입니다.

이제부터 여러분은 중소공업 육성에 대해서도 보다 많은 관심을 가져야 하겠고, 특히 농업·수산업과 관련된 중소기업체와, 적은 투자로써 수익성이 높고 효과가 빠른 업체를 우선적으로 육성시켜야 하겠습니다.

흔히 공업화라 하면 기간산업(基幹産業)과 같은 대기업이나 수출특화산업 유치만을 생각하고, 정부지원에 의존하는 경향이 없지 않았으나, 앞으로는 지방장관 여러분의 재량과 창의와 책임하에 지방실정에 적합한 중소공업을 육성시켜 나가는 데 힘써야 하겠습니다.

중소기업의 육성을 위하여 상공부는 그 업무를 지방장관에게 대폭 이양(移讓)토록 하고, 이번에 제정된 '중소기업신용보증법'을 활용하여 지원해 줄 가치가 있는 희망적인 중소기업에 대해서는 지방장관의 재량하에 신용융자하는 시책을 적극 추진하고, 이를 위한 행정기구와 인력의 조정 및 보강조치를 실천에 옮겨야 하겠습니다."

둘째, 농업시책에 있어서는 농가소득증대와 직결되는 사업부터 우선 지원을 해야 한다는 것이다.

"다음으로 농업시책에 있어서는 위에서도 말씀한 바와 같이, 지금 여러분들이 추진하고 있는 각종 시책이 대체로 올바른 방향으로 나가고 있다고 믿고 있습니다만, 농가소득 향상과 직결되는 사업부터 우선 지원할 것이며, 수익성과 경제성이 높은 주산단지 조성에 보다 더 중점적으로 밀고 나간다면 성과가 빠를 것으로 생각됩니다.

적은 투자로써 가장 빠른 시일 내에 가장 높은 소득효과를 올릴수 있는 양잠(養蠶)에 대해서는 이를 적극 권장하고 지원하는 동시에, 축산이나 낙농도 종래와 같은 개개농가 단위의 분산적이고 소규모적인 방법을 지양하고, 교통과 시장판로를 감안한 적지(適地)에 보다 더 대규모적으로 협업적으로 경영방법을 지도하여 시범적 경영효과를 높여야 할 것입니다.

이와 아울러 현재 방대한 재원을 투입하고 있는 대규모 간척·개간사업은 관계부처와 공동으로 그 투자효과를 신중히 검토하여, 비효율적인 사업은 차제(此際)에 계획을 변경해서라도 보다 유리한 사업으로 전환해야 할 것입니다."

농가소득증대를 위해 농업과 공업을 연결시켜 줘야 한다

1967년 4월 22일, 제6대 대통령선거 부산유세에서 대통령은 농가의 소득증대를 위해 농업과 공업을 연결시켜 주고, 농업을 기업화해야 한다는 점을 강조했다.

…(중략)… "지금 우리가 과거부터 해오던 쌀이라든지, 보리라든지, 이런 주곡만 가지고는 우리가 아무리 노력을 하더라도 농가의 소득이라는 것은 한계가 있는 것입니다.

그래서 농촌의 농민들의 소득을 올리기 위해서는, 1차 5개년계획 중에 우리가 추진해 온 소위 수익성이 높은 경작물, 특용작물들을 계속 많이 권장을 하고, 또한 지금 우리가 하고 있는 집단적인 주산지 조성을 많이 해서 앞으로 여기에다가 많은 공장들을 지어놓자 이것입니다. 이렇게 해서 농업과 공업을 연결시켜 주자, 과거 우리는 농촌문제는 농촌에만 집중하면 된다는 생각하고 있었는데, 농촌문제를 농촌 하나만 따로 떼어서 생각할 수가 없다, 공업과 연결을 지어 주어야만 농촌이 잘살 수 있다는 그런 결론을 우리는 얻었습니다.

여기에 가까운 예를 들겠습니다. 오늘도 기차로 내려오면서 보니까 삼랑진 부근에서 뽕나무밭을 많이 보았습니다.

이 지역은 농업이 번창한 곳인데, 이렇게 가급적이면 일정한 지역에 집단적으로 이와 같은 산업을 우리가 장려를 하자, 가령 잠업 같으면 어느 면이면 면 전체를 잠업 일색으로 해버리자, 한개 군 전체를 잠업 주산지로 만들자, 이렇게 하면 여기에 뭐가 따라 들어가느냐, 공장이 따라 들어갑니다. 지금 정부가 이 사업을 작년부터 강력히 추진하고 있습니다. 앞으로 이런 공장을 경제성에 맞도록 정부와

강원도 춘성군 신북면 산천리에서 열린 전국새마을양잠대회에 참석해 '뽕따기와 누에치기' 시범을 보이고 있는 육영수 여사(1974. 5. 28)

농민들이 협력을 해서 농촌에다 많이 짓자 이것입니다.

2차 5개년계획에는 농촌 도처에 이러한 공장들이 많이 들어갈 것입니다. 그렇게 해서 우리 농민들이 생산하는 농산물은 공장에다 팔고, 그래서 농가의 소득을 올리고 또 공장은 원료를 사가지고 이것

'누에가지 뽕주기' 시범을 보이고 있는 육영수 여사

을 상품으로 만들어서 국내시장이나 해외시장에다 내다 판다, 그러면 농가의 소득도 늘고 공업은 공업대로 육성이 된다, 즉 농업과 공업이 같이 발전해 나간다—이것이 우리가 말하는 농공병진책이요, 동시에 또 우리가 말하는 농업의 기업화다. 이렇게 함으로써 우리 농촌은 점차 농촌인구가 공업인구로 전환되어 갑니다.

공장이 많이 선다는 것은 공업을 위해서만 좋은 것이 아니라, 농촌을 위해서도 큰 도움이 되는 것입니다.

어떤 사람들은 공업이 발달되는 것은 즉 중농정책의 일부다, 이런 소리까지 합니다. 무슨 뜻이냐 하면 공장이 생기지요, 농민들 여러분들이 만드는 농산물을 그 공장에다 팔 수 있으니까 여러분들의 소득이 늡니다. 동시에 공장이 많이 생기니까 여러분들의 자녀들이 그 공장에 가서 일할 수 있는 직장이 생기는 것입니다. 그러니까 농촌인구가 자꾸 공업인구로 흡수되어 가는 것입니다. 이렇게 되어서 어느 단계에 가면 어디까지가 농업이고, 어디까지가 공업인지 그 한계가 확실치 않을 정도로 농촌에 공장이 들어가고, 공장이 들어가면 거기에 전기가 따라 들어가고, 또 공장이 들어가면 공업용수가 따라 들어가고, 그렇게 함으로써 우리 농촌은 그만큼 문화의 수준도 향상되고, 농민의 소득도 는다, 따라서 우리의 공업도 발전한다, 그래서 농촌의 인구가 많이 줄어듭니다.

우리나라에는 지금 농촌인구가 너무 많습니다. 과거에는 우리의 농촌인구가 전인구의 7할 내지 8할이었지만 지금은 많이 줄었어도 아직도 50% 정도가 농촌인구입니다. 선진국가에 있어서는 농촌인구가 불과 10% 내지 20% 정도가 되어야만 농촌이 보다 더 규모가 큰 그런 영농을 할 수 있게 되고, 또한 소득이 늘고 농촌이 잘살 수 있다고 합니다. 이렇게 되어야만 농촌이 잘살 수 있는 그런 단계가 오는 것입니다. 그렇게 되었을 때 이것을 우리는 농촌의 근대화라고 그럽니다. 오늘날 선진 여러 나라의 농촌은 이러한 과정을 밟아서 발전하고 있는 것입니다."

우리 농민들은 정부가 권장하는 특용작물을 재배해야만 잘살 수 있다

1967년 4월 29일, 제6대 대통령선거 서울유세에서 대통령은 농민들에게 정부가 권장하는 특용작물을 재배해야만 잘살 수 있다는 사실을 경남 김해군의 한 농가의 실례를 들어 설명했다.

"지금 농민들이 정부를 보고 쌀값을 올려달라, 무슨 매상가격을 올려 달라고 합니다. 정부로서도 할 수 있는데까지는 최대한으로 이것을 올려드리려고 애를 쓰지만, 곡가를 올린다는 것은 다른 문제와 관련이 되기 때문에, 그렇게 농민들이 원하는 정도까지 올릴 수는 없는 것입니다. 또 그 정도 올려주어 보았자 농민들이 전부 부자가 될 수 없는 것입니다. 조금 형편이 나아졌다는 정도는 될는지 모르지만, 농민들이 전부 부자가 될 수는 없는 것입니다.

농업과 공업을 결부시켜서 농가의 소득을 올리고, 공업도 발달해야 합니다. 지금 경상남도 김해 부근에 가면, 여러분들이 혹 보신 분도 계실 줄 압니다만, 고등소채·고등원예·양송이, 이런 것을 많이 재배해서, 김해군 대저면은 농가의 소득이 우리나라에서 제일 높습니다, 2백 달러입니다. 우리나라의 농촌의 소득이 2백 달러 올라가는 데가 두 군데 있습니다. 경상남도 김해군 대저면이 그렇고, 제주도 남제주군 서귀포읍의 국민소득이 2백 달러가 넘습니다. 이 농민들은 무엇을 가지고 올리느냐, 김해에서는 고등소채, 작년에 잘한 사람은 약 9백만 원 정도 소득을 한 농가에서 올렸다 이것입니다.

한 농가에서 이런 정도의 소득을 올리면 그 농촌에는 당장 텔레비전이 여기저기 들어가게 될 것입니다. 얼마 안 가서 자가용 자동차가 생기게 될 것입니다. 이런 식으로 농촌이 점차 근대화되어 간다, 이것이 우리 농촌을 앞으로 부흥시키는 길이라고 우리는 확신하고, 이러한 방향으로 지금 추진을 하고 있고 벌써 그러한 단계에 들어가고 있는 것입니다.

이것이 2차 5개년계획 중에는 활발히 진행될 것입니다. 지금부터 정부는 농촌과 어촌의 농산물·수산물을 가공처리하는 이러한 가공처리 공장을 적극적으로 농촌에다 추진할 그런 계획으로 있고, 또 그 사업이 지금 일부 지역에서는 착수가 되고 있는 것입니다."

농가소득증대를 위해 농업과 공업을 동시 발전시키자는 것이 농공병진정책이다

1967년 9월 20일, 춘천 봉직공장 준공식에서 대통령은 이 봉직공장은 농민들이 투자해서 만든 농민들의 공장이며, 이 공장의 제품은 해외시장에 내다 팔아 외화를 획득하고 농가소득을 증대시키는 수출산업이라는 점을 강조했다.

대통령은 먼저 이 봉직공장은 일반공장과는 다른 세 가지 특징을 지니고 있다는 점을 강조했다.

첫째, 이 공장은 대도시나 시골이 아닌 중소도시에 알맞고, 투자한 자본금에 비해 많은 고용이 필요한 노동집약적인 공장이다.

둘째, 이 공장은 국가나 민간기업이 투자한 것이 아니라 농민들과 영세민들이 영세자금을 모아 투자해서 주주가 된 농민들의 공장이다.

셋째, 이 공장은 생산제품의 대부분을 해외시장에 내달 팔아 외화를 획득하고 농가소득을 증대시키는 수출산업이라는 것이다.

…(중략)… "오늘 여기에서 준공을 보게 되는 이 봉직공장은 우리나라의 다른 지방에 많이 퍼져 있는 일반공장과는 여러 가지 의미에 있어서 그 의의가 특수한 점이 있는 것입니다.

다시 말씀드리면 이 공장은 춘천과 같은 우리나라 중소도시에 꼭 알맞는 종류의 공장이 여기 건립되었다는 것입니다.

바꾸어서 말씀드리면 투자에 비해서는 고용을 많이 필요로 하는 소위 노동집약적인 공장이라는 것입니다. 이 공장을 건설하는 데 투자한 자본금에 비해서는 많은 사람들이 일할 수 있는 일손을 필요로 하는 공장이란 것입니다.

우리나라 서울과 같은 대도시라든지, 또는 농촌과 같은 시골이라든지, 이런 것과는 달리 춘천시와 같은 중소도시 근방에는 이러한 공장이 가장 알맞고 필요하고, 또 우리나라가 앞으로 발전하는 데 가장 필요한 공장이라고 나는 생각합니다.

또 한 가지는 이 공장은 공장건설에 필요한 자본금을 국가에서 일반국영기업체처럼 직접 투자했거나, 또 몇몇 실업가처럼 소위 재벌들 한두 사람의 자본으로써 소위 독점산업으로서 이루어진 공장이 아니라, 이 부근에 살고 있는 우리 농촌의 농민들과 춘천 주변에 살고 있는 영세시민들의 영세자금을 모아 투자를 해서 이루어진 공장입니다.

지금까지 우리나라에 많은 공장이 있었습니다만, 그 대부분은 국가에서 직접 투자해서 건설을 했거나, 또는 민간에 실력 있는 실업가 몇몇 사람이 직접 자기자본을 투자해서 건설을 했거나, 또 이러한 사람들과 국가가 합작을 해서 건립된 것이 대부분이었는데, 이 춘천 제일봉직공장은 그 주식의 거의 절반 이상은 우리나라 영세농민과 영세시민들의 영세자금으로 이루어졌습니다. 이러한 공장은 우리나라에 그리 많지 않습니다. 이 회사 주식의 절반 이상은 우리나라의 가난한 영세농민들이 주주가 되어 있다는 점에서, 이것은 농민들의 공장이라고 할 수 있는 것입니다. 정부에서는 이러한 형태의 공장이 많이 서도록 지금 권장을 하고 있고 또한 육성을 하고 있습니다.

또 한 가지 이 공장의 특이한 점은 여기서 생산되는 봉제품, 스웨
터라든지 기타 여러 가지 제품은 그 대부분을 해외시장에 수출할
수 있는 수출산업이라는 것입니다.

따라서 이 공장은 이와 같은 세 가지 점에서 일반공장과 그 성격
을 달리하고 있는 것이며, 이로써 우리가 원하는 또 춘천과 같은 이
러한 중소도시 근방에, 앞으로 우리가 많이 건설하려고 시작하고 있
는 그런 종류의 공장의 하나가 여기서 준공을 보게 되었다는 것은
참으로 뜻깊은 일이 아닐 수 없습니다.

여기서 여러분들이 여러분들의 기술로써 만드는 모든 제품은 앞
으로 대부분이 해외로 수출될 것이고, 우리가 많은 외화를 가득하게
될 것이며, 또한 여러분들의 소득이 그만큼 늘어날 것입니다."

대통령은 이어서 제2차 5개년계획에 있어 가장 역점을 두고 있는
농공병진정책에 대해 설명했다.

정부는 앞으로 5년 동안 제2차 경제개발 5개년계획사업이 약 1조
억, 약 400억 달러의 방대한 재원을 투입할 방침인데, 그 중에서
농어민과 도시영세민 소득증대사업에 가장 큰 역점을 두고 있다. 농
어민 소득증대를 위해서는 농산물과 수산물을 종전처럼 원료로 처
분할 것이 아니라 농수산물을 원료로 사용하는 공업을 발전시켜야
한다. 그렇게 함으로써 농업과 공업이 동시에 발달될 수 있다. 이것
이 우리가 말하는 농공병진정책이다. 선진국의 산업발전을 보면 농
업이 먼저 근대화되어 그 잉여자본을 공업 분야에 투자해 공업이
성장했다. 그러나 오늘날 우리나라는 국내외 여건 때문에 농업이 근
대화될 때까지 공업에 손을 안 대고 그냥 있을 수가 없다, 따라서
우리는 농업근대화와 공업발전을 동시에 병행해서 추진해 나가야

한다. 다시 말해서 공업의 발달이 농업근대화의 촉진제가 될 수 있다는 것이다.

"지금 정부는 제2차 경제개발 5개년계획을 세워서 여러 가지 방대한 사업을 추진하고 있습니다.

금년부터 앞으로 5년 동안 정부가 이 사업을 위해 여기다가 투입하고자 하는 총재원은 약 9,800억 그러니까 약 1조억에 가까운 방대한 재원입니다.

이것을 미화로 따지면 약 40억 달러에 가까운 것이며, 여기에는 물론 여러 가지 중요한 사업이 많이 포함되어 있습니다만, 그러나 그 가운데 있어서도 우리 정부가 가장 힘을 들이고 중점을 두고 있는 사업의 하나가, 이 2차 5개년계획에 있어서 우리 농민들이나 어민들이나, 도시에 있는 일반 영세시민들의 소득을 증대시키는 이런 사업입니다. 이것은 2차 5개년사업 중에서도 우리가 가장 역점을 두고 있는 사업 중의 하나입니다.

특히 우리 농민들이 생산하는 농산물이라든지, 또 어민들이 생산하는 수산물을 종전과 같이 원료로 그대로 처분할 것이 아니라, 이것을 원료로 하는 공업을 발전시켜야 합니다. 따라서 우리 농어촌에 있는 이러한 농수산물을 원료로 해서 생산하는 공장을 많이 건설을 해야 되겠습니다.

이렇게 함으로써 우리나라 농촌도 발달되고, 또한 공업도 다시 발달될 수 있습니다. 이것이 우리가 말하는 소위 농공병진정책인 것입니다.

여러분들이 잘 아시는 바와 같이, 선진 여러 나라의 예를 볼 것 같으면, 물론 예외가 있기는 하겠습니다만, 산업이 발달된 그 성장 과정은 먼저 농촌이 근대화되고, 점차 농업이 근대화되어 농업에서 생산된 잉여자본, 즉 농업이 발달되고 근대화되어서 거기서 남은 자본을 점차 공업 분야에다 투자해서 공업이 발달되어 나갔습니다.

즉, 농업이 먼저 발달이 되고, 다음 단계에 공업을 육성했다는 것입니다. 그러나 오늘날 우리나라 형편으로 볼 때는 농업의 근대화가 끝난 연후에 공업을 건설하겠다 하는 이러한 과정을 우리는 채택할 도리가 없습니다.

여러 가지 우리의 여건이 그렇고 또한 오늘날 우리를 둘러싸고 있는 모든 국제적인 여건에 비추어, 우리나라 농업이 완전히 근대화될 때까지 공업에는 손을 대지 않고 그냥 있을 수가 없다는 것입니다.

따라서 우리는 농업을 근대화시키는 동시에 공업을 같이 발전시켜 나가야 되겠다, 즉 농업과 공업을 병진해 나가야 되겠다, 다시 말씀드리면 공업이 발달된다는 것은 농업의 근대화를 촉진하는 촉진제가 될 수 있다는 것입니다,

이러한 우리의 정책을 간단히 말씀드리면, 여러분들 농민이나 도시에 있는 많은 영세시민들의 소득을 향상시키고, 여러분들 생활수준을 향상시키는 것이 궁극적인 목적인 것입니다."

대통령은 이어서 앞으로 이 공장의 경영을 합리화하고, 공장 기술자와 종업원들이 훌륭한 기술을 습득해서 세계에서 가장 품질 좋은 물건을 많이 만들어야 되겠다는 점을 강조했다.

지금 우리나라 봉제품은 생산만 하면 얼마든지 수출할 수 있는

해외시장이 있다, 수출을 많이 하면 국가수입이 늘고 농가소득이 증대되고 우리 경제가 나날이 성장할 수 있다는 것이다.

"따라서 오늘 여기서 준공을 보는 이 봉직공장도, 물론 이 공장이 농수산물을 원료로 하는 공장은 아닙니다만, 우리 농촌과 도시에 있는 많은 노동력을 여기 흡수할 수 있고, 노동자에게 간단한 기술을 가르쳐서 우리가 우리 손으로 생산한 물건을 국내시장이나 해외시장에 많이 수출을 해서 외화를 획득하고, 또한 여러분들 가정의 소득을 올리는 데 목적이 있는 것입니다. 이러한 목적이기 때문에 이 공장 역시 우리가 지향하고 있는 농공병진정책의 일환이라고 볼 수 있는 것입니다.

이러한 의미에 있어서 오늘 이 공장의 준공을 이 사람은 대단히 기쁘게 생각하고, 앞으로 이 공장의 운영에 있어서 특히 경영합리화에 각별히 노력하고, 또 이 공장에서 일하는 모든 기술자·종업원 여러분들이 하루속히 훌륭한 기술을 습득해서, 세계 어느 나라보다도 품질이 좋은 훌륭한 물건을 많이 만들어야 하겠습니다. 우리나라의 봉제품은 지금 생산하면 얼마든지 팔 수 있는 해외시장이 있습니다.

지금 유럽 여러 나라에서 우리나라의 스웨터라든지, 기타 여러 가지 봉제품을 주문해 옵니다만, 우리나라에 미처 그만한 양을 짧은 시일에 만들 수 있는 대량생산능력이 없기 때문에, 이러한 주문을 일일이 받지 못하는 형편입니다.

따라서 앞으로 우리가 이러한 물건을 많이 만들고, 동시에 그 물건은 세계 어느 나라 물건보다도 품질이 우수한 이러한 물건을 만들 것 같으면, 이것은 얼마든지 수출할 수 있는 것입니다.

많이 수출하면 그만큼 국가수입이 늘고, 동시에 여러분들의 소득이 증대될 것이며, 우리나라의 경제가 나날이 성장할 수 있는 것입니다.

앞으로 이 공장이 훌륭하게 운영이 되어 여러분 가정의 소득이 늘고, 또 농촌과 도시에 있는 영세민 여러분들의 생활이 보다 더 향상되기를 바라 마지않습니다.

그동안 이 공장을 건설하는 데 여러 가지 애로가 많았다는 것을 잘 알고 있습니다. 특히 이 공장 추진을 위해서, 그동안 애를 많이 쓰신 강원도 박경원 지사 이하 도당국의 관계관 여러분들과 직접 공장 건설에 애를 많이 쓰신 사장 이하 간부·종업원 여러분들의 노고에 대해서 심심한 사의를 표하는 바입니다.”

농어민 소득증대사업을 본격적으로 추진하기 위해 농어촌개발공사를 만들다

1968년 1월 15일, 연두기자회견에서 대통령은 먼저 농가소득증대를 위해서는 쌀·보리 등 주곡생산 위주의 영농방식에서 탈피하여 경제성과 수익성이 높은 영농방식을 개발해야 한다는 점을 강조했다.

일본 농가나 우리나라 농가가 가지고 있는 농토의 평균면적은 1정보 미만으로 비슷하지만, 일본 농가에서는 쌀이나 보리농사에서 버는 수입보다 3배가 넘는 수입을 부업이나 겸업에서 얻고 있기 때문에 일본의 농가소득은 우리 농가의 소득보다 몇십 배나 많으며, 그래서 일본에서는 농업이 부업이고 부업이 본업이 되고 있고, 자유중국의 농촌도 이러한 방향으로 성장하고 있다. 우리 농촌도 점차 이런 방향으로 전환해 나가야 하며, 정부에서 기술지도와 육성책을 추진하고 농민들이 의욕을 가지고 따라오면 우리 농민들도 이러한 사업을 할 수 있고, 반드시 성공한다는 자신을 가지고 있다는 것이다.

“농어촌 개발이라든지 농촌근대화라는 것은 한 마디로 간단히 말하면 농어민의 소득을 급속히 증대시키는 운동인 것입니다.

농민들의 소득이 늘고 농민들이 잘살게 되면 농촌근대화가 되는 것입니다. 그러면 어떻게 하면 농어민의 소득증대를 기할 수 있느냐, 문제는 여기에 있는 것입니다. 이것은 우리가 지난 수년 동안 정부도 노력해 왔고 농민들도 어민들도 애를 썼지만, 농어촌 개발이라는 것은 다른 2차산업 부문이나 공업 분야에 비해서 훨씬 더 속도가 느리고 또 노력을 집중해도 그 성과는 상당한 시간이 경과한 뒤에 나타납니다.

그러나 우리는 이 노력을 계속 꾸준히 밀고 나가야 되겠습니다. 그러면 어느 시기까지 가서 궤도에만 오르면 그 다음부터는 이것이 눈에 띌 정도로 나타나는 것입니다. 그러면 어떠한 방향으로 이 시책을 밀고 나가야 되겠느냐 하는 것은 지금까지 정부에서 누차 발표한 바와 마찬가지로, 지금 우리 농민들이 하고 있는 쌀농사, 보리농사 등 소위 주곡위주의 영농방식에서 탈피하지 않으면, 물론 식량증산을 위해서 그걸 그대로 해야겠지만, 우리 농민들이 소득을 증대하고 잘살 수 없다고 생각합니다.

즉 경제성이 높고 수익성이 높은 영농방식으로 바꾸어 나아가야 되겠습니다. 얼마 전에 일본과 자유중국의 농촌을 보고 온 어떤 분들이 와서 얘기를 하는데, 일본의 농가가 가지고 있는 농토의 평균 면적은 우리 나라와 거의 대동소이한 1정보 미만이라고 하는데, 소득은 우리 농민에 비해 몇십 배나 더 많다는 것입니다. 그런데 그 농민들의 소득을 분석해 보면 약 75%가 자기 본업인 농업 외에 다른 부업이나 겸업에서 얻은 소득입니다. 다시 말씀드리자면, 어떤 농가에서 1년 동안에 100만 원의 수입이 있었다면 쌀이나 보리농사의 수입은 불과 25만 원밖에 안 되고 다른 부업으로 들어온 수입이 75만 원 이상 된다는 것입니다. 그렇기 때문에 그들은 농업이 본업이고 다른 것이 부업이 아니라 부업이 본업이고 농업이 부업이 된다는 결과가 된 것입니다.

우리나라 농촌도 점차 이러한 방향으로 전환해 나아가야 되겠습니다. 그러면 우리나라에서 무엇을 어떻게 하면 되겠느냐. 우리 농민들에게도 이런 것을 할 수 있겠느냐는 의문을 가질 것입니다만, 나는 이것을 얼마든지 할 수 있다고 생각합니다.

다만 문제는 우리들이 여기에 대한 적절한 기술의 지도와 육성책을 잘 밀고 나가고 농민들이 또 의욕을 가지고 따라오면 이 사업은 반드시 성공한다고 나는 자신을 가지고 있습니다."

대통령은 이어서 농업과 공업을 연결시켜 농가소득도 증대시키고 공업도 발전시킨다는 것이 농공병진정책이라고 설명했다.

"그동안 우리나라 농촌에서 가령 잠업 등 기업농을 해서 수익을 많이 올렸다든지 도시 주변에서 고등소채를 해서 많은 수익을 올렸다든지 혹은 양송이나 양계 또는 농가에서 스웨터짜기나 홀치기짜기, 비닐 온실 안에서 꽃가꾸기 등을 해서 많은 수익을 올릴 수 있을 것입니다.

얼마 전에 강원도 춘성군 군수가 TV에서 농촌 농민금고 문제에 대해서 대담을 하는 것을 보았는데, 그런 한 개 군에서도 스물 몇 가지 사업을 추진하고 있다는 얘기를 들었습니다. 물론 이것은 우리가 권장만 한다 해서는 안 되고 이에 대한 적절한 지도와 적당한 가격의 판로를 열어 주어야 되겠습니다. 농작물에 대해서는 이것을 저장하고 또는 가공처리를 하고 판로를 알선해 주는 등의 여러 가지 지도 육성책이 필요하겠습니다. 지금 이런 것을 일부에서 시행하여 성공을 하고 있다는 것입니다.

한 가지 좋은 예를 들면 제주도에 포도당공장을 농어촌개발공사와 민간인이 합작을 해서 추진하고 있는데, 이런 것은 우리가 한 가지 예로서 들 수 있습니다.

제주도에는 고구마가 많이 납니다. 과거에는 이 고구마를 주로 술을 만드는 양조장에서 주정용으로 썼다는 것입니다. 그렇기 때문에 거기에 쓰이는 양은 일정한 것이어서 고구마가 아무리 풍년이 되어 많이 생산되었다 하더라도 일정한 양만 매상되고 나머지는 매상이 안 되었습니다. 그러니까 그 농민들은 그것을 저장할 수도 없고 오히려 풍년이 들면 손해를 본다는 결과를 가져왔는데, 이번에 포도당 공장이 완성되면 거기에 있는 농민들과 계약재배를 해서 공장은 책임을 지고 매상을 해주고, 농민들은 그들이 생산한 전부를 공장에다 팔면 공장에서는 창고에다 저장을 해 놓고 일 년 내 돌려서 전분을 만들고 포도당을 만들어서 국내시장에 팔고 또 해외시장에도 팔게 될 것입니다. 그렇게 함으로써 그 공장도 수지를 맞추고 농민들도 그만큼 소득이 늘어나게 될 것입니다. 즉, 농업과 공업을 같이 연대시켜 준다는 것이 우리가 말하는 소위 농공병진이란 것입니다.

이런 것은 고구마를 한 가지 예로 들었습니다만, 여러 가지 사업을 우리가 계획하고 있고, 현재 이런 것을 해서 성공하고 있는 그런 예가 많이 있습니다.

또 한 가지 예는 지금 우리나라의 종합통조림공장에서 월남에 있는 군장병에게 통조림을 1년에 1,000만 달러 이상 수출할 계획이 되어 얼마 전에 처녀수출을 한 것으로 알고 있습니다만, 이것은 주로 농산물이나 수산물 또는 축산물을 원료로 해서 제품을 만들어 월남에 수출을 하는 것입니다.

어민들은 고기를 잡아서 그것을 공장에다 팔면 되고 공장에서는 그것을 저장해서, 1년 내내 통조림을 만들어 내고 이것을 수출회사에 위탁을 해서 월남에 수출을 합니다. 농산물도 마찬가지입니다.

김치통조림이라든지 또는 쇠고기통조림이라든지 축산물·농산물·수산물 등을 가공할 수 있는 공장이 농어업과 같이 연결되어 농민·어민들에 대한 이익 보장을 하고 공장 자체도 수지를 맞추어 나가게 되면, 농업이 발달하고 동시에 거기에는 공업이 발달될 것입니다. 즉, 농공이 병행해서 발달될 것입니다.

이렇게 해야만 농민의 소득을 급속히 올릴 수 있지, 지금처럼 우리가 주곡농사에만 의존하면 풍년이 들면 쌀값이 떨어지는 것 아닙니까? 풍년이 들어도 쌀값이 떨어져서 걱정, 흉년이 들면 더 걱정하는 식으로 나간다면 농민들이 잘살 수 있는 길은 열리지 않을 것이라는 것입니다."

대통령은 이어서 그동안 농어민 소득증대사업을 추진하기 위해 새로운 영농방식을 보급하는 준비과정과 지도과정에서 얻은 실패와 성공의 경험을 살려서 이제부터는 이러한 사업을 본격적으로 추진할 수 있는 단계에 왔다고 말하고, 이것을 위해 새로 농어촌개발공사를 발족시켰다고 천명했다.

"농민 소득을 높이는 영농 방식을 보급하려면 준비과정과 지도과정이 필요한 것입니다.

지난 몇 년 동안에 정부가 중농정책을 구호로 내걸고 일을 했는데, 무슨 성과가 났느냐고 비판이 많이 있었습니다. 또 실제로 농촌이 갑자기 눈에 띌 정도로 달라진다든지 달라졌다고 보지는 않는 것입니다. 눈에 띌 정도로 달라지려면 시간이 필요한 것입니다.

첫째, 각 지방에 알맞는 특용작물 또는 그 지방에 알맞는 수산물 또는 그 지방에 알맞는 축산물이 무엇인가를 그동안에 시험을 해야 되었고, 기술적으로 지도를 해 보아야 되었고, 또 이런 것을 우리가 대량으로 생산을 했을 때 우리나라에서 기술적으로 제품화할 수 있는 기술이 있는가를 검토했으며, 또 경제적으로 채산이 맞는가 또 그것을 많이 만들었을 때 소비할 시장이 있는가, 즉 기술성과 경제성, 시장성 등을 시간을 두고 장기적으로 검토해야 되는 것입니다. 그것 없이 과거에 그냥 덤볐던 사업이란 전부 망했습니다.

어느 지방에 복숭아가 난다, 어떤 사람들이 복숭아를 가지고 통조림을 만들었으면 좋겠다고 생각한다면, 그 복숭아가 일 년에 얼마나 생산되고 공장을 세우면 여기서 일 년에 얼마만큼 생산하고 거기에 소요되는 원료가 얼마나 들고 그 원료 공급의 능력이 어느 정도 있는가를 전부 검토해야 하며, 통조림을 만들었을 때 그 통조림의 가격이 얼마고, 그 원가를 떼고 나면 얼마의 이익이 나고, 또 그것을 어디에다 판다는 기술 문제, 경제성 문제, 시장 문제 등을 검토해야 한다는 것입니다.

그러한 검토 없이 그냥 즉흥적으로 복숭아 많이 나는 부근에다 복숭아통조림공장을 세웠다면 처음에는 요란하게 몇 개월 동안 움직이다가 쉰다, 그래서 아주 망했다는 예가 비일비재합니다. 지금부터는 우리가 농촌을 육성하는 데 있어서 그런 식으로 해서는 안 되겠습니다. 그래서 이런 기술·시장·경제성 등의 제문제를 검토하여 어떤 결론이 났을 때는 집단지를 조성해야 되는 것입니다. 이 마을에 한 두어 집, 저쪽 동네에 한 두어 집, 저쪽 면에 몇 집이 특산물을 재배하고 있다면 기술지도나 생산되는 제품의 수송 등 여러 가지 면에서 비경제적이기 때문에 같은 종류는 가급적 일정한 지역에 집단으로 장려를 하자는 것입니다.

소위 이것이 우리가 추진해 온 주산지 조성인 것입니다. 이러한 사업들이 오랜 시일을 경과해 가면서 하나 둘 연구를 하고, 때로는 실패도 하고 또 그 실패에서 얻은 경험을 가지고 노력을 하고 성공을 해서 지금부터는 본격적으로 밀고 나갈 수 있는 그런 단계가 온 것입니다.

새로 농어촌개발공사를 발족했습니다.

물론 이 농어촌개발공사가 일 년 동안에 공장을 갑자기 수십 개, 수백 개 만든다고 다 된다는 것이 아니라, 농어촌개발공사 자체도 수지가 단단히 맞고 농민들한테도 확실히 수지가 맞고 농민의 소득이 증대할 수 있다는 그런 증거가 확실한 사업부터 착수를 해서 하나, 둘 성공시켜 나갈 작정입니다. 물론 농어촌개발공사가 하는 것도 있을 것이고, 앞으로 어떤 시기에 가면 민간업자들이 자기가 직접 투자를 해서 하는 것도 있을 것이고, 또 외국업자들이 한국에 직접 투자를 하는 경우도 있을 것입니다. 이런 것을 중간에서 알선해 주고 중계해 주고, 외국에서 차관을 해주는 하나의 매개체 역할도 농어촌개발공사가 해야 할 것입니다."

대단위 목장을 건설하여 축산을 대대적으로 육성해야 한다

1968년 6월 10일, 권농일 행사에서 대통령은 축산업을 적극 육성하겠다는 뜻을 처음으로 밝혔다.

대통령이 농어민 소득증대 특별사업에 있어서 우리 농민들에게 가장 적극적으로 권장하고 지원해 준 것은 축산업이었다. 축산업은 한 나라의 경제발전을 좌우할 수 있는 중요한 산업의 하나다. 축산이 발전하게 되면 국내적으로는 농가의 소득이 증대되어 농촌경제가 부흥하고, 국민의 식생활이 개선되며, 국제적으로는 축산물과 낙농생산품을 해외시장에 내다 팔아 수출을 증대시킬 수 있게 된다.

그러나 우리나라는 1960년대 중반까지만 해도 축산업이라고 할 만한 것이 없었다. 축산업이라고 해 봤자 일부 농가에서 소규모로 하고 있어서 영세성을 면치 못하고 있었다. 이처럼 축산업이 발전하지 못한 데에는 여러 가지 원인이 있겠으나, 가장 큰 원인은 우리나라에서는 축산이 안 된다, 될 수 없다는 생각이 우리 국민들의 마음 속에 깊이 뿌리박혀 있었다는 데 있었던 것이다.

심지어 일부 농업학자들이나 축산전문가들은 우리나라에서는 목초가 자라지 않아서 축산이 불가능하다고 주장하여 축산업을 해보려는 사람들의 의욕을 꺾어놓기도 하였다.

이러한 상황에서 대통령은 축산업을 농어민 소득증대사업의 하나로 개발하여 전국에 확대하기로 결정했다.

축산업을 기업화하여 그 영세화를 막고, 목초를 생산하여 사료 문제를 해결하고, 축산물 가공처리시설을 현대화하여 축산물의 질을 향상시키는 등, 기본 여건을 마련한다면 우리나라도 축산업을 일으킬 수 있다고 생각한 것이다.

대통령은 1964년 독일을 방문하였을 때 독일의 차관과 기술을 도입하여 낙농시범 목장을 경기도 안성에 만든 바 있는데, 축산을 소득증대사업의 일환으로 권장하면서부터는 축산업자에게 토지매상권과 세금면제, 자금융자 등 특혜를 주어 축산업을 육성 지원했다. 이러한 물질적인 지원책과 함께 대통령이 가장 많은 노력을 기울인 것은 축산이 불가능하다는 생각을 가능하다는 생각으로 바꾸도록 농민들을 설득하고 계몽하는 일이었다.

대통령은 이날 행사에서 축산업 육성에 관한 구상을 설명하기 전에 먼저 농가소득증대나 농촌근대화를 위해서는 우리 농민들의 정신자세와 사고방식을 고쳐야 한다는 점을 특별히 강조했다.

"그동안 오랫동안 한발이 계속되어서 여러 가지 염려를 하고 있던 차에 어제부터 많은 비가 내려서 모내기에도 큰 도움이 되게 되었습니다. 우리는 매년 이날을 권농일로 정하고 온국민들이 거국적으로 이날을 기념하고, 금년도 우순풍조(雨順風調)해서 풍년이 들기를 기원해 왔습니다. 금년도에 우리 모든 국민들이 우리 농민들과 더불어 풍년이 들기를 여러분들과 같이 빌어 마지않습니다.

우리 농민은 비가 와야만 풍년이 들고 농사가 잘 된다고 믿어 왔습니다. 그것은 지금 현재도 사실입니다. 그러나 앞으로 우리의 농업은 설령 비가 오지 않고 한발이 계속되더라도 농사가 잘 되고 풍년이 들 수 있는 그러한 방법을 우리는 연구를 해야 되겠습니다.

지난 수 년 동안 이러한 사업에 대해서 우리 농촌에서는 여러 가지로 노력을 계속하고 있습니다. 수자원 개발이라든지 전천후농업 또는 수리관계 시설, 지하수 개발 등 여러 가지 일을 하고 있는데, 이러한 사업을 앞으로 보다 더 적극적으로 추진을 해서, 설혹 비가 오지 않더라도 우리가 가지고 있는 수자원을 최대한으로 이용해서 농사가 잘 되고 풍년이 들 수 있게끔 우리가 추진해 나가야 되겠다는 것입니다. 이렇게 되어야만 우리의 농촌이 근대화된 농촌으로 될 수 있다는 것입니다. 물론 이런 것을 개발하는 데는 여러 가지 예산이 필요하고 재원이 든다고 봅니다.

큰 댐을 막아서 다목적 댐을 건설한다든지 저수지를 만든다든지 또는 소류지를 만든다든지 지하수를 개발한다든지 여러 가지 사업이 있겠습니다만, 이런 사업들은 앞으로 우리가 예산과 재원이 허용하는 범위 내에서 최대한으로 추진할 계획이지만, 그밖에 예산이 들지 않더라도 우리가 할 수 있는 이런 것도 적극적으로 해야 되겠다는 것입니다.

얼마 전에 영동지방에 한해가 심하다 해서 가 본 일이 있습니다. 과연 동해안 일대 금년도 한발은 대단히 심했습니다. 특히 보리라든지 감자라든지 하는 경작물은 거의 7, 8할 정도가 피해를 입고 있는 것이 사실입니다. 그런데 한 가지 안타깝게 생각하는 것은 어떤 마을을 지나다 보니까 밭에 감자를 심어 놓았는데 감자가 바짝 말라서 죽어가고 있습니다. 그런데 불과 감자 밭에서 2, 30미터 떨어진 곳에 개울물이 흘러가고 있습니다. 그러면 왜 이 농민들이 이 개울물을 퍼다가 감자밭에 고랑을 파서 아침저녁으로 물을 길어다가 주어서 감자를 살리지 않고 말라 죽도록 가만히 두느냐 하는 것입니다.

농민들이 이러한 자세와 사고방식을 고치지 않고 우리가 아무리 농촌에 투자를 하고 농촌개발이니 농가소득증대니 농촌근대화니 해봐도 소용없다고 나는 생각했습니다.

반드시 비가 하늘에서 떨어져야 농사를 지을 수 있는 것이 아니라, 개울에 흐르고 있는 물 그것을 가뭄 때는 아침 저녁으로 물지게를 지고가서 전부 길어다가 물을 주어서라도 살리겠다는 이런 농민들의 노력이 있어야만 되는 것이지 꼭 무슨 관개시설이라는 것은 돈이 들어야 되고, 예산이 들어야 되고, 정부가 지원해 주어야 한다하는 이런 관념을 가지고는 우리 농촌이 일어날 길이 없는 겁니다.

이런 점에 우리가 앞으로 더욱 노력하여 농민들이 예산 안 들이고 할 수 있는 사업은 자기 스스로 자력으로 한다는 이러한 자세를 갖춤으로써 우리 농촌은 점차 금년 같은 한발이나 천재에 대해서 우리 능력으로서 이를 극복해 나갈 수 있는 농촌이 되고, 한발이 있다 하더라도 농사가 잘 되고 풍년이 들 수 있는 그런 때가 오리라고 나는 확신합니다."

대통령은 이어서 농가소득증대를 위해서는 식량작물 위주의 영농에서 벗어나 수익성 높은 경제작물과 특용작물, 그리고 축산에 힘써야 한다는 것을 강조했다.

"지금 우리 농촌은 도처에서 여러 가지 사업이 전개되어 가고 또지난 수년 동안 많은 변화를 가져왔습니다.

물론 지금 제2차 산업이라든지 공업부문에 비하면 뒤떨어져 있는 것은 사실이지만, 그러나 농촌은 농촌대로 꾸준한 발전을 하고 있습니다.

어느 나라 어느 사회를 막론하고 경제개발도상에 있어서는 농업이 항시 공업보다 뒤떨어진다는 것은 부득이한 사실입니다.

그러나 우리는 어떻게 하든지 이 농촌을 부흥시키고 농업과 공업의 성장 속도를 접근시킨다, 또는 농촌과 도시의 소득격차를 줄인다 하는 이런 노력을 해야 하겠습니다. 그것을 위해서 우리 정부는 최근에 농민들의 농가의 소득증대사업, 즉 어떻게 하면 농가소득을 증대할 수 있느냐 하는 문제에 대해서 보다 더 노력을 해야 되겠습니다.

종전 우리가 해오듯이 다만 식량작물 위주의 이러한 영농에서 벗어나야 하겠습니다. 물론 우리가 식량이 부족하기 때문에 식량증산도 계속 노력해야 되겠지만, 그것 외에 수익성이 높은 여러 가지 경제작물이라든지 특용작물이라든지 또는 축산업이라든지 이런 것을 해서 농가의 소득을 올려야 되겠습니다.”

대통령은 이어서 축산업 육성에 관한 구상과 계획을 설명했다. 대통령은 먼저 과거에는 여건이 갖추어져 있지 않아 축산업이 부진했으나 이제부터는 몇 가지 적절한 시책만 뒷받침해 주면 우리 축산업이 급속히 성장할 수 있는 단계에 왔다고 말하고 정부의 축산장려 시책 네 가지를 밝혔다. 첫째, 억제해 온 쇠고기값을 풀어서 농민들이 소를 키우고 기업들이 축산업 투자를 하도록 유도하고, 둘째, 외국농산물을 수입해서라도 사료 문제를 해결해 주며, 셋째, 축산업자가 필요로 하는 땅을 강제로 매상할 수 있도록 입법조치하고, 넷째, 축산업자에게 당분간 세금면제 특혜를 주고, 장기저리 자금을 대출해 준다는 것이다.

"농촌의 근대화, 농촌의 부흥이라는 것은 다른 게 없는 것입니다. 간단한 말로 표현한다면 농가 가가호호마다 좀 더 소득이 늘면 자연적으로 농촌이 부흥되고 근대화되는 것입니다. 어떻게 하면 소득을 올 수 있을까?

이런 면에서 우리가 여러 가지 노력을 하고 있는데 특히 오늘 이 자리에서 우리 농촌관계에 관여하고 있는 모든 공무원들이나, 또는 농업 기술자, 기타 농촌지도자 여러분들 앞에서 특별히 강조를 하고 싶은 것은 이 며칠 전에 경제동향보고 때도 강조했습니다만, 우리 농촌에 있어서 축산업에 대해서 지금부터 보다 적극적으로 육성하고 권장해 나가야 되겠다는 얘기입니다.

우리는 과거부터 정부가 이 축산업에 대해서는 강조하고 노력한 것은 사실이지만, 과거는 우리나라의 축산업이 성장할 만한 여건이 갖추어지지 않았기 때문에 노력은 했으나 이런 것이 잘 되지 않았지만 이제부터는 우리가 조금만 더 노력만 하고 몇 가지 적절한 시책만 뒷받침해 준다면 우리나라에 있어서 축산업이 급히 성장할 단계에 왔다고 나는 확신합니다.

그래서 정부에서는 지금 현재 물가시책의 일환으로서 쇠고기값을 억제하고 있으나 이 쇠고기값의 억제를 풀어 버리면 좋겠습니다. 왜냐하면 값을 눌러 놓으면 농민들은 소를 키우는 것을 그다지 원하지 않고 있으며, 또 사업가들이 축산사업에 투자하기를 그다지 원하지 않기 때문입니다.

이러한 것을 막기 위해서, 앞으로 쇠고기값을 풀어 버리는 정책을 쓰자, 또 앞으로 축산사업을 하는 사람을 위해서 사료 문제를 어떻게 하든지 정부가 해결해 주자, 외국에서 농산물을 도입해서라도 이러한 사료 문제를 적극적으로 뒷받침을 해 주자, 또 앞으로 축산사업을 하겠다는 사람에게는 그 필요한 토지를 매상할 때 필요하면 정부가 입법조치를 해서라도, 공업에 있어서 공장을 짓는 데 '토지수용령'을 적용하는 것과 마찬가지로, 목장을 만드는 사람에 대해서는 전부 소유주가 파는 것을 꺼려 한다든지 그러할 때 있어서는 이것을 강제로 매상할 수 있는 토지수용령 같은 것을 적용하는 그런 방법도 강구하자, 축산사업을 하는 사람에 대해서는 당분간 면세를 하는 특혜를 주자, 장기저리자금 중 장기성 저리자금을 대여해 주자, 이러한 등등 여러 가지 시책을 써서 이 축산업을 급격히 성장시켜야 하겠다는 것입니다."

대통령은 이어서 우리가 왜 축산업을 적극 지원하여 급속히 발전시켜야 하는지 그 이유를 설명했다.

첫째는 쇠고기가 부족하다는 것이며, 둘째는 수출을 할 수 있다는 것이다.

"지금 우리나라에는 쇠고기가 부족한 실정입니다. 정부는 금년에 뉴질랜드에서 쇠고기를 일부 들여올 그런 계획을 하고 있습니다. 국내수요를 지금 충족을 시키지 못하고 있는 것이 사실입니다. 우리나라 소는 나날이 줄어가고 있다고 통계숫자에 나오고 있습니다. 우리나라의 산업이 발달하고 경제가 성장하고 소득이 늘고 생활수준이 높아지면 쇠고기에 대한 수요는 급격히 늘어날 것입니다. 현재와 같은 이런 고식적이고 미온적인 축산정책으로서는 도저히 우리 국내수요도 따라갈 수 없다는 것입니다.

뿐만 아니라, 우리 이웃나라 일본 같은 나라는 1년에 여러 수십만 두 소를 외국에서 도입을 하고 있습니다. 그 중에 일부분을 우리나라에서 수출을 할 수 있다면 얼마나 좋겠습니까? 일본은 호주나 캐나다 같은 데서 수입을 하고 있는데, 약 3~40만 두 정도는 수입하고 있는 것 같아요.

우리가 이런 축산사업을 장려할 것 같으면 이웃에 있는 일본 같은 데 매년 상당한 수의 소를 수출할 수 있을 것입니다. 가령 한 10만 두 정도 수출한다고 생각하면 근 1억 달러 가까이 수출할 수 있다는 것입니다.

　또한 10만 두 정도는 국내에서 소비를 한다 하더라도, 앞으로 축산사업을 하는 사람은 1년에 2억 달러 정도 매상고를 올린다는 것을 우리가 정확한 숫자를 따지지 않고 대략적인 계산을 하더라도 이러한 숫자가 나오는 것입니다. 이것을 앞으로 정부는 적극적으로 뒷받침을 하고 밀 계획입니다. 따라서 농촌 문제에 관하여는 모든 공무원이라든지, 기술자라든지, 농촌지도자라든지, 또는 학교교사라든지, 학자라든지, 이런 분야에 대해서 보다 더 관심을 가지고 이 사업을 추진하는 데 같이 연구를 하고 협조를 해 주기를 바랍니다. 이와 같은 점으로 보아서는 우리나라에 농과대학이 있고, 학교가 있고, 무슨 연구소가 있고, 농촌진흥청 같은 곳이 있지만, 내가 보건대 우리나라의 축산사업을 급속히 성장시킬 만한 그러한 여러 가지 연구란 것이 그다지 충분히 되어 있지 않다고 봅니다."

　대통령은 끝으로 앞으로 축산은 기업성을 갖춘 대단위 목장을 건국에 몇 개 건설하여 대대적으로 육성해야 한다는 점을 강조했다.

　과거에 우리의 여러 가지 축산장려책이 성공하지 못한 근본원인은 우리 공무원들이 일제강점기부터 해오던 식으로 농가마다 소 한 마리, 돼지 한 마리, 닭 두서너 마리 키우는 고식적 방법을 답습한 데 있다. 혁명정부 때 이런 식으로 축산을 장려했다가 실패했다. 그런 방식으로 해서는 축산이 급속히 성장할 수 없다. 대단위목장을 건설하고 그 인근의 농민들은 그 목장에 자기 집에서 낳은 송아지를 위탁하여 사육시켜 팔아서 그 이윤을 목장주인과 배분하도록 하고, 또 집집마다 소를 키우게 해야 한다. 지금 우리가 농경지로 사용하고 있는 토지는 전국토의 25%밖에 안 되고, 나머지 75%는 놀고 있다. 이 중에서 50%는 산과 임야로 둔다고 하더라도 25%의 땅은 더 활용할 수 있다, 이 땅을 활용할 수 있는 가장 유망한 사업이 바로 축산업이라는 것이다.

"과거에 우리 공무원들이나 정부에 종사하는 사람들이 축산사업이나 또는 농가에다 송아지 한 마리씩 사는 그런 대금을 꾸어 주어서 1년 후에는 그 돈을 회수하고 집집마다 소 한 마리, 두 마리씩 키우자는 식으로, 이것도 물론 축산장려책이 안 되는 것은 아니지만, 그런 방식으로 해서는 우리나라 축산은 급속도로 성장할 수 없다고 생각합니다.

우선 기업성을 충분히 갖춘 대단위 목장, 이것을 전국에 몇 개 차려서 대대적으로 이를 전개하고, 그 인근에 있는 농민들은 그 목장에다 자기 집에서 낳은 송아지 등을 의탁해서 사육시키고 팔아 가지고, 그 이윤을 목장주와 소 임자가 서로 배분을 한다, 또 그 외에 집집마다 자기가 이것을 키워서 한다, 이러한 여러 가지 정책을 병용을 해야지, 과거 일제강점기부터 하던 축산식으로 농가마다 소 한 마리씩 키우고 돼지 한 마리 더 치고 닭 두서너 마리 키우고 이런 식의 고식적인 방법이 오늘날 우리가 추진해 온 여러 가지 축산장려책에 있어서 성공하지 못한 기본 원인인 것입니다. 따라서 앞으로 이러한 정책을 연구하는 사람도 그러한 방법으로 우리나라 축산을 장려해야지 그런 식, 그런 것으로는 안 됩니다.

또 군정 직후에 우리가 축산을 장려해서 실패한 일이 있습니다. 그때 집집마다 소를 한 마리 더 키워라, 돼지를 몇 마리 키워라, 뭐 해라, 그때 이런 정책을 추진하는 사람들이 앞으로 그만한 소가 늘고 돼지가 늘고 닭이 늘었을 때 이것을 어떻게 어디다가 처분을 하고 어디다가 파느냐 하는 시장 판로 문제에 대해서 연구가 부족했기 때문에 농민들은 상당히 호응을 해서 집집마다 소 한 마리 더 키우고 돼지 두 마리 더 키우고 닭 몇 마리 더 쳤는데 한 1년 후가 되니까 소·돼지·닭이 갑자기 늘어서 시장에 팔려고 하니까 송아지로 사오던 1년 전 가격보다 더 싸져 버렸다는 것입니다.

그래서 농민들이 전부 실패했다고 불평을 하고 그 다음부터 전연 농민들은 그에 대해서 관심을 갖지 않게 됐다는 것입니다. 이런 것은 실패한 예의 하나인데, 과거의 이러한 경험을 잘살려서 앞으로는 우리나라 축산을 어떠한 방향으로 밀고 나가고 어떠한 시책으로 이를 뒷받침해야 되겠느냐 하는 것입니다. 여러 가지 경험을 얻었기 때문에 그런 방향으로 적극적으로 밀고 나갈 것 같으면 우리 농촌에 새로운 어떤 활기를 띠고 붐이 일어나리라 생각합니다.

우리나라는 지금 경지로 사용하고 있는 토지가 여러분들이 아시는 바와 마찬가지로, 불과 전국토의 2할 5부, 곧 25%밖에 안 됩니다.

나머지 75%가 놀고 있는데 내 생각 같아서는 이러한 축산사업을 앞으로 많이 장려할 것 같으면 산지에 적어도 현재 우리가 가지고 있는 농경지 정도인 2할 5부 정도는 더 쓸 수 있지 않겠는가 생각합니다. 그러면 앞으로 농지나 목장 등등으로 해서 한 5할은 활용해야 되겠고 나머지 5할은 산과 임야로 가진다 하더라도 현재 배 정도는 활용할 땅이 있다는 것입니다. 이것을 무엇으로 활용하느냐 이것은 앞으로 여러 가지 다른 산업도 우리가 장려를 해야 되겠지만, 축산사업에 주로 치중해서 우리가 해야 되겠다는 것입니다.

지금 우리가 하고 있는 양잠이라든지 기타 다른 분야에도 많이 개간을 해야 되겠지만 가장 유망한 것이 축산이 아니겠느냐 하는 것입니다. 이런 점을 정부가 구상을 하고 있기 때문에 여러분들도 이런 점에 대해서 각별히 관심을 가지고 노력해 주기 바랍니다."

흰 눈이 쌓인 대관령 고지에서 소와 면양이 목초를 뜯어먹고 있다

1968년 10월 31일, 쌍용시멘트주식회사의 동해 대단위공장 준공식에서 대통령은 어느 나라, 어느 시대에 있어서나 그 국민이 잘살고 못사는 것은 그들이 처해 있는 자연환경과 여건을 그들에게 도움이 될 수 있도록 개발하는 노력을 하느냐 안 하느냐에 달려 있다는 점을 강조했다.

…(중략)… "오늘날 지구상에 백수십 개의 국가들이 살고 있습니다. 30 몇억이라는 인구가 살고 있습니다. 이러한 국민들이 제가끔 다 잘살아보겠다고 지금 발버둥치고 있습니다.

어느 나라를 가보더라도 그 나라의 경제개발 계획이다, 사회개발 계획이다, 장기 무슨 계획이다, 전부 있는 힘을 다해서 노력하고 있습니다. 하지 않고 가만히 있는 나라들은 하나도 없습니다.

그러나 그 가운데 노력을 해서 그 성과가 나타나 가난하던 나라가 부강해지고, 못 살던 나라가 잘살고, 몇년 전에는 형편없던 나라가 몇년 후에는 남이 보고 깜짝 놀랄 만큼 발전한 나라가 있는가 하면, 또 어떤 나라는 몇 년이 지나도 여러 가지 계획을 추진해도 구태의연하여 조금도 일어나지 못하는 그런 나라가 있는 것입니다.

이러한 차이는 어디서 오는지, 문제는 그 국민들의 잘살아보겠다는 의욕과 용기와 노력에 달려있는 것입니다. 한두 번 실패하는 한이 있더라도 절대 용기를 잃지 않고 끈기 있게 인내심을 가지고 꾸준히 노력하는 국민은 잘살게 되는 것입니다.

내가 얼마 전에 호주와 뉴질랜드를 방문하고 돌아와서도 그런 얘기를 한 일이 있습니다.

우리나라의 국토가 방대하고, 여러 가지 천연자원이 풍부하고, 다른 여건이 훌륭하면 물론 우리나라 경제개발에 큰 도움이 될 것입니다. 그러나 이러한 것이 없는 나라도 잘사는 나라가 얼마든지 있습니다.

그건 왜 그러냐? 모든 개인이나 모든 국민이나 우리들이 처해 있는 이 자연 환경과 여건, 이것을 어떻게 하면 최대한으로 우리에게 도움이 될 수 있게끔 개발을 하고 발전하도록 노력을 하는 국민에게는 환경이 아무리 나쁘더라도 잘살 수 있다는 것입니다. 그렇게 노력을 하지 않고, 노력을 하더라도 방법이 옳지 못하다면 풍부한 자원을 가지고도 항시 가난한 국민이라는 이름을 면치 못할 것입니다."

대통령은 이어서 정부는 축산장려를 위해서 노력하고 있는데, 우리나라의 농업학자나 축산전문가들은 한국에서 축산은 안 된다고 한다. 그러나 지금 흰 눈이 쌓여 있는 대관령 1000m 높은 고지에 목초가 자라고 있고 소와 면양이 목초를 뜯어먹고 있는 것을 조금 전에 직접 보고 왔다고 설명했다.

"나는 조금 전에 이 공장에 오기 전에 강릉에서 출발을 해서 헬리콥터로 대관령 목장을 가보고 이제 왔습니다. 정부는 지금 우리나라의 축산을 장려해 보려고 여러 가지 계획을 하고 있고 노력을 경주하고 있습니다. 그런데 대관령의 지금 목장이 있는 지대는 높이 800m 내지 1000m 이상이 됩니다. 지금 눈이 와서 하얗게 쌓여 있습니다. 그런데 그 밑에 훌륭한 목초가 파랗게 자라고 있습니다. 거기에 수백 마리의 소와 면양이 지금 풀을 뜯어먹고 있습니다. 우리나라의 농업학자, 무슨 축산에 대한 전문가, 이런 사람들한테 그동안에 여러 번 한국의 축산이 되겠느냐, 한국에서 축산을 장려하자면 어떻게 해야 되겠느냐, 여러 가지 얘기를 여러 기회에 들어 봤습니다. 또 어떤 사람한테는 계획을 한 번 써서 내보라고 교섭한 일도 있습니다. 그러나 우리나라에 이러한 분야에 대해서 연구하는 학자, 전문가들은 모두 안 된다는 얘기뿐입니다. 어렵다는 얘기뿐입니다. 왜 안 됩니까? 지금 엄연히 대관령 1000m 높은 고지에 눈이 하얗게 쌓여 있는 거기에 훌륭한 목초가 자라고 있고 소와 면양이 지금 목초를 뜯어먹고 있습니다. 이만한 조건이면 세계 어디에다 내놓아도 조금도 손색이 없는 나라라고 생각합니다.

조금 전에도 말씀드린 바와 마찬가지로, 우리에게 주어진 자연적인 여건·환경을 어떻게 하면 잘 이것을 개발하고 발전시키고 활용을 해서 이용하느냐 여기 대한 노력과 아이디어·연구심, 이에 대한 계속적인 인내심, 이런 것이 모든 문제를 해결하는 열쇠가 되는 것입니다.

이제 대한민국에서 축산이 안 된다고 나한테 와서 얘기하는 사람은 난 일절 만나지 않고, 그 사람 얘긴 이젠 듣지 않기로 오늘 대관령 꼭대기에서 결심을 했습니다.

안 된다고 대답하는 사람은 안 되는 것입니다. 어렵지마는 어려운 문제는 우리가 하나 둘 해결해 나가면서 해 보자는 것입니다. 되겠다 하는 자신과 신념이 있는 사람한테는 모든 문제가 해결이 되지마는, 안 된다고 생각하는 사람에게는 아무리 좋은 조건 과 모든 것이 갖추어져 있더라도 안 되는 것입니다."

제주도 고구마 주산단지 공장에서 포도당이 생산된다

대통령은 혁명정부 때부터 제주도의 개발에 각별한 관심과 노력을 기울였다.

대통령은 조선시대부터 우리나라 유일의 목장지대인 이곳의 특수성을 더욱 발전시키기 위해서 목야개량과 목야확장 등 축산진흥책을 추진하였고, 또 외국에서 수입하던 주정원료(당밀)를 수입금지

제주도 포도당공장 준공식에 참석한 뒤 공장을 둘러보는 박 대통령(1968. 11. 1)

시키고, 제주도에서 많이 생산되는 고구마를 주정원료로 사용하도 록 하였으며, 우리나라에서는 이곳에서만 재배되는 감귤을 증산할 수 있도록 국고보조로 우량묘목을 사들였다.

이러한 농업개발 계획과 함께 제주도의 수산업발전을 위해서 원 양어업전진기지 설치, 천해간석지 개발, 활어수출대책, 공동어선건 조, 어항구축계획들을 추진하였다. 1968년 제주도에는 주정원료를 사용되던 고구마를 가공하여 포도당을 만드는 공장이 건설되었다. 그것은 고구마 생산농가의 소득을 증대시키기 위한 소위 농공병진 사업의 하나였다.

1968년 11월 1일, 제주도 포도당공장 준공식에서 대통령은 농공 병진정책의 목적과 농공병진사업추진 방법에 관해 구체적인 예를 들어 자세하게 설명했다.

대통령은 먼저 그동안 정부와 우리 농민들이 농촌근대화를 위해 많은 노력을 기울였으나 공업 분야만큼 빠른 성과를 올리지 못하고 있는 현상에 대해 설명했다.

그동안 우리나라의 공업부문은 외국인들이 기적적인 일이라고 놀랄 정도로 급속히 성장했다. 그러나 농업부문은 공업부문만큼 빠른 성장을 하지 못했다. 왜 그렇게 되었는가? 공업부문은 외국차관이나 은행융자나 자기자본을 투자해서 공장을 건설하면 1, 2년 후에는 제품을 생산하여 판매수익이 나서 부채를 갚고 빠른 속도로 성장한다. 그러나 농업부문은 투자 후 그 성과가 나타나기까지는 3년, 5년 또는 10년, 20년의 긴 시일이 걸려 투자와 노력에 비해 그 성과가 느리게 나타난다. 이러한 현상을 보고 일부에서는 정부가 농촌을 등한히 하고 있다, 농촌과 도시의 소득격차가 심하다, 는 등의 비판을 하고 있다.

그러나 정부는 결코 농촌을 등한히 하지 않았다. 정부는 농민에게서 약 100억 정도 세금을 받아들였지만 농촌을 위해서는 1200억을 투자했다. 이러한 막대한 투자에도 불구하고 농촌의 특수성 때문에 성장이 느리다는 것이다.

"오늘 여기서 준공을 보게 되는 선일공업주식회사의 이 공장은 그동안 정부에서나 우리 민간업자들이 수많은 공장을 지은 다른 공장에 비해서, 공장의 규모라든지 또는 투자의 액수라든지 이런 면에 있어서는 가장 큰 공장에 속하지는 못합니다만, 그러나 우리 정부로서는 오늘 이 공장이 준공되고 또한 운영해 나가는 데 있어서 비상한 관심과 의의를 느끼고 있는 깃입니다.

지금 정부나 농민들이 같이 힘을 기울이고 있는 경제건설면에 있어서. 특히 농공병진, 농업과 공업이 같이 병행해서 건전하게 발전해야 되겠다는 정부방침에 따라서 건설된 이 공장은 가장 의의가 있는 공장이라 하겠습니다.

지난 수년 동안 우리들이 제1차 경제개발 5개년계획을 추진해 왔고 또 지금 제2차 5개년계획을 추진 중에 있는 것입니다. 이 기간 중에 있어서 우리나라의 산업이 모든 분야에서 많은 발전을 했습니다.

부문별로 따져보면 어떤 부문은 굉장히 급속한 성장을 했는가 하면 어떤 부문은 우리가 예기했던 것만큼 우리의 노력과 희망에 비해서 성장 속도가 느린 부문도 있는 것입니다.

예를 들면 지난 5, 6년 동안 우리나라의 소위 제2차산업 부문 즉 공업부문은 급속한 성장을 했습니다. 이것은 외국에서도 한국의 경제발전이 거의 기적에 속하는 사실이라고 모두 놀라운 눈으로 우리 경제성장을 보고 있는 것입니다.

그런가 하면 우리나라의 절반의 인구가 차지하고 있는 농업과, 수산업부문에 있어서는 공업부문만큼 빠른 성장을 하지 못했다는 것입니다. 즉 농업과 공업이 같은 속도로 자라지 못했다는 얘기가 되는 것입니다.

이것은 비단 우리나라뿐만 아니라, 오늘날 후진국가에 있어서 경제건설을 하는 나라에 있어서는 거의 똑같이 겪고 느끼는 현상입니다. 경제건설을 하는데 공업부문은 대단히 빠른 속도로 성장을 하는가 하면, 농업부문은 여러 가지 애로 조건이 많기 때문에 우리들이 노력한 것만큼 성장하지 못한다는 것입니다. 공장은 외국에서 차관을 해 오든지 은행에서 융자를 받는다든지 자기자본을 투자해서 짓기만 하면 1년이나 2년 후에 거기서 생산이 되고 제품이 나와서 이것을 팔면 수지가 맞고 부채를 갚고 모든 것이 잘 되어 나가는 데 비해서, 농업이라는 것은 투자를 해도 그 성과가 나타나는 것이 대단히 늦어서 어떤 것은 3년, 5년, 긴 것은 10년, 20년의 먼 장래를 내다 봐야 되기 때문에 우리의 노력과 투자에 비해서 성과가 적다는 것입니다. 이런 것을 가지고 우리 국내 일부 인사들 중에는 현정부가 농업정책에 있어서 정책 방향이 잘못되었다느니 심지어는 정부가 농촌을 등한시하고 있다고 비판하는 사람이 있기는 합니다만, 그러한 비판은 정당한 것이 못 되는 것입니다.

정부나 우리 국민들이 농촌을 빨리 근대화하고 농업을 발전시키기 위해서 안간힘을 다하긴 했지만, 농업이라는 것이 원래 그렇게 노력에 비해서 빠른 성과를 가져오지 못한다는 것이 하나의 특징으로 되어 있는 것입니다.

한 가지 예를 들어서 말씀을 드린다면, 금년만 하더라도 우리 정부가 국민들로부터 세금을 많이 받아들이고 있습니다. 관세를 제외하고 순전히 우리 국내의 국민들한테서 받아들인 세금이 금년에 약 1,500억 정도가 됩니다. 그런데 우리 농민들한테서 정부가 받아들이는 세금은 얼마나 되는가 하면 직접·간접세를 전부 합쳐서 약 100억 정도밖에 되지 않는다는 것입니다. 우리 농민이 전체 인구에서 차지하는 비율은 절반인데 세금은 15분의 1밖에 내지 않는다는 뜻입니다.

반면에 정부가 농촌과 어촌을 위해서 농어민들을 위해서 얼마만한 투자를 하고 있느냐 하면, 금년 68년도만 하더라도 약 1,200억이라는 투자를 하고 있는 것입니다.

농어민에 대한 보조융자, 여러분들이 생산한 농·수산물에 대한 매상자금 등등 농촌에 뿌려지는 돈이 1,200억이 넘는 것입니다.

내년엔 약 1,600억 정도가 될 것입니다. 그러면 인구는 전체의 절반입니다. 세금은 15분의 1밖에 내지 않는데 거꾸로 정부가 여러분들에게 투자하는 것은 1,200억 내지 1,600억이 됩니다. 이러한 숫자 하나만 보더라도 정부의 농업정책에 대한 방향이 잘못 되었다든지 농촌을 등한시한다든지 이러한 평은 당치 않은 말입니다.

결국은 이 농업이라는 것은 여러분이 직접 농사를 지어봤기 때문에 잘 아시겠지만, 특히 다른 공업이나 어떤 부문보다도 노력과 투자에 비해서 성과가 적다는 것입니다."

대통령은 이어서 농공병진정책은 뒤떨어진 농업을 일으켜 공업과 농업 간의 발전상의 격차와 도시와 농촌의 소득상의 격차를 좁힘으로써 농가소득을 향상시키고 농촌근대화를 촉진하려는 데 그 목적을 두고 있다고 말하고, 농촌에서 농업과 공업을 함께 발전시키려는 농공병진정책 사업의 추진방법을 제주도의 특산물인 고구마, 수산물, 감귤을 예로 들어 설명했다.

"그러나 이러한 현상을 그대로 방치할 수는 없는 것입니다. 어떻게 하든지 우리가 이 농촌과 뒤떨어진 우리의 농민들을 빨리 다른 부문에 따라 갈 수 있게끔 육성을 해야 하겠습니다.

그러한 의미에 있어서 정부는, 지금 여기에 준공을 한 것과 같은 농촌에서 농민들이 생산하는 농·수산물을 원료로 하는 공장을 많이 만들어서, 농민들이 생산한 물건을 그 원료로서 이 공장에 팔아서 공급하고, 또 이 공장은 농민들이 생산하는 농·수산물을 원료로 사 가지고 그것을 원료로 해서 가공처리를 하고 제조해서 다시 판다는 것입니다. 그렇게 함으로써, 농민도 생산을 해서 그 가격에 대한 안정감을 가지고 공장에 언제든지 팔 수 있고, 이 공장은 공장대로 농민들이 생산한 그 원료를 가지고 제품을 만들어서 수지를 맞추어 나간다 하는 것입니다.

그러면 농민도 좋고 공장도 살아 나간다는 것이며, 그렇게 함으로써 농업과 공업이 같이 발전해 나간다는 것입니다. 이것은 수산업에 있어서도 마찬가지입니다. 제주도에는 지금 고구마 외에도 수산물이 많이 생산됩니다. 여러분 어민들이 고기를 많이 잡는데 고기를 많이 잡았다고 해서, 또는 금년엔 고기가 아주 풍년이다 해서 반드시 어민들 여러분의 수입이 그만큼 많이 느는 것은 아닐 것입니다.

오히려 거꾸로 고기가 많이 잡히면 값이 떨어져서 손해 보는 경우를 여러분은 많이 경험했으리라 믿습니다. 그러면 이 어민들의 소득을 증대시키는 방법으로서 그냥 덮어놓고 고기를 많이 잡는 것이 능사가 아니라, 많이 잡되 잡은 고기를 사주는 그런 공장이 있고 당장 팔 수 없는 것은 저장시설을 하고 그 고기를 원료로 해서 가공처리를 하고 통조림을 만들어 공장은 공장대로 수지를 맞추고 어민들도 잡은 고기를 안심하고 갖다 팔 수 있도록 함으로써 어업과 공업이 같이 병행할 수 있도록 한다는 것입니다.

이것도 역시 정부가 주장하는 농공병진정책의 일환입니다. 특히 남제주는 지금 귤이 많이 납니다. 오늘 오전에도 이 부근에서 귤 저장창고 기공식이 있었던 것을 내가 들었습니다.

이 가운데도 아마 귤을 많이 재배하는 분이 있을 줄 압니다. 물론 여러분들이 귤나무를 많이 심고 한 나무에서 많이 생산하도록 해서 많이 팔아야만 여러분의 소득이 늘 것입니다. 그러나 여러분의 소득을 늘게 하는 방법은 그것만 가지고는 부족합니다.

만약에 전 제주도에다 지금보다 수십 배나 되는 이런 귤나무를 심어서 많이 생산했을 때, 귤을 재배하는 농민에게 거기에 비례한 그만큼 소득이 느느냐 하면 반드시 그렇게는 되지 않는다는 것입니다.

오히려 귤이 많이 생산되면, 과거에 적게 생산되있을 때는 제값을 받고 수지가 맞았는데 너무 많이 생산되었기 때문에 귤값이 떨어지고 귤을 재배하는 사람이 손해를 봤다는 결과도 가져올 수도 있는 것입니다. 그러한 것을 방지하기 위해서, 귤이 많이 나는 주산단지에

▲제주도 감귤농장에서 작황을 살펴보고 있는 박 대통령

▶'억령위민' 제주도 감귤농장을 돌아본 뒤 "억 개의(수많은) 감귤이 열려 국민들이 고루 먹을 수 있었으면 좋겠다"는 뜻을 담아 쓴 신년 휘호

는 귤을 저장하는 시설을 해서 여러분이 가을에 귤을 생산하면 모두 육지에다 보내지 말고 적당히 알맞을 만큼 육지에 보내서 제 값을 다 받으라 하는 것입니다.

　그러면 남는 것을 어떻게 하느냐? 자기 집에 시설도 없이 그대로 저장해 두면 웬만한 것은 썩어서 다 버리게 됩니다. 그러기 때문에 이 지방에는 귤을 저장하는 시설을 해서 지금 팔지 않더라도 금년 연말이나, 내년 봄, 가능하면 내년 여름 햇귤이 나올 때까지 계속 같은 값을 유지하면서 팔면 여러분의 소득은 몇 배 나 더 늘 수 있다는 것입니다. 이런 것을 지도하는 것이 농공병진 즉 농업과 공업을 같이 발전시킨다는 단순한 진리입니다."

대통령은 이어서 과거에 제주도에서는 고구마를 많이 생산하면 정부에 대해 비싼 가격으로 사달라고 진정을 했고, 정부도 적정가격으로 사주려고 했으나 비싸게 사준 고구마를 처리할 데가 없어서 어려운 일이 많아서 이곳에 고구마 주산단지를 만들고, 고구마를 원료로 쓰는 공업계통 공장을 건설한 것이 제주도 포도당 공장이라고 설명했다.

이 공장에서 생산되는 포도당은 과자나 주스 등에 사용될 것이다, 앞으로 우리 농민들이 고구마를 많이 생산하면 이러한 공장이 더 건설되어 고구마를 원료로 사줄 것이며, 따라서 농민들은 생산한 고구마의 판로에 대한 걱정은 하지 않고 많이 생산할 수 있게 되고, 또 고구마 주산단지 안에 있는 공장은 원료의 수송운임이 절약되어 제품을 만들어 팔면 수지가 맞아서 공장도 살고 농민도 살게 된다는 것이다.

"이런 뜻에서, 오늘 여기 생긴 이 공장은 우리나라에 있어서 고구마의 주산단지를 근거로 만들어진 것입니다.

과거에 여러분이 고구마를 많이 생산하면 정부에게 비싼 가격으로 사달라고, 많은 진정을 했습니다. 정부도 물론 이것을 가급적이면 적정가격을 책정해서 매상을 하려고 했는데, 그러나 정부가 덮어놓고 고구마를 비싸게 산다고 해도 문제가 있습니다. 그 고구마를 어디다 처리할 곳이 있어야지 덮어놓고 정부가 고구마를 비싸게 많이 사서 어떻게 합니까? 정부가 혼자서 고구마만 먹고 있을 수는 없지 않습니까?

그러니까 이것도 역시 고구마가 많이 생산되는 이런 지방에 있어서는 이 고구마를 원료로 해서 어떤 공업계통 공장을 만들어야 되겠다는 것입니다.

이것이 이 공장에서 나오는 포도당으로서, 설탕 같은 제품이 나옵

파인애플 농장에서 재배현황을 살펴보고 있는 박 대통령

니다. 이것은 무엇이 원료가 되느냐 하면 바로 고구마가 원료이고, 제조과정에 있어서는 전분을 만들어서 그 다음에 전분을 이 공장에서 사서 그것을 원료로 쓰는 이 포도당을 만드는 것입니다.

이것은 여러분들이 일상생활에 많이 사용하고 있는 것입니다. 가정에서 어린애들이 먹는 과자라든지 주스 기타 여러 가지가 여기 들어가는데, 여러분이 고구마를 많이 생산하면 이러한 공장이 더 생겨서 그 원료로 사준다 하는 것입니다.

그러면 농민들은 고구마를 생산해서 금년에 이것이 팔릴까, 또는 팔리지 않으면 손해를 보는 것이 아닐까 하는 걱정은 안 해도 됩니다. 이런 공장이 생겨서 적정한 가격으로 사준다면 농민들은 의욕을 가지고 안심하고 고구마를 많이 생산하게 되는 것입니다.

또 공장은 이것이 가까운 곳에 생산되니까 원가가 싸게 먹힙니다. 이 고구마가 가령 강원도나 경기도 부근에서 나는 것을 여기까지 가지고 온다고 하면, 그것을 육로로 또는 배로 운반해야 되고 그동안에 수송운임, 이런 것 전부 다 떼고 나면 이 공장이 수지가 맞지 않을 것입니다. 여기다 만들어 놓았기 때문에 가까운 데서 운반만 해서 이런 제품을 만들어 팔면, 이 공장은 공장대로 기업성이 맞아 들어가서 공장도 살고 농민도 살 수 있다 하겠습니다.”

쌀·보리농사만으로 우리 농민들 부자될 수 없다

1968년 11월 11일, 경북 선산에서는 근대시설을 갖춘 농산물 가공처리공장의 준공식이 있었다.

이날 대통령은 우리 농민들이 왜 소득증대사업에 힘써야 하는지, 이 사업은 어떻게 해야 하는지, 또 이 사업은 어떤 각오로 해야 하는지에 관해 자세하게 설명했다. 이 내용은 그동안 대통령이 기회 있을 때마다 공무원들과 농민들에게 강조해 왔던 것을 종합적으로 다시 강조한 것이며, 또 이날 이후에도 계속해서 농민들에게 당부한 것이다.

대통령은 먼저 이 가공처리공장은 정부와 농민들이 농가소득 증대사업과 농공병진정책을 추진하는 데 있어서 하나의 상징적인 공장이라는 점에서 그 의의가 크다고 말했다.

"오늘 이와 같은 근대시설을 갖춘 농산물 가공처리공장이 새로이 생긴 데 대해서 여러분들과 같이 대단히 축하해 마지 않습니다. 이 공장의 규모는 비록 큰 공장은 아니지만, 우리 정부와 농민들이 지금 힘을 기울이고 있는 농가소득증대, 또는 농공병진정책, 이러한 여러 가지 목적을 수행하는 데 있어서 하나의 상징적인 가공공장이라는 점에 있어서 대단히 의의를 느끼는 바입니다.

이 공장이 처음에는 이 부근에 있는 농가에서 재배하는 양송이를 가공하고 처리해서 통조림을 만들어 해외에 수출하는 이런 사업을 시작했지만, 앞으로는 이 지방에 양송이 외에 또 다른 여러 가지 알맞는 특용작물과 기타 농산물을 여러분이 많이 연구하고 재배해서 이 공장에서 양송이뿐만이 아니라 여러 가지 종합적인 농산물을 가공처리할 수 있는 훌륭한 공장이 되고, 나아가서는 이 지방에 있는 모든 농가의 소득도 증대되고, 이 공장도 운영이 잘 되어서 명실공히 농공병진과 농가소득 증대사업에 크게 이바지해 줄 것을 당부해 마지않습니다.

지금 정부는 조금 전에 말씀드린 바와 같이 농가소득증대를 위해서 여러 가지 사업을 지금 추진하고 있고, 어떤 것은 벌써 착수를 했고, 어떤 것은 이와 같이 준공을 이미 했고 또 어떤 사업은 지금 계획 단계에 있는 사업들이 많이 있습니다.

이 사업의 궁극적인 목적은 우리 농촌을 현재보다도 더 잘사는 농촌을 빨리 만들어 보아야겠다는 것입니다. 그러기 위해서는 우리 농가의 소득을 빨리 올리는 그러한 사업을 추진해야 되겠다는 것입니다."

대통령은 이어서 쌀과 보리는 우리나라 식량의 대종(大宗)을 이루고 있으므로 계속 많이 재배해야 하나, 쌀·보리농사만 해서는 우리 농민들이 부자가 될 수 없다는 사실을 설명했다.

"지금 우리 농촌에서 여러분이 하고 있는 이 영농방식, 이것은 우리가 개선해야 될 점이 있고 또 그동안 많이 영농기술에 있어서 발전된 것도 우리가 시인하지만, 이는 여러 가지로 우리 농민들이 연구하고 노력해야 할 점이 많이 있습니다. 지금 우리 농촌에서 농업을 할려면 주로 쌀농사·보리농사 이것만을 여러분이 위주로 하고 있는 것입니다. 물론 이 쌀농사·보리농사는 우리나라 식량의 대부분을 이루고 있는 식량작물이기 때문에 우리가 앞으로도 많이 재배를 하고 또 같은 단위 면적에 있어서도 종래보다도 더 많은 수확을 얻을 수 있는 노력을 계속해야 됩니다. 그러나 이것만 가지고는 우리가 아무리 노력을 하고 풍년이 들어서 풍작이 되었다 하더라도 우리 농민들이 모두 다 부자가 될 수는 없는 것입니다. 왜냐하면, 예를 들어서 여러분 가운데 지금 논 몇 마지기를 농사짓고 있는 농가가 있다 할 것 같으면, 여러 분의 가정에는 점차 식구가 늘어날 것입니다. 늘어날 뿐만 아니라 여러분의 자제가 점차 큼으로써 학교도 보내야 되고 학비를 대주고 모든 경비가 많이 지출될 것입니다.

또 여러분의 자제가 커서 분가를 해서 살림을 따로 내게 되면 여러분이 지금 열 마지기 가지고 있는 논을 절반쯤 나누어서 주어야 될 것입니다. 그러면 여러분의 가정에 식구는 점점 늘고 돈은 점점 많이 써야 되고 또 자제들이 커서 분가를 하게 되면 농토는 더 줄어들고, 다각적으로 여러분의 농토는 현재와 같은 이러한 영농방식 가

지고는 날이 가면 갈수록 점점 더 가난해지는 결과밖에 오지 않는
다 하는 이야기가 되는 것입니다."

　대통령은 이어서 우리 농민들이 잘살 수 있으려면 쌀과 보리농사
도 잘 해야 되겠지만, 쌀·보리 외에 이것보다 수익성이 좋은 특용
작물이나 특산물을 2모작 또는 3모작해야 된다는 점을 강조했다.

　"그럼 우리의 농가가 잘살자면 어떻게 해야 되겠느냐 하면, 지금
하고 있는 쌀농사·보리농사 이것도 물론 잘 해야 되겠지만, 이것
외에 보다 더 수입이 높은 다른 영농작물·특용작물 또는 특산물 등
을 생산하는 노력을 해야 되겠다는 것입니다.

　오늘 여기서 준공을 본 양송이가공공장도 그러한 특용작물의 하
나라고 볼 수 있습니다. 여기 논들을 볼 것 같으면 금년에 벼농사가
끝나고 나면 지금부터 그 논은 앞으로 몇 달 동안 아무 수입도 없이
놀게 됩니다. 따라서 지금이 11월달이니까 내년 4월달쯤 가야 겨우
못자리가 시작될 것입니다. 그러면 일 년 열두 달 사이에 벼농사 한
번 지어먹고 겨울 동안 논을 6개월 동안 그냥 놀려 둔다는 이런 식
의 농사 가지고는 우리는 절대로 부자가 될 수 없습니다.

우리가 벼농사·보리농사나 해먹고 하늘만 쳐다보고 금년 비가 잘 와서 풍년이 들었으면 하는 것을 기다리고 있겠지만, 그것 가지고는 문제가 해결되지 않는다는 것입니다. 이 농토를 어떻게 하면 우리가 최대한으로 활용을 하느냐, 우리보다도 더 남쪽에 있는 타이완이라든지 동남아시아에 있는 나라들은 지금 이 시기에 벌써 수확을 하고 또 모를 심어 1년에 벼농사를 두세 번, 많이 하는 데는 네 번까지 한다는 것입니다. 그런데 우리는 꼭 한 번 농사짓고 나머지 6개월은 놀고 있다는 것입니다.

농사 자체라는 것이 그렇게 수익성이 높은 농작물도 아닌 것입니다. 이러한 농토를 우리가 잘 활용해서 가급적이면 일년에 두 번 세 번 이용할 수 있는 2모작, 3모작을 연구해서 거기에 재배하는 농작물도 보다 수익성이 높은 것을 우리가 연구해야 합니다."

대통령은 이어서 경상남도 김해군에서 고등소채를 재배하여 큰 수익을 올린 2모작의 성공사례를 소개했다.

"좋은 예로, 경상남도 김해군에 가면 이와 마찬가지로 벼농사가 끝나면 지금부터 무엇을 해야 하는가를 연구합니다. 고등소채를 재배합니다. 그래서 겨울철에 거기에서 나오는 토마토와 오이·상추·호박 등 고등소채를 도회지에다 파는 것입니다.

벼농사 하고 난 뒤에 가을에 고등소채를 해서 논 한 마지기당 쌀농사에 비해서 얼마나 더 많은 수익을 올리느냐 하면, 다각도로 재배한 사람은 쌀농사의 29배를 올렸다는 것입니다. 여러분도 한 마지기에 금년도 농사가 얼마나 되었는지 모르지만, 내가 알기에는 대략 평년작 정도로서 한 마지기에 벼 한두 섬 나온 것이 아닌가 생각됩니다.

그러니까 쌀로 해서 한 섬이지요. 한 섬이면 쌀로 두 가마인데 쌀

한 가마에 5천 원이라고 해도 논 한 마지기에서 결국 만 원밖에 안 나온다는 것입니다. 그래서 비료값 떼고 여러 가지 노임 떼고 이것 저것 다 떼면 실제 한 마지기에서 나오는 순이익이라는 것은 불과 얼마 안 되는 것입니다. 그러나 쌀농사를 한 뒤에 그 자리에 고등소채인 토마토를 재배하니까 쌀농사의 29배가 나오더라는 것입니다. 만 원만 잡더라도 29만 원이 나온다는 이야기입니다. 수박을 하니까 42배가 나온답니다. 아마 여러분이 들으면 깜짝 놀랄만한 애기입니다. 오이농사를 하니까 쌀농사보다도 19배 수익이 나오며, 가지를 하니까 12배가 나온다는 것입니다. 이것은 경상남도 김해군의 예입니다. 김해군에 가면 이런 농사를 하는 농가에는 벌써 텔레비전 안테나가 지붕 위에 올라가 있고, 집도 초가집이 아니라 근사한 문화주택에다 현재 자가용 자동차를 가진 사람도 있습니다,

그해 제일 먼저 고등소채를 시작한 박재수라는 사람은 작년만 하더라도 1년에 약 200만 원을 벌었습니다. 물론 우리나라 모든 논에 고등소채를 다 하라는 이야기는 아닙니다. 이렇게 말하면 생산과잉이 되어 값이 떨어져서 여러분이 손해를 볼 것입니다. 물론 현재 우리가 하고 있는 농사보다도 그 지방에 알맞고 더 수익성이 높은 것이 무엇이 있겠는가 하는 것은 농민 여러분이 연구를 해야 됩니다. 우리는 쌀농사, 보리농사로서 하느님이 잘 봐 주어서 비가 잘 와야 풍년이 든다, 정부가 잘 봐 주어야 된다, 그렇지 않으면 방법이 없다, 이런 생각을 하는 농민은 영원히 부자가 될 수 없는 것입니다. 이것은 우리가 연구하면 얼마든지 나올 수 있는 것입니다. 우리나라는 지금 도처에서 이런 사업들이 전개되고 있는데, 예를 들면 지방에 따라 양송이, 특용작물 등 이런 재배사업을 하고 있습니다. 또 어떤 지방에 가면 양잠, 양봉을 대대적으로 하는 양잠단지가 있고, 또 어떤 곳에 가면 지금 아스파라거스다, 과수다, 고등소채다, 또

어떤 지방에는 축산·낙농·양계 이러한 사업 등을 연구해서 열심히 일한 이런 농촌은 지금 모두가 부자가 되어 있는 것입니다."

대통령은 이어서 우리 농민들은 어떻게 하면 우리 고장을 잘 개발해서 잘살 수 있겠는가 하는 그 방법을 연구해야 한다는 점을 강조했다.

"앞으로 여러분은 온국민들이 어떻게 하면 우리의 고장, 이 고장을 보다 더 개발을 하고 우리가 잘살 수 있는 방법이 있겠는가 하는 것을 연구해야 됩니다.

과거에는 이런 것이 잘 안 되었습니다. 과거에는 우리 농촌에 교육을 받은 사람들의 숫자가 적었기 때문에 이런 것을 연구할 만한 여건이 갖추어져 있지 못했습니다.

내가 어릴 때 초등학교를 다니던 시절 그 당시만 하더라도 우리 구미 내에서는 구미보통학교 하나밖에 없었습니다. 학생은 불과 4, 5백 명 되었을 거예요. 우리 동리만 하더라도 한 백여 호가 사는 농촌에서 보통학교에 다니는 아이들이 불과 대여섯 명밖에 없었어요. 그때는 보통학교만 다녀도 상당히 지식층에 속하는 그런 층이었을 것입니다. 그외는 학생이 없었습니다. 지금은 어떻습니까? 구미초등학교에 아마 학생수가 그때보다도 몇 배는 늘었을 것입니다. 아마 1천 5, 6백명 될 거예요. 이 방청만 해도 초등학교가 또 있지요. 그 외에 중학교가 있고 고등학교가 있습니다. 그 외 객지에 나가서 대학이다, 전문학교를 졸업하고 돌아오는 사람들이 상당히 많이 있을 겁니다. 그 당시는 구미면 내 전부를 통틀어서 중학교를 졸업한 학생이 아마 열 사람 이내였을 것입니다.

그것뿐이 아닙니다. 많은 동리 청년들은 군대에 가서 훈련을 받고 좋은 기술을 배워서 돌아와 있는 청년들이 많이 있을 것입니다.

구미읍 상모리 선영을 찾아 성묘를 하고 큰형 동희 옹의 집을 향해 걸어가는 박 대통령
내외(1967. 5. 7)

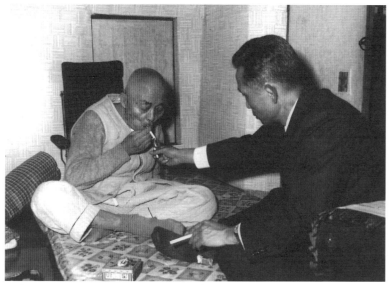

큰형님 동희 옹에게 담뱃불을 붙여주는 모습(1969. 10. 8)

국가가 많은 투자를 해서 교육을 담당하고 여러분이 농가에서 무리해 가면서 자녀들을 학교에 보내서 교육을 시킨 것은 그네들이 장차 우리 고장과 우리 국가를 개발하기 위한 인재를 양성하고 기술을 얻기 위해서 보낸 것입니다.

그러면 이들을 이제부터는 활용을 해야 되겠다는 것입니다. 여러분들의 마을이면 마을, 군이면 군, 여기 있는 공무원, 기타 학생·농민 모든 사람들이 협력해서 어떻게 하면 우리 고장을 보다 더 살기 좋은 고장으로 개발하고 발전시킬 수 있는가 하는 것을 여러분이 연구하면 좋은 구상들이 얼마든지 많이 있을 것입니다.

이런 연구를 다 합해서 노력하는 그런 고장은 앞으로 훨씬 더 발전할 것이고, 이런 것을 하지 않고 청년들이 번들번들 놀기만 하는 농촌은 앞으로 아무리 수입이 증가하더라도 근대화를 달성하지 못한 농촌으로서 낙후할 것입니다. 만일 앞으로 여러분이 내용이 충실하고 건전한 계획을 만들어서 여러분의 힘을 가지고는 도저히 할 수 없는 그런 복안이 있다면 정부에서는 얼마든지 지원할 용의가 있습니다. 그러나 문제는 그런 것을 연구하는 방법입니다. 지금 청와대에도 도처에서 진정서가 들어옵니다.

우리 고장에서 이런 것을 한 번 해 보겠는데 정부에서 융자를 좀 해 주십시오 하는 진정서가 들어옵니다. 나는 이것을 우리 청와대 비서관들을 시켜 한 번 그 사업내용을 검토케 하고, 어떤 때는 비서관들이 현지까지 가서 여러 가지 검토를 해 보게 합니다.

그러나 거의 대부분의 계획이라는 것이 주먹구구식입니다. 아마 그런 사람 중에서도 청와대나 정부에 여러 가지 진정을 했는데도 승인을 받지 못한 사람들이 많이 있을 것입니다. 그것은 정부가 해 주기 싫어서 안 해 준 것보다도 여러분의 계획 자체가 불성실하다는 것입니다. 그런 식으로 해 가지고는 그 사업이 절대 성공할 수 없으며 결국은 손해를 보고 그 사업은 실패하는 것입니다. 실패하는 사업을 정부가 지원해 줄 수 없습니다."

대통령은 이어서 우리 농민들이 소득증대를 위해서, 쌀·보리 등 주곡 이외에 어떤 사업을 해야 할 것인가를 연구할 때는 반드시 세 가지 문제를 검토해야 한다는 점을 강조했다.

첫째는 기술성 문제였다.

"여러분이 앞으로 연구를 할 때 이 세 가지 문제를 꼭 염두에 두고 연구를 해야 합니다. 여러분은 지금 배운 모든 학문과 지식과 기술, 또 다른 데서 하고 있는 것을 배워 익힌 여러 가지 경험, 이런 것을 가지고 여러분이 연구를 할 때는 세 가지 문제를 꼭 연구를 해야 되겠습니다.

첫째는 우리가 이 구미에다가 어떤 사업을 해야 되겠다고 할 때는 그 사업이 기술적으로 될 수 있는가는 잘 연구하고 검토해야 합니다. 만약에 그 기술 연구 중에 여러분의 힘을 가지고 할 수 없다 할 때는 어디다가 이것을 지원을 받으면 되겠느냐, 경상북도만 하더라도 농촌진흥원이라는 것이 있고, 도내에는 여러 가지 농업고등학교·농과대학·기타 이런 것을 연구하는 학교, 연구하는 기관들이 많이 있으니까 어디 가서 기술지도를 받아야 되겠다 하는 것을 여러분이 충분히 연구해서 기술문제가 해결이 되어야 하겠습니다."

둘째는 경제성 문제였다.

"그 다음에는 이 사업을 해서 수지가 맞겠는가 안 맞겠는가 하는 것을 따져야 됩니다. 이것을 경제성이라고 하는 것인데, 돈을 내서 이 사업을 하자면 얼마만큼 투자를 해야 되겠으며 이 사업은 몇 년 후부터 성과가 나는데 그동안에 우리가 꾸어 쓴 돈, 은행에서 빌려 쓴 돈, 거기에 대한 이자·원금을 갚고도 여기서 나는 물건을 가지고 몇 년 후부터 흑자가 나고 수지가 맞는다 하는 그러한 수지계산에 대한 결론이 나와야 되겠습니다. 아무리 사업이 좋더라도 투자를 했는데 암만 해봐도 그저 적자만 나지 수지가 맞지 않는다면 그건 밑지는 장사입니다. 이런 것은 할 필요가 없는 거예요. 그런 사업은 할수록 점점 우리들만 더 가난해질 것입니다.

그런 경제성이라는 것을 잘 따져야 합니다. 이 점에 대해선 각 교육기관에 있는 분들한테도 여러 가지 이야기를 많이 하는데, 우리나라 대학이나 고등학교나 기타 이와 같은 연구하는 기관에 있어서 학교 선생들이 학생들한테 기술면만을 가르칩니다.

내가 알기에는 구미에도 농업고등학교가 있다고 듣고 있는데, 이 농업고등학교에서도 양돈이다, 축산이다, 양송이재배다, 벼농사에 대한 영농기술이다 하는 것을 아마 가르칠 것입니다. 물론 그것도 필요합니다. 거기다가 하나 더 보태서 교육할 것은 앞으로 기업적으로 할 때는 이것이 계산에 맞는다, 이런 식으로 경영을 해야 된다 하는 기업경영에 대한 지식을 가르쳐야 합니다.

과거에도 이 지방에 여러 가지 사업을 하다가 실패한 경우가 많이 있습니다. 내가 기억하는 것만 해도 우리가 어릴 때 이 부근에 과수원들이 많이 있었는데, 지금은 그 흔적도 없어졌습니다. 왜 그렇게 되었겠느냐 하면, 그때는 몰랐는데 지금 생각해 보면, 이를 경영하는 사람들이 필연코 이 기술문제라는 것을 잘 연구하지 않는데 기인하는 겁니다. 대구 어디를 가보니까 어떤 사람이 과수원을 해 가지고 돈을 많이 벌었다니까 나도 한 번 해보자 하고 했는데 기술을 모르고 해서 이것을 실패했다 하는 겁니다. 기술을 배웠다 하더라도 기업경영에 대한, 수지계산에 대한 문제를 잘 따지지 않고 했기 때문에 해 보니까 돈은 나오는데 도저히 수지가 맞지 않아 자꾸 적자만 나고 부채만 늘어나서 적자보는 것보다 남한테 팔아 쓰는 것이 낫겠다, 오히려 사과나무를 베어 버리고 딴 농사를 짓는 게 낫겠다, 이렇게 하면서 실패했을 것이 틀림없습니다."

셋째는 시장성 문제였다.

"한 가지 문제가 있습니다. 기술 문제와 경제성 문제가 된다 하는 결론이 나왔을 때, 또 하나 여러분이 생각해 둘 것은 과연 이런 사업을 하면 기술적으로도 가능하고 수지도 맞는데 그 다음에는 과연 이런 물건을 만들었을 때 어디에다 갖다 팔 수 있겠느냐 하는 문제입니다. 이러한 것을 시장개척이라고 합니다. 아무리 좋은 물건을 값싸게 만들었더라도 팔 데가 없으면 그건 전부 버리는 물건입니다. 이 양송이사업만 하더라도 우리나라에서 벌써 한 7, 8년 전에 시작을 했는데 그동안에 허다한 농가에서 실패를 했습니다. 가보면 전부 기술문제에 대해서 아직까지 완전히 습득을 못하고 미숙하기 때문에 실패를 하는 것입니다. 이런 문제를 여러분이 잘 연구해서 이 사업을 하면 반드시 할 수 있다는 이런 결론이 나고 정부에서 검토해 봐서 그런 성공 가능성이 있는 사업이면 여러분이 할 수 없는 모자라는 부분을 정부가 여러분들에게 적극적으로 지원해 드릴 것입니다. 이렇게 해서, 우리 농촌에서 현정부가 지원하고 있는 특용작물 외에 다른 여러 가지 수익성이 높은 작물을 많이 재배해서 여러분의 농가가 보다 많은 수익을 올리고 살 수 있는 농가가 되기를 부탁합니다."

대통령은 이어서 어떤 사업을 하려고 연구하는 과정에서 어려운 문제가 생기면 이를 해결하기 위해 끈기 있게 연구하고 노력해야 한다는 점을 강조했다.

"지금 내가 얘기해 드린 것은 기회 있을 때마다 강조하는 것인데, 문제는 우리 한국의 농촌은 지금 가난하다, 외국 농촌에 비해서 뒤떨어졌다, 어떻게 하면 우리 농촌을 부흥시킬 수 있겠는가 하는 여러 가지 문제점들이 있습니다. 여러분이 무슨 사업을 하려고 연구하다 보면 이와 같은 많은 난점이 또 생길 겁니다. 이 사업을 하는 데 무엇 무엇은 가능하다, 어려운 문제는 무엇 무엇이다 했을 때, 그 어려운 문제를 어떻게 타개하겠느냐 하는 것은 여러분이 끈기 있게 연구하고 노력해야 된다는 것입니다.

우리 한국사람들의 대부분이 머리가 좋조 재주가 있고 우수한 민족이라고 우리는 자부하고 있는 것이 사실입니다. 하나 결점이라면 어떤 문제를 해결하는 데 있어서 어려운 문제에 부딪쳤을 때 어렵다고 그것을 포기하고, 어떻게 하면 이 문제를 극복하느냐 어떻게 뚫고 나가느냐 하는 데 대한 의지라 할까 끈기라 할까 이런 것이 부족하다는 것입니다.

우리 한국의 산을 보십시오. 전부 벌거숭이 같은 산에 나무가 있다 하더라도 앙상한 나무들이 붙어 있는데 외국의 경우 이것은 전부 울창하고 무성합니다. 외국에서는 땅이 좋고 비가 잘 와서 그런 것이 아닙니다. 어떤 나라에서는 일년 내내 거의 비가 안 오는 땅에서도 훌륭한 나무를 심어서 몇 년 내에 울창한 숲을 이루었습니다. 어떻게 하면 이런 땅에다 나무를 심어서 울창하게 만들 수 있겠느냐에 대해서 이 사람들은 수십 년 수백 년 동안 노력하고 당대에서 안 된다면 자손들까지 대대로 노력해서 성공을 했던 것입니다. 내가 얼마 전에 동남아시아와 뉴질랜드를 방문하고 왔습니다.

그 나라에서는 온 산이 꼭 공원과 같이 목장이 아니면 울창한 숲입니다. 자연적으로 그렇게 되었느냐, 그렇지 않습니다. 산에 심어져 있는 나무, 목장의 풀, 이것은 거의 다 지난 백 년 동안에 뉴질랜드 사람들이 동양이나 유럽에서 가져와서 전부 개량을 했습니다. 그 지방의 수목이라든지 풀이라든지 이런 것은 거의 없어지고 개량을 했다는 것입니다. 그 지방에서 키우고 있는 소라든지 양이라든지 전부 유럽에서 가져왔습니다. 종면(種棉)도 그렇습니다.

이런 정도로 끈질기게 우리가 노력을 해야 하는 것입니다. 그렇게 하면 정녕 우리들 당대에는 잘사는 부자가 되지 못하게 될지는 모르지만 우리들 다음대에 가서는 우리도 남과 같이 훌륭한 잘사는 나라가 될 수 있다는 것입니다."

대통령은 이어서 우리 세대는 우리 후손들에게 훌륭한 국가를 유산으로 물려주기 위해 고생을 하고 최선을 다해야 한다는 점을 역설했다.

"내가 살았을 때 잘살아 봐야지 내가 죽고 난 뒤에 자손부터 잘살면 뭣 하느냐, 이런 생각을 가진 국민이면 살아 있을 가치가 아무것도 없는 것입니다.

물론 우리는 지금 잘살아야죠. 우리들 당대에 좋은 나라를 만들겠다고 최선을 다해야 됩니다. 그러나 우리의 당대에 훌륭한 나라를 만들겠다는 그 목적이 우리들 살았을 때 우리만 잘살면 되겠다는 그런 목적이면 그것은 가치 없는 것입니다.

우리들 자손을 위해서 훌륭한 나라를 유산으로 물려주기 위해서 우리 당대에 우리는 고생을 하겠다, 이런 생각을 가진 민족이라면 그 민족은 훌륭한 민족이 될 수 있고 그 자손은 번영하는 것입니다. 오늘날 우리가 우리나라를 둘러보면 우리 조상들이 우리에게 물려준 것이 뭐냐 하는 것을 나는 늘 느낍니다. 5천 년 역사를 자랑합니다. 물론 우리 조상을 중에서도 훌륭한 조상들이 좋은 유산을 많이 물려주었습니다.

그러나 저 산, 우리나라의 영농방식, 몇천 년 전부터 살고 있는 저 초가집, 왜 우리 조상들이 연구를 못했던가, 지금 우리가 조상을 원망해 봤자, 다 돌아가서 땅 밑에 들어가신 조상을 원망해 봤자 소용이 없으니까 문제는 지금 당장 우리들이 해야 되겠다는 것입니다.

여러분이, 초가집에 사는 분들은 이것을 어떻게 하면 기와집으로 고칠 수 있는가를 한 번 연구를 해보십시오. 우리는 가난하니까 기와집이고 뭐고 그런 것은 꿈에도 감히 생각해 볼 수 없다 하는 이런 생각을 가지고 살면, 여러분은 영원히 죽을 때까지 초가집에 살아야 하고 여러분의 자손들에게도 초가집을 물려줘야 될 겁니다.

요전에 어떤 사람이 유럽에 갔다 와서 이야기를 하는데, 프랑스 어떤 농장에 가니까 집을 짓는데 3대 동안 짓는다는 것입니다. 그렇게 넉넉한 농가도 아닌데 자기 할아버지 아버지 자기 당대 3대 동안 재료는 조금씩 모아 놓았다가 집을 짓고 또 모자라면 또 얼마 동안 모으고 한다는 것입니다. 우리 대한민국 국민도 이와 같이 끈질기게 우리들이 살아 있을 때 할 수 있는 것은 최선을 다해서 우리 당대는 물론이고 우리 후손, 영원히 이 나라와 이 나라에 사는 모든 우리 후손들에게 복되고 행복스러운 국가를 물려주자 하는 그런 우리들의 정신이 우리 자손들에게 이어졌을 때, 우리 후손도 역시 그 조상들의 훌륭한 정신을 본받고 또 그들의 후손들이 이어받아서 노력을 할 것입니다."

대통령은 끝으로 다시 한 번 농민들이 농촌근대화를 위해서 연구하고 노력해야 한다는 점을 강조했다.

"우리 농촌문제 같은 것을 해결하는 것이 그렇게 어렵지는 않습니다. 농촌이 못사는 것은 돈이 없다, 땅이 적다, 이런 것이 근본문제가 아니라고 생각합니다. 농민들의 정신자세가 중요합니다. 어떻게 하면 우리 농촌을 우리 힘으로 한번 개발해 나가겠느냐, 근대화시켜 나가기 위하여 농민들이 이 문제에 대해서 전부가 힘을 합쳐서 연구를 하고 노력을 하고, 여러분들 힘을 가지고 모자라는 것은 정부가 뒤에서 뒷받침을 해주고 도와 주고, 이렇게 하면 우리 농촌도 불과 몇 년 내에 선진국가 농촌에 못지않은 훌륭한 농촌이 될 수 있다고 나는 확신합니다.

앞으로 이 고장 발전을 위해서 여러분의 보다 많은 분발과 노력을 당부하며, 오늘 준공을 보는 이 공장이 훌륭하게 운영이 되어서 앞으로 이 지방 농민들을 위해서 또 이 지방 발전을 위해서 크게 기여해 줄 것을 당부해 마지않습니다."

소득증대사업의 성공을 위해서는 농민과 공장이 협조해야 한다

1969년 2월 6일, 나주 인초공장 준공식에서 대통령은 먼저 정부가 추진하는 농어민 소득증대 특별사업이 성공적으로 추진되기 위해서는 농산물을 생산하는 농민과 이것을 원료로 사용해서 제품을 생산하는 공장이 농산물의 적정가격에 대해 협조해야만 한다는 점을 강조했다.

지금 전국 도처에서 추진되고 있는 농어민 소득증대사업은 우리 농촌에서 생산된 물건을 해외시장에 수출할 수 있는 길을 개척하자는 것이 그 궁극목표이며, 또 농업과 공업을 서로 연결시켜 주는 농공병진정책의 일환이다. 이 사업이 건전하게 잘 발전해 나가기 위해서는 공장과 농민들이 농산물 거래에 있어서 협조해야 한다. 농민들이 농산물값을 너무 비싸게 받으려 하거나, 공장이 농산물 값을 너무 싸게 사려고 해서는 안 된다. 그렇게 하면 결국은 공장이 문을 닫게 되거나 농민들이 농산물을 생산하지 않게 되어 이 사업은 성공할 수 없다.

따라서 공장과 계약재배를 하고 있는 농민들은 서로 계약 당시의 약속을 지키고 욕심을 부리는 일이 없어야 한다는 것이다.

"오늘 준공을 보게 된 이 공장은 여러분들이 보시는 바와 같이 그 규모에 있어서 그다지 큰 공장은 아니지만, 이 공장은 평소부터 내가 가장 관심을 많이 가지고 있는 공장이고, 또한 우리 정부가 가장 힘을 들여서 추진하고 있는 공장의 하나입니다.

왜냐하면, 조금 전에 농어촌개발공사 차균회 사장이 말씀한 바와 같이, 이 공장은 이 고장 농민 여러분들을 위한 공장이고 또한 여러분들의 공장이라는 것입니다.

농민 여러분들이 생산한 농산물은 이 공장에 가져와서 이것을 원료로 해서 여기서 가공을 하고 제품을 만들어 해외에 수출을 하여 외화를 벌게 됩니다. 그렇게 함으로써 여러분들의 소득이 늘어나고 또한 공장운영이 잘 되어 나간다는 여러 가지 의의가 있는 것입니다.

지금 정부는 여러 가지 농민소득 증대사업을 추진하고 있습니다. 이 전남만 해도 여러 가지 사업이 추진되고 있으며, 앞으로도 또 이러한 사업은 자꾸 확대되어 나갈 것입니다.

그것은 무엇을 말하느냐 하면, 이러한 공장을 만들어서 농민들이 생산한 농산물을 원료로 해서 가공·제품화하여 국내시장에 팔거나 해외에 수출하고, 농민의 소득을 지금보다 더 훨씬 증대시키자는 것입니다. 또 나아가서는 우리 농촌에서 생산된 물건을 해외시장에 수출할 수 있는 길을 개척하자는 것이 즉 우리가 말하는 농어민소득 증대사업의 궁극적인 목표인 것입니다. 또한 농업과 공업을 서로 묶어주고 연결시켜 주는 소위 말하는 농공병진정책의 일환이라고 할 수 있습니다.

지금 이러한 사업은 우리나라 전국 도처의 여러 군데에서 추진되고 있습니다. 그리고 앞으로도 이런 사업은 점차 확대되어 나갈 것입니다.

그런데 이러한 공장과, 또 이러한 공장과 관련을 맺은 여러분들에게, 이러한 사업이 건전하게 잘 발전하여 나가기 위해 특별히 당부하고자 하는 것은, 조금 전에 차 사장께서도 언급이 있었지만, 공장과 농민이 서로 잘 협조를 해나가야 된다는 것입니다.

  농민 여러분들이 만든 농산물에 대한 가격을 너무 지나치게 값을 비싸게 받으려고 욕심을 부려서도 안 되며, 공장은 그 원료에 대해 적당한 가격을 지불해야 될 것입니다. 공장의 입장만 생각하고 농민만이 희생이 되라는 그런 생각을 가져서는 안 됩니다.

  농민은 농민대로 너무 지나치게 비싼 가격을 요구해서 안 된다는 이유는, 물론 농민들에게는 우선 덕을 보게 되는 것같이 생각됩니다마는, 이 공장은 원료를 비싼 값으로 사서 운영을 해나가면 수지가 맞지 않기 때문에 결국을 문을 닫아야 합니다. 그렇게 되면 이 공장을 상대로 인초를 재배하던 농민들도 인초재배를 할 수 없게 됩니다. 결국 그 피해는 농민들에게 돌아간다는 결과가 되는 것입니다.

  또 이 공장도 농민들이 생산하는 인초원료를 너무 싼 값으로 사야 되겠다는 생각도 버려야 합니다. 너무 싼 값으로 원료를 사들여서 공장 자체의 운영은 잘 되는지 모르지만, 인초재배를 하던 농민들은 아무런 소득이나 재미가 없어 생산의욕이 저하되고 생산량이 점점 줄어들게 됩니다. 결국은 원료가 없기 때문에 공장 운영을 못하고 문을 닫아야 합니다.

  그렇기 때문에, 이 공장과 또 계약재배를 하고 있는 농민 여러분들이 서로 시초의 약속을 잘 지키고, 서로 욕심을 부리는 일이 없이 잘 협조를 해 나가야 되는 것입니다.

  농산물 가격에 대한 적당한 가격을 공장 측에서도 충분히 이해를 해서 보장해 주어야 할 것이며, 농민 여러분들도 너무 지나친 높은 가격을 요구해서도 안 될 것입니다. 그렇게 함으로써 이 공장은 오래도록 건전하게 잘 운영되어 나갈 것이고, 또 농민 여러분의 소득도 매년 증대되어 나갈 것입니다."

대통령은 이어서 우리 농민들은 쌀농사, 보리농사 외에 특용작물 재배 등 농가소득 증대사업을 해야 하며, 이 사업에 참여하는 농민들은 의욕이 왕성하고 스스로 돕는 노력을 하고 근면해야 한다는 점을 역설했다.

"앞으로 우리나라 농촌이 근대국가의 농촌으로서 점차 발전해 나가기 위해서는, 이러한 사업이 많이 확대되어야 된다고 생각합니다.

여러분이 이 공장에 원료로 납품하는 인초, 이것은 조금 전에도 언급한 바와 같이 벼농사를 하는 것보다 3∼4배 이익을 올릴 수 있는 것입니다. 물론 벼농사, 보리농사 그 자체도 영농기술을 개량하여 한 마지기에 쌀 한 섬∼한 섬반 수확하던 것을 두 섬∼두 섬 반, 일본농민들은 두 섬반∼석 섬까지 올리고 있습니다만, 같은 면적에서 더 많은 식량을 생산할 수 있도록, 즉 단위면적에서 생산량을 올리는 생산성을 높이는 데 대해서 농민들이 연구와 노력을 해야 합니다. 그것도 중요한 일이지만, 쌀농사, 보리농사 외에도 이러한 소위 특용작물을 재배해서 농가의 소득을 올릴 수 있는 이러한 사업을 자주 확대시켜야 된다는 것입니다.

지금 정부는 인초재배라든지 축산·양잠·고등소채·포도·밤·기타 여러 가지 종전에 우리 농민들이 농사하던 것보다 훨씬 더 농가의 소득을 올릴 수 있는 사업을 확장하고 있습니다.

이런 것을 농민 여러분들이 잘 이해하고, 정부가 추진하는 사업에 적극적으로 호응하고 협력하면, 우리 농촌도 나날이 발전되고 여러분 가정의 소득도 늘어서, 우리 농촌도 머지않아 잘사는 농촌이 되리라고 나는 확신합니다.

이러한 사업을 하는 데 있어서 가장 중요한 것은, 첫째로는 이 사업을 건실하게 하기 위해서 처음 계획단계에서부터 사업성을 세밀하게 검토해야 되겠다는 것입니다.

이러한 사업을 해서 과연 수지가 맞느냐 채산이 맞느냐 하는 것을 따져 보고 손해 보는 사업이 되지 않도록 해야 할 것입니다. 또 경제적으로 수지가 맞아야 할 뿐 아니라 우리 농민들의 기술을 가지고 가능성이 있느냐 없느냐 하는 것도 잘 연구해야 될 것입니다.

또 한 가지는 수지도 맞고 기술적으로도 가능하다 하더라도, 이러한 물건을 만들어 놓았을 때 어디에 갖다 팔겠느냐, 판로가 있느냐, 시장이 있느냐 하는 문제도 잘 연구해야 되겠습니다.

과거 우리 농촌에서 여러 가지 이러한 사업을 하다가 실패한 일이 더러 있었습니다만, 그 원인은 앞서 말한 세 가지 검토사항 중 어느 하나가 결함이 있었기 때문인 것입니다.

또 한 가지 이런 사업을 하는데 모든 것이 다 좋은데, 경제적으로 기술적으로 또 판로도 좋고 기타 여러 가지 조건이 좋은 사업이 있는데, 자금이 문제가 되는 것입니다.

우선 농민 여러분들 자신의 부담능력 유무, 도·시·군에서 지원해 줄 수 있는 능력 유무, 정부에서 지원해 줄 수 있는 능력 유무 등을 잘 검토해야 되겠습니다.

이상 말씀드린 검토할 문제는 사업계획 단계에서부터 면밀히 따져 보아야 하겠습니다. 그리고 여기에 참여하는 농민 여러분들의 의욕이 왕성해야 되겠습니다. 열성도 없고 의욕도 없는 근면하지 못한 그런 농민은 정부가 아무리 도와 드리려고 애를 써도 도와줄 수가 없는 것입니다.

하늘은 스스로 돕는 자를 돕는다는 말을 여러분은 잘 알고 있을 줄 믿습니다. 농민 스스로가 잘살아 보겠다고 애를 바득바득 쓰는 그런 농민이라야 정부나 관청은 도와줄 수 있는 것이며, 나도 도와줄 수 있는 것이고, 또 이웃이 도와줄 수 있는 것입니다. 이러한 사업의 의욕도 없고 열성도 없는 부지런하지 못한 농민은 백년이 가도 잘살 수가 없는 것입니다.

동시에 이런 사업은 여기에 종사하는 모든 공무원들이 계속적으로 잘 지도를 하고 지원을 해서, 농민·공무원·직공 등 모든 관계자들이 서로 협조하고 노력하면 성공해 나갈 수 있다고 생각합니다.

이번에 이 고장에 이러한 공장이 서서 이제부터 여러분들이 생산하는 인초와 다다미 원료가 이 공장에서 가공 제품되어 외국으로 수출하게 될 것입니다. 이 공장 자체도 보다 더 기술을 향상시키고 좋은 물건을 만들어서 외국에 수출할 수 있도록, 같은 물건이라도 더 비싸게 받을 수 있도록 노력해야 되겠습니다.

농민 여러분들도 보다 품질이 좋은 원료를 많이 만들어서 이 공장에 납품함으로써 여러분의 소득도 올라가고, 이 공장도 좋은 제품을 만들 수 있는 여건을 만들어야 하겠습니다. 그리하여 이 공장이 건실하게 운영되어 나가기를 빌어 마지않습니다.

그동안 이 공장 건설에 수고를 많이 하신 동신회사 김 사장 또 농어촌개발공사, 기타 관계자 여러분들의 노고에 대하여 심심한 사의를 표합니다. 특히 이 회사는 일본에 있는 실업가와 우리나라 민간실업가, 그리고 정부 관리업체인 농어촌개발공사가 합작투자를 해서 이룩된 것이며, 여기서 생산되는 것은 수출해서 외화를 획득하여 경제성장에 이바지하게 되었다는 데 큰 의의가 있는 것입니다. 앞으로 이 공장이 성공적으로 운영되어 나가기를 빌어 마지않습니다."

심융택(沈瀜澤)

고려대학교 법과대학 졸업. 고려대학교 대학원(법학석사). 미국 덴버대학 대학원 수학. 대통령 공보비서관(1963~71). 대통령 정무비서관(1972~79) 역임. 제10대 국회의원. 월간『한국인』편집인 및 발행인 역임. 저서『자립에의 의지─박정희 대통령 어록』

박정희 경제강국 굴기18년

7 녹색혁명

심융택 지음

1판 1쇄 발행/2015. 8. 31

발행인 고정일/발행처 동서문화사

창업 1956. 12. 12. 등록 16-3799

서울 중구 다산로12길 6(신당동, 4층)

☎ 546-0331~6 (FAX) 545-0331

www.dongsuhbook.com

＊

사업자등록번호 211-87-75330

ISBN 978-89-497-1365-6 04350

ISBN 978-89-497-1358-8 (총10권)